제 5 판

컴퓨터구조

COMPUTER ORGANIZATION

김창환, 박기식, 이상회 공저

B.C.Info

머 리 말

산업 사회를 이끌 수 있는 풍요로운 컴퓨터 기술은 하루가 다르게 발전하고 있으며 최첨단을 걷고 있다. 이로 인해 정보화는 처음에는 점진적으로 나타나 당장은 큰 변화가 없는 것 같았지만, 앞으로도 사회 문화 교육 전 분야에 많은 영향을 주며 영향력이 더 커질 것으로 기대된다.

컴퓨터 구조는 주어진 정보 데이터를 처리하기 위해 크게 입력 장치, 기억 장치, 연산 장치, 제어 장치, 출력 장치 등 5가지 단위로 이루어진 구조를 말한다. 여기서 기억 장치와 연산 장치 그리고 제어 장치를 묶어 중앙 처리 장치라고 한다.

본 교재를 통하여 독자들은 컴퓨터 시스템을 위한 서비스와 이 서비스를 지원하는 기반 기술에 관심을 가지도록 하였으며 다양한 주제에 대하여 현장에서 경험한 실무와 강의를 토대로 보다 쉽게 이해할 수 있도록 집필하였다.

컴퓨터 구조는 정보처리 분야를 다루는 인력들에게는 상당히 중요한 학문이지만 종전에 발간된 교재 중에는 상당히 이해하기 어렵게 되어 있는 부분이 많아 기초 지식을 습득하는 데 상당히 애로 사항이 많았다.

그러므로 본서는 기본 이해를 중심으로 다양한 주제에 대하여 저자가 현장에서 경험한 실무와 강의를 토대로 독자들이 보다 쉽게 이해할 수 있도록 집필하였다.

이 책은 비교적 접근하기 쉬운 용어로 집필하였으며 독자들이 스스로 문제점을 해결할 수 있도록 다음과 같은 내용에 중점을 두었다.

1. 이론을 중심으로 체계적으로 정리하였으며, 정보처리분야를 전공하지 않은 독자들에게도 쉽게 이해할 수 있도록 하였다.
2. 각 장마다 이해력을 높이기 위해 그림을 많이 실었으며 어려운 분야에 대해서는 별도로 '학습 활동'이라는 블록에서 설명을 더하였다.
3. 각 장의 끝 부분에 전체 요약을 제시하여 독자들에게 중요한 부분을 한번 더 상기시켜 정리할 수 있는 기회를 가지도록 하였다.
4. 이해에 대한 폭을 넓히기 위하여 문제를 풍부히 제시하여 스스로 예습 및 복습도 할 수 있게 하였다.

그러나 앞으로 계속 노력하여 학문의 발전에 순응시켜 보다 좋은 책으로 개정되기를 바라면서 선배 제현들의 사랑스런 관심과 충고를 바라는 바이다.

끝으로 이 책을 출간하도록 협력을 아끼지 않는 송광헌 사장님에게 감사를 드리며 관심을 늘 보여준 지인들에게 감사를 드립니다.

저자 드림

profeng@hanmail.net

chapter

01

컴퓨터 시스템 개요

학습목표

1. 컴퓨터의 개념을 이해할 수 있다.
2. 컴퓨터 구조의 발전 역사를 이해할 수 있다.
3. 컴퓨터와 논리 구조를 이해할 수 있다.
4. 컴퓨터의 기본 구조를 이해할 수 있다.
5. 시스템 접속 방법을 이해할 수 있다.
6. 컴퓨터의 활용 분야를 이해할 수 있다.

컴퓨터(computer)를 학술적인 용어로 EDPS(Electronic Data Processing System) 또는 ADPS(Automatic Data Processing System)라고 하는데 이 원어는 "자료 또는 정보에 대해 일련의 계획된 조작 처리를 수행함으로써 원하는 결과를 생산하는 전자식 기계 조직체"라는 의미를 가지고 있다.

'계획된 조작 처리'란 프로그램 작성자가 컴퓨터를 사용하여 처리하고자 하는 업무의 처리 내용과 절차를 약속된 명령들로 먼저 작성하여 컴퓨터 내부에 기억시켜 두고 처리할 자료를 입력하면 기억된 명령들에 의해서 자동적으로 처리가 이루어지는 것을 말한다.

컴퓨터에서 사용하고 있는 0과 1은 전기적인 스위치 회로로 나타낼 수 있다. 이 스위치에서는 두 가지 상태를 표현할 수 있는데 그것은 스위치를 닫은 상태(on)와 스위치의 개방 상태(off)이다. 여기서 on(닫힌 상태)을 '1'로, off(개방 상태)를 '0'으로 대응시킬 수 있으며 2진수 요소가 된다.

최첨단 반도체에 의해서 만들어져 있는 컴퓨터도 결국은 이러한 단순한 스위치 회로의 집합에 지나지 않는다. 이들 스위치의 조합법을 변형시킴으로써 여러 가지 기능을 갖게 한다. 이들 회로를 논리 회로라고 하고 이들 조합으로 기억과 연산 회로를 구성하게 된다.

이 장에서는 먼저 컴퓨터의 개념 그리고 컴퓨터 기술의 역사와 발전 경위에 대하여 살펴본 후 컴퓨터와 논리 구조의 개념에 대하여 이해하고, CPU, 기억 장치 및 I/O 장치들을 포함한 컴퓨터 시스템의 구성 방법에 대하여 개괄적으로 설명한 다음 컴퓨터의 활용 분야에 대하여 진단하기로 한다.

1 컴퓨터의 개념

1) 개념

컴퓨터를 전자계산기라고도 하며 EDPS(Electronic Data Processing System)라고도 부른다. 전자계산기는 다양한 대량의 데이터를 사용자가 원하는 형태로 연산하고, 논리적인 비교 및 판단을 자동으로 신속 정확하게 처리할 뿐만 아니라 저장장치에 기억시켜주는 여러 구성장치로 구성된 정보처리 시스템을 말한다. 여기서 데이터를 수집하여 가공 처리하여 이용 가능한 형태로 변형함으로써 비로소 유용한 정보를 얻게 되는 데, 이 과정을 데이터 처리라고 한다. 컴퓨터에 의해 처리된 정보나 적절한 형식으로 자료화한 것은 기억 매체에 영구히 기억시켰다가 필요시 즉각적으로 검색하거나 사용할 수 있다.

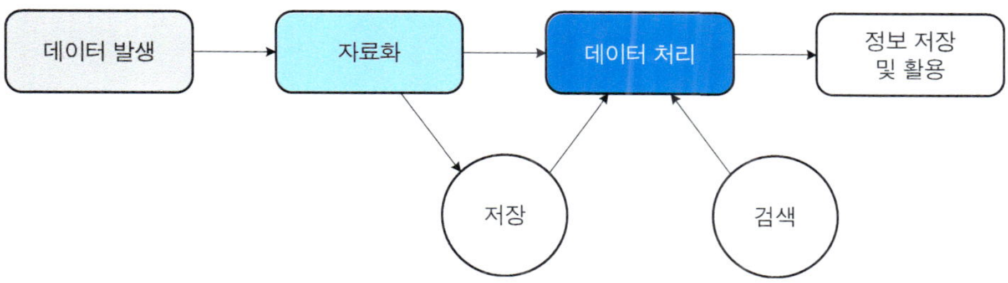

[그림 1-1] 컴퓨터에 의한 데이터 처리

2) 필요성

개인이나 단체에서 올바른 의사결정을 신속 정확히 하고, 합리적이고 효율적인 경영 및 관리를 하기 위해 컴퓨터는 반드시 필요하다.

3) 데이터 처리 원리

컴퓨터는 데이터가 입력되어 처리과정을 거쳐 가공된 정보가 출력되는 원리를 기본으로 하며,

이것을 GIGO(Garbage In Garbage Out)라고 한다.

인간이 어떤 일을 하고자 할 때 필요한 정보는 문서나 말로 외부에서 입력된다. 이들 정보를 받아들이는 입력장치로는 문자나 그림인 경우에는 눈으로, 사람의 말인 경우에는 귀로 듣고, 그 외 접촉 등 감각으로 신경을 통해 뇌에 전달된다. 뇌 속에서는 과거에 경험한 기억 등을 회상하면서 사고를 하게 된다. 이때 실시간으로 처리하기 힘든 것은 과거의 자료나 메모를 이용한다. 사고에 대한 결과는 입이나 손을 사용하여 출력을 나타낸다.

컴퓨터의 데이터 처리 능력도 이와 유사하다. 인간의 기능을 컴퓨터의 경우와 비교하여 보면 눈이나 귀의 경우에는 입력 장치, 뇌에 해당하는 부분은 중앙처리장치, 실시간으로 처티하기 힘든 부분은 기억장치를 이용한다. 메모가 보조저장장치, 입이나 손은 출력장치가 된다.

예를 들면, 영어단어를 외울 때 눈만을 사용하여 외우는 경우보다 필기도구와 노트 등을 이용해 일기와 병행하면서 외우면 보다 빠르고 쉽게 외워 간다. 이것은 사람의 정보처리 구조와 컴퓨터의 정보처리 구조의 공통성을 엿보게 된다. 즉, 정보처리를 하고자 할 때 보다 다양한 입력 자료를 주면 처리속도의 향상은 물론 그 처리결과에 대한 신뢰성을 개선할 수 있게 된다.

2 컴퓨터 구조의 발전 역사

1) 컴퓨터의 특징

컴퓨터의 특징으로는 자동성, 대용량성, 신속성, 정확성, 다양성, 동시성, 호환성 등이 있으며 이에 대한 각각의 내용은 다음과 같다.

가) 신속성

컴퓨터의 최대 장점은 데이터의 처리 속도가 대단히 빠르다는 사실로 컴퓨터의 판독, 연산 그리고 저장은 사람으로서는 상상하기 어려운 나노 초, 피코 초 단위로 처리한다.

나) 자동성

다른 일반 계산 기기들이 거의 수동으로 그 기능을 수행하지만, 컴퓨터는 기억되어 있는 프로그램의 순서대로 자동으로 작업을 수행한다. 이 특성으로 인해 우리는 편리하게 정확한 결과를 얻을 수 있다.

다) 다양성

컴퓨터는 단순한 산술 연산 뿐만 아니라 비교, 판단, 분류 등 논리 연산도 가능하고 또한 수치, 문자, 도형, 음성, 화상 등의 다양한 형태의 데이터를 처리할 수 있다. 컴퓨터의 다양성은 컴퓨터를 특수한 업무에 국한되지 않고 다양한 업무에서 활용할 수 있도록 한다.

라) 대용량성

컴퓨터가 데이터나 정보를 기억할 수 있는 양을 '기억 용량'이라고 한다. 컴퓨터는 기억 용량이 거의 무한정이며 데이터나 정보를 영구히 기억할 수도 있고 필요하면 언제든지 재생하여 사용할 수도 있다.

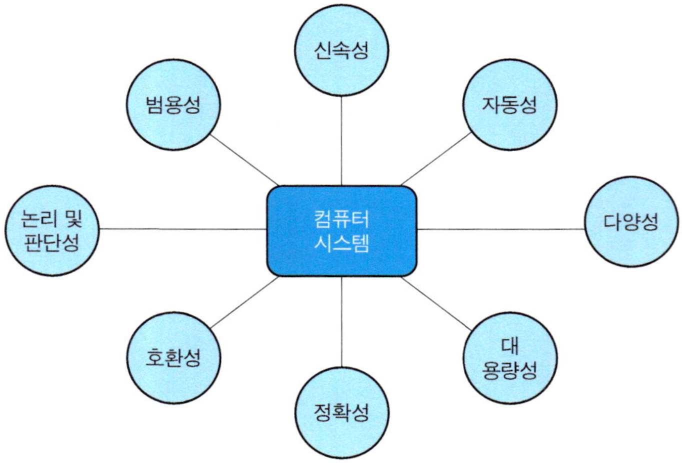

[그림 1-2] 컴퓨터의 특징

마) 정확성

컴퓨터는 프로그램의 지시에 따라 인간이 하기 어려운 다양하고 복잡한 일들을 정확하게 수행한다. 그러나 정확한 결과를 얻기 위해서는 먼저 올바른 데이터와 프로그램이 필요하다. 따라서 오류가 발생하는 경우란 입력 데이터 자체의 잘못이나 컴퓨터 이용자가 프로그램을 잘못 작성하였을 때, 그리고 컴퓨터를 잘못 조작하였을 때 등이다.

바) 호환성

호환성이란 컴퓨터의 기종을 고려하지 않고 어느 기종에서든지 소프트웨어를 쉽게 사용할 수 있음을 말한다. 예를 들면, 프로그램을 작성할 때에는 A 회사의 컴퓨터에서 하고 실행 처리는 B 회사의 컴퓨터에서 할 수 있을 때 서로 호환성이 있다고 말한다.

사) 논리 및 판단성

컴퓨터는 자체 논리적인 사고력이 없기 때문에 인간이 처리하는 과정 즉, 문제의 논리적인 분석이 필요하다. 이 문제의 논리적인 판단을 위해서는 흐름도(Flow Chart)를 사용해서 인간의 논리적인 판단 작업을 컴퓨터가 대신할 수 있도록 한다.

아) 범용성

컴퓨터에 입력되는 데이터는 수치적인 데이터뿐만 아니라 의사전달을 위한 영문자, 한글 및 특수문자, 그리고 모든 사물의 형상을 나타낼 수 있으므로 과학 기술 계산뿐만 아니라 사무 계산 등의 분야에서 널리 이용된다.

2) 컴퓨터의 역사

초기의 컴퓨터들은 릴레이(relay)와 같은 기계식 부품들을 이용했지만 그 후에 주요 부품들이 트랜지스터나 반도체 집적 회로(IC) 칩으로 대체되면서, 컴퓨터의 처리 속도가 계속 높아지고 있다. 또한 반도체 기억장치 칩의 밀도가 높아짐에 따라 저장 용량도 크게 증가되고 있다. 최근에는 시스템 성능을 높이기 위하여 한 시스템 내에 장착되는 CPU의 수를 증가시킨다거나 구성 요소들 간의 연결 통로를 고속화하기 위한 새로운 상호연결망 구조를 개발하는 등 많은 개선이 현실화되고 있다.

1983년 미국의 저명 시사주간지인 타임지의 신년호에 올해의 인물로 사람이 아닌 Machine of the Year로 IBM PC가 등장한 것은 컴퓨터의 충격을 대변해주는 역사적인 사건으로 기록될 것이며 21세기에는 컴퓨터를 활용한 융합(convergence)이 계속하여 진행 중인데 산업·서비스·매체의 통합을 지칭하며, 경계가 뚜렷했던 과거와 달리 모든 경계가 뚜렷하지 않고 오히려 서로 섞이는 현상이 되어가고 있다.

스마트폰은 일반 휴대폰과 달리 운영체제를 탑재해 PC처럼 사용자가 원하는 프로그램을 설치해 사용할 수 있는 제품이다. 스마트폰은 세계 휴대폰 시장 축소에도 불구하고 급성장하고 있다. 휴대폰과 PC를 결합한 '스마트폰'은 디지털 기기간 융합의 현주소를 보여 주는 대표적인 사례다.

[표 1-1] 일반폰과 스마트폰의 특징 비교

일반 휴대폰	스마트폰
- 보이스 중심 서비스 - WIPI 기반 호스트만 접속 - 카메라, MP3 및 멀티미디어 기능 - SMS·MMS 위주	- 윈도우즈 모바일, 리눅스 등 범용 OS - 멀티태스킹/데이터 중심 서비스 - Wi-Fi, 블루투스 지원 - 풀브라우징 서비스

여기서는 당시에 구현되었던 초기의 컴퓨터들의 구조를 간략히 분석하고, 그 이후의 발전 과정을 살펴봄으로써 앞으로의 학습에 많은 도움을 주고자 한다.

가) 수동식 계산기

컴퓨터에 대한 최초의 발전은 자동계산장치의 요구에서 비롯되었다. 동양권에서는 수의 계산을 돕는 기구로 주판이 사용되어 왔으며 이것은 BC 450년경부터 중국에서 사용되어 아직도 쓰이고 있는 고전적인 장치이다.

나) 기계식 계산기

기계식 계산기는 1617년 네피어가 대수학을 이용한 곱셈기를 개발한 것을 시작으로 1642년 프랑스의 파스칼이 가감산을 자동으로 할 수 있는 톱니바퀴계산기를 고안했는데 이것이 수동계산기의 효시라고 할 수 있다.

1671년 독일의 수학자인 라이프니쯔는 곱셈과 나눗셈을 할 수 있는 자동계산기를 만들었는데 이것이 탁상계산기의 시초라고 할 수 있다.

다) 자동 계산기

현대 컴퓨터의 아버지로 불리는 영국의 수학자인 찰스 배비지(Charles Babbage)는 1823년 차분기관(Difference Engine)을 완성하였다. 이것은 파스칼 계산기와 다르게 유한 차이법(Finite Difference)을 이용하여 많은 유용한 공식을 덧셈과 뺄셈을 통하여 대체로 정확하게 계산될 수 있는 장치이다.

동작 원리를 보면, 연산 카드(Operational Card)에 의하여 Mill이 수행할 연산이 지정되고, 그 연산에 사용될 데이터의 주소는 변수 카드(Variable Card)에 의하여 지정된다. 그런 다음 Store 내 지정된 위치의 데이터들이 Mill로 읽혀와 레지스터에 저장되고, 연산이 수행된 후에 결과 값은 다시 Store에 저장된다. 여기서 연산 카드와 변수 카드의 내용을 합한 것이 현대 컴퓨터의 프로그램 코드인 명령어에 해당된다.

배비지는 계속하여 1834년 해석기관(Analytical Engine)이란 것을 주장했는데 이것은 현대 컴퓨터의 원리(입력, 출력, 제어, 연산 및 기억기능 등)를 모두 포함하는 것이었고, 배비지의 공헌은 연산의 순서를 자동으로 변경하는 방법인데 불행히도 그 당시는 기술수준의 낙후로 실현되지는 못하였다.

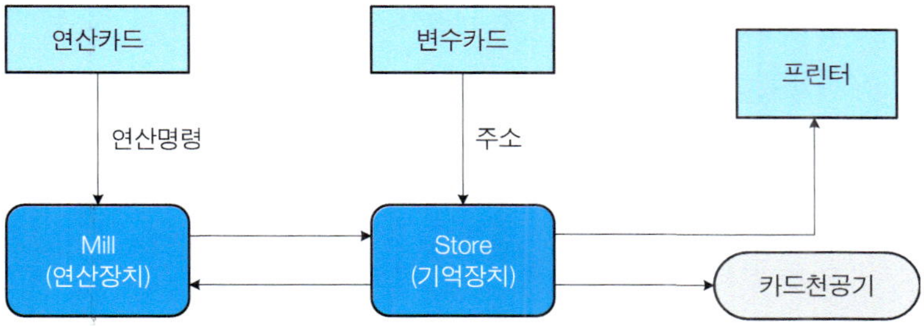

[그림 1-3] Analytical Engine

라) 1세대 컴퓨터-진공관 시대(1945~1955)

ENIAC(1946)

AVIDAC(1946)

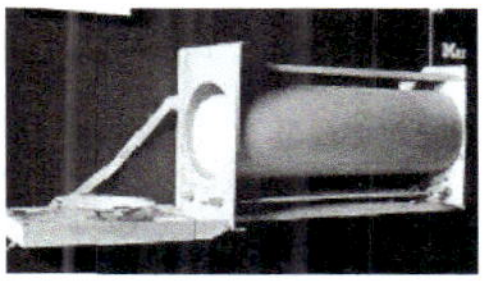
진공관(1947)

IBM SCEC(1948)

EDSAC(1949)

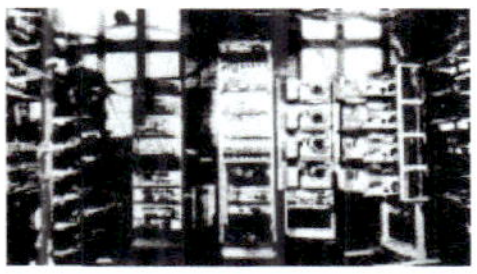
Manchester Mark I (1949)

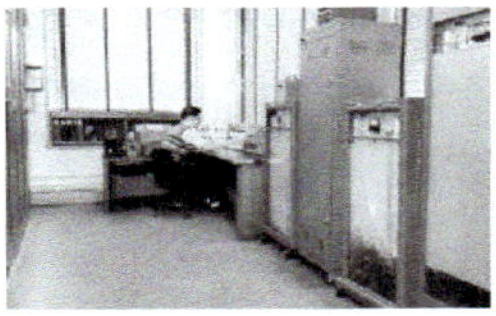
SEAC(1950)

UNIVAC(1951)

MIT Whirlwind (1951)

해석 기관(Analytical Engine)에서는 주요 부품들이 모두 기계적인 장치들이었기 때문에 속도가 느렸고 신뢰도가 낮다는 단점을 가지고 있었다. 그 후 1940년대에 들어와서 진공관이 발명되면서 그러한 단점들이 개선될 수 있었고, 기상관측이나 군사적 목적으로 개발된 최초의 전자계산기가 바로 10진수 체계를 사용한 최초의 일반 목적의 전자식 디지털 컴퓨터 ENIAC(Electronic Numerical Integrator And Computer)이다. 그러나 이 컴퓨터의 가장 큰 단점은 프로그램을 저장하고 변경하는 것이 불가능하다는 점이었다.

이런 배경에 의해 1945년에 폰 노이만(Von Neumann)은 IAS(Immediate Access Store) 컴퓨터라고 불리는 컴퓨터 개발을 시작하였다. IAS 컴퓨터는 1952년에 완성하였으며, 그 이후에 출현한 거의 모든 일반목적용 컴퓨터들의 원형이 되었다.

그는 컴퓨터 시스템이 능률적이고도 다목적으로 사용되려면, 중앙처리장치(Central Control Unit), 기억장치(Memory), 입력장치(Input Unit), 출력장치(Output Unit)가 있어야 한다고 했고, 또한 그러한 시스템은 2진수를 써서 기계식이 아니라 전자식으로 작동해야 하며 연산은 한 번에 하나씩 순차적으로 수행해야 한다고 지적했다. 또한 그는 기억장치에 컴퓨터의 명령이나 데이터를 모두 기억시키는 프로그램 내장(Stored-program) 방식을 제안하였다. 한편, 현대의 마이크로프로세서들에게 사용되고 있는 명령어 선인출(Instruction Prefetch)을 개념으로 채택하였으며 그 당시에 이미 사용하였다는 것은 매우 놀라운 사실이다.

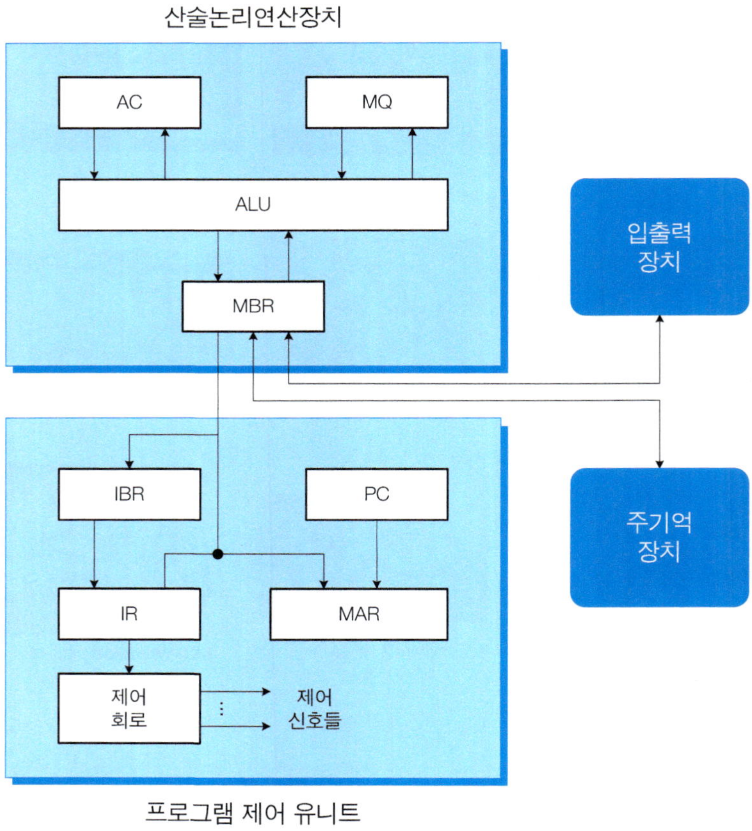

[그림 1-4] IAS 컴퓨터의 구조

쉼터	MQ(Multiple Quotient) : 승수 몫 레지스터
연산용 레지스터의 일종으로 곱셈일 때는 승수가 올려지고 나눗셈일 때는 몫이 들어간다.	

마) 2세대 컴퓨터–트랜지스터 시대(1955~1964)

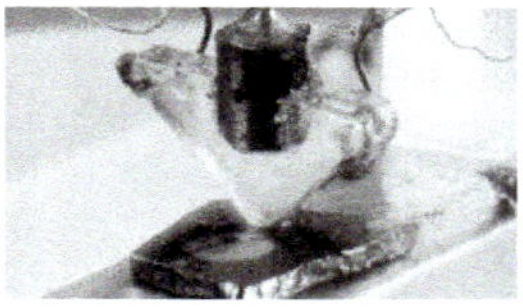

point contact TR(1947)

메모리드럼(1950)

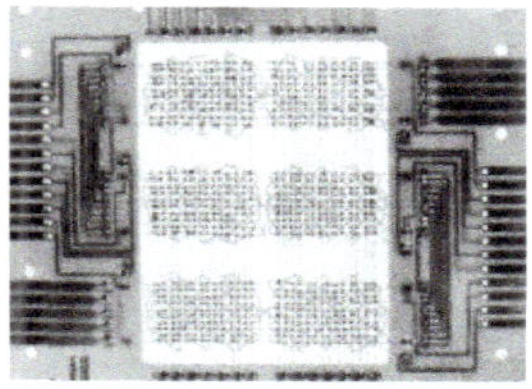

코어메모리(1953)

IBM650 (1954)

TRADIC(1955)

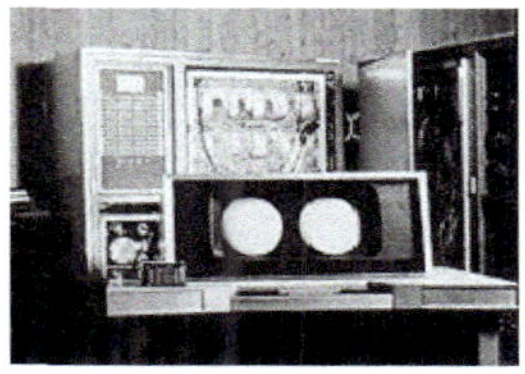

IBM STRETCH(1959)

1947년 Bell 연구소의 J. Bardeen, H. W. Brattain 그리고 W. Shockley에 의해 트랜지스터(transistor)가 발명되면서 컴퓨터의 역사는 2세대로 접어들게 되었다.

트랜지스터는 진공관과 같은 방식으로 동작을 하며 실리콘을 이용하여 만든 부품으로서 진공관에 비해 부피도 작고, 전력소모도 적고 속도도 빨라 컴퓨터의 성능을 획기적으로 발전시켰다.

특히, 2세대 컴퓨터들은 1세대 컴퓨터들이 프로그램을 하는 방법이 너무 힘들고 어렵다는 것에 실감을 해서 포트란(FORmula TRANslation, FORTRAN)이라는 수학적인 기호로써 프로그램을 작성할 수 있게 하는 고급 언어를 개발하였다.

또한, 2세대 컴퓨터들은 주기억장치로 접근시간이 짧은 자기코어(Magnetic Core)를 이용하였으며, 기억용량이 큰 자기드럼, 자기 디스크, 자기 테이프를 이용하여 보조기억장치로 사용하였다.

뿐만 아니라 주어진 제한 시간 안에 지역적으로 분산된 각각의 작업을 중앙의 컴퓨터 시스템과 연결하여 작업을 처리하는 실시간 온라인 시스템(Real Time On-line System)과 하나의 컴퓨터를 여러 명의 사용자가 공유하면서 동시에 작업을 수행하는 시분할 시스템(Time Sharing System, TSS), 그리고 하나의 컴퓨터에서 동시에 두 개 이상의 프로그램을 실행시키는 다중프로그래밍(Multi-programming) 등의 개념이 도입되었다.

쉼터 최초의 계산기

1) MARK-1: 1944년 에이큰(H.H.Aiken)이 톱니바퀴를 사용하여 개발한 최초의 전기기계식 계산기
2) ABC(Atanasoff Berry Computer): 최초의 전자식 디지털 계산기
3) ENIAC: 18,800개의 진공관과 1,500개의 릴레이로 만들어진 세계 최초의 전자계산기
4) IAS: 프로그램 내장 방식을 최초로 채택한 전자계산기
5) UNIVAC: 세계 최초의 상업용 계산기

바) 3세대 컴퓨터–집적회로 시대(1964~1970)

Killy IC (1958)

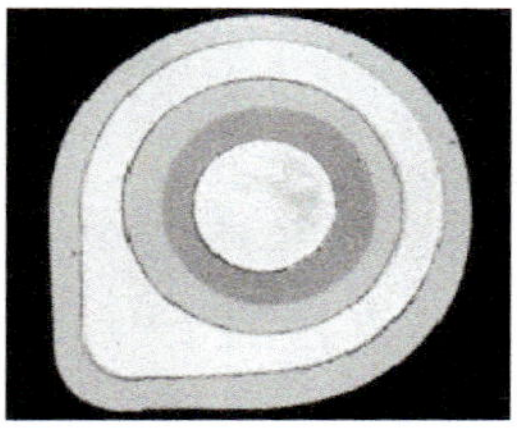
Silicon IC (1959)

DEC PDP-1 (1960)

IBM1401 (1961)

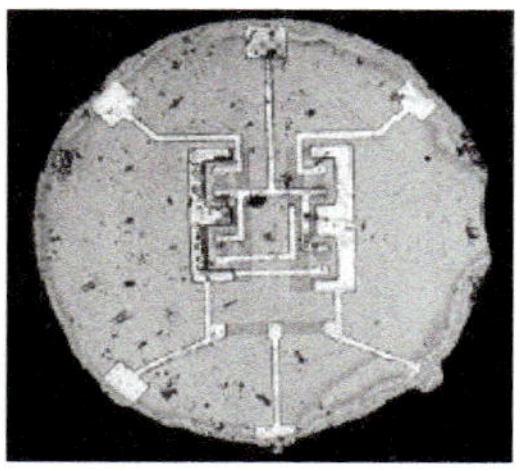
RTL IC (1961)

IBM System360 (1964)

DEC PDP8 (1965)

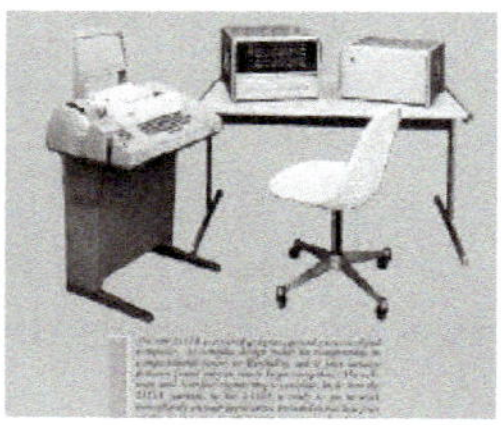
HP 2115 (1966)

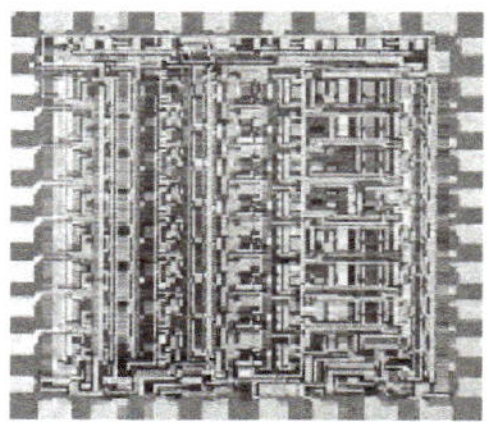
MOS-IC (1967)

1960년대 중반의 컴퓨터 기술 분야에서 가장 큰 진보는 집적회로(IC)를 탑재한 3세대 컴퓨터의 등장이다. 집적회로의 기술이 발전함에 따라서 반도체를 이용한 반도체 기억장치가 사용되어 소형화, 경량화 및 대용량화를 꾀할 수가 있었고 고성능화, 고신뢰성, 고속화가 촉진되었다.

이와 같이 컴퓨터의 세대는 주로 새로운 하드웨어 부품의 출현을 기준으로 분류되고 있다. 그런데 부품들의 집적도와 속도가 계속 높아지기 때문에 새로운 세대로 바뀔 때마다 컴퓨터는 이전 세대의 컴퓨터를 보다 더욱 고속화하고 기억 용량이 증가하며, 크기는 줄어드는 특징을 가지고 있다.

또한 동일 기종 간에는 소, 대형을 막론하고 모두 공통된 소프트웨어를 사용할 수 있도록 컴퓨터 시스템을 설계하는 Man machine 개념이라는 방법이 도입되어 컴퓨터 내부에서 시스템을 관리·제어하는 운영체제(OS)가 발달하였고, 영상 표시 장치(CRT display) 등 단말기에 의한 자료 처리가 보편화되었으며, 복수개의 일 또는 다수의 사용자에게 우선순위를 주어 일정시간 내에 컴퓨터 시스템을 멀리 떨어진 장소에서 데이터 통신을 이용한 정보 처리 즉, 여러 사람이 공유하여 정보처리를 할 수 있는 처리 방법의 개발이 이루어졌다.

온라인 실시간 처리와 하나의 컴퓨터에 두 개 이상의 프로세서를 두어서 병렬로 처리하는 기법인 다중처리(multiprocessing) 방식이 널리 보급되었다. 연산속도는 나노 초(ns) 단위로 빨라졌다. 이는 2세대 컴퓨터에 비하여 100배 그리고 1세대 컴퓨터보다는 1,000배나 빨라진 것이었다.

사) 4세대 컴퓨터–LSI 시대(1971~1979)

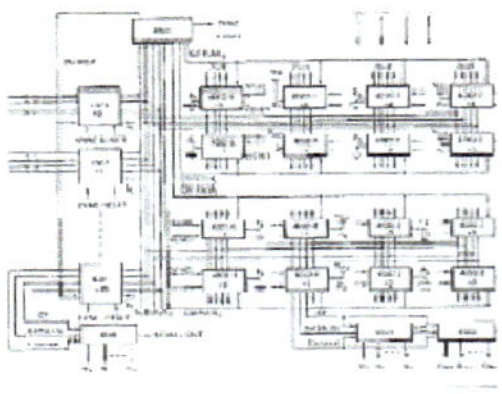

INTEL 4004 (1971)

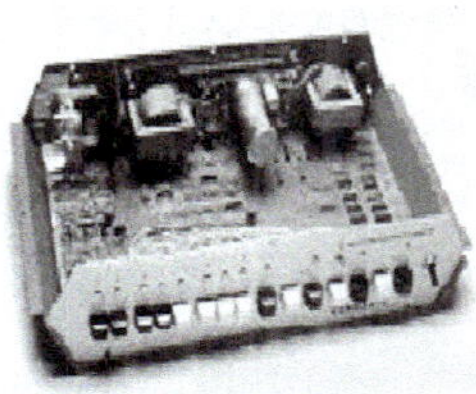

Kenbak-1 PC (1971)

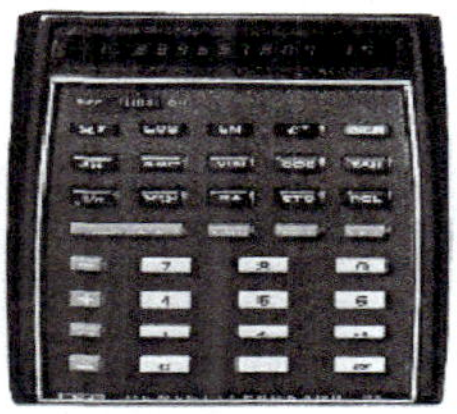

HP35 (1972)

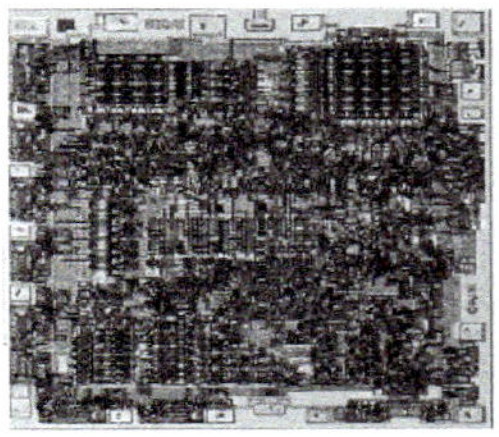

INTEL 8008 (1972)

APPLE II (1977)

Floppy 5 1/4" (1978)

전자공학의 지속적인 발달로 1971년 이후에는 집적회로를 다시 집적한 고밀도집적회로(Large Scale Integration, LSI)가 등장하였고, 이 논리소자를 사용한 컴퓨터를 4세대 컴퓨터라고 한다.

이 시대에는 하드웨어 면에서는 고속 반도체 기억매체의 채택, 지능형 단말기의 개발, 컴퓨터 네트워크의 개발, 광통신 네트워크의 개발 등의 업적을 남겼고, 소프트웨어 면에서는 마이크로프로그래밍의 실용화, 데이터베이스 시스템의 개발, 인간과 기계간 인터페이스의 개선, 시뮬레이션 기술의 확립, 가상 메모리(Virtual Memory)의 사용 등을 이루었다.

개인용 컴퓨터(Personal Computer)의 대중화가 이루어진 것도 이 시대의 일이다. 개인용 컴퓨터는 그 용도에 있어서 대형 컴퓨터와는 다르게 사용되었다. 워드프로세싱, 컴퓨터 게임 등의 가정용, 교육용, 사무용에 이용되기 시작했다.

아) 5세대 컴퓨터-VLSI 시대(1980~)

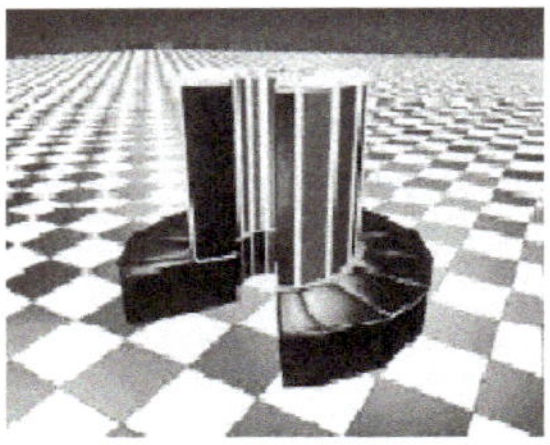

CRAY I (1976)

VAX 11/780 (1978)

IBM PS/2 (1987)

ALLAPA II (1995)

IBM 왓슨(2016)

초고밀도집적회로(Very Large Scaled Integration, VLSI)를 논리소자로 하는 컴퓨터가 1980년 이후에 등장하였는데, 이러한 컴퓨터를 5세대 컴퓨터라고 한다.

5세대 컴퓨터에서는 광섬유, 펌웨어(firmware), 음성 및 영상 입출력 등을 사용할 것이고, 컴퓨터에 인공지능의 기능을 갖춤으로써 스스로 판단 결정할 수 있게 되고, 대규모 종합 컴퓨터 네트워크가 추진되어 폭넓은 정보교환이 보편화되며, 대형의 범용컴퓨터 위주에서 소형의 개인컴퓨터로 지향하게 되고, 소프트웨어 개발의 표준화 및 패키지화가 이루어져 누구나 쉽게 컴퓨터를 활용할 수 있게 될 것이다.

용어 설명 펌웨어(firmware)

컴퓨터의 CPU는 어떤 프로그램이나 소프트웨어를 ROM 속에 영원히 내장하는 특별한 기억회로를 저장하고 있다. 이와 같이 ROM 속에 선택된 프로그램이나 명령을 영원히 내장하는 것을 펌웨어(firmware)라고 한다. 펌웨어는 반도체 메모리에 명령어가 영원히 저장되기 때문에 고체 상태 소프트웨어라고 한다.

VLSI의 개발로 대형 컴퓨터가 소형으로 되었을 뿐만 아니라 마이크로컴퓨터의 보급이 일반화되었다. 또한 이것이 각종 산업기계의 제어에 응용되었고, 크게는 공장자동화에도 쓰이게 되었다. 이 컴퓨터에서는 지금까지의 컴퓨터에서 부족하거나 개선해야 할 점을 해결하여 보다 완전하고 합리적인 컴퓨터에 대한 염원이 이루어질 것으로 기대된다.

학습 활동 집적도에 따른 IC의 분류

1) SSI(Small Scale IC)
수십 개의 트랜지스터들이 집적되는 소규모 IC로서, 주로 기본적인 디지털 게이트들을 포함하는 칩으로 제조되고 있다.

2) MSI(Medium Scale IC)
수백 개의 트랜지스터들이 집적되는 IC로서, 카운터, 디코더 또는 시프트 레지스터와 같은 조합 회로나 순차 회로를 포함하는 칩으로 제조되고 있다.

3) LSI(Large Scale IC)
수천 개의 트랜지스터들이 집적되는 대규모 IC로서, 8비트 마이크로프로세서 칩이나 소규모 반도체 기억장치 칩들이 이 분류에 속한다.

4) VLSI(Very Large Scale IC)
수만 내지 수십만 개 이상의 트랜지스터들이 집적되는 초대규모 IC로서, 마이크로프로세서 칩들과 대용량 반도체 기억장치 칩들이 이 분류에 속한다.

5) ULSI(Ultra Large Scale IC)
수백만 개 이상의 트랜지스터들이 집적되는 32비트급 이상의 마이크로프로세서 칩들과 수백 메가비트 이상의 반도체 기억장치 칩들 및 앞으로 출현할 고밀도 반도체 칩들을 지칭하기 위한 용어지만, 아직 일반적으로 통용되는 용어는 아니다.

[표 1-2] 컴퓨터 하드웨어의 세대별 구분

구분 \ 세대	제1세대	제2세대	제3세대	제4세대	제5세대 이후
기간	1946~55	1955~64	1964~70	1971~79	1979~
소자	진공관 릴레이	Tr Diode	IC	마이크로프로세서 (LSI)	VLSI
속도	10^{-3}sec(ms)	10^{-6}sec(μs)	10^{-9}sec(ns)	10^{-12}sec(ps) MIPS	10^{-12}sec(ps)≫ MIPS, GIPS
구조 성능	대전력/대형 단시간 수명	소형/경량화 신뢰성 향상	소형 고속고용량	초소형 고성능	간편 smart기기
적용	군사통계용	과학계산 관리용	과학연산 통신용	범용	인터넷 이동통신 인공지능형

[표 1-3] 프로그래밍 언어 발달과정

연도 (세대)	특징	종류
1946~55 (1세대)	원시컴퓨터(진공관, 릴레이) 어셈블리어와 기계어 프로그래밍	기계어와 어셈블리어
1956~60 (2세대)	컴퓨터 용량 작고/구입비용 고가(다이오드, 트랜지스터) 자기테이프, 보조기억장치 현재 사용 기본소프트웨어 개념 개발	FORTRAN ALGOL58/60 COBOL/LISP
1961~65 (3세대)	대용량/고가(IC) 자기테이프의 대용량 기억장소 시스템 운영체제(다중프로그래밍), 컴파일러 언어의 범용성	FORTRAN Ⅳ COBOL61/ALGOL60 SNOBOL/APL
1966~70 (3세대)	다양한 크기/속도/가격(IC) 고가 대용량 기억장소 시스템 마이크로 프로그래밍/최적화 컴파일러 번역기/ 표준언어의 유연성과 일반성	PL/1, FORTRAN66, COBOL65 ALGOL68, SNOBOL4. SIMULA67 BASIC/APL360
1971~75 (4세대)	마이크로컴퓨터(LSI) 소형/대용량 컴퓨터 언어의 간편성-대중화 다양한 언어 개발	BASIC사용 PASCAL COBOL74 PL/1
1976~현재 (5세대)	대용량/소형/저가 컴퓨터 고급언어 실시간/대화형 프로그램 환경 신뢰성/간편성	ADA FORTEAN77 인공지능형언어, 시스템언어 DB/graphic용 언어

3 컴퓨터와 논리 구조

1) 데이터와 정보

데이터란 임의의 형태로 형식화된 사실이나 의사 등을 컴퓨터가 처리할 수 있도록 숫자, 문자 그리고 기호 등으로 표시한 것을 말한다. 한편, 통신은 정보를 제공하는 자(source)와 정보를 제공받는 자(sink)간의 정보의 이동현상을 의미하는 데 물리적인 위치가 서로 멀리 떨어져 있어 신호의 전자기적인 변화에 의해 전달되는 원격통신의 개념을 주로 하고 있다.

ITU에서 데이터 전송을 '기계에 의하여 처리할 정보의 전송, 또는 처리된 정보의 전송'으로 규정하고 있다. 여기서, 기계라 함은 정보처리장치를 의미하며, 한편, 데이터 통신은 데이터 전송보다 넓은 의미로서, 통신 회선을 이용하여 중앙의 정보처리 장치와 원격지의 단말장치를 연결하여 정보를 전송, 처리, 그리고 교환하는 의미를 갖고 있다.

쉼터	ITU(International Telecommunication Union)
전기통신의 모든 분야에서 국제협력을 꾀할 목적으로 만든 국제연합의 전문기관	

데이터 통신을 하기 위해서 데이터를 정보로 변환하기 위하여 컴퓨터를 이용하여 처리(processing)하는 정보 처리 기술이 필요하다.

데이터는 현실 세계를 단순히 관찰하거나 측정하여 수집하고 생산하는 사실이나 측정치를 말한다. 어떤 현상을 표현하기는 하나 의미는 부여할 수 없는 상태이다. 예를 들면 '5월은 봄이고 6월은 여름이다'는 사실은 단순히 계절을 월에 따라 분류한 것이다.

한편, 정보는 데이터를 가공하거나 변환하여 얻은 결과물을 말하며, 데이터간의 상호 관계를 부여하는 의미 있는 데이터이다. 예를 들면 '5월은 봄이라고 하더라도 여름 같은 날이 많으므로 외출옷은 여름철에 입는 옷이어야 하며 6월은 여름이므로 외출옷은 5월에 입는 옷과 그다지 차이가 없다'는 의미도 들어 있기에 정보가 된다.

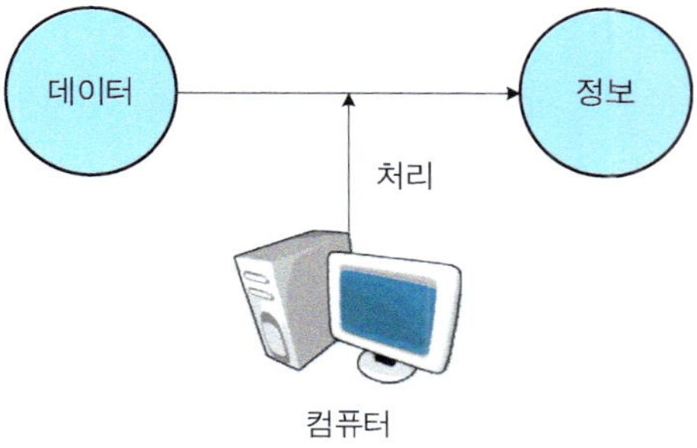

[그림 1-5] 정보 처리 기술

컴퓨터는 원래 빠르고 복잡한 계산에서 정확한 결과를 얻으려고 개발한 도구이다. 초기에는 단순히 계산 위주의 작업만 수행하였으나, 오늘날에는 사용자 저변이 다양하게 전개되어 정보화 사회의 모든 분야에서 영향을 미치므로 한 마디로 정의하기가 어렵다. 방대한 양의 데이터를 처리하여 사용자에게 유용한 결과를 제공한다는 의미에서는 데이터처리시스템(Data Processing System)이며 지금은 유·무선 네트워크 접속 기능을 갖춘 컴퓨터뿐만 아니라 네트워크와의 교신 능력을 가진 초소형 칩을 TV, 냉장고 그리고 전자레인지 등 가전기기, 자동차 및 진열대 등 모든 기기 및 사물에 내장해 각종 정보를 손쉽게 송수신, 생활을 보다 편리하게 해 주는 유비쿼터스 컴퓨팅 시대에 들어섰다.

그러나 컴퓨터와 같은 IT 폐기물(e-waste)의 급속한 증가 그리고 폐기물의 독성과 유해물질은 점차 환경과 건강을 위협하고 있다. 그러므로 IT 기기는 기존의 제품 성능 중시에서 전력 소비량 감축, 이산화탄소 배출 규제 등 친환경적 요소 반영이 필수적이다.

2) 컴퓨터 시스템

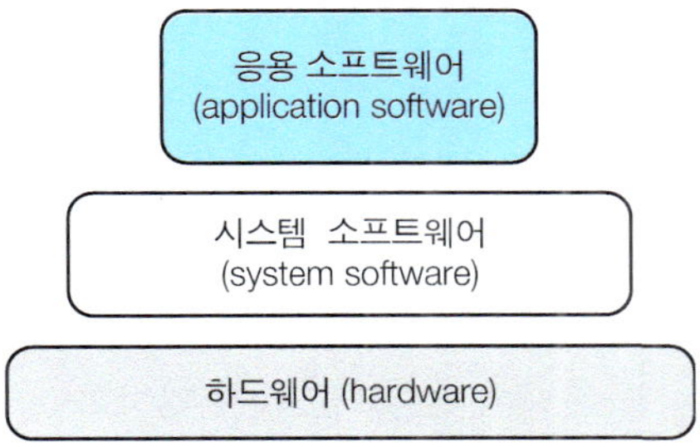

[그림 1-6] 컴퓨터 시스템의 구성 요소

컴퓨터 혹은 컴퓨터 시스템(Computer System)에 대한 일반적인 정의는 외부 프로그램이나 데이터 입력을 받아들여 내부 전자회로에서 자료를 계산하거나 처리해 정보를 저장하고 결과를 출력하는 기계이다. 컴퓨터에 대응하는 우리말 번역은 전자계산기이다. 전자회로를 이용해 자동으로 자료를 계산하고 처리하는 기계라는 뜻이다. 이를 줄여 전산기라고도 한다.

컴퓨터가 정보를 처리하기 위해서는 중앙처리장치, 기억장치, 입출력 장치와 주변 장치 등의 하드웨어적인 구성요소가 필요하다. 또한 명령의 실행이 가능하도록 소프트웨어적인 구성요소가 함께 결합되어 이른바 컴퓨터 시스템을 구성해야 한다.

하드웨어는 컴퓨터의 내부적인 동작을 담당하는 물리적인 기계 장치를 말한다. 영어식 표현에서 본래 하드웨어의 의미는 쇠붙이라는 뜻이다. 영어권에서 하드웨어 스토어(Hardware Store)라고 하면 철물점을 가리킨다. 컴퓨터 용어에서 하드웨어(hardware)는 컴퓨터 시스템을 구성하는 전자 부품, 각종 보드, 주변 장치와 기계 설비이다. 컴퓨터에서 정보가 실제로 처리되는 물리적인 장치와 정보의 전송 경로를 말한다. 하드웨어는 프로그램에 의해 소프트웨어가 명령한 일을 수행한다. 하드웨어 동작은 작업의 신뢰성과 효율성이 있도록 제작되고 설계되어야 한다.

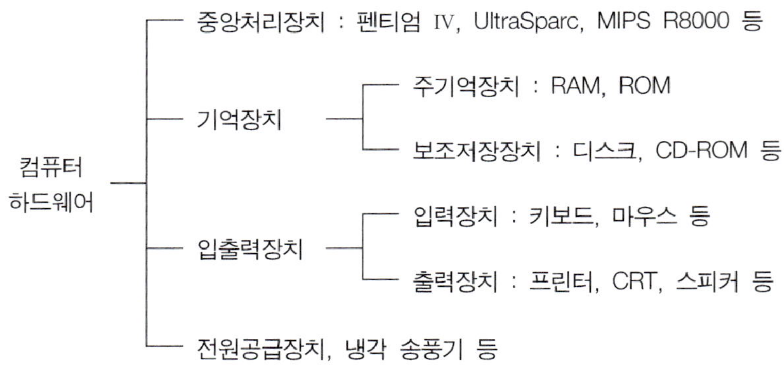

[그림 1-7] 컴퓨터 하드웨어 요소

소프트웨어(software)와 프로그램(program)은 동의어다. 소프트웨어는 컴퓨터를 관리하고 활용하기 위한 각종 명령어들의 집합인 프로그램 체계이다. 컴퓨터가 인식할 수 있는 언어로 작성된 시스템 프로그램이나 사용자 편의를 위해 만들어진 각종 응용프로그램들을 말한다. 소프트웨어는 하드웨어 없이 실행되지 않는다. 하드웨어와 맞지 않아도 실행되지 않는다.

컴퓨터에서 프로그램은 '프로그래밍 언어로 작성된 명령어 리스크'라는 뜻이다. 컴퓨터가 순서에 따라 수행해야 할 작업들의 절차를 나타낸다. 컴퓨터 용어에 프로그램이라는 표현이 가장 먼저 사용된 것은 1946년 영국의 과학 잡지 네이처에 게재된 ENIAC 관련기사이다.

그 이전에는 주로 연주회의 행사 내용, 진행 순서 그리고 TV 방송 시간표 등을 일컫는 말에 프로그램이라는 표현이 사용되고 있었다.

소프트웨어는 하드웨어의 동작을 지시하고 제어하는 모든 종류의 프로그램을 포함하며 시스템 소프트웨어(System Software)와 응용 소프트웨어(Application Software)로 크게 나눌 수 있다.

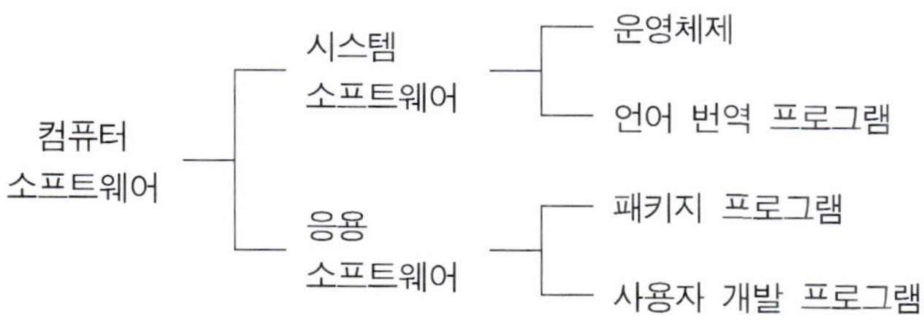

[그림 1-8] 컴퓨터 소프트웨어 요소

학습 활동 **응용 소프트웨어**

사용자의 어떤 특정 업무를 쉽게 처리할 수 있도록 전문적인 소프트웨어 회사가 작성, 제공하는 프로그램으로 패키지 프로그램과 사용자 개발 프로그램이 있다.

1) 패키지 프로그램

어떤 일정한 업무를 처리하도록 만들어진 프로그램으로서 사용자가 만들기에 너무 복잡한 경우, 프로그램 개발 전문 업체나 제조회사에서 만들어 일반 사용자들에게 널리 제공하는 프로그램이다. 예를 들면 워드 프로세서, 데이터베이스 또는 스프레드시트가 이에 속한다.

2) 사용자 개발 프로그램

컴퓨터 시스템의 사용자가 스스로의 업무를 처리하기 위하여 사용자가 직접 개발한 프로그램이다. 예로서 인사 개발 프로그램, 자재 관리 프로그램 등이 있다.

컴퓨터의 근본적인 기능은 수치적 또는 논리적 데이터를 적절히 처리하는 것이며, 이것을 위한 하드웨어는 반드시 전자 회로만으로 가능한 것은 아니다. 컴퓨터가 초기 시대에는 릴레이와 같은 단순한 기계 장치들에 의하여 그 기능들이 수행되어 왔으며, 속도 향상과 기능 확장을 위하여 점진적으로 전자 장치들로 대체되어 왔다. 그러나 그러한 초기 컴퓨터들의 구조와 동작 원리들을 분석해보면 현재의 컴퓨터들과 별로 다를 것이 없으며, 다만 기능이 더 단순하고 구조가 간단했다는 차이가 있을 뿐이다.

3) 논리 구조

최첨단 반도체에 의해서 만들어져 있는 디지털 컴퓨터는 단순한 스위치의 회로이며 이들 스위치의 조합법을 변형시킴으로써 여러 가지 기능을 갖게 한다. 이들 구조를 논리 구조(이하 논리 회로라고 한다.)라고 하고 이들 조합으로 기억과 연산 회로를 구성하게 된다.

[그림 1-9] 스위치의 원리

> **용어 설명** FPGA(Field Programmable Gate Array)
>
> 비메모리 반도체의 일종으로, 회로 변경이 불가능한 일반 반도체와 달리 여러 번 회로를 다시 새겨 넣을 수 있는 반도체다. 오류가 발생할 때 수정이 가능하고 개발시간이 짧으며 초기 개발비용이 적게 든다. 그러나 일반적으로 속도가 느리고 복잡한 설계에 적용이 불가하며 소비전력이 크다는 단점이 있다.

논리 회로의 설계는 논리식이나 진리표가 사용되는데 1960년대에 표준 논리 IC가 등장하자 아날로그 회로 설계와 논리 설계를 분리하여 단순하게 구현할 수 있게 되었다. 작은 규모에서는 논리 소자 기호로 설계할 수 있지만, 규모가 커지면 힘들어진다. 그렇기 때문에 1990년대부터 대규모 회로 설계에는 하드웨어 기술 언어가 사용되고 있다.

1990년대 후반에는 논리 회로 프로그램을 이용하여 PLD(Programmable Logic Device), CPLD(Complex Programmable Logic Device) 그리고 FPGA(Field Programmable Gate Array)를 사용하였다. 양산품이나 높은 성능이 요구될 경우 ASIC를 사용하기도 했다.

컴퓨터, 프로그래머블 로직 컨트롤러(PLC, 공업용 제어 프로세서), 디지털 신호 처리장치 등은 논리 회로를 이용해 만들어진다.

디지털 컴퓨터에서 사용되고 있는 0과 1은 전기적인 스위치 회로로 나타낼 수 있다. 이 스위치에서는 두 가지 상태를 표현할 수 있는데 그것은 스위치를 닫은 상태(on)와 스위치의 개방 상태(off)이다. 여기서 on을 '1'로, off를 '0'으로 대응시킬 수 있으며 2진수 요소가 된다.

집적 회로 기술의 발전에 대응할 수 있도록 다양한 모델에 적용이 가능한 독립적인 모델(동작 기술)을 사용하여 설계할 수 있다. 예를 들면, 두 가지 상태를 나타내는 컴퓨터 논리회로는 스위치의 구성 방법을 응용하여 만든 것이며 스위치 구성방법의 기본 회로는 다음의 세 가지가 있다.

- AND 회로 (직렬 회로)
- OR 회로 (병렬 회로)
- NOT 회로 (부정 회로)

학습 활동 **디지털 컴퓨터와 아날로그 컴퓨터**

1) 디지털 컴퓨터
- 수치를 이산적인 수의 형태로 계산, 처리한다.
- 숫자나 문자를 부호화하여 사칙연산, 분류, 비교 등으로 필요한 처리를 한 후 다시 그 결과를 숫자, 문자, 부호로 결과를 얻는다.
- 일반 사무 및 일반 계산용으로 사용되는 일반적인 컴퓨터를 말하며 주요 회로는 논리회로를 사용한다.

2) 아날로그 컴퓨터
- 수치를 물리적인 길이로 계산, 처리한다.
- 온도, 습도, 전압, 전류 등을 측정하는데 주로 사용된다.
- 사칙연산 외에 미적분이 가능하지만 프로그램을 기억시키지 않기 때문에 일반적인 정보를 처리할 수 없다.
- 처리에 필요한 데이터를 계측기로부터 직접 입력하므로 신속한 입력과 출력을 얻을 수 있다.
- 식물의 성장, 온도 등 연속적인 데이터이며 주요 회로는 증폭회로를 사용한다.

가) 직렬 스위치 회로(AND 회로)

[그림 1-10]에서 스위칭 회로는 전지 E, 전구 C 및 두 개의 스위치 A, B로 구성되어 있으며 이 회로의 동작을 4가지 형태로 구분해 볼 수 있다. [그림 1-10] (a)의 스위칭 회로에서 스위치 A 또는 스위치 B의 한쪽만 눌러서는 전구에 불이 켜지지 않는다. 스위치 A와 스위치 B를

동시에 누를 때 비로소 전구에 불이 켜지게 되는 데 이와 같은 동작을 [표 1-4]에 나타내었다.

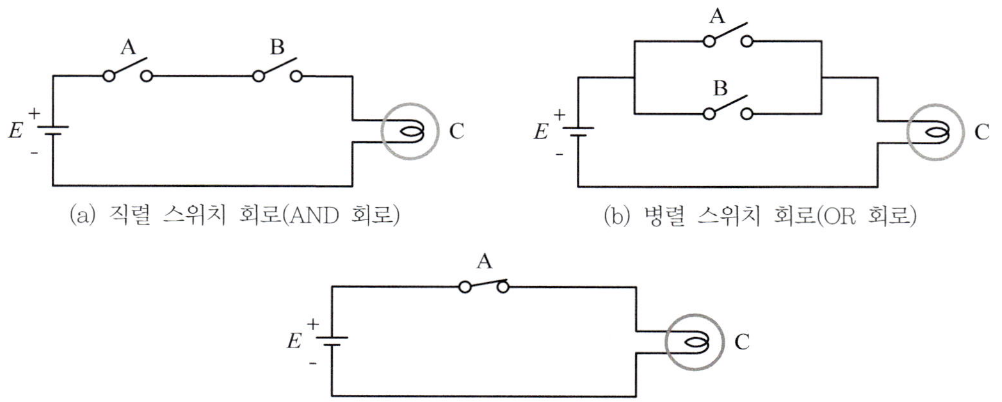

(a) 직렬 스위치 회로(AND 회로)

(b) 병렬 스위치 회로(OR 회로)

(c) 부정 회로(NOT 회로)

[그림 1-10] 스위치 논리 회로

[표 1-4] 직렬 스위치 회로(AND)의 동작 상태

스위치(A)	스위치(B)	전구(C)
OFF(0)	OFF(0)	0
OFF(0)	ON(1)	0
ON(1)	OFF(0)	0
ON(1)	ON(1)	1

나) 병렬 스위치 회로(OR 회로)

[그림 1-10] (a)의 스위칭 회로에서 스위치 A가 ON 또는 스위치 B가 ON이 되면 전구 C에 불이 켜진다. 뿐만 아니라 스위치 A, B를 동시에 눌러도 전구가 켜진다. 그러나 두 개의 스위치를 모두 열었을 때는 켜지지 않는다. 지금까지 표현했던 동작을 [표 1-5]에 나타내었다.

[표 1-5] 병렬 스위치 회로(OR)의 동작 상태

스위치(A)	스위치(B)	전구(C)
OFF(0)	OFF(0)	0
OFF(0)	ON(1)	1
ON(1)	OFF(0)	1
ON(1)	ON(1)	1

다) 부정 회로(NOT 회로)

[그림 1-10] (c)의 스위칭 회로에서 스위치를 그대로 두면(OFF) 전구에 불이 켜지고, 스위치 A를 누르면(ON) 전구가 꺼지게 되어 있으므로 [표 1-6]과 같은 부정 회로의 동작 상태를 얻을 수 있다. 이 부정 회로를 인버터(inverter) 회로 또는 보수(complement) 회로라고 부른다.

[표 1-6] 부정 회로의 동작 상태

스위치(A)	전구(C)
OFF(0)	1
ON(1)	0

학습 활동 **자료 처리 방식**

1) 즉시 처리 방식(Real Time System)
원하는 시간 내에 컴퓨터에 의한 처리 결과를 받아 볼 수 있는 방식

2) 배치 처리 방식
일정한 시간동안 데이터를 수집한 후에 일괄적으로 처리하는 방식

3) 온라인 방식(On-line System)
데이터의 전송과정에 있어서 사람이 직접 개입하지 않고 컴퓨터와 단말기가 통신회선으로 연결되어 처리하는 방식

4) 오프라인 방식(Off-line System)
컴퓨터와 단말기 사이에 통신 회선 없이 직접 사람이 전송과 작업처리에 개입하는 방식

4 컴퓨터의 기본 구조

일반적인 컴퓨터의 구성 요소 및 그들 간의 연결 개념도는 [그림 1-11]과 같다. 기본적인 컴퓨터 시스템은 5개의 장치로 구성되는데, 입력(input) 장치, 제어(control) 및 연산(arithmetic) 장치, 기억(memory) 장치, 그리고 출력(output) 장치를 들 수 있다. 이러한 기능 블록별 연결 및 조직을 컴퓨터 구조(Computer Architecture)라고 부른다.

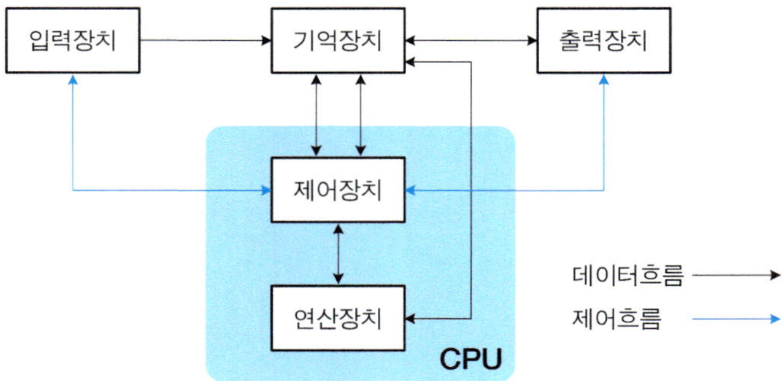

[그림 1-11] 컴퓨터의 일반적인 구성도

중앙처리장치(Central Processing Unit, CPU)는 제어장치와 연산장치로 구성되어 있는데 전자는 프로그램의 명령과 자체적인 기능으로 컴퓨터의 모든 장치들의 작동을 지시하고 감독, 통제하는 장치이다. 데이터의 입출력과 연산을 제어하기 위하여 기억장치에 있는 프로그램을 꺼내어 해독한 후 각 장치에 명령 신호를 보낸다. 후자는 가(addition), 감(subtraction), 승(multiplication), 제(division) 등의 산술동작을 수행하며, 산술 동작의 결과는 저장을 위해 다시 기억장치에 되돌려진다. 이 결과는 다시 나중에 출력장치에 의해 읽혀진다.

CPU가 실행할 프로그램과 데이터는 기억장치에 저장되는데, 기억장치는 크기와 속도 및 용도에 따라 주기억(Main Memory) 장치와 보조기억(Secondary Memory) 장치로 나누어진다.

학습 활동 **중앙처리장치의 구성**

1) **제어장치**: 명령 계수기, 명령 레지스터, 명령 해독기, 번지 해독기, 부호기
2) **연산장치**: 가산기(adder), 인버터(inverter), 누산기(accumulator, ACC), 기억 레지스터, 데이터 레지스터, 어드레스 레지스터, 상태 레지스터

전자는 CPU 가까이에 위치하며 반도체 기억장치 칩들로 이루어지기 때문에 고속 액세스가 가능하지만, 가격이 높고 면적을 많이 차지하기 때문에 저장 용량을 크게 할 수 없다.

후자는 디스크(disk)나 CD-ROM과 같은 영구 저장 능력을 가진 기억장치들을 말하며, 저장밀도가 높고 비트당 가격이 낮지만 기계적인 장치가 포함되기 때문에 속도가 느리다. 보조 저장 장치는 입출력 장치로 분류되기도 하는데 그 이유는 CPU에 의하여 직접 액세스되지 못하고 다른 입출력장치들과 마찬가지로 별도의 컨트롤러(controller)를 통하여 액세스되기 때문이다.

한편, 컴퓨터로 데이터를 처리하기 위해서는 먼저 처리할 데이터와 프로그램을 컴퓨터에 넣어줘야 하고, 입력된 데이터를 프로그램에 따라 처리한 후에는 그 처리 결과를 밖으로 내어줘야 한다. 이러한 동작을 수행하기 위해서 입출력장치가 사용되는데 입력장치는 데이터와 명령을 주기억장치로 공급하기 위한 장치이며, 입력된 데이터를 프로그램에 따라 처리한 후에 그 처리결과를 밖으로 내어주는 장치가 출력장치이다.

- 입출력 장치
  - 입력 장치
    - 문자·영상·기타 입력용: 키보드(문자 입력), 바코더 리더(바코드), 스캐너(영상입력), 마이크로필름 입력장치, 음성입력장치(음성) 등
    - 포인팅용: 마우스, 라이트 펜, 디지타이저(digitizer), 조이 스틱, 트랙볼, 터치스크린 등
    - 문자 읽기용: MICR(Magnetic Ink Character Reader) OMR(Optical Mark Reader), OCR(Optical Character Reader)
  - 출력 장치
    - 인쇄용: 프린터(시리얼, 라인 프린터 등), XY 플로터 등
    - 표시용: CRT 모니터
    - 마이크로필름 장치용: COM(Computer Output Micro-film)

[그림 1-12] 입출력장치

5 시스템 접속 방법

이 절에서는 컴퓨터의 구성 요소들인 CPU와 기억장치 및 I/O 장치들이 어떻게 접속되고 상호 작용하는 지 분석함으로써 컴퓨터 시스템의 전체적인 구성과 동작원리를 살펴보고자 한다.

1) CPU와 기억장치의 접속

[그림 1-13]은 CPU와 시스템 내의 다른 요소들 사이에 정보를 교환하는 통로가 되는 시스템 버스(System Bus)를 보여주고 있다. 시스템 버스를 사용하는 주요 목적은 CPU 내부와 외부를 접속하는 것이다. 시스템 버스는 컴퓨터 시스템을 구성하는 주요 요소인 CPU와 주기억장치 또는 I/O 장치 사이에 정보를 교환해주는 통로 역할을 한다. 다른 말로 하면 전면 버스(Front Side Bus, FSB) 또는 호스트 버스(Host Bus)라고도 한다.

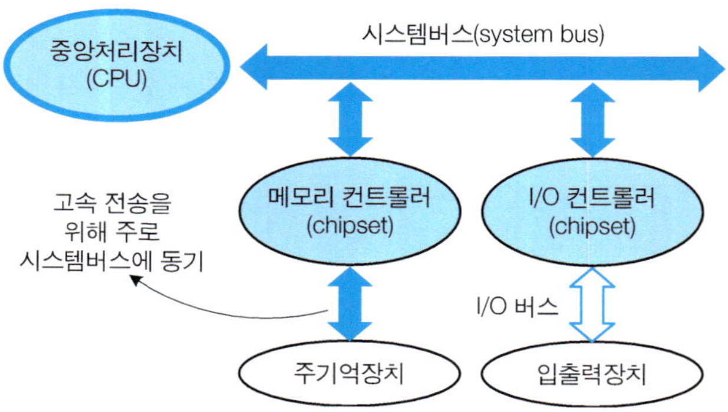

[그림 1-13] 시스템 버스와 I/O 버스

CPU와 주기억장치 또는 I/O 장치 사이에는 주로 칩셋의 형태로 이들을 제어하는 컨트롤러(이하 제어기라고 한다.) 칩들이 존재한다. 고속 전송을 위하여 주기억 장치는 기억장치 제어기보다 주로 시스템 버스에 직접 동기 되도록 설계한다.

한편, I/O 제어기와 입출력장치 사이의 버스를 입출력 버스라고 한다. I/O 버스는 시스템 버스에서 갈라져 나와 다양한 입출력장치를 연결한다. 같은 컴퓨터 시스템 내에서 시스템 버스는 보통 한 종류인데 비해 I/O 버스는 여러 종류를 동시에 사용한다.

시스템 버스는 [그림 1-14]와 같이 데이터 버스, 주소 버스, 제어 버스 등이 있다. 데이터 버스는 데이터를 전송하고, 주소 버스는 기억 번지 또는 어느 장치를 선택하는 주소 정보를 전송하며, 제어 버스는 데이터의 흐름을 제어하는 제어신호를 전송한다.

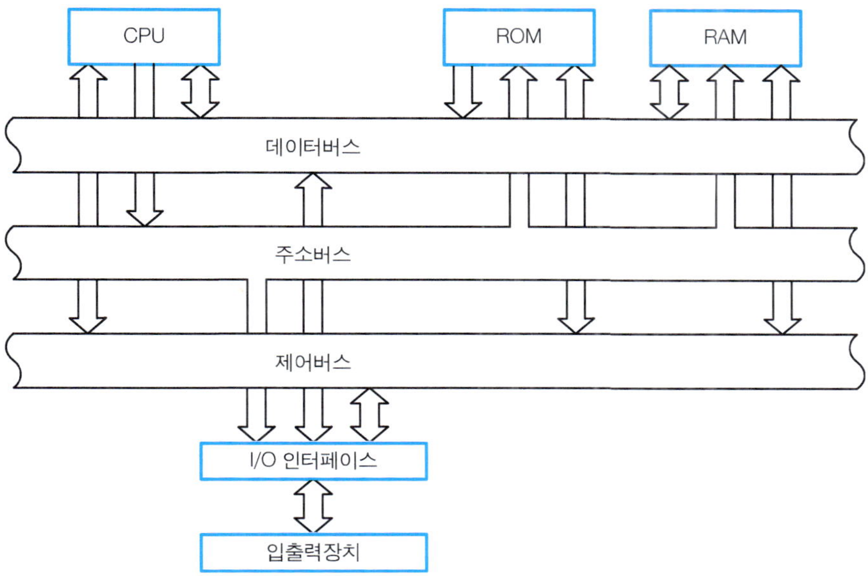

[그림 1-14] 시스템 버스

주소는 CPU에 의해 발생되어 기억장치와 I/O 장치로 보내지는 정보이기 때문에 주소 버스는 단방향성(uni-directional)이다. 반면에 데이터 버스는 읽기와 쓰기 동작을 모두 지원해야 하므로 양방향 전송(bi-directional transfer)이며 제어 버스는 요구 제어 신호와 확인 제어 신호를 사용하므로 또한 양방향 전송 동작을 수행한다.

학습 활동 **데이터 통신에서의 제어 버스**

스트로브(strobe) 방법의 결점은 전송을 시작한 송신장치가 버스에 놓인 데이터를 수신 장치가 받아들였는지의 여부를 알 수 없다. 핸드셰이킹(handshaking)에서 또 하나의 제어선을 수신부로부터 송신부로 접속되어 있으며 이것은 수신 장치가 데이터를 받아들일 수 있는지의 여부를 송신부에 알리기 위해 사용한다.

CPU가 기억장치의 특정 장소에 데이터를 저장하거나 이미 저장되어 있는 내용을 읽는 동작을 액세스(access)한다고 말한다. [그림 1-15]에서 CPU가 특정 기억 장소로부터 데이터를 읽고자 할 때 기억장치로 보내주는 정보는 읽기 신호이다. 그리고 기억 장소에 데이터를 저장하고자 하는 경우에는 쓰기 신호를 보내주어야 한다.

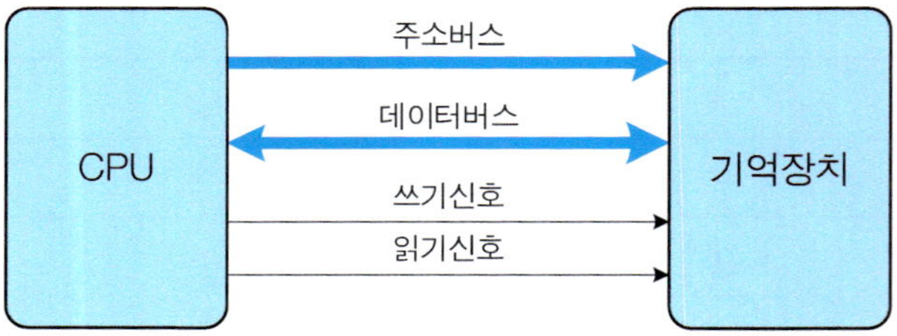

[그림 1-15] CPU와 주기억장치의 접속

이와 같이 접속된 상태에서 CPU가 기억장치로 데이터를 쓰는 동작의 시간 흐름도(Timing Diagram)를 보면 [그림 1-16] (a)와 같다. CPU는 데이터를 저장할 기억 장소의 주소와 저장할 데이터를 각각 주소 버스와 데이터 버스를 통하여 보내면서 동시에 쓰기 신호를 야기(excite)시킨다. 이 신호들은 모두 기억장치 쓰기 동작이 완료될 때까지 그대로 유지되고 있어야 한다. CPU가 주소와 데이터를 보낸 순간부터 저장이 완료될 때까지의 시간을 쓰기 시간(Write Time)이라고 한다.

반면에 [그림 1-16] (b)에서 CPU는 데이터가 저장되어 있는 기억 장소의 주소를 주소 버스를 통하여 보내면서 읽기 신호를 야기한다. 일정 시간이 지연된 후에 기억 장치로부터 읽혀진 데이터가 데이터 버스 상에 실리며, CPU는 그 데이터를 버스 인터페이스 회로(Bus Interface Circuit)를 통하여 읽게 된다. 여기서 지연 시간은 주소를 해독하는 데 소요되는 시간과 선택된 기억소자로부터 데이터를 읽는데 걸리는 시간을 합한 시간이다. CPU가 주소를 발생한 시간부터 읽기 동작이 완료될 때까지의 시간을 읽기 시간(Read Time)이라고 한다.

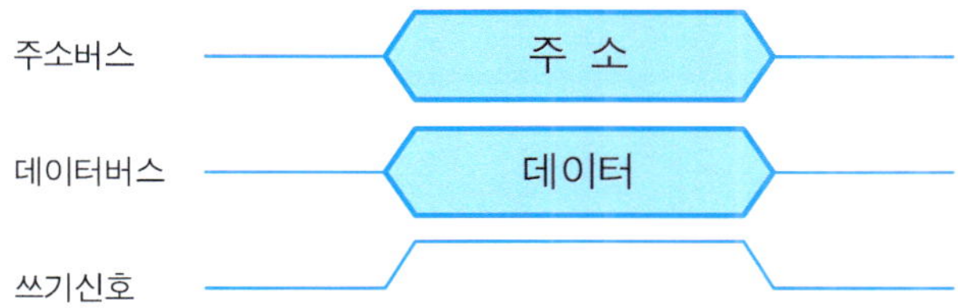

(a) 기억장치 쓰기 동작의 시간 흐름도

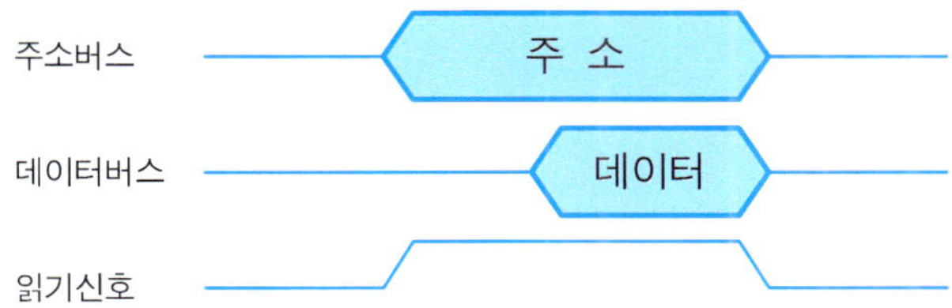

(b) 기억장치 읽기 동작의 시간 흐름도

[그림 1-16] 기억장치 접속 동작의 시간 흐름도

2) CPU와 I/O 장치와의 접속

컴퓨터는 프로그램에 따라 데이터를 처리하는 기계이므로, 프로그램 내장 방식의 현대 컴퓨터에 있어서는 처리할 데이터와 그 데이터를 처리하는 방법, 즉 프로그램을 미리 기억장치에 넣어주어야 한다. 넣어줄 때에는 인간의 언어와 컴퓨터의 언어가 다르므로, 컴퓨터가 이해할 수 있는 형태로 바꿔 주어야 한다. 이러한 역할을 하는 것이 입력 장치이다.

입력 장치로서 현재 가장 일반적으로 사용되는 것은 키보드(keyboard)이다. 키보드에서 키(key)는 스위치의 집합으로서 ISO/IEC2022 배열이라고 하는 일정한 규칙에 따라 키가 배열되어 있고, 키보드의 어느 한 키가 눌러지면 그에 대응되는 EBCDIC 코드가 키보드 제어기로 전송되어 데이터 레지스터(Data Register)에 저장되며, 동시에 상태 레지스터(Status Register)의 지정된 비트가 세트된다.

용어 설명 **EBCDIC 코드(Extended Binary Coded Decimal Interchange Code)**

컴퓨터 내부 코드 또는 그들 간의 통신용 코드로 사용하며 BCD 코드를 확장시킨 8비트 코드이다.

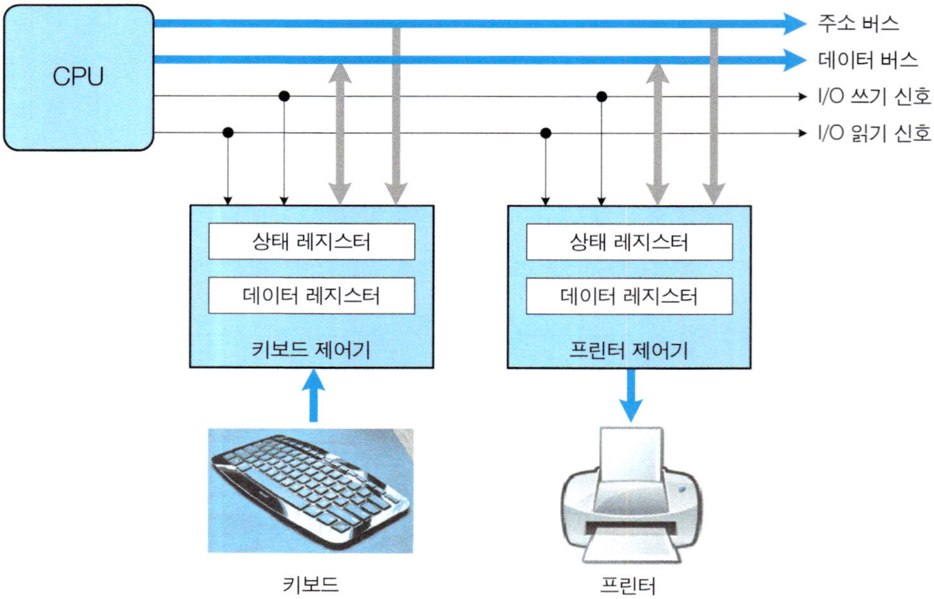

[그림 1-17] CPU와 I/O 장치들 간의 접속

키를 누름으로써 어떤 문자나 숫자가 코드로 바꾸어지는 과정을 설명하기 위해서 숫자 및 영문자 키를 누르면 그 숫자 및 영문자에 해당하는 EBCDIC 코드가 출력되는 회로를 [그림 1-18]에 소개한다. 이 그림에서 보듯이 예를 들어 1의 키를 누르면 다이오드가 D_7 D_6 D_5 D_4와 D_0에만 연결되어 있으므로 출력 단에는 11110001이 출력되고, 9의 키를 누르면 11111001이 출력된다. 그리고 A의 키를 누르면 11000001이 출력되고, Z의 키를 누르면 11101001이 출력된다.

용어 설명 하위 시스템의 불균일 진화 법칙

시스템의 여러 부분들의 진화 속도가 균일하지 않고 서로 다른 속도로 진화하고 있다. 예를 들면, 컴퓨터의 CPU는 빠른 속도로 진화하였지만 입력매체는 아직 키보드인 점이 이를 말해 주고 있다. 뿐만 아니라 정보화 패러다임의 전환 방향은 전산화 → 정보화 → 지식화 → 유비쿼터스화를 거쳐 지능화하여 사물 인터넷(IoT, Internet of Things)을 구현하게 되었지만 이를 기반으로 하는 물리공간의 진화는 기대할 수 없다.

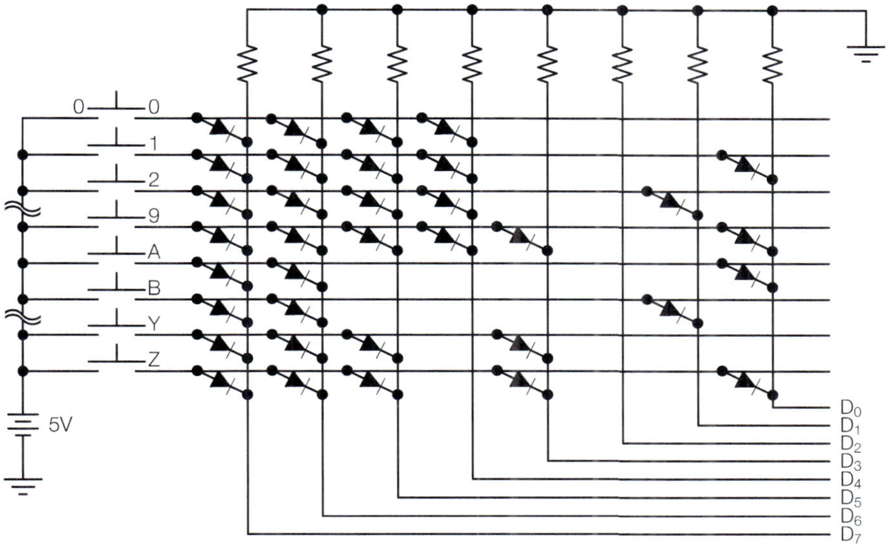

[그림 1-18] EBCDIC 인코더

키보드는 문자나 숫자를 입력하는 수단으로서는 기능상 거의 완벽하고, 특히 정확하게 입력되는 특성을 가지나 인간에게는 부담을 주는 부자연스런 입력장치인 것만은 분명하다. 그러므로 음성입력장치라든가 광학문자판독기(OCR)와 같은 것이 크게 연구 중에 있고 그 일부는 이미 상용화되어 있다.

CPU가 데이터를 프린트하는 과정도 유사하다. CPU는 데이터를 프린트로 보내기 전에 먼저 프린터 제어기 내의 상태 레지스터를 읽어서, 데이터 출력 준비 비트를 검사한다. 이것은 프린터가 이전에 받은 데이터에 대한 프린트 동작을 완료하고 다음 프린트 동작을 시작할 준비가 되었는 지를 검사하는 과정이다. 여기서 데이터 레지스터는 CPU와 입출력장치 사이에서 임시 저장 장소 역할을 하기 때문에 데이터 버퍼(Data Buffer)라고 부르기도 한다.

하드 디스크(Hard Disk)와 같은 보조저장장치들도 각 장치를 위한 제어기를 통하여 이와 유사한 방법으로 접속된다. 키보드나 프린터와 같은 경우에는 바이트 단위로 데이터 전송이 일어나지만, 보조저장장치의 경우에는 블록 단위로 전송이 이루어지기 때문에 제어기 내에 적어도 한 블록 이상을 임시 저장할 수 있는 데이터 버퍼가 존재해야 한다.

CPU는 시스템에 접속되어 있는 I/O 장치들을 직접 제어하지는 않지만, 각 장치의 제어기가 수행할 동작을 지정하는 명령을 보내거나 상태 정보와 데이터를 주고받을 수 있어야 한다. 이때 CPU는 상태 레지스터와 데이터 레지스터들을 각각 한 단어 길이의 기억장치로 간주하여 고유의 주소를 한 개씩 지정하여 읽기와 쓰기 동작을 수행함으로써 각 장치의 제어기들을 구분하여 정보를 주고받는다.

학습 활동 **컴퓨터의 기본적인 기능**

1) **프로그램 실행**: CPU가 주기억장치로부터 프로그램 코드를 읽어서 실행한다.
2) **데이터 저장**: 프로그램 실행 결과로서 얻어진 데이터를 주기억장치에 저장한다.
3) **데이터 이동**: 디스크에 저장되어 있는 프로그램과 데이터 블록을 주기억장치로 이동한다.
4) **데이터 입출력**: 사용자가 키보드를 통하여 보내는 명령이나 데이터를 읽어 들인다. 또한 CPU가 처리한 결과 값이나 기억장치의 내용을 프린터로 출력한다.
5) **제어**: 프로그램이 순서대로 실행되도록 또는 필요에 따라 실행 순서를 변경하도록 조정하며, 각종 제어신호들이 발생한다.

6 컴퓨터의 활용 분야

컴퓨터의 급속한 발달과 보급, 컴퓨터 이용 기술의 향상, 보다 신속하고 정확한 정보에 대한 필요성, 컴퓨터에 대한 인식의 확산, 경영에서의 각종 과학적 기법의 도입 등과 같은 여러 가지 요인에 따라 컴퓨터의 활용분야가 급속히 확산되고 있다.

1) 사무 처리 분야

1970년대부터 기업 경쟁력 측면에서 생산성 향상이나 인력 절감을 위해 컴퓨터의 도입이 실시되었다. 기업에서는 컴퓨터를 이용하여 대용량의 정보를 가공하고 처리하기 위해 회계 관리, 인사 관리, 성적 관리 업무 분야에 컴퓨터가 널리 이용되고 있다. 이와 같이 사무실에서 컴퓨터와 같은 정보화 기기를 사용하여 업무의 효율을 향상시키는 것을 사무 자동화(Office Automation, OA)라 한다.

최근에는 모든 데이터가 컴퓨터에 집착되고, 다양하게 가공 편집되어 기업의 모든 업무가 키보드만 누르면 바로 그 결과를 볼 수 있게 하는 개념을 갖는 경영 정보 시스템(Management Information System, MIS)에 대한 관심을 갖게 되었다.

2) 과학 응용 분야

기술 계산, 정보 검색, 공장 자동화(Factory Automation, FA), 가정 자동화(Home Automation, HA), CAD 등의 특수 분야가 과학 응용 분야에 속한다.

대표적인 예로 각종 설계 분야, 모의실험(simulation) 분야 등이 여기에 속한다. 특히 설계 분야에서는 이제까지 일일이 수작업으로 설계하던 것을 CAD 시스템을 이용하여 보다 정확하고 효율적으로 설계할 수 있다. 모의실험은 실제의 실험이 불가능한 경우나 실험은 가능하더라도 경제적, 시간적으로 어려움이 많은 경우, 또는 해석적인 방법으로 해답을 구할 수 없는 경우 등의 복잡한 현상에 대하여 가상 실험을 통해서 그 해답을 얻는 방법이다.

정보 검색 분야는 유용한 정보를 대량으로 보조 기억 장치에 기억시켜 주고 필요시에 즉시 활용하는 분야이다. 예를 들어 도서관의 문헌 검색, 주민 등록 업무, 좌석 예약, 상품 쇼핑 등이 여기에 속한다.

주로 신속한 정보의 처리가 요구되는 분야로서 공장 자동화와 관련된 공정 제어, 자동 가공 제어 등이 있다. 최근에는 가정 자동화와 관련된 원격 조정 시스템도 등장하고 있다. 이 시스템을 이용하게 되면 외출 중에도 외부에서 전화선 등을 이용하여 가정의 가전제품 등을 조정할 수 있다.

3) 교육 분야

컴퓨터와 네트워크를 중심으로 한 정보통신 기술의 발전으로 인터넷이 새로운 교육 매체로서 등장하면서, 우리의 교육 환경은 지금까지와는 질적으로 다른 방향으로 변화하고 있다. 온라인 교육(이하 e-learning이라고 한다.)은 교육과 네트워크 기술이 접목된 새로운 교육 분야로 대변된다. e-learning의 개념에 관하여 아직 명확하게 정립되지는 않았지만 대체적으로 전자적인(electronic) 기술과 교육(learning)이 합쳐진 기술기반 교육을 지칭한다.

최근에는 유비쿼터스의 머리글자를 따서 만들어진 U-Learning이 등장했는데 웹기반 외에 무선 단말기를 활용하여 학습을 한다는 의미이다. 유비쿼터스는 일반적으로 언제 어디서나 유·무선을 모두 활용하여 생활에 편의를 줄 수 있는 모든 IT 기술 기반의 시스템이나 장비, 서비스 등을 말한다. 그래서 U-Learning은 이런 기반기술을 활용하여 학습할 수 있는 형태이다. 단적으로 핸드폰이나 PDA 특히 요새는 DMB를 통한 학습이나 PMP를 통해 학습콘텐츠를 받아 학습을 하는 형태를 말한다.

요 약

01 컴퓨터는 다양한 대량의 데이터를 사용자가 원하는 형태로 연산하고, 논리적인 비교 및 판단을 자동으로 신속 정확하게 처리할 뿐만 아니라 저장장치에 기억시켜주는 여러 구성장치로 구성된 정보처리 시스템을 말한다.

02 제1세대 컴퓨터는 진공관을, 제2세대 컴퓨터는 트랜지스터를, 제3세대 컴퓨터는 집적회로를, 제4세대 컴퓨터는 초대형 집적회로를 기억소자로 했다.

03 데이터란 임의의 형태로 형식화된 사실이나 의사 등을 컴퓨터가 처리할 수 있도록 숫자, 문자 그리고 기호 등으로 표시한 것을 말한다.

04 정보는 데이터를 가공하거나 변환하여 얻은 결과물을 말하며, 데이터간의 상호 관계를 부여하는 의미 있는 데이터이다.

05 컴퓨터는 크게 기계 그 자체만을 의미하는 하드웨어(hardware)와 기계를 실제로 동작하게 하는 소프트웨어(software)로 나눌 수 있다.

06 중앙처리장치는 '프로그램 실행'과 '데이터 처리' 기능을 수행하는 요소이다.

07 시스템 버스는 주소 버스, 데이터 버스 그리고 제어 버스로 구성되어 있다.

08 기억 장치 읽기 동작에서는 일정 지연 시간이 경과한 후에 기억장치로부터 읽혀진 데이터가 데이터 버스 상에 실리며, CPU는 그 데이터를 버스 인터페이스 회로를 통하여 읽는다.

09 I/O 장치 제어기에서는 상태 레지스터와 데이터 레지스터가 있다.

10 컴퓨터의 기본적인 기능은 프로그램 실행, 데이터 저장, 데이터 이동, 데이터 입출력 그리고 제어이다.

문 제

01 컴퓨터(computer)란 무엇인가? 정의를 내리고 그 특징을 쓰시오.

02 컴퓨터의 발전 단계를 세대별로 분류하고 그 특징을 나열하시오.

03 데이터(data)와 정보(information)를 비교 설명하시오.

04 컴퓨터 하드웨어의 구성 요소에 대하여 자세히 서술하시오.

05 시스템 버스(System Bus)는 컴퓨터 메인보드가 거대한 도시라고 할 때 그 도시 내에 각 건물 간에 사람이나 차량이 이동할 수 있는 도로이다. 이때, 구성 요소를 제시하시오. (3가지)

06 컴퓨터의 주요 부품으로 사용되고 있는 IC를 집적도에 따라 분류하시오.

07 시스템 소프트웨어와 응용 소프트웨어에 대하여 설명하시오.

08 스위치의 구성 방법의 기본 회로를 열거하여 자세히 설명하시오.

09 컴퓨터의 활용 분야에 대하여 자세히 서술하시오.

chapter

02

자료 표현

학습목표

1. 자료의 구성단위를 이해할 수 있다.
2. 수의 진법과 변환을 이해할 수 있다.
3. 숫자 및 문자 코드를 이해할 수 있다.
4. 에러 검출 코드를 이해할 수 있다.

컴퓨터는 프로그램에 따라 데이터를 처리하는 장치이다. 데이터는 숫자와 문자로 구성되는데, 이들은 어느 것을 막론하고 2진수 또는 2진 코드로 표시된다. 컴퓨터 내에서의 모든 물리적 상태가 '0'과 '1'로 표시되기 때문이다. 예를 들면 자기코어가 시계방향으로 자화되어 있으면 1, 반대방향으로 자화되어 있으면 0, 스위치가 닫혀 있으면 1, 열려 있으면 0, 펄스가 있으면 1, 없으면 0으로 표시한다.

다른 여러 숫자체계 중에서 2진수 체계(Binary System)는 디지털 시스템에서 가장 많이 사용하는 숫자체계이다. 10진수 체계 또한 디지털 시스템의 외부에서 어떤 양들을 표현하는데 보편적으로 쓰이기 때문에 중요하다. 이것은 10진수들이 디지털 시스템으로 입력되기 전에 2진수로 변환되고, 마찬가지로 디지털 회로의 출력에 있어서 2진수는 외부적인 표현을 위해 10진수로 변환된다.

2진수와 10진수 외에 2개의 다른 숫자 체계, 즉 8진수 체계와 16진수 체계가 디지털 시스템에서 광범위한 응용을 제공하는데, 이 2개의 숫자체계는 큰 값의 2진수를 표현하기 위한 효과적인 방법을 제공한다. 이와 같이 이들 숫자체계는 모두는 2진수로 또는 2진수로부터 쉽게 변환될 수 있는 능력이 요구된다.

이 장에서는 2진법, 8진법, 16진법 등의 수 체계 및 진법 변환 그리고 숫자 코드, 문자 코드 등의 코드 체계 그리고 에러 검출 방식에서 사용하는 코드를 다룬다.

1 개 요

컴퓨터로 어떠한 일을 처리하고자 하는 경우에는 먼저, 컴퓨터가 읽고 해석할 수 있는 코드(code)의 형태로 데이터(여기서는 자료라고 표현한다.)를 나타내 주어야 한다. 그래야만 컴퓨터 시스템 자료를 읽어 들여 주기억(Main Memory)장치에 기억시키게 되고 또 기억된 자료는 필요한 정보로 처리되어 출력장치를 통해서 눈으로 볼 수 있는 형태로 영상화하거나 인쇄하여 나타낸다.

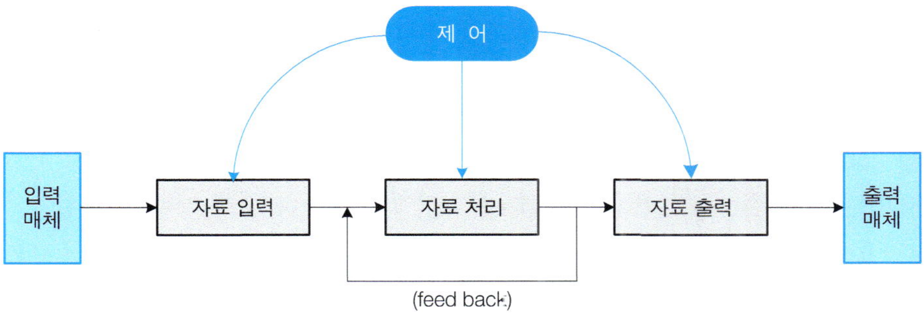

[그림 2-1] 자료의 처리 경로

자료를 넓은 의미의 경우와 좁은 의미의 경우로 구분할 수 있다. 컴퓨터 학문에서 넓은 의미의 자료란 컴퓨터 시스템의 구성과 이용에 관련 있는 모든 정보(information)를 의미하며 요약하면 다음과 같다.

- 컴퓨터를 운영하기 위해 필요한 정보
- 컴퓨터 운영 중 발생하거나 상태를 표시하는 정보
- 컴퓨터를 설치할 때 제공되는 프로그램

한편, 좁은 의미의 자료란 사용자(user)가 입력한 프로그램이나 그 프로그램을 수행하는 데 필요한 데이터를 말하며 보통 자료라고 하면 좁은 의미의 자료를 말한다.

컴퓨터에서 처리한 자료는 전기적 신호나 광학적 신호, 자기적 신호(Magnetic Signal)로 바뀌어져 전송되고 기억된다.

자료를 디지털 회선에 전송하는 데 있어서 원래의 신호를 그대로 전송하는 것이 아니라 일정한 부호화 과정을 거쳐 전송하게 된다. 이때, 부호화하는 신호변환기로는 DSU (Digital Service Unit)가 있으며 디지털 데이터를 아날로그 신호로 변조하는 것보다 단순하며 비용도 싸다.

용어 설명	DSU(Digital Service Unit)
디지털 회선용의 회선 종단 장치로서 주 컴퓨터나 각종 DTE(Data Terminal Equipment)를 고속 디지털 전송로에 접속하여 데이터 통신을 하는 데 필요한 장치이다.	

신호 변조 방식으로는 베이스 밴드 전송(디지털 정보 → 디지털 신호)의 변조 방법을 사용하며 베이스 밴드 전송은 디지털 형태인 0과 1로 출력되는 직류 신호를 변조하지 않은 채 그대로 전송한다. 장거리 전송에는 적합하지 않고, 컴퓨터와 단말기 통신, 근거리 통신에 이용된다.

베이스밴드(직류신호)에 사용되는 기본 방식에는 전압의 한쪽 극성(+ 혹은 −)만 사용하는 단극 방식과 양쪽 극성(+, −) 모두를 사용하는 복극 방식이 있다. 이 두 방식 중에서 하나를 선택하여 2진 신호를 다음과 같이 여러 가지로 표현될 수 있는 데, 데이터 전송에서는 바이폴라(bipolar) 방식이 많이 사용된다.

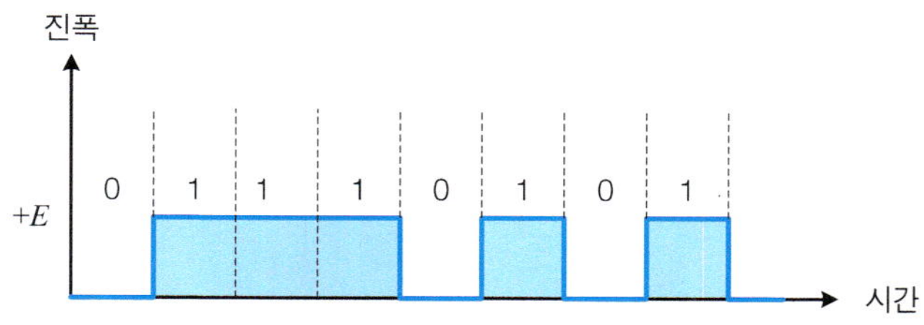

[그림 2-2] 단극 방식

이 장에서는 자료의 구성단위를 먼저 학습한 후 2진법, 8진법, 16진법 등의 수 체계와 숫자 코드, 문자 코드 등의 코드 체계, 에러 검출 방식에서 사용하는 코드를 다룬다.

2 자료의 구성단위

1) 파일의 개념

파일 시스템은 자료 저장의 논리적인 관점과 저장 장치의 물리적인 특성을 고려하여 논리적 저장 단위 즉, 파일을 정의하고 실제적인 저장장치에 적재시킨다. 이때, 실시간 처리를 행하는 일부 작업을 제외한, 대부분의 작업들이 갖는 입력 정보들을 파일(file)이라 하며, 나중에 사용하기 위해서 또는 다른 사용자가 이용할 수 있도록 하기 위해서, 물리적 매체에 어떤 작업이 출력해 놓은 결과를 역시 파일이라고 한다.

파일 시스템에서는 저장되는 모든 파일들에 대해 파일의 내용뿐만 아니라 각 파일들에 대한 상태 정보도 저장하고, 필요할 때 이에 접근하여 필요한 정보를 추출할 수 있도록 지원해야 한다.

파일이란 개념적으로 자료의 집합, 또는 관련된 자료의 집합으로 정의할 수 있으며, 바이트의 배열이라고 할 수 있다. 파일에 저장되는 내용 또는 저장 정보의 내용에 따라 파일들을 다음과 같이 분류할 수 있다.

■ 저장 내용에 따라

- ▷ 프로그램 파일(Program File)
  - – 원시 프로그램 파일(Source Program File)
  - – 목적 프로그램 파일(Object Program File)
  - – 실행 파일(Executable File)
- ▷ 데이터 파일(Data File)

■ 저장 정보의 형태에 따라

- ▷ 텍스트 파일(Text File, ASCII Text File)
- ▷ 이진 파일(Binary File)

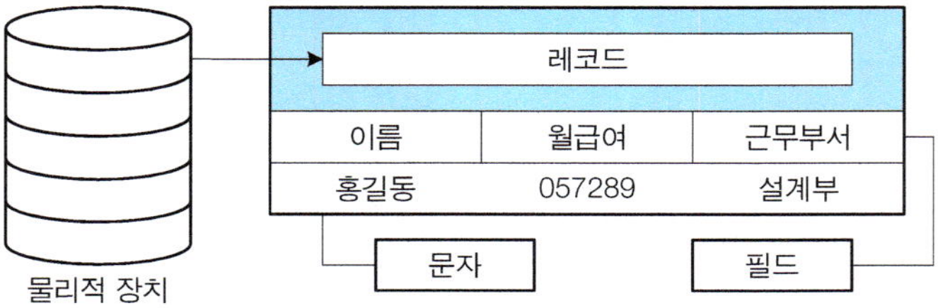

[그림 2-3] 파일 구조

학습 활동 **파일의 유형**

파일의 유형을 사용하여 파일의 내부 구조 형태를 짐작할 수 있는데 이때 각각의 파일은 그 파일을 다루는 프로그램에 의해 인식 가능한 내부 구조를 일정한 형태로 가지게 된다. 운영체제는 그 시스템이 지원 가능한 파일 구조를 정의하고, 그러한 구조를 가지는 파일을 다룰 수 있는 특별한 연산 기능을 제공할 수 있다. 일반적으로 파일 이름을 마침표로 구분하며, 이름과 확장자의 두 부분으로 구성한다.

[표 2-1] 파일의 유형

파일 형태	일반적 확장자	기능
실행 가능	exe, com, bin 등	이진 수행 기능 프로그램
소스코드	c, p, pas, f77, asm, a	다양한 언어로 된 소스 코드
배치	bat, sh	명령어 해석기에 대한 명령
문서	txt, doc	텍스트 데이터, 서류
워드 프로세서	wod, hwp, doc, 기타	다양한 워드 프로세서 형식
라이브러리	lib, a, DLL	프로그래머들을 위한 라이브러리 루틴
백업, 보관	arc, zip, tar	관련된 파일들을 하나로 묶어서 보관하는 것으로 저장을 위해 압축도 가능

파일은 일반적으로 프로그램과 자료의 형태로 되어 있으며, 이들은 컴퓨터의 주기억장치나 보조 기억 장치 등의 저장 매체에 적재된다. 주기억 장치 내에 적재될 때에는 일정한 길이의 바이트(byte)나 비트열(Bit String)의 형태로 저장되며, 보조 기억 장치에 저장될 때에는 자료를 입출력하는 기본 단위인 물리 레코드(Physical Record) 형태로 저장되며 이것은 하나 이상의 논리 레코드(Logical Record)로 구성되어 있다.

파일을 보조 기억 장치에 저장하여 처리하게 되면, 주기억 장치의 사용 효율을 높일 수 있을 뿐만 아니라, 프로그램과 파일 사이의 독립성을 유지시켜준다. 그리고 모든 파일은 그

파일 내에 저장되는 내용 외에도 그 파일에 대한 상태 정보를 수반해야 한다. 운영체제에 따라 파일의 상태 정보들은 디렉터리에 저장되기도 하며, UNIX 운영체제에서와 같이 별도의 공간을 배정하여 저장하기도 한다.

2) 구성 요소

가) 필드(field)

파일을 구성하는 기억 영역의 최소 단위로 특정한 한 종류의 자료를 포함한 것이다. 예를 들면, 재고 파일에서는 품명 번호, 색 코드 등이 각각 하나의 필드로 취급된다. 다시 말하면, 하나의 레코드 중에서 특정 종류의 데이터를 위해서 사용되는 지정된 영역을 말한다.

한편, 필드의 물리적인 크기(예를 들면, 자릿수)를 필드 길이(Field Length)라고 하며 길이가 고정 필드인 것을 고정 길이 필드(Fixed Length Field), 가변 필드를 가변 길이 필드(Variable Length Field)라 한다. 고정 길이 필드에 입력하는 데이터는 할당된 필드 길이를 초과할 수 없으며 또한 필드에 입력한 데이터가 할당된 데이터 길이보다 더 짧은 경우 필드의 나머지 부분은 빈 공간으로 남게 된다.

[그림 2-4] 필드

나) 레코드(record)

파일을 액세스할 때 실제로 읽고 쓰는 단위로서 사용되는 자료 단위이며 하드웨어(일반적으로 보조 기억 장치)의 관련 문서에서는 주로 물리적인 성격을 지닌 레코드로 사용된다. 한편, 논리적인 성격을 지닌 레코드는 그대로 물리적인 성격을 지닌 레코드가 되는 경우도 있지만 보통은 몇 조인가 묶어서 물리적인 성격을 지닌 레코드가 된다.

하나의 파일에는 여러 개의 레코드가 들어 있다. 레코드는 고정 길이 또는 가변 길이로 구성되며 필요에 따라서 파일을 구성하는 레코드들은 몇 개가 모여 하나의 블록을 형성하기도 한다.

고정 길이 레코드는 직접 액세스가 용이하므로 일반적으로 많이 사용되고 있지만 레코드의 크기가 너무 작으면 남은 문자열들은 잘려나가고 너무 크면 저장 공간이 낭비된다. 반면, 가변 길이 레코드는 고정 길이의 단점을 해결하지만 레코드의 정확한 위치를 파악하기가 어려워 직접 액세스가 힘들다. 그러므로 대부분 순차 처리에 적합하다.

파일	학번	소속	성명	본적	전화번호
레코드1:	1001	전산	홍길동	서울	123-1234
레코드2:	1002	전산	이순신	대구	567-5678
		⋮	⋮	⋮	⋮
레코드n:	XXXX	전산	연개소문	대전	345-5789
	필드	필드	필드	필드	필드

[그림 2-5] 레코드

학습 활동 파일 시스템의 목적

① 사용자의 모든 요구를 만족시킨다.
② 시스템 관점의 처리 능력을 극대화한다.
③ 사용자 관점의 응답 시간을 최소화한다.
④ 파일 내에 있는 자료의 유효성을 보장한다.
⑤ 다양한 형태의 저장 매체에 대한 입출력을 보장한다.
⑥ 다중 사용자를 위한 파일 입출력을 지원한다.
⑦ 잃어버리거나 파손되는 자료를 극소화한다.

예제 2-1

하나의 10진수를 나타내는데 필요한 비트 수는 얼마일까?

풀이 n개의 서로 다른 상황을 나타내는데 필요한 비트의 최소수를 m이라고 하면, m은 다음을 만족하는 최소의 수가 된다.

$$2^m \geq n$$

0에서 9까지의 10개의 수가 있을 수 있으므로 $2^m \geq 10$을 만족하는 최소의 m값은 4가 된다. 즉, 4비트가 필요하다.

3 수의 체계와 변환

1) 수의 체계

우리들이 일상생활에서 사용하고 있는 수는 0에서 9까지 표시된 10진법(decimal)이며 컴퓨터에서 사용되고 있는 수는 0과 1의 2진법(binary)이다. 그러므로 컴퓨터를 이해하고 활용하기 위해서는 2진법을 필히 알아야 한다. 그러나 실제로 2진수 그대로 컴퓨터에서 사용한다는 것은 매우 불편한 일이다. 그러므로 컴퓨터에서는 2진수와 상호 변환이 쉽고 숫자의 길이도 짧은 8진법(octal), 16진법(hexadecimal) 등을 이용한다.

2진수(Binary Number) 체계를 10진수(Decimal Number) 체계와 비교해보는 것은 매우 흥미 있는 일이다. 즉, 다음과 같이 생각할 수 있다.

10진수 체계	2진수 체계
$10^0 = 1$	$2^0 = 1$
$10^1 = 10$	$2^1 = 2$
$10^2 = 100$	$2^2 = 4$
$10^3 = 1000$	$2^3 = 8$
$\cdots$	$\cdots$

진법 R로 표현한 수의 체계는 일반적으로 다음과 같이 정리된다.

$$N = d_n R^n + \cdots + d_3 R^3 + d_2 R^2 + d_1 R^1 + d_0 R^0$$

여기서 N은 해당되는 수이며, d_n은 해당되는 위치의 자리 수이며 R^n에서 n은 가중치(weight)이고 R은 기수(radix 또는 base)로서 10진수이면 10이 되고, 2진수이면 2가 된다.

2진수는 단지 0과 1로만 구성되므로 이 정리를 사용하여 간단히 하면 다음과 같이 요약된다.

$$N = \cdots + 8d_3 + 4d_2 + 2d_1 + 1d_0$$

여기서 d_3, d_2, d_1, d_0은 0 또는 1이다.

예를 들어 2진수 1101의 경우 앞의 식에 의하면 8×1+4×1+2×0+1×1=13이 된다.

참고로 10진수 0에서 9까지 위의 결과에 적용하여 각각 2진수를 구해보면 [표 2-1]과 같이 된다.

[표 2-2] 0에서 9까지의 10진수와 2진수

10진수	2진수
0	0
1	$1\times2^0=1$
2	$1\times2^1+1\times2^0=10$
3	$1\times2^1+1\times2^1=11$
4	$1\times2^2+0\times2^1+0\times2^0=100$
5	$1\times2^2+0\times2^1+1\times2^0=101$
6	$1\times2^2+1\times2^1+0\times2^0=110$
7	$1\times2^2+1\times2^1+1\times2^0=111$
8	$1\times2^3+0\times2^2+0\times2^1+0\times2^0=1000$
9	$1\times2^3+0\times2^2+0\times2^1+1\times2^0=1001$

마찬가지로 소수점이 있는 2진수도 다음과 같이 값을 얻는다.

$$\begin{aligned}(0.10101)_2 &= 0\times2^0+1\times2^{-1}+0\times2^{-2}+1\times2^{-3}+0\times2^{-4}+1\times2^{-5}\\ &= 0+0.5+0+0.125+0+0.03125\end{aligned}$$

학습 활동 2진수를 이용하는 Binary CDMA

기존 CDMA 기술의 장점을 그대로 유지하면서 다중 레벨 전송신호를 변환하여 바이너리 신호로 전송하는 방식으로 디지털 가전과 WPAN(Wireless Personal Area Network)과 같은 무선 멀티미디어 애플리케이션에 널리 적용되어 향후 유비쿼터스 네트워킹의 주요 접속 기술로 발전될 것으로 예상되는 기술이다.

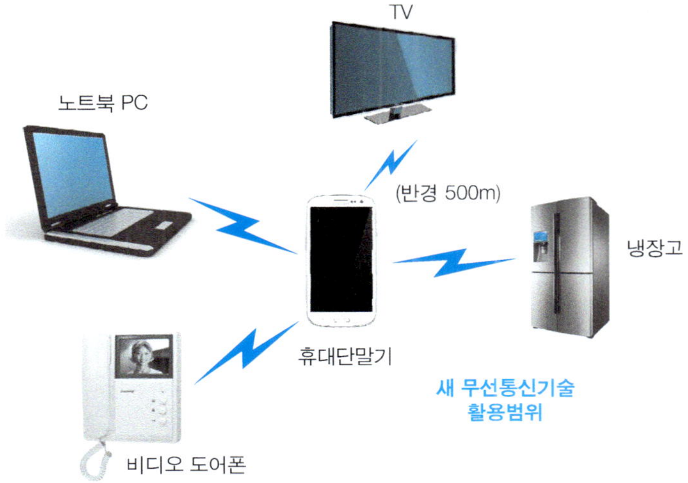

(a) 바이너리 CDMA의 응용

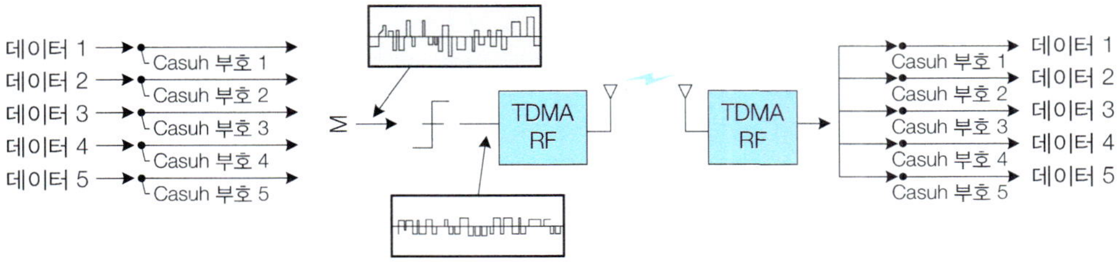

(b) 바이너리 CDMA의 전송개념

[그림 2-6] Binary CDMA 개념도

한편, 8진수(Octal Number)는 기수를 8로 하고 0~7을 구성 요소로 하여 모든 수를 나타낸다. 10진법이나 2진법에서와 마찬가지로 각 자리마다 자릿값을 얻는다. 예를 들면 다음과 같다.

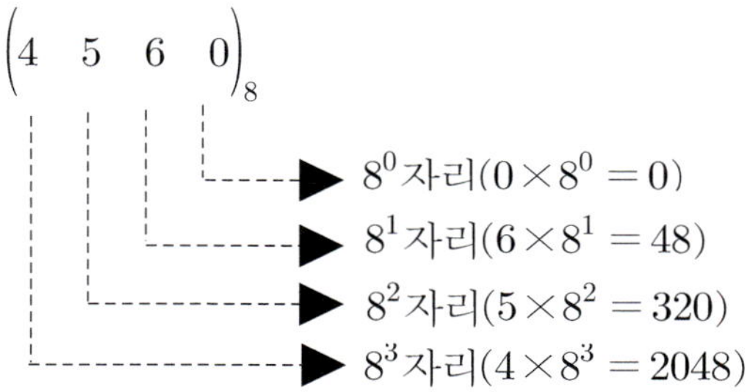

또한 소수점이 있는 8진수의 경우도 자릿값을 갖는다. 소수점 이하의 자릿값은 8^{-1}, 8^{-2}, 8^{-3}, ……이 된다.

$$\begin{aligned}(2.475)_8 &= 2\times 8^0 + 4\times 8^{-1} + 7\times 8^{-2} + 5\times 8^{-3}\\ &= 2 + 0.5 + 0.109375 + 0.0097656\end{aligned}$$

16진수(Hexadecimal Number)는 기수를 16으로 하고 0~9의 10개의 숫자와 영문자 A, B, C, D, E, F 모두 16가지의 기호를 사용한 수치의 값을 말한다. 여기서 0 ~ 9, $A \sim F$ 까지 16진수로 대응시킨 경우를 [표 2-3]에서 보여주고 있다.

[표 2-3] 10진수와 16진수

10진수의 값	16진수	10진수의 값	16진수
0	0	8	8
1	1	9	9
2	2	10	A
3	3	11	B
4	4	12	C
5	5	13	D
6	6	14	E
7	7	15	F

16진수의 숫자 사용을 이해하려면 16진수 숫자와 관련된 자릿값 개념을 이해하여야 한다. 자릿값은 …, 16^2, 16^1, 16^0, 16^{-1}, 16^{-2}, …이 된다.

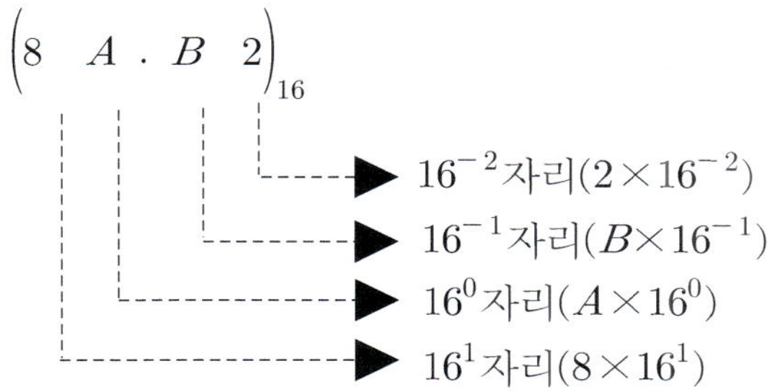

학습 활동 **16진수를 사용하는 IPv6 주소체계**

IPv4 프로토콜에서는 10진수의 8비트 단위의 숫자 4개를 점(.)으로 구분하여 221.223.201.29와 같이 표현한다. 그러나 IPv4 프로토콜에서 지원하는 128비트의 숫자는 아주 커 IPv6 체계에서는 16진수의 16비트의 숫자 8개를 콜론(:)으로 구분한다.

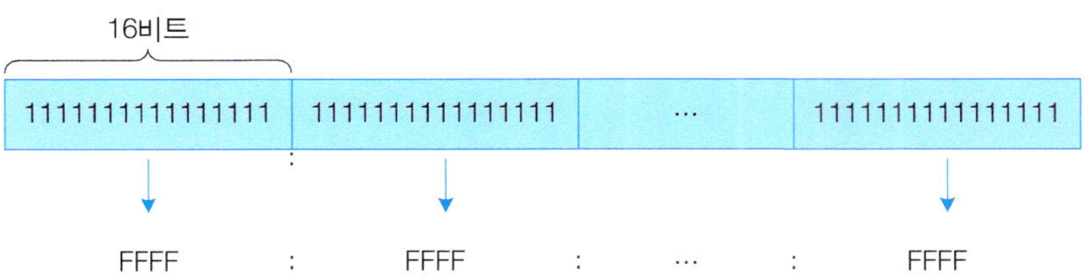

[그림 2-7] IPv6의 주소 표현

IPv6 주소체계는 D2D2:1211:2D1D:1600:5454:2121:1111:1234처럼 표현할 수 있는데 0에 대한 처리는 16진수 주소에 0이 연속될 경우 하나의 0으로 표현하거나 생략할 수 있다. 예를 들면, 0774:3E3D:0000:0000:0000:0000:3456:B4DC는 0774:3E3D:0:0:0:0:3456:B4DC로 나타낼 수 있으며 다시 0을 생략하게 되면 0774:3E3D::3456:B4DC이다.

2) 진법 변환

컴퓨터 내부의 자료 표현은 2진법을 사용하지만 인간이 친숙한 수의 표현법은 10진법이다. 각각의 진법을 필요에 따라 다른 진법의 수로 변환(conversion)할 경우가 종종 있는데 이들 변환의 예를 유형별로 고찰하여 보기로 한다.

가) 2진수 ↔ 10진수 변환

2진수를 10진수로 변환할 때에는 2진수의 밑수가 2라는 것을 이용한다.

예 2진수 101101의 10진수 변환

$$
\begin{aligned}
(101101)_2 &= 1\times2^5+0\times2^4+1\times2^3+1\times2^2+0\times2^1+1\times2^0 \\
&= 32+8+4+1 \\
&= (45)_{10}
\end{aligned}
$$

예 2진수 101.11의 10진수 변환

$$
\begin{aligned}
(101.11)_2 &= 1\times2^2+0\times2^1+1\times2^0+1\times2^{-1}+1\times2^{-2} \\
&= 4+0+1+0.5+0.25 \\
&= (5.75)_{10}
\end{aligned}
$$

반대로 10진수를 2진수로 변환하고자 할 때는 소수점 위의 수에 대하여는 10진수를 2로 계속 나누고, 그 나머지를 역으로 나열한다.

예 10진수 25의 2진수 변환

2	25	………	1
2	12	………	0
2	6	………	0
2	3	………	1
	1		

↑ 밑에서부터 위로 나열

$\therefore\ (25)_{10} = (11001)_2$

한편, 소수점 이하의 수에 대하여는 2로 거듭 곱하고, 그 정수 부분을 취하며 예를 들면 다음과 같다.

예 10진수 0.875의 2진수 변환

$$
\begin{array}{rl}
 & 0.875 \\
\times & 2 \\
\hline
 & 0.750 \cdots\cdots\cdots 1 \\
\times & 2 \\
\hline
 & 0.500 \cdots\cdots\cdots 1 \\
\times & 2 \\
\hline
 & 0.000 \cdots\cdots\cdots 1
\end{array}
$$

$\therefore\ (0.875)_{10} = (0.111)_2$

위 예에서 (0.875×2=0.750 ------ 1)이라고 한 것은 0.875×2=1.750인데 정수 부분 1을 떼어놓고 나머지 (0.750)로 다음 계산을 한다는 뜻이다.

그러나 $(0.85)_{10}$의 경우 0110의 패턴이 계속 반복하여 나온다. 따라서 이 경우에 다음과 같이 9개 혹은 13개의 비트를 사용하여 나타낼 수 있다. 이와 같이 공학적으로 의미가 있는 부분만 남기고 나머지는 버리는 것을 절사(truncate)라고 한다. 절사할 때는 흔히 사사오입을 한다.

$$(0.85)_{10} = (0.110110\,0110\,011\,(0))_2$$

이때 역으로 구해진 2진수들을 10진수로 바꾸어보면 다음과 같이 표현된다.

$$
\begin{aligned}
(0.11011)_2 &= 1\times2^{-1} + 1\times2^{-2} + 0\times2^{-3} + 1\times2^{-4} + 1\times2^{-5} \\
&= (0.84375)_{10} \\
(0.110110011)_2 &= (0.84960937)_{10} \\
(0.1101100110011)_2 &= (0.8499755859)_{10}
\end{aligned}
$$

각각의 결과는 0.85보다는 작게 되고 0.85에 근접한 결과를 얻기 위해서는 더욱더 많은 비트가 필요하다.

나) 8진수 ↔ 10진수 변환

2진수를 우리 인간이 필기하거나 타이핑할 때에는 그 길이가 너무 길어서 번거롭기도 하고 틀리기도 쉽다. 그래서 10진수를 8진수로 변환할 필요가 있다. 이때 10진수를 2진수로 변환하여 3자리씩 묶어서 표시해도 되나 직접 하는 편이 더 빠르다. 10진수를 2진수로 변환하는 방법과 동일하게 10진수의 정수 부분, 즉 소수점 위의 수, 즉 정수부에 대하여는 계속 10진수를 8로 나누고, 그 나머지를 역으로 나열하면 되고 소수점 아래의 수, 즉 소수부에 대하여는 계속 8로 곱하고 그 정수를 취한다.

예 10진수 266.35의 8진수 변환

$$\begin{array}{r|l l} 8 & 266 & \cdots\cdots\cdots\ 2 \\ 8 & 33 & \cdots\cdots\cdots\ 1 \\ & 4 & \end{array} \uparrow$$

$$\begin{array}{r l} & 0.35 \\ \times & 8 \\ \hline & 0.80 \cdots\cdots\cdots\ 2 \\ \times & 8 \\ \hline & 0.40 \cdots\cdots\cdots\ 6 \\ \times & 8 \\ \hline & 0.20 \cdots\cdots\cdots\ 3 \end{array} \downarrow$$

$$\therefore\ (266.35)_{10} = (412.263)_8$$

8진수를 10진수로 변환할 때에는 8진수의 밑수가 8이라는 것을 이용한다.

예 8진수 24.6의 10진수 변환

$$\begin{aligned} 24.6 &= 2\times 8^1 + 4\times 8^0 + 6\times 8^{-1} \\ &= 20 + 0.75 \\ &= 20.75 \end{aligned}$$

$$\therefore\ (24.6)_8 = (20.75)_{10}$$

한편, 8진수 ↔ 2진수 변환에서 2진수와 8진수 사이의 변환이 쉽다는 데 이점을 가지고 있다. 8진수에서 2진수로의 변환은 [표 2-4]처럼 각각 8진수를 같은 값의 2진수로 변환함으로써 수행된다.

[표 2-4] 8진 디지트와 등가 2진수

8진수	0	1	2	3	4	5	6	7
등가 2진수	000	001	010	011	100	101	110	111

예를 들면 473은 다음과 같이 변환될 수 있다.

$$\begin{array}{ccc} 4 & 7 & 3 \\ \downarrow & \downarrow & \downarrow \\ 100 & 111 & 011 \end{array}$$

그러므로 8진수 473은 2진수 100111011과 등가이다.

2진수의 8진수로의 변환에서 2진수 비트들은 최하위비트(Least Significant Bit, LSB)에서 시작하는 3비트 군들로 분류된다. 이후 각 군(group)은 등가 8진수로 변환된다. 예를 들면 2진수 100111010의 8진수 변환을 다음과 같이 수행된다.

$$\begin{array}{ccc} \underbrace{100} & \underbrace{111} & \underbrace{010} \\ \downarrow & \downarrow & \downarrow \\ 4 & 7 & 2 \end{array}$$

그러나 2진수는 매번 3비트 군을 갖지 않는다. 이런 경우 마지막 군을 채우기 위해 2진수의 최상위비트(Most Significant Bit, MSB) 왼쪽에 1개 또는 2개의 0을 추가함으로써 해결할 수 있다. 예를 들면 2진수 10110100에 대해 8진수로 변환하면 다음과 같다.

$$\begin{array}{ccc} \underbrace{010} & \underbrace{110} & \underbrace{100} \\ \downarrow & \downarrow & \downarrow \\ 2 & 6 & 4 \end{array}$$

8진수에서 가장 큰 디지트는 7이며, 따라서 8진수에서 셈할 때 디지트는 0~7까지 상향 증가한다. 한번 7에 도달하면 디지트는 다음 셈에서 0으로 반복 순환되고, 증가될 다음의 높은 디지트로의 자리 올림을 유발한다. 예를 들면 65,66,67,70,71 또는 275,276, 277,300이다.

다) 16진수 ↔ 10진수 변환

10진수를 16진수로 변환할 때에는 10진수의 정수 부분에 대하여는 계속 16으로 나눈 후 그 나머지를 역으로 나열하고, 소수부에 대하여는 계속 16으로 곱하고 그 정수 부분을 취한다.

예 10진수 214.35의 16진수 변환

$$16 \,\underline{)\, 214} \cdots\cdots\; 6 \qquad \uparrow$$
$$13$$

$$\begin{array}{r} 0.35 \\ \times \quad 16 \\ \hline 0.60 \cdots\cdots\; 5 \\ \times \quad 16 \\ \hline 0.60 \cdots\cdots\; 9 \\ \times \quad 16 \\ \hline 0.60 \cdots\cdots\; 9 \end{array} \quad \downarrow$$

$\therefore\ (214.35)_{10} = (D6.599)_{16}$

16진수를 10진수로 변환할 때에는 16진수의 밑수가 16이라는 것을 이용한다.

예 16진수 2AF.23의 10진수 변환

$$\begin{aligned} 2AF.23 &= 2\times16^{2}+10\times16^{1}+15\times16^{0}+2\times16^{-1}+3\times16^{-2} \\ &= 512+160+15+0.125+0.0117 \\ &= 687.1367 \end{aligned}$$

$\therefore\ (2AF.23)_{16} = (687.1367)_{10}$

한편, 16진수 ↔ 2진수 변환에서 각 16진 디지트는 등가의 4비트 2진수로 변환되므로 16진수를 2진수로 변환하는 것은 상대적으로 간단하다.

예를 들면 9F2는 다음과 같이 변환될 수 있다.

9	F	2
↓	↓	↓
1001	1111	0010

그러므로 16진수 9F2는 2진수 100111110010과 등가이다.

2진수에서 16진수로의 변환은 위 과정의 역순이다. 2진수는 4비트 군으로 분류되고, 각 군은 등가 16진 디지트로 변환된다. 16진수와 2진수 사이의 변환을 수행하기 위하여 4비트 2진수(0000~1111)와 등가 16진수를 아는 것이 필요하다. 예를 들면 2진수 101110100110의 16진수 변환은 다음과 같이 수행된다.

```
1011   1010   0110
 ︸      ︸      ︸
 ↓      ↓      ↓
 B      A      6
```

16진수의 각 디지트는 0에서 시작하여 F까지 증가하므로 16진수의 셈에 있어서 디지트가 F의 값까지 한번 도달하면 그것은 0으로 리셋(reset)되고, 다음 디지트 자리가 증가된다.

예 (a) 38, 39, 3A, 3B, 3C, 3D, 3E, 3F, 40, 41, 42

(b) 6F8, 6F9, 6FA, 6FB, 6FC, 6FD, 6FE, 6FF, 700

[표 2-5] 진수 비교

10진수	2진수	8진수	16진수
0	0000	0	0
1	0001	1	1
2	0010	2	2
3	0011	3	3
4	0100	4	4
5	0101	5	5
6	0110	6	6
7	0111	7	7
8	1000	10	8
9	1001	11	9
10	1010	12	A
11	1011	13	B
12	1100	14	C
13	1101	15	D
14	1110	16	E
15	1111	17	F
16	10000	20	10

예제 2-2

어떤 자연수를 5진법과 7진법의 수로 나타내면 모두 두 자리 수가 되며 이 두 수의 각 자리의 숫자는 서로 역순으로 배열된다고 한다. 이 자연수를 10진수로 나타내시오.

풀이 $ab_5 = 5a + b,\ ba_7 = 7b + a$

서로 역순으로 배열되므로 $5a + b = 7b + a$이며 $2a = 3b$ – ①

a, b가 취하는 값은 5진법이므로 $a, b = 1, 2, 3, 4$

①의 조건을 만족시키는 것은 $a = 3,\ b = 2$뿐이므로

$$ab_5 = 5a + b = 17$$

4 숫자 및 문자 코드

우리가 사용하고 있는 영문자, 숫자, 특수문자 등을 컴퓨터에서 사용하는 특정한 기호로 표시하는 과정을 인코딩(encoding)이라고 하고, 이 기호화한 그룹을 코드(code)라고 한다.

ISO의 정의에 의하면, 코드(code)는 '정보를 이산적인 형태로 표현하는 규칙들의 집합'이다. 대부분의 코드는 2진수의 0과 1을 사용하는 2진 코드인데, 이 코드를 처음 사용한 것은 아메리칸 인디언들이었다고 한다.

10진수의 어떠한 값도 2진수로 표현할 수 있음을 앞의 진법 변환에서 살펴보았다. 이와 같이 2진수 0과 1은 10진수를 나타내고 있는 코드라고 생각할 수 있다. 만약 2비트라고 나타낼 수 있는 데이터의 수는 2^2개가 되고, 3비트로 나타낼 수 있는 데이터의 수는 2^3개가 된다. 그러므로 n비트로 나타낼 수 있는 데이터의 수는 2^n개가 될 것이다.

물론 비트의 수를 늘리면 더 많은 수의 코드를 표현할 수 있게 된다. 지금 널리 사용되고 있는 코드로는 6비트의 BCD 코드, 7비트 혹은 8비트의 ASCII 코드, 8비트의 EBCDIC 코드 등이 있다. 이 코드들은 영문자의 대문자와 소문자, 10진수의 숫자(0~9), 특수문자 등으로 표현되기 때문에 알파뉴메릭코드(Alphanumeric Code)라고 한다.

컴퓨터에서 사용되는 데이터에는 숫자로 된 데이터와 문자로 된 데이터가 있으므로, 코드에도 숫자 코드와 문자 코드가 있다. 먼저 숫자 코드에 대하여 설명한 다음 문자 코드에 대하여 살펴보고, 마지막으로 이들 코드가 컴퓨터 내부에서 어떻게 표현되는 지를 알아보기로 한다.

1) 숫자 코드

가) BCD 코드(Binary-Coded-Decimal code)

(1) 구현 방법

BCD 코드를 2진화 10진 코드 혹은 8421 코드라고 부르는데 2진수 체계를 사용해서 표현한다. 이 코드는 10진수의 한 디지트를 규정하는 데 2진수의 4비트를 필요로 한다. 즉 1자리의 10진수를 BCD 코드로 표현하는 데는 2진수 4자리가 필요하다.

BCD 코드를 설명하기 위해서 875라는 10진수의 예를 든다. 각 비트는 다음과 같이 등가 2진수로 변환된다.

10진수	8	7	5
	↓	↓	↓
BCD 코드	1000	0111	0101

또 다른 예로, 943을 BCD 코드 표현으로 바꾸어보면 다음과 같다.

10진수	9	4	3
	↓	↓	↓
BCD 코드	1001	0100	0011

여기서 주의할 점은 BCD 코드는 0000~1001까지의 4비트의 2진수만이 사용되지만 1010, 1011, 1100, 1101, 1110과 1111은 사용하지 않는다는 점이다. 다시 말해서 16개의 가능한 2진 코드군 중 10 개만을 사용한다. 만일 BCD 코드를 사용하는 전송장비에서 이들 금지된 6개의 4비트수 들 중의 하나가 발생된다면 에러가 발생했다는 것을 의미한다.

(2) BCD와 2진수의 비교

BCD 코드는 2진수, 8진수, 10진수, 16진수와 같은 또 다른 숫자 체계가 아니며 각 10진 디지트를 2진수로 개별적으로 변환한다. 예를 들면, 10진수 25를 2진수로 나타내는데 11001, 즉 5비트가 필요하지만 BCD 코드는 6비트가 필요하다.

BCD는 1디지트 이상의 10진수를 표현하는 데 있어서 2진수보다 더 많은 비트들을 필요로 한다. 그러나 10진수로의 또, 10진수로부터 변환의 상대적 용이함이다.

BCD가 현재 디지털 컴퓨터에서 잘 쓰이지 않는 이유는 다음 두 가지에 근거를 둔다.

첫째로, BCD 코드는 2진수보다 더 많은 비트들을 필요로 하여 덜 효율적이다.

둘째로, BCD 코드로 나타나는 연산에 대한 논리 절차는 2진수보다 복잡하며, 따라서 더 복잡한 회로를 필요로 한다.

나) 3초과 코드(excess 3 code)

(1) 구현 방법

3초과 코드는 BCD 코드에 기준을 두고 10진수 0에서부터 9까지를 대상으로 코드화(coded) 시킨 것이다. 예를 들면 8421 코드의 표현에 2진수 0011(10진수 3)을 더해서 표현한 것으로 [표 2-6]에서 보여주고 있다. 이 코드는 가중치(weight)가 없는 코드이므로 non-weighted 코드라고 한다.

[표 2-6] 3초과 코드

10진수	Excess-3 코드	8421 코드
0	0011	0000
1	0100	0001
2	0101	0010
3	0110	0011
4	0111	0100
5	1000	0101
6	1001	0110
7	1010	0111
8	1011	1000
9	1100	1001

(2) 장 점

① 3초과 코드는 보수를 간단히 얻을 수 있다.
예를 들면, 10진수 1은 3초과 코드에서 0100인데 이 코드에서 '0'은 '1'로, '1'은 '0'으로 바꾸면 1011인데, 이것은 3초과 코드로 8에 해당하므로 1+8=9, 즉 9의 보수가 간단히 얻어지게 된다.

② 어떠한 경우에도 2진수 전부가 0이 되지 않으므로 신호가 없는 것과 0이 구별된다.

다) 2421 코드

2421 코드는 [표 2-7]처럼 맨 처음 수의 자리값이 8이 아니고 2이기 때문에 4까지는 8421 코드와 같으나 5부터는 다르다. 이 코드는 3초과 코드와 동일하게 각 자리의 수를 '0'은 '1'로,

'1'은 '0'으로 바꿈으로써 9의 보수를 간단히 얻을 수 있다. 이처럼 2진수의 상호교환에 의해서 보수를 얻을 수 있는 코드를 자보수 코드(Self Complementing Code)라고 한다.

라) 51111 코드

1에서 4까지는 수가 증가할 때마다 1의 개수가 하나씩 왼쪽으로 늘고, 6에서 9까지는 1개의 개수가 오른쪽으로 하나씩 늘어나는 자보수 코드이다. 이 코드는 전자회로에서 동작이 용이하게 이루어지는 장점이 있다.

마) 5421 코드

맨 왼쪽 비트가 0이면 4 이하의 10진수, 1이면 5 이상의 10진수라는 것이 쉽게 파악되는 코드이다.

바) 7421 코드

맨 왼쪽 비트가 0이면 6 이하의 10진수, 1이면 7 이상의 10진수라는 것이 쉽게 파악되는 코드이다.

[표 2-7] 숫자 코드의 비교

10진수	2진수	8421코드	3초과코드	2421코드	51111코드
0	0000	0000	0011	0000	00000
1	0001	0001	0100	0001	00001
2	0010	0010	0101	0010	00011
3	0011	0011	0110	0011	00111
4	0100	0100	0111	0100	01111
5	0101	0101	1000	1011	10000
6	0110	0110	1001	1100	11000
7	0111	0111	1010	1101	11100
8	1000	1000	1011	1110	11110
9	1001	1001	1100	1111	11111

사) 그레이 코드(Gray Code)

(1) 개 념

최소 변화 코드(Minimum Change Code)로서 모든 비트들까지의 어느 곳에서든지 한 단계에서 다음 단계로 가는 데 있어서 비트가 1개씩 변화한다. 가중치를 갖지 않는 코드(unweighted)이며 이것은 코드군에서 비트들의 자리들이 할당된 어떤 가중치도 갖지 않는다.

학습 활동 **가중치 코드와 비가중치 코드**

1) **가중치 코드(Weighted Code):** 코드화한 2진 표현의 각 자리수가 의미 있는 특정 값에 대응되는 코드로 8421 코드가 여기에 속한다.
2) **비가중치 코드(Unweighted Code):** 코드화한 2진 표현의 각 자리수가 의미 있는 특정 값에 대응되지 않는 코드로 3초과 코드가 여기에 속한다.

(2) 구현 방법

2진수를 그레이 코드로 변환할 때에는 2진수의 최상위비트(MSB)는 그대로 그레이 코드의 MSB로 하고, 그 다음 단부터는 2진수의 앞 비트와 그 뒤 비트를 합하고 올림수를 없앤 것을 다음 비트로 한다.

한편, 그레이 코드를 2진수로 변환하고자 하는 경우에는 그레이 코드의 최상위 비트(MSB)는 그대로 2진수의 최상위 비트로 하고, 2진수의 최상위수와 그레이 코드의 다음 비트를 합해서 올림수(carry)를 없앤 것만을 2진수의 다음 비트로 한다.

예 10진수, 2진수, 그레이 코드의 변환

10진수	2진수	그레이 코드
9	1001	1101

```
1  →  0  →  0  →  1     2진수
↓     ↓     ↓     ↓
1     1     0     1     그레이 코드
↓  ↗  ↓  ↗  ↓  ↗  ↓
1     0     0     1     2진수
```

[표 2-8] 10진수, 2진 코드 및 그레이 코드의 비교

10진수	2진코드	그레이 코드	10진수	2진코드	그레이 코드
0	0000	0000	8	1000	1100
1	0001	0001	9	1001	1101
2	0010	0011	10	1010	1111
3	0011	0010	11	1011	1110
4	0100	0110	12	1100	1010
5	0101	0111	13	1101	1011
6	0110	0101	14	1110	1001
7	0111	0100	15	1111	1000

(3) 적용 예

① 광학 축 위치 부호기에서 회전판 위치에 대한 입력 코드로 사용된다.

② QAM(Quadrature Amplitude Modulation)은 제한된 전송 대역을 이용한 데이터의 전송효율을 향상시키기 위해 반송파의 진폭과 위상을 동시에 변조하는 방식으로서 인접 신호점 사이에는 비트 하나만 변한다.

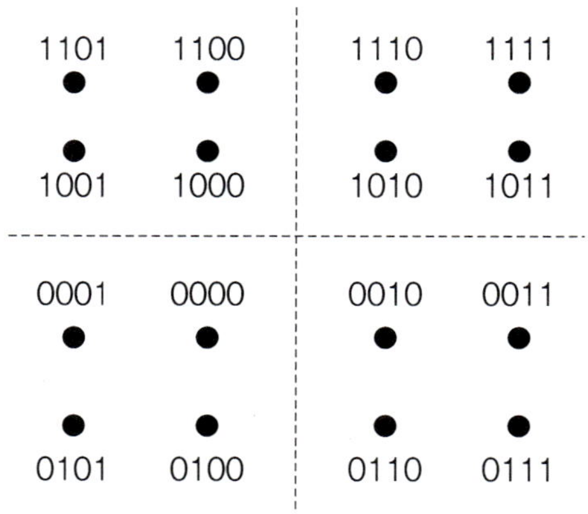

[그림 2-8] QAM 성상도

③ PCM(Pulse Code Modulation)의 부호화

표본화된 펄스의 크기를 유무(1,0)로 표시되는 2진 부호의 조합으로 변환하는 방법을 말하며, 오차가 적은 그레이 코드로 나타낸다.

2) 문자 코드

8421 코드, 3초과 코드 등 코드들은 숫자만을 나타내고, A, B, C 등과 같은 문자는 나타내지 못한다. 그러나 컴퓨터에는 문자도 입력해야 할 경우가 오히려 더 많다. 그래서 문자와 기타 기호까지도 포함된 소위 **문자 코드**(Alphanumeric Code)라는 것이 나왔는데, 그 대표적인 것에는 표준 2진화 10진 코드, ASCII, EBCDIC 등이 있다. 현재 사용되는 것은 EBCDIC와 ASCII인데 전자는 컴퓨터 내부에서 사용하는 **내부 코드**(Internal Code)이고, 후자는 컴퓨터와 외부장치가 통신을 하기 위한 **외부 통신 코드**(External Communication Code)이다.

가) EBCDIC(Extended Binary Coded Decimal Interchange Code) 코드

IBM에서 개발했으며 문자 데이터의 내부 표시에 사용되는 코드로서, 4개의 존(zone) 비트와 4개의 숫자 비트로 구성되고, 256(2^8)개의 숫자, 영문자, 특수 문자 등을 표현한다. 이 문자코드에 패리티 비트가 없는 이유는 이 코드가 컴퓨터 간의 정보교환을 위한 통신코드가 아니기 때문이다.

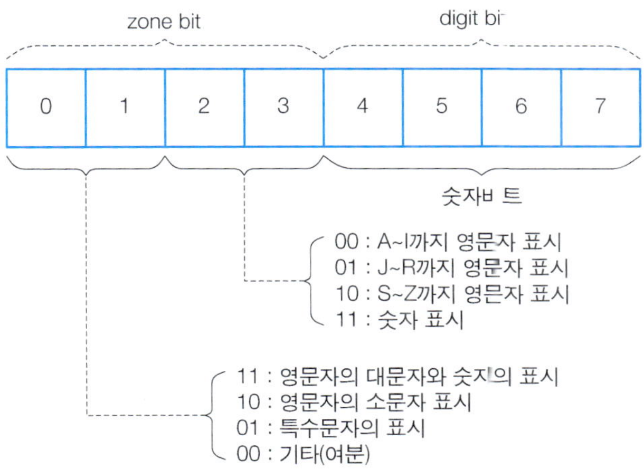

[그림 2-9] EBCDIC 코드의 구성

예를 들면 STAR13을 [표 2-9]의 EBCDIC 코드에 따라 다음과 같이 입력된다.

S	T	A	R	1	3
↓	↓	↓	↓	↓	↓
11100010	11100011	11000001	11010001	11110001	11110011

이 코드는 컴퓨터 내부에서 사용하는 내부적 표현이므로 숫자의 경우에는 일단 입력된 후에는 문자로서 숫자가 아닌 한, 위로부터 네 자리가 떼어 버려진다는 것이다. 예를 들면, [표 2-9]에서 5는 11110101인데, 1111은 삭제되고 0101만 남게 된다. 결국 BCD 코드로 되며 기억공간의 절약에도 도움이 된다.

[표 2-9] EBCDIC 코드

비트 01	00				01				10				11			
4567 \ 23	00	01	10	11	00	01	10	11	00	01	10	11	00	01	10	11
0000	NUL	DLE	DS		SP	&	-						{	}	＼	0
0001	SOH	DC1	SOS				/		a	j	~		A	J		1
0010	STX	DC2	FS	SYN					b	k	s		B	K	S	2
0011	ETX	TM							c	l	t		C	L	T	3
0100	PF	RES	BYP	PN					d	m	u		D	M	U	4
0101	HT	NL	LF	RS					e	n	v		E	N	V	5
0110	LC	BS	ETB	UC					f	o	w		F	O	W	6
0111	DEL	IL	ESC	EOT					g	p	x		G	P	X	7
1000	GE	CAN							h	q	y		H	Q	Y	8
1001	RLF	EM							i	r	z		I	R	Z	9
1010	SMM	CC	SM		C	!		:							LVM	
1011	VT	CU1	CU2	CU3	.	$	,	#								
1100	FF	IFS		DC4	〈	*	%	@								
1101	CR	IGS	ENQ	NAK	(	)	—	'								
1110	SO	IRS	ACK		+	;	〉	=								
1111	SI	IUS	BEL	SUB	¦	¬	?	"								

나) ASCII(American Standard Code for Information Interchange) 코드

미국에서 표준화한 7비트의 정보 교환용 외부 통신 코드를 말하며 2의 7제곱, 총 128개의 문자가 표현이 가능하고, 메모리구조가 변화함에 따라서 1비트가 추가되어 8비트 코드를 사용함으로써 256개의 코드를 표현할 수 있다.

3개의 존(zone) 비트와 4개의 디지트 비트로 구성되며 실제로 문자가 인쇄되지 않는 라인피드(Line Feed) 또는 기계 자체의 제어 명령을 위해 사용되고 데이터 통신에 널리 이용되고 있다.

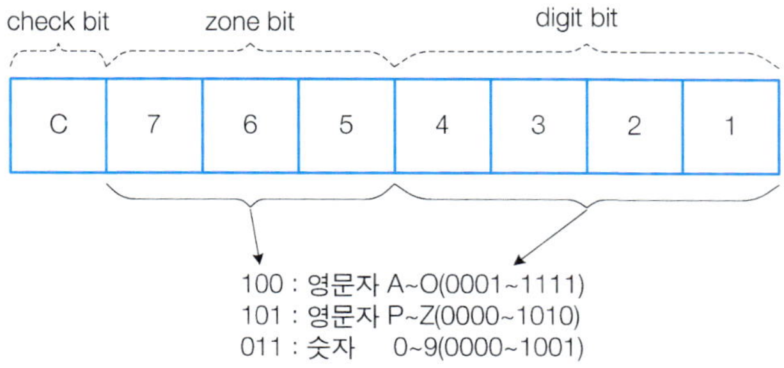

[그림 2-10] ASCII 코드의 구성

[표 2-10] ASCII 코드

비트	b_7 b_6 b_5	000	001	010	011	100	101	110	111
b_4 b_3 b_2 b_1									
0 0 0 0		NUL	DLE	SP	0	@	P	`	p
0 0 0 1		SOH	DC1	!	1	A	Q	a	q
0 0 1 0		STX	DC2	"	2	B	R	b	r
0 0 1 1		ETX	DC3	#	3	C	S	c	s
0 1 0 0		EOT	DC4	$	4	D	T	d	t
0 1 0 1		ENQ	NAK	%	5	E	U	e	u
0 1 1 0		ACK	SYN	&	6	F	V	f	v
0 1 1 1		BEL	ETB	'	7	G	W	g	w
1 0 0 0		BS	CAN	(	8	H	X	h	x
1 0 0 1		HT	EM	)	9	I	Y	i	y
1 0 1 0		LF	SUB	*	:	J	Z	j	z
1 0 1 1		VT	ESC	+	;	K	[	k	{
1 1 0 0		FF	FS	,(쉼표)	〈	L	\	l	|
1 1 0 1		CR	GS	—	=	M	]	m	}
1 1 1 0		SO	RS	.	〉	N	∧	n	¬
1 1 1 1		SI	US	/	?	O	—	o	DEL

5 에러 검출 코드

수신기에 수신된 신호는 유·무선에 관계없이 항상 잡음이나 간섭이 부가되어 필연적으로 오류가 발생하게 된다. 정보통신 시스템에서 오류의 발생에 대한 전체적인 원인을 보면, 장치의 기계적·전기적 원인, 펄스성 잡음, 감쇄 등과 같이 여러 가지 발생 요인을 가지고 있다.

전송 매체를 통해 전송된 데이터가 오류로 인해 실제 전송된 내용이 수신측에 변질되어 나타날 수 있다. 이때, 데이터의 변질 요인을 에러라고 하는 데 송신과 수신간의 정확한 정보를 주고받기 위해 어떤 제어를 필요로 한다. 이것을 바로 에러 제어(Error Control)라고 한다.

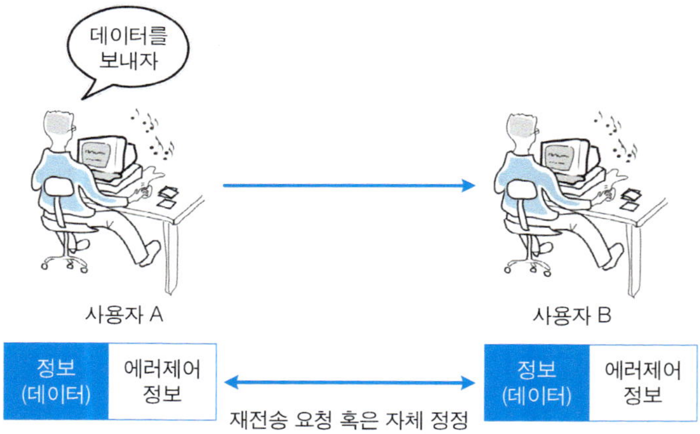

[그림 2-11] 에러 제어

에러 검출을 위한 보편적인 방법은 데이터를 전송할 때 송신측에서는 에러 검사용 정보를 보내주고 수신측에서는 이 정보를 기초로 수신된 데이터에 대한 에러를 검사하여 자체 정정하거나 송신측에 재전송을 요청하는 것이다.

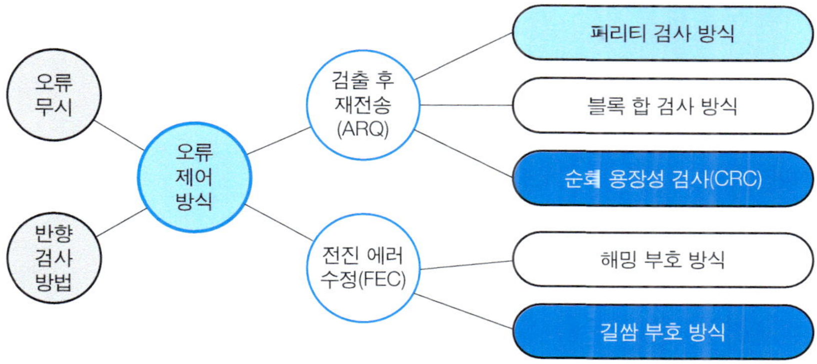

[그림 2-12] 에러 제어 방식

1) 에러 검출 부호를 사용하는 방식

에러 검출 부호를 사용하기 위해서 적용되는 검출 후 재전송 방식은 수신측에서 에러가 발생하는 경우 송신측에 에러 발생을 통지하고 에러가 발생한 정보를 재전송하는 방식으로 송신측은 전송중인 프레임을 기억해야 할 버퍼가 필요하다.

수신된 정보 내에 에러가 포함되어 있는 지 여부를 검사하기 위해서 송신 측에서는 먼저 보내고자 하는 원래의 정보 이외에 별도의 잉여(redundancy) 데이터를 추가한 다음 수신 측에서는 이 잉여 데이터를 검사함으로써 에러 검출이 가능하다.

에러 검출을 위해서 패리티 검사, 블록 합 검사, 그리고 CRC(Cyclic Redundancy Check) 방식이 있는 데 이에 대한 내용은 다음과 같다.

가) 패리티 검사 방식

(1) 개 념

한 블록의 데이터 끝에 패리티 비트를 추가하는 것으로서 가장 간단한 오류 검출 방식이다. 그 대표적인 예가 ASCII 전송으로 7비트 길이의 ASCII 데이터의 끝에 한 비트를 추가하여 8비트로서 데이터를 전송하게 된다. 이때, 패리티 검사 방식은 홀수 패리티 방식과 짝수 패리티 방식으로 구분하는 데 전자는 패리티 비트를 포함한 1의 비트 수를 항상 홀수 개로 유지하는 데 반해 후자는 패리티 비트를 포함한 1의 비트 수를 항상 짝수 개로 유지한다.

예를 들어 ASCII 문자가 '1000001'로 구성되었을 때 짝수 패리티 부호를 사용한다면 부가되는 1비트 부호의 값은 '0'으로, 홀수 패리티 비트를 사용하면 '1'로 표시된다. 패리티 비트에 대한 예는 다음과 같다.

[표 2-11] 패리티 부호의 예

패리티 비트	데이터 비트	패리티 부호
0	1000010	짝수 패리티 부호
1		홀수 패리티 부호

데이터 비트의 두 번째 비트에 에러가 발생되어 '0'에서 '1'로 바뀌게 되면 전체 1의 개수가 홀수개가 되어 짝수 패리티 부호를 사용하는 경우에는 에러가 발생한다는 것을 알 수 있다. 그러나 두 번째 비트가 '0'에서 '1'로, 세 번째 비트도 '0'에서 '1'로 바뀌게 되면 전체 '1'의 개수는 짝수개가 되어 실제로 에러가 발생했음에도 불구하고 수신기에서는 에러 발생을 검출하지 못한다.

(2) 특 징

패리티 검사 방법은 간단하다는 이점은 있으나 1비트 패리티 검사 부호는 2개의 비트가 동시에 오류가 발생했을 때는 오류 발생을 검출할 수 없는 단점을 가지게 된다. 일반적으로 짝수 패리티는 동기식 전송에 그리고 홀수 패리티는 비동기식 전송에 자주 사용된다.

나) 블록 합 검사(Block Sum Check)

(1) 개 념

블록 합 검사는 이차원의 패리티 검사 방식으로서 각 비트를 가로와 세로로 두 번 관찰하여 데이터에 적용되는 검사의 복잡도를 증가시키고 있는 데 연집 에러(Burst Error)를 검출할 가능성을 높여준다.

동기식(asynchronous) 전송 방식에 사용되는 블록 합 검사 방식은 1비트 패리티 검사 방식의 단점을 보완한 것으로서 1비트 패리티 검사 방식과 달리 오류의 검출 및 정정 기능까지도 수행할 수 있다.

(2) 구현 예

예를 들면 짝수 패리티를 사용하는 경우 오류 검출 과정을 보면 다음과 같다.

	1	2	3	4	5	7	8	9	
문자 A	1	0	1	0	1	0	1	0	0
문자 B	0	0	1	1	0	0	0	1	1
문자 C	0	1	0	0	0	1	1	0	1
문자 D	1	0	0	0	1	1	0	1	0
문자 E	1	0	0	1	1	0	1	0	0
	1	1	0	0	1	0	1	0	0

VRC

LRC

(가) VRC(Vertical Redundancy Check)

각 문자 끝의 패리티 비트를 두는 검사 방식으로 한 문자에 포함된 비트 중 '1'의 개수가 짝수 또는 홀수에 따라 패리티 비트를 '1' 또는 '0'으로 정하여 전송하는 방식이다. 이 방식은 지능이 없는 터미널에서도 이용할 수 있으나 2개의 비트가 동시에 훼손되면 에러 검출이 불가능하게 된다.

(나) LRC(Longitudinal Redundancy Check)

패리티 검사 문자는 블록 검사 문자(Block Check Character, BCC)라고 부른다. 보통 VRC와 함께 블록 합 검사(Block Sum Check)라고 부른다. 이 경우에도 모든 에러를 검출하지는 못하지만 전화선에서 생기는 에러율을 상당히 낮출 수 있다.

만일 문자 A에서 1번, 3번 비트가 동시에 '0'으로 바뀌었다면, VRC로는 검출 할 수 없지만 LRC로는 검출할 수 있다.

다) CRC(Cyclic Redundancy Check)

(1) 개 념

CRC 방식은 해밍 부호 방식에 의한 1비트의 에러 제어가 아니라 다수의 비트에 의해 에러를 제어하는 방식이다. 이것은 ARQ 방식에 의한 에러 검출 방식이기 때문에 부가적인 데이터 비트에 의한 대역폭의 증가가 그 단점으로 지적되고 있다.

이 방식에서 FCS(Frame Check Sequence)는 프레임 내의 오류를 검출하기 위한 비트 열로서 송신시에 주어진 절차에 의해 계산되어 정보 프레임과 함께 전송된다. 수신측에서는 수신된 전체 데이터 가운데 정보 프레임만을 대상으로 송신측과 동일한 알고리즘에 의해 FCS를 계산한 다음, 이 값이 수신된 FCS 값과 동일하면 전송 중에 오류가 발생하지 않는 것으로, 그리고 일치하지 않으면 전송 오류가 발생한 것으로 판단하게 된다.

(2) 구현 예

입력 데이터는 11000110이며 발생 다항식(Generating Function) $G(x) = x^4 + x^3 + 1$일 때 4비트 FCS를 구하는 방법은 다음과 같다.

입력 데이터를 다항식으로 변환하면 $M(x) = x^7 + x^6 + x^2 + x$이 되는데 이때

$$M(x)' \equiv G(x)\text{의 최고 차수} \times M(x) = x^{11} + x^{10} + x^6 + x^5$$

으로 정의한다.

$M(x)'$를 $G(x)$로 나누면 다음과 같이 표현할 수 있다.

$$
\begin{array}{r|lllllllll}
 & x^7 & & +x^3 & & & & +x & +1 & \\ \cline{2-10}
x^4+x^3+1 & x^{11}+x^{10} & & & +x^6 & +x^5 & & & & \\
 & x^{11}+x^{10} & +x^7 & & & & & & & \\ \cline{2-10}
 & & x^7 & & +x^6 & +x^5 & & & & \\
 & & x^7 & & +x^6 & & & +x^3 & & \\ \cline{3-10}
 & & & & & x^5 & & +x^3 & & \\
 & & & & & x^5 & +x^4 & & +x & \\ \cline{6-10}
 & & & & & & x^4 & +x^3 & +x & \\
 & & & & & & x^4 & +x^3 & & +1 \\ \cline{7-10}
 & & & & & & & & x & +1
\end{array}
$$

이때, 4비트 FCS는 0011이 되며 송신 데이터에 부가되어 전송된다.

FCS 부호 추가 메시지 다항식을 $F(x)$라고 한다면 수신 측의 CRC 회로에서 $F(x)$를 $G(x)$로 다시 나눈다. 이때, 나눈 결과 값에서 나머지가 0이면 에러가 없고 나머지가 0이 아니면 에러가 발생했음을 판정하고 송신 측에 통보한다.

예제 2-3

메시지가 10001110에 대한 신호를 CRC 부호화를 위해 필요한 패리티 비트의 형태로 표현하시오.(단, 생성 다항식 $G(x)=x^5+x^4+x+1$이다.)

풀이 메시지를 다항식으로 표현하면

$$M(x)=x^7+x^3+x^2+x$$

이 되며

$$M(x)' \equiv x^5M(x)=x^{12}+x^8+x^7+x^6$$

으로 주어진다.

$M(x)'$를 $G(x)$로 나눈 나머지를 구하면

$$M(x)'/G(x) \ \cdots\ x^4+x^3+x^2+1=11101$$

그러므로 송신 데이터는 10001110 11101이 된다.

[표 2-12] 생성 다항식의 종류

CRC의 표준안 명칭	발생 다항식 $G(x)$
CRC-12	$x^{12}+x^{11}+x^3+x^2+x+1$
CRC-16(ANSI)	$x^{16}+x^{15}+x^5+1$
CRC-16	$x^{16}+x^{15}+x^2+1$
CRC-CCITT(V.41)	$x^{16}+x^{15}+x^5+1$

2) 에러 정정 부호를 사용하는 방식

에러 검출 부호는 에러 검출 후 재전송을 하는 ARQ(Automatic Request) 방식을 사용하지만 (수신 측에서의) 에러 정정 부호는 송신측이 전송할 정보에 대하여 수신측에서는 오류 발생을 검출하여 정정까지 행하는 전진 오류 제어(Forward Error Correction, FEC) 방식을 사용한다.

[표 2-13] ARQ와 FEC의 장단점

비 고	FEC(Forward Error Correction)	ARQ(Automatic ReQuest)
장 점	① 수신측에서 에러를 정정할 수 있다. ② 재전송을 하지 않아 대역폭 관리에 효율적이다.	① 수신 측 정보에 에러정정부호를 삽입할 필요가 없으므로 구현이 비교적 간단하다. ② 프레임에 FCS만 붙는다.
단 점	① 에러정정부호의 삽입으로 프레임의 크기가 커진다. ② 구현이 어렵다.	① 수신측이 자체 에러정정을 못한다. ② 재전송에 드는 대역폭 손실이 크다.

FEC 부호의 종류로는 비블록화 부호와 블록 부호가 있으며 전자에는 길쌈 부호(Convolution Code)가 있는 데 부호기에 기억 장치(memory)가 필요하며 후자는 해밍 부호가 속하는 데 다수의 패리티 비트가 필요하다.

가) 해밍(hamming) 부호

(1) 개 념

해밍 부호는 에러를 검출하는 데 필요한 잉여 데이터비트들의 수를 최소화 한 방법 중 하나이다. 미국 Bell 연구소의 해밍에 의해 고안된 것으로 n개의 정보비트와 k개의 해밍비트로 운용되는데 이에 대한 관계식은 다음과 같으며 (m,n) 선형 부호라고도 부른다.

$$2^k \geq m+1 = k+n+1$$

예를 들면, 8비트로 된 하나의 문자에서는 4비트의 여분의 해밍비트를 추가할 수 있다.

해밍 중(Hamming Weight)은 어떤 부호어에서 1의 개수를 의미하며 해밍 거리(Hamming Distance)는 어떤 부호어 중에서 같은 비트수를 갖는 2진 부호 사이에 대응하는 비트값이 일치되지 않는 개수를 말한다.

예를 들면, 2개의 부호열 A, B가

A={1 1 1 0 1}　　　　B={1 1 0 1 1}

인 경우 두 점간의 최소 해밍 거리는 $d_{\min} = 2$ 이다.

이때, 검출 가능한 에러의 수는 $(d_{\min}-1)$개이고 정정 가능한 에러의 수는

$$\begin{cases} d\text{가 홀수인 경우: } \dfrac{d_{\min}-1}{2}\text{개} \\ d\text{가 짝수인 경우: } \dfrac{d_{\min}-2}{2}\text{개} \end{cases}$$

으로 주어진다. 그러므로 2비트 이상의 중복된 에러는 더 많은 여분의 비트가 필요하지만 단일 비트의 에러는 완전하게 수정할 수 있다.

(2) 구성 방법

(12,8) 선형 부호에서 우수 패리티라고 가정할 때 해밍 비트 $P_n(n=1,2,3,4)$를 구하는 방법은 다음과 같다.

1	2	3	4	5	6	7	8	9	10	11	12
P_0	P_1	1	P_2	0	1	1	P_3	0	0	1	0

(가) 정보 비트를 이용하는 방법

정보 비트가 1인 10진수를 2진수로 변환하면 다음과 같다.

십진수	이진수
3	0011
6	0110
7	0111
11	1011

Exclusive OR 연산을 하면 1이다.

1001(P_3 P_2 P_1 P_0)

(나) 비트 구성 열을 이용하는 방법

BCD(Binary Coded Decimal) 부호에서 가장 오른쪽의 비트 값이 1인 경우가 10진수에서 1,3,5,7,9,11이므로

$$\text{EX-OR}\{1,\ 3,\ 5,\ 7,\ 9,\ 11\}=0 \rightarrow P_0=1$$

가 된다. 여기서 Exclusive OR 연산을 EX-OR이라고 표현한다.

마찬가지로 가장 오른쪽(rightmost)의 비트 값으로부터 두 번째 비트 값이 1인 경우가 10진수에서 2,3,6,7,10,11이므로

$$\text{EX-OR}\{2,\ 3,\ 6,\ 7,\ 10,\ 11\}=0 \rightarrow P_1=0$$

가 된다.

가장 오른쪽의 비트 값으로부터 세 번째 비트 값이 1인 경우가 10진수에서 4,5,6,7, 12이므로

$$\text{EX-OR}\{4,\ 5,\ 6,\ 7,\ 12\}=0 \rightarrow P_2=0$$

가 된다.

한편, 가장 왼쪽의 비트 값이 1인 경우가 10진수에서 8,9,10,11,12이므로

$$\text{EX-OR}\{8,\ 9,\ 10,\ 11,\ 12\}=0 \rightarrow P_3=1$$

가 된다.

예를 들면 패리티 비트를 결정한 방법으로 사용하면 수신측에서 3번째에서 에러가 발생했음을 알 수 있다.

	1	2	3	4	5	6	7	8	9	10	11	12
송신측	1	0	1	0	0	1	1	1	0	0	1	0
수신측	1	0	0	0	0	1	1	1	0	0	1	0

C_0 = EX-OR {1, 3, 5, 7, 9, 11} = 1

C_1 = EX-OR {2, 3, 6, 7, 10, 11} = 1

C_2 = EX-OR {4, 5, 6, 7, 12} = 0

C_3 = EX-OR {8, 9, 10, 11, 12} = 0

에러는 $(C_3C_2C_1C_0)=(0011)_2=3_{10}$ 번 위치에서 발생한다는 것을 알 수 있다.

예제 2-4

전체 26비트를 사용하는 해밍 코드에서 패리티 비트를 제외한 데이터 비트수는?

풀이 $2^k \geq k+n+1$ 관계식에서 $k+n=26$이므로 $k=5$가 된다.
따라서 $n=21$가 된다.

용어 설명 **BCH(Bose, Chaudhuri, Hocquenghem) 부호**

① 구조가 비교적 간단하면서도 다중 에러를 정정할 수 있다.
② 대표적 예로 Reed-Solomon(RS) 부호가 있으며, 이 부호는 주로 연집 에러 정정에 유용하다.
③ BCH 부호는 한 부호어 당 t개의 에러를 정정하여 최소 거리 $d_{min} \geq 2t+1$를 만족하여야 한다.

나) 길쌈 부호(Convolution Code)

블록 부호(Block Code)에서는 데이터 부호와 에러 검출에 필요한 패리티 비트가 조합하여 수신 측에서 받은 부호와 가장 가까운 해밍 거리(Hamming Distance)를 가진 부호만이 원하는 부호 열이 된다.

그러나 길쌈 부호는 블록 부호와 달리 패리티 비트가 정해져 있는 것이 아니라 계속적으로 삽입된다는 점에서 다르다. 수신 측에서 Viterbi Code Algorithm을 적용하여 수신 측에서 가장 근접한 부호를 가진 tree를 택하여 부호를 복조한다.

길쌈 부호는 현재의 입력이 과거의 입력에 대하여 영향을 받아 부호화하는 방법이며 비블록화 부호 중 하나이다. 다음은 길쌈부호를 구현함에 있어 기본적으로 필요한 요소들이다.

① 시프트 레지스터(Shift Register): 정보를 암호화할 때 사용되는 일종의 기억장치이다.

② 생성다항식: 시프트 레지스터와 결과 값을 연결할 때 사용되는 식이다.

구현 방법을 살펴보면 다음 그림에서

$$y_1 = S_1 \oplus S_2 \oplus S_3$$
$$y_2 = S_1$$
$$y_3 = S_1 \oplus S_2$$

예를 들면, 시프트 레지스터 각각의 초기값이 0이고 입력 정보 부호가 1010일 때 출력은 111 101 011 101로서 이 길쌈부호는 트리 검색법에 의해 수신 측에서 디코딩된다. 이 때 이 입력 정보 부호 중 맨 좌측값인 1이 제일 먼저 들어간다고 가정한다.

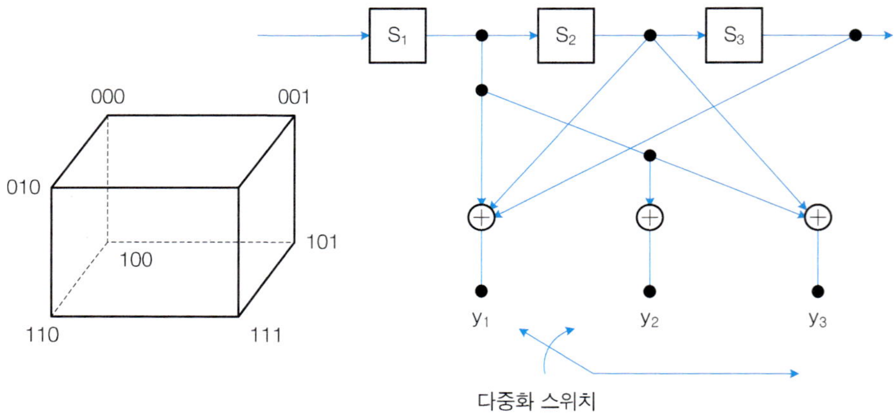

[그림 2-13] 길쌈 부호 발생기

그런데 이 출력 부호가 수신 측에서 발생했을 때 110 101 011 111로 바뀌어져 왔다면 이것은 최대 근사치 디코딩 방법(Maximum Likelihood Decoding Procedure)에 의해 수신 측에 1010으로 디코딩된다.

이에 대한 특징을 살펴보면

① 인코딩 및 디코딩이 복잡하다.

② 전진 에러 효율이 높다.

[표 2-14] 오류 제어 방법

	종 류	특 징
오류 검출 기법	패리티 검사	- 한 프레임의 데이터 끝에 검사 비트를 추가하는 가장 간단한 방법 - 오류가 짝수 개 발생하면 검출 불가능
	블록 합 검사	각 비트열을 가로열과 세로열을 두 번 관찰하여 검사의 복잡도를 증가시킴으로써 오류 검출 능력 증대
	CRC	생성다항식을 사용하여 다수 비트 에러 검출이 가능하며 패리티 검사보다 검출 능력 개선
오류 정정 기법	해밍 부호	단일비트 정정 방식으로 패리티 비트 증가로 인한 대역폭 부담
	길쌈부호	- 해밍 거리를 이용하여 오류 정정 능력에 대한 신뢰성 - 미리 약속된 디코딩 트리를 갖고 있어야 함

요 약

01 실시간 처리를 행하는 일부의 작업을 제외한, 대부분의 작업들이 갖는 입력 정보들을 파일(file)이라 하며, 나중에 사용하기 위해서 또는 다른 사용자가 이용할 수 있도록 하기 위해서, 물리적 매체에 어떤 작업이 출력해 놓은 결과를 역시 파일이라고 한다.

02 2진수를 10진수로 변환할 때는 2진수의 밑수가 2라는 것을 이용한다.

03 10진수를 2진수로 변환할 때는 소수점 위의 수에 대하여는 10진수를 2로 계속 나눈 뒤 그 나머지를 역으로 나열하고, 소수점 이래의 수에 대하여는 2로 계속 곱하고 그 정수 부분을 곱한다.

04 2진수와 2진 코드는 전혀 별개의 것이다. 2진수는 0과 1의 기호를 가지고 밑수가 2인 수체계이고, 2진 코드는 0과 1의 기호로 어떤 정보를 나타내는 규칙이다.

05 BCD 코드는 2진화 10진 코드 혹은 8421 코드라고 부르는데 2진수 체계를 사용해서 표현한다. 이 코드는 2진수와는 별개의 것이므로, BCD 코드로 0100 0011이 2진수로는 43이 되지 않는다. 67이 된다.

06 3초과 코드는 8421 코드의 표현에 2진수 0011(10진수 3)을 더해서 표현한 방식으로 자보수 코드이다.

07 2421 코드는 각 자리 값이 2421인 2진화 10진 코드로서 자보수 코드이다.

08 51111 코드는 각 자리 값이 51111인 코드로서 자보수 코드이다.

09 그레이 코드는 비트 하나만 변화하여 새로운 코드가 되도록 한 것으로서 QAM 변조 방식의 신호점 배치에 사용한다.

10 문자 코드(Alphanumeric Code)라는 것이 나왔는데, 대표적인 것에는 표준 2진화 10진 코드, ASCII, EBCDIC 등이 있다.

11 데이터의 변질 요인을 에러라고 하는 데 송신과 수신간의 정확한 정보를 주고받기 위해 어떤 제어를 필요로 한다. 이것을 바로 에러 제어(Error Control)라고 한다.

12 에러 검출 방식은 패리티 검사, 블록 합 검사, 그리고 CRC방식이 있으며 에러 검출 및 정정 방식에는 길쌈 부호(Convolution Code)와 해밍 부호가 필요하다.

13 해밍 부호는 에러를 검출하는 데 필요한 잉여 데이터비트들의 수를 최소화 한 방법 중 하나이며 n개의 정보비트와 k개의 해밍비트로 운용되는데 이에 대한 관계식은 다음과 같으며 (m,n) 선형 부호라고도 부른다.

$$2^k \geq m+1 = k+n+1$$

14 길쌈 부호는 현재의 입력이 과거의 입력에 대하여 영향을 받아 부호화하는 방법이며 수신측에서 Viterbi Code Algorithm을 적용하여 수신 측에서 가장 근접한 부호를 가진 tree를 택하여 부호를 복조한다.

문 제

01 다음 2진수를 10진수로 고치시오.

1) 111010

2) 110.01

02 ASCII 코드를 사용하여 A + B = C를 표현하시오.

03 EBCDIC 코드를 사용하여 APPLE2로 표현하시오.

04 그레이 코드 11011001을 2진수로 고치시오.

05 숫자 코드의 종류를 들고 구현 방법을 설명하시오.

06 패리티 검사 방식과 블록 합 검사 방식의 구현 방법과 차이점에 대하여 설명하시오.

07 해밍 부호의 에러 제어에 대해서 정보 비트를 이용하는 방법과 비트 구성 열을 이용하는 방법에 따라 해석하시오.

08 CRC(Cyclic Redundancy Check)의 개념과 구현 예를 설명하시오.

09 BEC(Backward Error Control) 방식은 수신 측에서 에러가 났다는 사실을 송신 측에 알려주는 방법을 말한다. 이때, FEC(Forward Error Control)와의 차이점을 설명하고 예를 드시오.

10 다음을 간단히 설명하시오.

1) 길쌈 부호(Convolution Code)

2) 알파뉴메릭코드

chapter

03

산술과 논리 연산

학습목표

1. ALU의 구성 요소 및 기능을 이해할 수 있다.
2. 수의 표현 방법을 이해할 수 있다.
3. 논리 연산을 이해할 수 있다.
4. 시프트 연산을 이해할 수 있다.
5. 산술 연산을 이해할 수 있다.

자료의 표현 방식은 크게 두 가지로 구분할 수 있다. 하나는 자료의 외부적 표현 방식인데 그것은 BCD 코드, EBCDIC 코드 그리고 ASCII 코드 등의 표현 방식을 말한다. 다시 말하면, 자료가 컴퓨터의 내부에 들어갈 수 있도록 코드화(coded) 작업을 해 놓은 상태를 의미한다.

또 다른 자료의 표현 방식은 자료의 내부적 표현으로 수치 자료의 표현, 명령어의 표현, 논리 및 포인터 자료의 표현, 자료 구조의 표현 방식들이 있다.

컴퓨터에서는 외부적 표현이든 내부적 표현이든 어느 것을 막론하고 모두 2진수 또는 2진 코드로 나타낸다. 그런데 2진수와 2진 코드는 '0'과 '1'의 2진 디지트, 즉 비트가 기본단위이다.

컴퓨터의 가장 근본이 되는 기능은 수치에 대한 산술적 연산과 논리 데이터에 대한 연산이라고 할 수 있다. 전자는 정수(integer)와 부동 소수점 수(Floating-point Number)라는 두 가지 형태의 수들에 대하여 수행되며, 논리 연산은 0과 1로 표현되는 2진 데이터에 대하여 이루어진다.

이 장에서는 먼저 산술 논리 연산장치(Arithmetic and Logical Unit, ALU)의 내부 조직에 대하여 공부하고 수의 표현 방법과 논리 및 산술 연산에 대하여 살펴보기로 한다.

1 ALU(Arithmetic and Logical Unit)

1) 구성 요소

산술 논리 연산 장치의 구성은 [그림 3-1]과 같이 덧셈을 위한 가산기(adder)를 중심으로 연산에 사용되는 데이터와 연산 결과 등을 임시로 기억하기 위한 레지스터, 보수를 만드는 보수(complement)기, 오버플로(overflow)를 검출하는 오버플로 검출기 등으로 구성되어 있다.

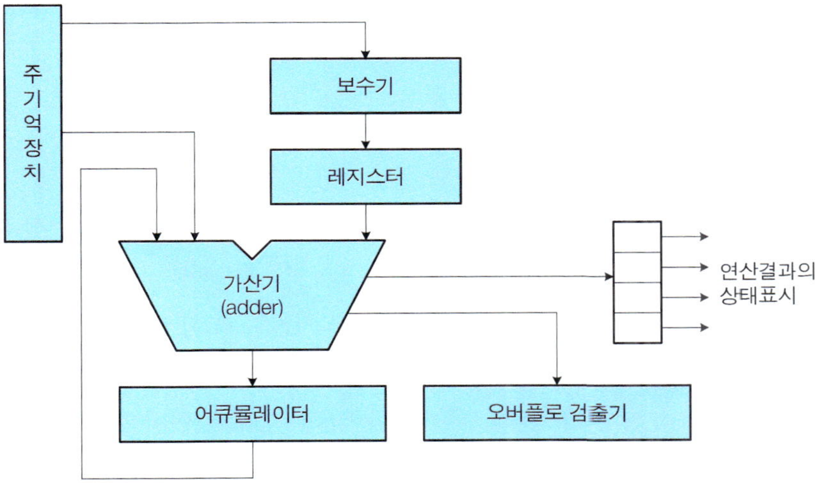

[그림 3-1] ALU

학습 활동 **연산관계 레지스터**

1) **어큐뮬레이터(Accumulator)**: 누산기라고 하며 연산의 중심이 되는 레지스터로서 연산 결과를 일시적으로 보존한다.
2) **범용 레지스터(General Register, GR)**: 산술 및 논리 연산, 연산 결과의 임시 보존, 어드레스의 인덱싱 등 여러 가지 목적으로 사용되는 레지스터이며 주로 고정소수점 연산에 사용된다.
3) **부동소수점 레지스터(Floating Point Register)**: 소수점이 있는 수, 즉 실수의 형태로 수치 데이터를 저장하는 레지스터로서 부동소수점에 사용된다.
4) **상태 레지스터(Status Register)**: 산술 및 논리 연산 결과로 발생된 carry, zero, overflow 등 CPU 상태를 저장하는 레지스터이다.
5) **시프트 레지스터(Shift Register)**: 수치 데이터 내용을 좌 또는 우로 이동(shift)시킬 수 있는 레지스터이다.
6) **스택 포인터(Stack Pointer)**: 스택의 현 위치를 지시하는 레지스터이다. 스택은 주로 함수를 호출할 때 인수의 전달 등에 이용된다.

2) 기능

ALU는 명령을 해독한 디코더의 지시에 따라 레지스터를 사용하면서, 사칙연산과 같은 산술 연산과 두 수의 크기를 비교하고 판단하는 논리 연산을 담당한다.

연산에 사용되는 데이터의 수에 따라 단항(unary) 연산과 이항(binary) 연산으로 나눈다. 전자는 shift, rotate, move 및 complement 연산과 같이 자료의 수가 한 개뿐이며 후자는 AND, OR과 사칙연산이 있는데 이는 두 개의 자료에 대해서 연산을 행한다.

ALU는 필요한 연산을 실행하기 위해서는 연산에 사용한 데이터가 CPU 내에 기억되어 있어야 하므로 CPU 내에는 이러한 데이터를 기억시켜 두는 일시적인 기억장치 레지스터가 있다. 뿐만 아니라 주기억장치에 기억되었던 데이터도 레지스터에 입력시켜 연산기가 필요한 연산을 수행하게 된다.

[표 3-1] 연산의 종류

<table>
<tr><td rowspan="4">연산</td><td rowspan="2">비수치 연산
(논리 연산)</td><td>단항 연산</td><td>move
complement
shift
rotate
clear
increment
decrement</td></tr>
<tr><td>이항 연산</td><td>AND
XOR
compare
사칙 연산</td></tr>
<tr><td rowspan="2">수치 연산
(산술 연산)</td><td>정수 표현</td><td>언팩 십진법
팩 십진법
고정 소수점 연산
기타 형식 코드 표현</td></tr>
<tr><td>실수 표현</td><td>부동 소수점 표현</td></tr>
</table>

그래서 CPU 내에는 최소한 한 개 이상의 레지스터가 있으며 성능이 좋은 컴퓨터일수록 레지스터 수가 많다. 레지스터는 일정수의 비트로 구성되면 그 비트 수에 따라 레지스터에 기억시킬 수 있는 수의 정확도가 정해지므로 규모가 크고 성능이 좋은 컴퓨터는 비트 수가 많은 것이다.

일반적으로 연산은 레지스터의 각 비트의 연산을 병렬로 실행하므로 연산기도 사실상 레지스터의 비트 수와 같은 수의 비트를 병렬 처리하도록 되어 있다.

2 수의 표현 방법

2진수 체계(Binary Number System)에서는 어떤 수를 0과 1, 부호 및 소수점으로 표현한다. 예를 들면, 10진수 −5.75는 2진수로 −101.11로 표현된다. 그러나 컴퓨터가 데이터를 저장하거나 처리하는 과정에서는 부호와 소수점을 사용할 수 없으며, 0과 1만 사용할 수 있다.

한편, 문자 및 숫자가 2진수 또는 2진 코드로 표시되든지 이들이 컴퓨터 내부에서 표현하는 방법에는 고정 소수점 표현과 부동 소수점 표현이 있다.

이 절에서는 특수 기호를 포함하는 문자가 컴퓨터 내부에서 어떻게 표현되는 지를 먼저 보고, 이어 숫자가 컴퓨터 내부에서 어떻게 표현되는 지를 보기로 한다.

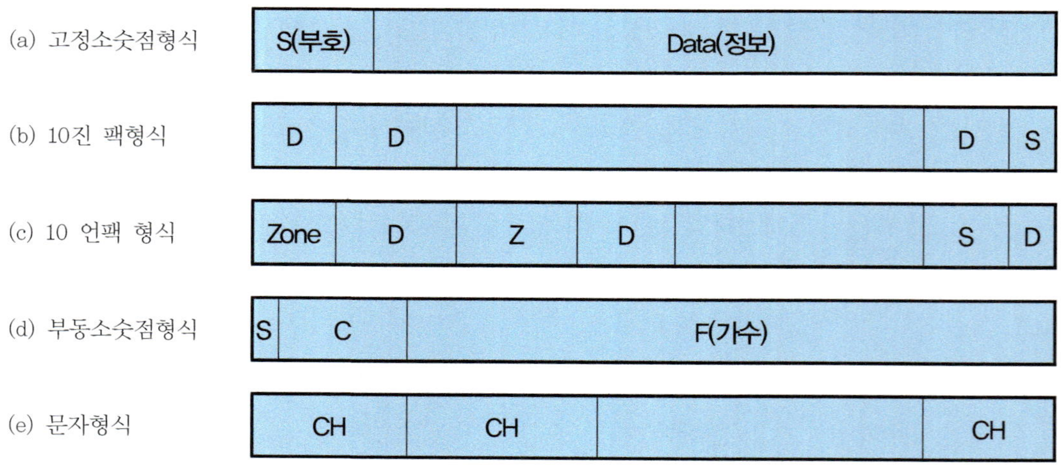

[그림 3-2] 컴퓨터의 자료처리 형식

1) 문자 데이터의 표현

문자 데이터는 EBCDIC 또는 내부 ASCII에 따라 입력된다. 예를 들면, EBCDIC 코드를 사용하는 컴퓨터에 'STAR13'를 입력하면 S는 11100010로, T는 11100011로, A는 11000001로, R은 11010001로 1은 11110001로 그리고 3은 11110011로 인코딩(encoding)된다.

여기서 문자 데이터의 내부 표시 문제가 발생되는데 EBCDIC이나 내부 ASCII로 입력을 하는 컴퓨터에서는 입력된 코드 그대로 기억되지만, ASCII로 입력을 받는 컴퓨터에서는 이것을 EBCDIC 또는 내부 ASCII(Internal ASCII)로 변환한 후 기억시킨다.

용어 설명 **내부 ASCII 코드**

USASCII-80이라고도 하며 ASCII 코드의 패리티 비트 자리의 한 비트를 이용하여 가나문자, 기타문자도 표시하는 내부 코드(Internal code)이다.

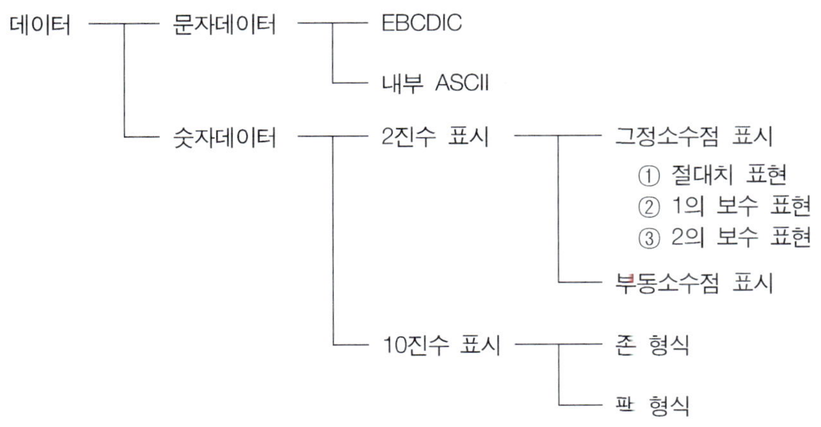

[그림 3-3] 데이터의 내부적 표현 형태

2) 숫자 데이터의 표현

숫자 데이터를 컴퓨터 내부에서 표현하는 방식은 2진화 10진수의 경우와 2진수의 경우가 다르다.

가) 2진화 10진 코드

숫자 데이터에는 문자로서의 숫자와 수치로서의 숫자가 있는데 전자는 컴퓨터 내부에서는 존 형식(Zone Format)으로 표시되며 후자는 팩 형식(Packed Format)으로 표시된다.

존 형식은 한 바이트에 2진화 10진수 한 자리를 저장하는 방식으로서 내부ASCII나 EBCDIC에서는 데이터를 바이트 단위로 표시한다. 예를 들면, EBCDIC에서 1은 11110001, 2는 11110010이다. 이때 1111은 숫자 데이터임을 나타내는 존(zone)이고, 0001, 0010 등은 8421 코드에 따른 수치이다. 이처럼 존과 수치가 같이 하나의 바이트에 표시되는 방식이 존 형식이다. 다시 말하면 내부 ASCII나 EBCDIC 그대로 표시되는 방식이 존 형식이다. 다만, 음양의 부호 표시를 위해서 마지막 단위의 존은 부호 표시로 사용한다.

존 형식은 문자(string) 처리에서만 사용되므로 연산이 불가능하다. 다시 말하면 문자로서의 숫자 표시이기 때문에 그 자체로서 연산이 불가능하다.

	존	숫자	존	숫자	부호	숫자
+625	1111	0110	1111	0010	1100	0101
-625	1111	0110	1111	0010	1101	0101
625	1111	0110	1111	0010	1111	0101

[그림 3-4] 존 형식에 따른 10진수의 표현

한편, 팩 형식(Packed Format)은 한 바이트에 두 자리의 10진수를 표시하는 형식으로 부호의 위치는 최하위 바이트의 하위 4비트이다. 수치 연산용으로 입출력은 불가능하며 입출력을 하기 위해선 존 형식으로 변형해야 한다.

	숫자	숫자	숫자	부호
+625	0110	0010	0101	1100
-625	0110	0010	0101	1101
625	0110	0010	0101	1111

[그림 3-5] 팩 형식에 따른 10진수의 표현

팩 형식은 존 형식에 비해 기억공간이 절약될 뿐 아니라 문자 코드로의 변환이 용이하기 때문에 계산이 복잡하지 않고 입출력 데이터의 양은 많으나 연산량이 적을 경우에 유리하다. 앞서 말한 바와 같이 사무처리(Business Data Processing)에 있어서는 데이터의 입출력량에 비해서 연산량이 매우 적기 때문에 10진수에 비해 직접 연산을 하는 편이 변환의 번거로움을 피할 수 있어 유리하다.

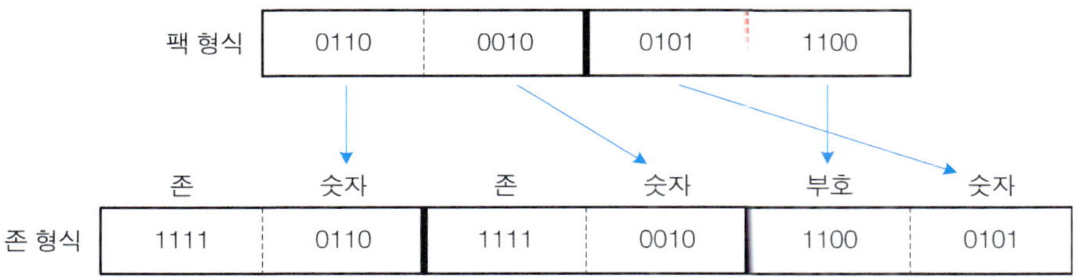

[그림 3-6] 팩 형식의 존 형식 변환 예

나) 2진수

2진수 체계에서는 어떤 수를 0과 1, 부호 및 소수점으로 표현한다. 그러나 컴퓨터가 데이터를 저장하거나 처리하는 과정에서는 부호와 소수점을 사용할 수 없으며, 0과 1만 사용할 수 있다. 컴퓨터 내부에서 2진수를 표현하는 방법에는 고정소수점 표현과 부동소수점 표현이 있다.

(1) 고정소수점 표현(Fixed Point Representation)

고정소수점 표현방식은 소수점의 위치가 특수한 자리에 고정되어 있는 방식이고, 소수점의 위치가 가장 오른쪽 비트의 바로 오른쪽에 있다고 하는 것으로 전체의 수를 정수형 상수 형태로 표현한다.

만약 부호 없는 정수, 즉 양수만 사용하다면 표현 방법은 간단하다. 예를 들어, 8비트 단어로는 다음과 같이 0에서 255까지의 정수들을 표현할 수 있다.

예 부호가 없는 정수

00000011 = 3,　　00111001 = 57

한편, 음수의 표현은 절대치 표현, 1의 보수 표현 그리고 2의 보수 표현이 있는데 그 내용은 다음과 같다.

(가) 절대치 표현

수를 표현하는 단어의 비트 수가 n이라면, 맨 좌측 비트가 부호 비트이고, 나머지 $n-1$개의 비트들은 수의 크기(magnitude)를 나타낸다. 여기서 수의 크기 부분은 부호 없는 정수에 대한 2진수 표현과 같은 방법으로 변환되고 부호비트는 0에서 1로 바꾸어주면 된다.

예 +8과 −8의 절대치

+8 = 0,0001000, −8 = 1,0001000

절대치로 표현된 2진수(a_{n-1}, a_{n-2} ⋯ a_1, a_0)를 10진수로 변환하는 방법은 다음과 같다.

$$A=(-1)^{a_{n-1}}\left(a_{n-2}\times 2^{n-2}+a_{n-3}\times 2^{n-3}+\ \cdots\ +a_1\times 2^1+a_0\times 2^0\right)$$

예 절대치로 표현된 2진수를 10진수로 변환

(a) 0,0001000

$$=(-1)^0(0\times 2^6+0\times 2^5+0\times 2^4+1\times 2^3+0\times 2^2+0\times 2^1+0\times 2^0)=8$$

(b) 1,0001000

$$=(-1)^1(0\times 2^6+0\times 2^5+0\times 2^4+1\times 2^3+0\times 2^2+0\times 2^1+0\times 2^0)=-8$$

절대치 표현에는 몇 가지 결점들이 있는데 다음과 같이 생각해볼 수 있다.

① 덧셈과 뺄셈을 수행하기 위해서는 부호 비트와 크기 부분을 별도로 처리해야 한다.

② 0에 대한 표현이 다음과 같이 2가지라는 점이다.

0,0000000 = +0

1,0000000 = −0

(나) 1의 보수 표현

1의 보수 방법은 어떤 양수 값에 해당하는 2진수의 내용을 0은 1로, 1은 0으로 바꾸어주는 방법이다.

(다) 2의 보수 표현

2의 보수 방법은 어떤 양수를 1의 보수 형식으로 고쳐 놓고 LSB(Least Significant Bit)에 해당하는 디지트에 1을 더한다.

예 8비트 보수로 표현된 정수들의 음수화

+9 = 0,0001001

−9 = 1,1110110 (1의 보수)

−9 = 1,1110111 (2의 보수)

변환하는 과정은 1의 보수가 더 간단하지만, 일반적으로 컴퓨터에서 2의 보수가 더 많이 사용되고 있는 이유는 동일한 비트들로 표현할 수 있는 수의 개수가 더 많기 때문이다. 1의 보수의 표현 개수가 더 적은 이유는 절대치 표현과 마찬가지로 0에 대한 표현이 2가지이기 때문이다.

학습 활동 수의 표시 범위(부호 비트 포함)

10진수	2의 보수	비트수와 표시범위
−8 7	1,000 0,111	4비트(−8~7)
−128 127	1,0000000 0,1111111	8비트(−128~127)

[표 3-2] 5비트 보수로 표현한 정수들

10진수	절대치	2의 보수	1의 보수
+15	0,1111	0,1111	0,1111
+14	0,1110	0,1110	0,1110
+13	0,1101	0,1101	0,1101
+12	0,1100	0,1100	0,1100
+11	0,1011	0,1011	0,1011
+10	0,1010	0,1010	0,1010
+9	0,1001	0,1001	0,1001
+8	0,1000	0,1000	0,1000
+7	0,0111	0,0111	0,0111
+6	0,0110	0,0110	0,0110
+5	0,0101	0,0101	0,0101
+4	0,0100	0,0100	0,0100
+3	0,0011	0,0011	0,0011
+2	0,0010	0,0010	0,0010
+1	0,0001	0,0001	0,0001
0	0,0000	0,0000	0,0000
	(1,0000)		(1,1111)
−1	1,0001	1,1111	1,1110
−2	1,0010	1,1110	1,1101
−3	1,0011	1,1101	1,1100
−4	1,0100	1,1100	1,1011
−5	1,0101	1,1011	1,1010
−6	1,0110	1,1010	1,1001
−7	1,0111	1,1001	1,1000
−8	1,1000	1,1000	1,0111
−9	1,1001	1,0111	1,0110
−10	1,1010	1,0110	1,0101
−11	1,1011	1,0101	1,0100
−12	1,1100	1,0100	1,0011
−13	1,1101	1,0011	1,0010
−14	1,1110	1,0010	1,0001
−15	1,1111	1,0001	1,0000
−16	—	1,0000	—

2의 보수로 표현된 2진수에서 부호 비트 $a_{n-1}=0$인 양수를 10진수로 변환하는 방법은 다음 식으로 표현된다.

$$A=a_{n-2}\times 2^{n-2}+a_{n-3}\times 2^{n-3}+\ \cdots\ +a_1\times 2^1+a_0\times 2^0$$

한편, 부호 비트 $a_{n-1}=1$인 음수를 10진수로 변환하는 방법은 다음 식과 동일하다.

$$A=-2^{n-1}+(a_{n-2}\times 2^{n-2}+a_{n-3}\times 2^{n-3}+\ \cdots\ +a_1\times 2^1+a_0\times 2^0)$$

예 2의 보수 1,0101110을 10진수로 표현

$$A=-128(2^7)+(1\times 2^5+1\times 2^3+1\times 2^2+1\times 2^1)$$
$$=-128+(32+8+4+2)$$
$$=-82$$

다른 방법으로는 1,0101110을 −1010010으로 먼저 변환한 후

$$A=-01010010=-(1\times 2^6+1\times 2^4+1\times 2^1)$$
$$=-(64+16+2)$$
$$=-82$$

학습 활동 **9의 보수 및 10의 보수**

n을 정수 부분의 개수, m은 소수 부분의 개수라고 하면 10진수 N의 9의 보수와 10의 보수는 다음과 같다.

① 9의 보수 $=(10^n-10^{-m})-N$

② 10의 보수 $=(10^n-N)$

예 $(25.639)_{10}$에 대한 9의 보수 및 10의 보수

- 9의 보수 $=(10^2-10^{-3})-25.639$ $=74.360$
- 10의 보수 $=10^2-25.639$ $=74.361$

(라) 비트 확장

데이터를 더 많은 비트의 레지스터에 저장하거나 더 긴 데이터와의 연산을 수행하기 위하여 비트 확장을 수행한다.

절대치 표현의 경우 부호 비트를 맨 좌측 위치로 이동시키고, 그 외의 비트들은 0으로 채운다.

예 절대치 표현에서 비트 확장

+20 =	0,0010100	(절대치, 8 비트)
+20 =	0,000000000010100	(절대치, 16 비트)
−20 =	1,0010100	(절대치, 8 비트)
−20 =	1,000000000010100	(절대치, 16 비트)

반면에 2의 보수 표현의 경우는 확장되는 상위 비트들을 부호 비트와 같은 값으로 세트해야 한다. 즉, 양수의 경우에는 모든 상위 비트들을 0으로 세트하고, 음수의 경우에는 1로 세트한다.

예 2의 보수에 대한 비트 확장

+20 =	0,0010100	(2의 보수, 8 비트)
+20 =	0,000000000010100	(2의 보수, 16 비트)
−20 =	1,1101100	(2의 보수, 8 비트)
−20 =	1,111111111101100	(2의 보수, 16 비트)

쉼터 **양자컴퓨터**

오늘의 컴퓨터 기술을 압도할 기술로 양자컴퓨터가 손꼽힌다. 양자컴퓨터는 양자역학의 파동–입자의 이중성 근간을 두고 있다. 즉, 입자의 중첩상태를 이용한다.

그래서 디지털 컴퓨터의 비트는 0 아니면 1의 2가지 상태를 가진다. 양자컴퓨터는 qubit라는 양자비트를 가지며 0과 1의 2가지 상태를 동시에 가진다. 또한 2개의 qubit는 00, 01, 10, 11의 4가지 상태를 공유하게 되며 결국 한 개의 처리 장치로 수많은 계산을 별도로 처리할 수 있다. 이러한 양자정보기술은 근본적으로 도청이 불가능하도록 정보를 전달하거나, 기존의 컴퓨터로는 불가능한 문제를 쉽게 해결할 수 있는 기술이다. 전문가들은 2020년경 양자컴퓨터가 실용화될 것으로 전망하고 있다.

(2) 부동소수점 표현(Floating Point Representation)

(가) 표현 방법

부동소수점 표현 방식은 소수부와 지수부를 두는 실수 형태의 데이터를 표현하는 방식을 말한다. 이 방식은 6.021×10^{23}이나 1.672×10^{-22}과 같이 매우 큰 수나 매우 작은 수 또는 정확도를 요하는 수를 표시하는 데 편리하며, 하나의 수를 가수부와 지수부로 나누어 표시한다. 여기서 가수부(mantissa)는 소수부로서 수치를 나타내는 부분이고 지수부(exponent)는 지수, 즉 소수점의 위치를 나타내는 부분이다.

부동소수점 수의 일반적인 형태는 다음 식과 같이 표현된다.

$$N = (-1)^S M \times B^E$$

여기서 S는 수의 부호, M은 가수(mantissa), B는 기수(bεse)로서 10진수에서는 10으로, 2진수에서는 2로 고정되며 E는 지수(exponent)를 각각 나타낸다. 예를 들면, 2.45×10^2에서 가수 M은 2.45이고 지수 E는 +2, 그리고 기수 B는 10이다.

부동 소수점으로 표시하면 소수점의 위치가 부동적이므로 2진수 0.0001010은 다음과 같은 형태들로 나타낼 수가 있다.

$$1010.0 \times 2^{-7},\ 1.010 \times 2^{-4},\ 0.1010 \times 2^{-3}$$

이처럼 소수점의 위치가 부동적이라는 의미에서 소수점의 위치가 일정의 위치에 고정되어 있는 고정소수점 표현과 구별한다.

부동소수점 표현방식에서 가수부의 소수점이 어디에 있다고 가정하는 가에 대하여는 적어도 연산에 관한 한 가수부의 소수점이 맨 왼쪽 비트의 바로 앞에 있다고 가정한다.

가수부의 소수점 위치가 맨 왼쪽 비트의 바로 앞에 있다고 가정할 때 부동소수점 수치는 일반적으로 아래와 같은 가수부의 첫 번째 디지트가 1이 되도륵 가수부와 지수부를 조정해서 표시하는 데, 이렇게 가수부와 지수부를 조정하는 것을 정규화(normalization)라고 한다.

$$\pm 0.1bbb \ldots b \times 2^E$$

이 표현에서는 b는 1 또는 0을 가진 비트를 말하며 정규화된 표현이란 이와 같이 소수점의 바로 오른 편에 있는 비트가 반드시 1이 되도록 위치를 조정하는 것을 말한다. 결과적으로 위의 수에 대한 정규화 표현은 0.1010×2^{-3}이 된다.

(나) 정밀도

일반적인 32비트 부동소수점 수는 [그림 3-7]과 같이 1 비트 부호, 8 비트 지수, 그리고 23 비트 가수로 구성되어 있다.

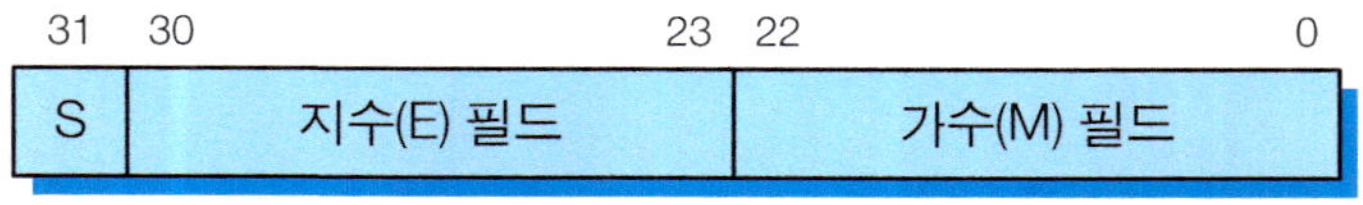

[그림 3-7] 32 비트 부동소수점 형식의 예

예를 들면, 0.1100×2^5을 [그림 3-7]의 형식으로 표현하면 다음과 같아진다.

부호(S) 비트 = 0
지수(E) = 00000101
가수(M) = 1100 0000 0000 0000 0000 000

0	00000101	1100 0000 0000 0000 0000 000

가수(M)는 정밀도(precision)를 결정하고, 지수(E)는 표현 가능한 수의 범위(range)를 결정한다. 즉, 가수부의 비트 수가 많아질수록 수를 더 정확하게 표현할 수 있으며, 지수부의 비트 수가 많아지면 표현할 수 있는 범위의 수가 많아지게 된다. 예를 들면, 지수부의 길이를 1개 비트 증가시킨다면, 가수부는 1개 비트 줄어들기 때문에 정확도가 그만큼 떨어진다.

수의 표현 범위와 정밀도를 동시에 늘릴 수 있는 방법은 데이터 표현에 더 많은 비트들을 사용하는 것이다. 최근의 컴퓨터들은 32 비트 길이의 단일 정밀도(single-precision)수와 64 비트 길이의 복수 정밀도(double-precision) 수를 모두 제공하고 있다. 따라서 사용자는 필요에 따라 선택하여 사용할 수 있다.

지수부에는 가수부의 부호와 마찬가지로 (+) 부호를 가진 지수뿐만 아니라 (-) 부호를 가진 지수도 있을 수 있다. 대부분의 컴퓨터에서는 부호비트를 두지 않고 (-) 지수도 (+)

형태(부호가 없는 형태)로 나타낸다. (−) 지수를 (+) 형태로 나타내기 위해서는 지수를 전체적으로 (+) 방향으로 편향시켜야 한다.

이때 지수부(E)의 값이 아주 큰 음수라면 2^E의 절대값이 거의 0에 가까워진다. 이때 도입된 방법이 지수를 바이어스된 수(Biased Number)로 표현하는 것이다. 바이어스된 수란 어떤 수에 바이어스 값이 더해진 수를 말한다. 예를 들면, 바이어스가 3일 경우 1000이 1011이 된다.

바이어스가 128인 경우에 지수 필드에 들어갈 비트 패턴을 구하는 방법을 예를 들어 보면 다음과 같다. $M \times 2^{+2}$라는 수에 대한 지수 비트들은 +2(00000010)에 128(1000 0000)을 더하면 10000010이 된다. 한편, $M \times 2^{-2}$에 대한 지수 비트들은 −2(11111110)에 128(10000000)을 더하면 01111110이 된다.

반대의 경우로서, 이 형식에 따라 표현된 지수 비트 형태르부터 실제 지수값을 찾아내는 방법은 다음과 같다. 예를 들면, 지수 필드가 129(10000001)라면, 실제 지수값은 128(10000000)을 뺀 +1(00000001)이 되어서 실제 수의 계산에서는 $M \times 2^{+1}$로 처리된다. 다른 예로서, 지수 필드가 126(01111110)일 때, 128을 빼면 −2가 되므로 $M \times 2^{-2}$로 처리된다.

[표 3-3] 8 비트 바이어스된 지수값들

지수 비트 패턴	절대값	실제 지수값 바이어스=127	 바이어스=128
11111111	255	+128	+127
11111110	254	+127	+126
⋮	⋮	⋮	⋮
10000001	129	+2	+1
10000000	128	+1	0
01111111	127	0	−1
01111110	126	−1	−2
⋮	⋮	⋮	⋮
00000001	1	−126	−127
00000000	0	−127	−128

부호	지수(exponent)							가수(mantissa)	
0	1	0	0	0	1	0	0	0 0 1 0 1 0 …	비정규화형 (+0.00101000... $\times 2^4$)
0	1	0	0	0	1	1	0	1 0 1 0 0 0 …	정규화형 (+0.10100000... $\times 2^6$)

(a) 2진 정규화

1	1	0	0	0	1	0	1	0 0 0 0 1100 …	비정규화형 (−0.0C... $\times 16^5$)
1	1	0	0	0	1	1	0	1 1 0 0 0000 …	정규화형 (−0.C... $\times 16^6$)

(b) 16진 정규화

[그림 3-8] 부동소수점 형식

부호	지수(exponent) 7비트	가수(mantissa) 24비트	
0	0 0 0 0 1 1 0	0 0 1 0 1 0 …	비정규화형 (+0.00101000... $\times 2^6$)
0	0 0 0 0 1 0 0	1 0 1 0 0 0 …	정규화형 (+0.10100000... $\times 2^4$)

(a) 2진 정규화

0	1 1 1 1 1 1 1	1 0 1 0 ………	지수최대값 (+0.101 $\times 2^{63}$)
1	0 0 0 0 0 0 0	1 0 1 0 ………	지수최소값 (−0.101 $\times 2^{-64}$)

(b) 2진 지수의 최대값.최소값의 표현

1	1 0 0 0 1 1 0	0 0 0 0 1 1 …	비정규화형 (−0.00002200 $\times 16^6$)
1	1 0 0 0 1 0 1	1 1 0 0 0 0 …	정규화형 (−0.11000000 $\times 16^5$)

(c) 16진 정규화

0	1 1 1 1 1 1 1	1 1 0 0 ………	지수최대값 (+0.101 $\times 2^{63}$)
1	0 0 0 0 0 0 0	1 1 0 0 ………	지수최소값 (−0.101 $\times 2^{-64}$)

(d) 16진 지수의 최대값/최소값의 표현

부호	지수(8비트)	가수(23비트)	지수최대값 + 0.1… $\times 16^{127}$ 지수최소값 − 0.1… $\times 16^{-128}$
S	E'	M	단정밀(Single precision)

부호	지수(11비트)	가수(52비트)	지수최대값 + 0.1… $\times 16^{4095}$ 지수최소값 − 0.1… $\times 16^{-4096}$
S	E'	M	2배 정밀(double precision)

(e) IEEE의 2진 부동 소수점

[그림 3-9] 부동소수점의 표현

(3) IEEE 754

(가) 채택 배경

부동소수점 수를 위한 형식과 표현 방법은 컴퓨터 회사 혹은 컴퓨터 기종마다 서로 다르게 정의되고 사용되어 왔다. 그에 따른 사용자들의 혼란과 불편을 줄이고, 컴퓨터들간의 프로그램 이식성(Program Portability)을 향상시키기 위하여 IEEE에서는 부동소수점 표현에 대한 국제 표준을 제안하였고, 그 이후 컴퓨터 회사들에 의하여 널리 채택되고 있다.

IEEE 754 부동소수점 표준은 8 비트 지수를 가지는 32 비트 단일 정밀도 형식과 11비트 지수를 가지는 64 비트 복수 정밀도 형식을 정의하고 있다. 이 형식에서 기수는 2이다.

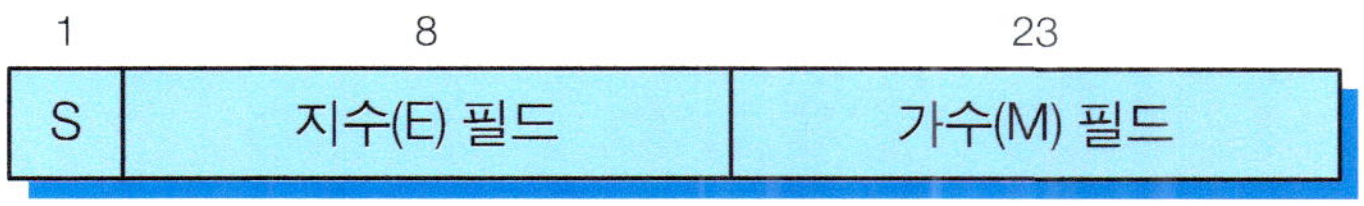

(a) 단일-정밀도 형식(Single-precision Format)

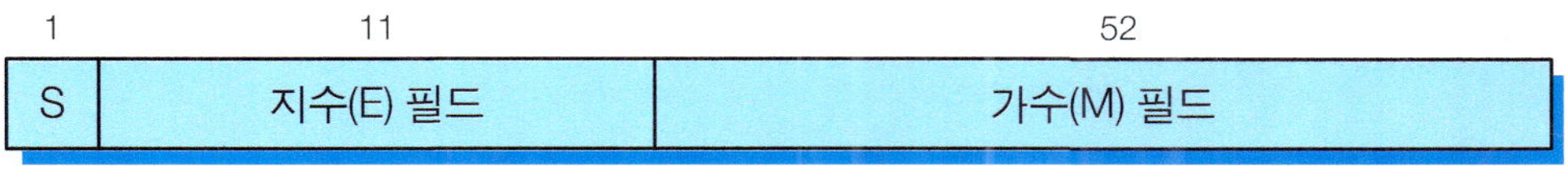

(b) 복수-정밀도 형식(Double-precision Format)

[그림 3-10] IEEE754 표준 부동소수점 방식

(나) 32비트 단일 정밀도 형식

32비트 단일 정밀도 형식에서는 지수가 8비트이므로 부호 비트를 제외하면 23비트가 가수를 표현하는데 사용된다. 이 형식에서도 가수가 정규화된 형태를 가지며, 첫 번째 1은 포함시키지 않는다. 예를 들면 0.001011을 0.1011×2^{-2}로 하지 않고 1.011×2^{-3}으로 하여 가수부 최초의 1은 생략한 채 011만 가수부로 기억시킨다. 물론 기억된 이 값을 연산할 때에는 0.1011×2^{-2}로 다시 고쳐서 계산한다.

가수부 최초 비트의 1을 생략한 이유는 가수부를 정규화된 2진수로 표시할 경우에는 반드시 최초 비트의 숫자가 1이 되기 때문에 구태여 그것을 표시할 필요가 없다고 개발자들이 주장하고 있다.

예를 들면, 10진수 1234.56을 IEEE 754 표준 형식으로 변형하여 표현하도록 한다.

먼저,

$$
\begin{aligned}
(1234.56)_{10} &= (4D2.8F5C)_{16} \\
&= (010011010010.1000111101011100)_2 \\
&= (1.0011010010100011110101 1100)_2 \times 2^{10}
\end{aligned}
$$

으로 변환한 다음 IEEE754 형식의 부동 소수점 표시를 하면 다음과 같다.

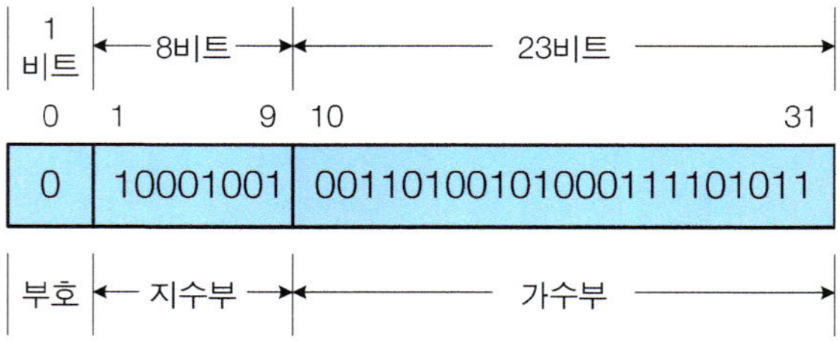

[그림 3-11] 1234.56에 대한 IEEE 754 형식의 부동소수점 표현

예제 3-1

2진수 101101.101을 가수부가 10비트, 지수부가 5비트인 IEEE 754 부동소수점 표준으로 나타내시오. 이때 가수부는 정규화된 표현을, 그리고 지수부는 16 초과 코드를 사용한다.

풀이 32비트 부동소수점 수를 N이라고 할 때

$$N = (101101.101)_2 = (0.101101101)_2 \times 2^6$$

부호 비트를 가진 10비트 가수부는 다음과 같이 표현된다.

$$M = +(0.1011011010)_2 = 0.1011011010$$

5비트 지수부 00110에 16 초과 코드 10000를 가산하면

$$E = (10110)_{excess-16}$$

이 된다.

M과 E를 IEEE 754 부동소수점 표준으로 표현하면

0	10110	0110110100

3 논리 연산

논리 연산에는 AND, OR, XOR 등과 shift, rotate 등이 포함된다. 논리 연산은 연산에 사용되는 변수(variable)가 하나냐, 둘이냐에 따라 유너리(unary) 연산과 바이너리(binary) 연산으로 분류되는데 shift, rotate, complement 등은 유너리 연산에 속하고, AND, OR, XOR 등은 바이너리 연산에 속한다.

이러한 논리 연산들은 레지스터에 저장된 데이터 단어의 특정 비트 값을 변경하거나 일부 비트들을 삽입하는 데 매우 유용하게 사용될 수 있다. 논리 데이터는 단어내의 각 비트 단위로 의미를 가지며, 연산도 비트 단위로 처리될 수 있다.

[표 3-4] 기본적인 논리 연산들

A	B	NOT A	NOT B	A AND B	A OR B	A XOR B
0	0	1	1	0	0	0
0	1	1	0	0	1	1
1	0	0	1	0	1	1
1	1	0	0	1	1	0

1) AND 연산

두 데이터 단어들의 대응되는 비트들 간에 AND 연산을 수행하는 데 두 데이터의 같은 위치에 있는 비트들이 모두 1인 경우에는 결과 데이터의 해당 비트가 1이 되고, 어느 하나라도 0이면 그 비트는 0이 된다.

이 연산에서 처리되는 데이터들은 논리 데이터(Logical Data)로서, 각 비트가 1(true) 혹은 0(false)의 논리적 의미를 가진다.

뿐만 아니라 AND 연산은 필요 없는 부분을 지우고 싶을 때 쓴다. 즉 수치가 아닌 데이터 중에서 필요 없는 부분을 지우고 원하는 부분만을 남겨 놓고자 할 때 쓴다. 필요 없는 부분을 지우는 것을 마스크(mask)한다고 한다.

예 AND 연산

```
A = 1 0 1 0 1 1 0 1   (AND 연산 이전)
B = 1 1 1 1 0 0 0 0   (마스크 데이터)
-------------------
A = 1 0 1 0 0 0 0 0   (연산 결과, 하위 4비트가 mask)
```

2) OR 연산

두 데이터 단어들의 대응되는 비트들 간에 OR 연산을 수행하는 데 두 데이터의 같은 위치에 있는 비트들 중의 어느 하나만 1인 경우에는 결과 데이터의 해당 비트가 1이 되고, 두 비트들이 모두 0이면 그 비트는 0이 된다.

뿐만 아니라 B 레지스터의 비트들 중에서 1로 세트된 비트들과 같은 위치에 있는 A 레지스터의 비트들을 1로 세트하고 B 레지스터에서 값이 0인 비트들의 위치에 대응되는 A 레지스터의 비트들은 변화가 없다. 그러므로 특정 비트 또는 어느 부분을 1로 세트하고자 할 때도 쓴다.

예 OR 연산

```
A = 1 0 1 0 1 1 0 1   (OR 연산 이전)
B = 0 0 0 0 1 1 1 1   (선택적 세트 데이터)
-------------------
A = 1 0 1 0 1 1 1 1
```

3) XOR 연산

두 데이터 단어들의 대응되는 비트들 간에 exclusive-OR 연산을 수행하는 것으로 같은 위치에 있는 비트들이 서로 다른 값을 가지면 결과 데이터의 해당 비트가 1이 되고, 같은 값을 가지면 그 비트는 0이 된다. 뿐만 아니라 어큐뮬레이터의 내용을 모두 지우고자 할 때에도 사용한다.

예 XOR 연산

```
A = 1 0 0 1 0 1 0 1   (XOR 연산 이전)
B = 1 0 0 1 1 1 1 1   (선택적 보수 데이터)
-------------------
A = 0 0 0 0 1 0 1 0
```

4) NOT 연산

데이터를 비트별로 반전하고자 한다든가 1의 보수를 얻고자 할 때 쓴다.

예 NOT 연산

$$
\begin{array}{l}
A = 1\ 0\ 1\ 0\ 1\ 1\ 0\ 1 \\
\hline
A = 0\ 1\ 0\ 1\ 0\ 0\ 1\ 0
\end{array}
$$

(NOT 연산 이전으로 unary 연산이므로 변수가 하나)

5) 삽입(insert) 연산

새로운 비트 값들을 데이터 단어내의 특정 위치에 삽입하는 것으로 이 연산은 두 단계로 이루어지는데, 첫 번째 단계에서는 삽입하고자 하는 비트 위치들에 대하여 마스크 연산(AND 연산)을 수행한다. 두 번째 단계에서는 새로 삽입될 비트들과 OR 연산을 수행한다.

예 삽입(inset) 연산

① $A = 1\ 0\ 0\ 0\ 1\ 0\ 1\ 0$

$B = 0\ 0\ 0\ 0\ 1\ 1\ 1\ 1$ 마스크(AND 연산)

$A = 0\ 0\ 0\ 0\ 1\ 0\ 1\ 0$ 첫 단계 결과

② $A = 0\ 0\ 0\ 0\ 1\ 0\ 1\ 0$

$B = 1\ 1\ 1\ 0\ 0\ 0\ 0\ 0$ 삽입(OR 연산)

$A = 1\ 1\ 1\ 0\ 1\ 0\ 1\ 0$

쉼터 도래한 무선 충전의 시대

무선 충전 패드 안에는 코일이 감겨 있는데 패드에 전원을 연결하면 코일에 전류가 흘러 전자석이 된다. 눈에 보이지 않는 자석의 힘, 즉 자기장이 코일 가운데로 뻗어 나온다. 스마트폰 안에도 코일이 있다. 패드에서 뻗어 나온 자기장이 그 위에 얹혀 있는 스마트폰의 코일을 통과하면서 전류가 발생한다. 이 전류가 스마트폰 배터리를 충전하는 것이다. 자기장은 빛이나 전파와 같은 전자기파의 일종이다. 전자기파는 공기 중으로 퍼진다. 덕분에 스마트폰과 충전 패드의 코일들이 접촉하지 않아도 자기장에 다 연결된다.

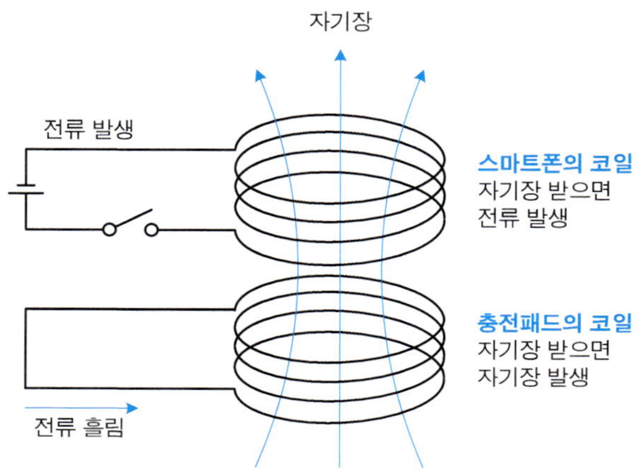

[그림 3-12] 코일의 전류 유도 과정

4 시프트(shift) 연산

데이터를 좌측 혹은 우측으로 직렬로 옮기고자 할 때 쓰는데, 논리 시프트, 순환 시프트, 그리고 산술 시프트가 있는데 이에 대한 내용을 자세히 살펴보기로 한다.

1) 논리 시프트(Logical Shift)

데이터의 모든 비트들이 좌측 혹은 우측의 이웃 비트로 자리를 옮기되, 밀려 나가는 비트는 상실되거나 carry 비트로 들어가고, 새로 들어오는 비트는 0이다.

논리 좌측 시프트(shift-left) 연산이 수행되면 비트들이 왼쪽으로 한 칸씩 이동하며 맨 우측 비트로는 0이 들어온다.

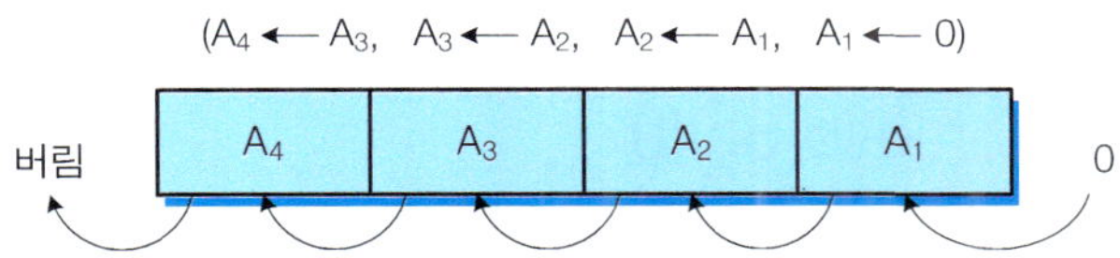

[그림 3-13] 4비트 레지스터에서의 논리 좌측 시프트

한편, 반대 방향의 연산인 논리 우측 시프트(shift-right)에서는 모든 비트들이 우측으로 한 칸씩 이동하게 된다. 이 경우에는 최상위 비트(A_4)로 0이 들어오고, 최하위 비트(A_1)는 버린다.

어떤 레지스터에 8(1000)이 저장되어 있을 때, 우측 시프트를 하면 4(0100)이 되어서 원래의 수를 2로 나눈 값이 된다. 반대로, 좌측 시프트를 하면 8(1000)이 되어 2와 곱한 결과가 된다. 이와 같이 시프트는 간단한 곱셈과 나눗셈에도 사용될 수 있다.

2) 순환 시프트(Circular Shift)

데이터의 모든 비트들이 좌측 혹은 우측의 이웃 비트로 자리를 옮기되, 밀려나가는 비트가 반대편 끝으로 되돌아온다. 대개의 경우 carry 비트를 통하여 순환된다.

논리 시프트와 근본적으로 같지만, 최상위 혹은 최하위에 있는 비트를 버리지 않고 반대편 끝에 있는 비트 위치로 들어가게 한다는 점이 다르며 외부로부터의 0 입력은 들어오지 않게 된다.

순환 좌측 시프트(Circular Shift-left) 연산은 최상위 비트인 A_4가 최하위 비트 위치인 A_1으로 이동한다. 한편, 순환 우측 시프트(Circular Shift-right)의 경우에는 ($A_4 \rightarrow A_3$, $A_3 \rightarrow A_2$, $A_2 \rightarrow A_1$, $A_1 \rightarrow A_4$)가 된다.

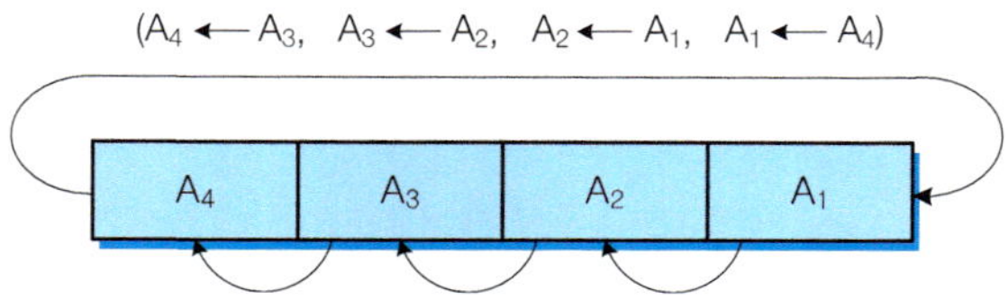

[그림 3-14] 4비트 레지스터에서의 순환 좌측 시프트

3) 산술 시프트(Arithmetic Shift)

레지스터에 저장된 데이터가 부호를 가진 정수인 경우에 부호 비트를 고려하여 수행되는 시프트를 말한다. 이 연산에서 중요한 것은 시프트 과정에서 부호 비트는 그대로 두고, 수의 크기를 나타내는 비트들만 시프트 시킨다는 점이다.

산술 우측 시프트 과정에서 부호 비트는 그대로 두고 수의 크기를 나타내는 비트들만 시프트 시키며 산술 좌측 시프트 과정에서는 논리 시프트와 마찬가지로 0이 들어오며 부호 비트는 바꾸지 않는다.

예 산술 시프트

A = a4 a3 a2 a1

산술 좌측 시프트 A = a4(불변) a2 a1 0

산술 우측 시프트 A = a4(불변) a4 a3 a2

5 산술 연산

컴퓨터가 처리하는 기본적인 산술 연산들의 종류를 마이크로 연산으로 표현하면 다음과 같다.

[표 3-5] 기본적인 산술 연산들

표 현 식	내 용
$A \leftarrow \overline{A}+1$	보수화(2의 보수 변환)
$A \leftarrow A+B$	덧 셈
$A \leftarrow A-B$	뺄 셈
$A \leftarrow A \times B$	곱 셈
$A \leftarrow A \div B$	나눗셈
$A \leftarrow A+1$	증가(increment)
$A \leftarrow A-1$	감소(decrement)

예제 3-2

부호 비트를 포함하여 8 비트를 표현할 수 있는 10진수의 값은?

풀이 1개의 비트가 부호 비트이므로 크기 비트는 7 비트이다. 가장 큰 양의 값은 부호 비트가 0이고 모든 크기 비트가 1일 때 다음과 같이 얻을 수 있다.

$$0,1111111_2 = 2^7 - 1 = +127_{10}$$

한편, 가장 큰 음의 값은 부호 비트가 1이고 크기 비트가 모두 0일 때 다음과 같이 얻는다.

$$1,0000000_2 = -2^7 = -128_{10}$$

따라서 값의 범위는 −128~+127이다. 이것은 0을 포함해서 전체 256개의 다른 값을 얻는다.

1) 2의 보수 체계에서의 가산

1의 보수 체계와 2의 보수 체계는 매우 유사하나, 2의 보수 체계가 회로의 구성 등에 몇 가지 장점 때문에 일반적으로 많이 사용된다. 음수의 경우 2의 보수로 표현되는 디지털 기기에서 연산이 어떻게 수행되는 것인가도 함께 알아보도록 한다.

학습 활동 **OR 가산과 2진 가산**

OR 가산은 OR 게이트에 의해서 수행된 부울 논리 동작으로서 1개 혹은 그 이상의 1이 입력될 때마다 출력을 1로 만든다. 한편, 2진 가산은 두 2진수의 산술 합을 만드는 산술 동작이다.

OR 가산과 2진 가산과의 차이점은 다음과 같이 요약할 수 있다.

OR 가산	2진 가산
1 + 1 = 1	1 + 1 = 0 + 캐리 1
1+1+1 = 1	1 + 1 + 1 = 1 + 캐리 1

2의 보수로 표현된 수들의 가산 방법은 먼저 두 수를 더하고, 만약 올림수가 발생할 경우 버리면(discarding) 된다. 이러한 과정은 더 많은 비트들로 이루어진 데이터에 대하여도 동일하게 적용된다.

예 2진수 가산

(a) (+2)+(+4)=+6

```
  0,010
+ 0,100
-------
  0,110
```

(b) (−3)+(+3)=0

```
  1,101
+ 0,011
-------
 10,000
```

1 → 버린다.

(c) (−5)+(+2)=−3

```
  1,011
+ 0,010
-------
  1,101
```

(d) (−4)+(−1)=−5

```
  1,100
+ 1,111
-------
 11,011
```

1 → 버린다.

가산 과정에서 수의 표현 범위가 초과되는 경우에는 전혀 다른 결과를 산출하게 된다. 예를 들면, 2의 보수로 표현된 4비트 데이터의 표현 범위는 −8부터 +7까지이지만, 덧셈 결과가 그 범위를 초과하게 되면 결과 값이 틀리게 되는데, 이것을 오버플로우(overflow)라고 한다.

예 가산에서의 오버플로우

(a) $(+7)+(+2)=+9$

$$\begin{array}{r} 0,111 \\ +\ 0,010 \\ \hline 1,001 \end{array} = -7 \text{ (오버플로우)}$$

(b) $(-7)+(-5)=-12$

$$\begin{array}{r} 1,001 \\ +\ 1,011 \\ \hline \textcircled{1}\,0,100 \end{array} = +4 \text{ (오버플로우)}$$

↑ 버린다.

오버플로우는 가산 과정에서 최상위 비트들 및 그 다음 비트들의 가산 과정에서 발생하는 올림수들이 서로 다른 경우에 발생한다. 따라서 가산 과정에서의 오버플로우(V)는 다음과 같이 두 올림수들(C_4와 C_5) 간의 XOR을 수행하여 결과 값이 1이 나올 경우 검출할 수 있다.

$$V = C_4 \oplus C_5 = 1$$

여기서 C_4와 C_5는 다음과 같이 표현된다.

$$\begin{array}{cc:c:ccc} A & = & a_4 & a_3 & a_2 & a_1 \\ B & = & b_4 & b_3 & b_2 & b_1 \\ & & C_5 & C_4 & & \end{array}$$

2) 2의 보수 체계에서의 감산

2의 보수 체계에서의 감산 동작은 실제로 가산 동작과 관련되어 있으며, 앞 절에서 고려한 여러 가지 가산의 경우와 다를 바가 없다. 한 2진수(피감수, minuend)로부터 다른 2진수(감수, subtrahend)를 뺄 때 그 절차는 다음과 같다.

① 부호 비트를 포함하여 감수에 2의 보수를 취한다. 감수가 양수이면 그것은 2의 보수 형태로 된 음수로 바뀌고 음수이면 본래의 2진 형태로 된 양수로 바뀌며 이에 대한 표현식은 다음과 같다.

$$A - (+B) = A + (-B)$$
$$A - (-B) = A + (+B)$$

② 감수에 2의 보수를 취한 후에 피감수를 더한다. 이때, 피감수는 본래의 형태를 유지하며 이 가산의 결과는 차(difference)를 나타낸다. 이 차의 부호 비트는 그것이 (+)인지, (−)인지, 그리고 본래의 2진 형태인지 2의 보수 형태인지를 결정한다.

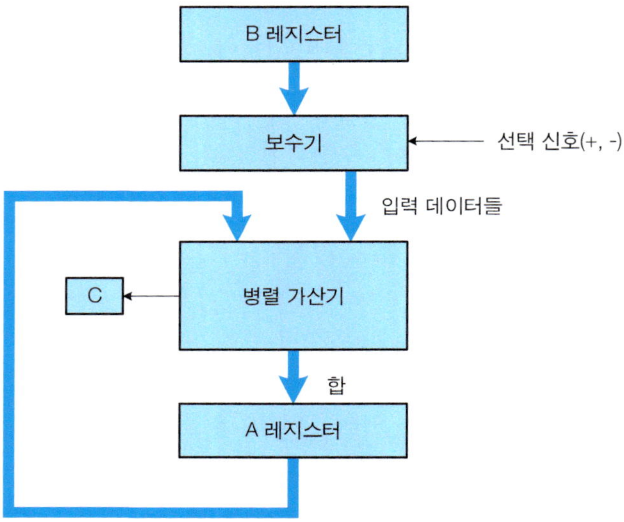

[그림 3-15] 가산과 감산 겸용 하드웨어의 블록 구성도

예 2진수 뺄셈

(a) (+3)−(+6)=(+3)+(−6)=−3

```
  0,011
+ 1,010
-------
  1,101 = −3
```

(b) (+4)−(+2)=(+4)+(−2)=+2

```
  0,100
+ 1,110
-------
 (1)0,010
  ↑
  └── 버린다.
```

감산에서도 그 결과가 표현 가능한 범위를 초과하는 경우에는 오버플로우가 발생하는데 컴퓨터에서는 오버플로우 상태를 검출하여 해답이 오류가 있음을 알려주는 특별한 회로가 사용된다.

예 감산에서의 오버플로우

(a) $(+6)-(-4)=(+6)+(+4)=+10$

$$\begin{array}{r} 0,110 \\ +\ 0,100 \\ \hline 1,010 = -6 \end{array}$$

(b) $(-5)-(+4)=(-5)+(-4)=-9$

$$\begin{array}{r} 1,011 \\ +\ 1,100 \\ \hline \boxed{1}0,111 = +7 \end{array}$$

(맨 앞의 1 ← 버린다.)

학습 활동 **순환 자리 올림(End-around Carry)**

1의 보수 체계의 감산 과정에서 발생된 자리 올림은 감산 결과의 최하위 비트에 더해야 하는 데 이때 자리 올림을 순환 자리 올림(End-around Carry)이라고 한다.

$$(12)_{10} = (0,1100)_2$$
$$-(5)_{10} = (1,1010)_2$$

$$\begin{array}{r} 0,1\ 1\ 0\ 0 \\ +\ \ 1,1\ 0\ 1\ 0 \\ \hline \boxed{1}0,0\ 1\ 1\ 0 \\ +\ \qquad\quad 1 \\ \hline +(0\ 1\ 1\ 1)_2 = +(7)_{10} \end{array}$$

(맨 앞의 1 → 최하위 비트에 더함: end-around carry)

3) BCD 가산

BCD 코드에 있어서는 10진수 한 자리 수로서 9보다 더 큰 수가 없다. 그러므로 가산 결과 $9_{10}(1001_2)$를 초과하는 수가 생기면 문제가 된다. 그러므로 다음과 같은 과정을 거쳐 결과값을 산출한다.

① 본래의 2진수 가산을 사용하여, 각 디지트 위치에 맞는 BCD 코드를 더한다.

② 합이 9 이하인 곳에서는 어떠한 수정도 필요치 않다. 그 합은 적절한 BCD 형태이다.

③ 두 디지트의 합이 9보다 클 때 0110의 수정 인자가 적합한 BCD 결과를 얻어내기 위해서 합에 더해져야 한다. 이 경우에는 다음 디지트 위치로 캐리를 발생시키는데, 이는 본래의 가산으로부터 또는 수정을 위한 가산으로부터 비롯된다.

예를 들면, 1000+0101에 대하여 계산을 하면 1101이 나오는데, BCD 코드에는 1101이라는 것이 없다. 다시 말하면, BCD 코드에서는 $9_{10}(1001_2)$이 가장 큰 수이고, 전술한 바와 같이 1010, 1011, 1100, 1101, 1110과 1111은 존재하지 않는다. 그러므로 가산 결과가 $9_{10}(1001_2)$를 초과하면 여섯 개의 수를 뛰어 넘어야 하므로 가산 결과에 $6_{10}(0110_2)$을 더해 주어야 한다.

다음은 수의 범위를 확장하여 합이 9를 초과한 경우에 6을 더함으로써 올바른 BCD 코드가 나오는 예이다.

47		0100	0111
+ 35		+ 0011	0101
82		0111	1100
		1	0110
	결과값	1000	0010
		8	2

요 약

01 ALU는 가산기를 중심으로 레지스터, 보수기, 오버플로 검출기 등으로 구성되어 있다.

02 연산에 사용되는 데이터의 수에 따라 단항(unary) 연산과 2진(binary) 연산으로 나눈다. 전자는 자료의 수가 한 개뿐이며 후자는 두 개의 자료에 대해서 연산을 행한다.

03 2진화 10진 코드에는 문자로서의 숫자와 수치로서의 숫자가 있는데 전자는 컴퓨터 내부에서는 존 형식(Zone Format)으로 표시되며 후자는 팩 형식(Packed Format)으로 표시된다.

04 컴퓨터 내부에서 2진수를 표현하는 방법에는 고정소수점 표현과 부동소수점 표현이 있다.

05 고정소수점에서 음수의 표현은 절대치 표현, 1의 보수 표현 그리고 2의 보수 표현이 있다.

06 부동소수점 표현 방식은 소수부와 지수부를 두는 실수 형태의 데이터를 표현하는 방식을 말한다.

07 부동소수점 표현에서 가수부의 첫 번째 디지트가 1이 되도록 가수부와 지수부를 조정해서 표시하는 데, 이렇게 가수부와 지수부를 조정하는 것을 정규화라고 한다.

08 부동 소수점 수의 정밀도에는 32 비트 길이의 단일 정밀도(single-precision)와 64 비트 길이의 복수 정밀도(double-precision)가 있다.

09 IEEE 754 부동소수점 표준은 8 비트 지수를 가지는 32 비트 단일 정밀도 형식과 11 비트지수를 가지는 64 비트 복수 정밀도 형식을 정의하고 있다.

10 AND 연산은 마스크(mask)할 때 사용하며 수치가 아닌 데이터 중에서 필요 없는 부분을 지우고 원하는 부분만을 남겨 놓고자 할 때 쓴다.

11 삽입(insert) 연산은 새로운 비트 값들을 데이터 단어내의 특정 위치에 삽입하는 것으로 AND 연산과 OR 연산을 수행한다.

12 시프트(shift) 연산에는 논리 시프트(Logical Shift), 순환 시프트(Circular Shift), 그리고 산술 시프트(Arithmetic Shift)가 있다.

13 2의 보수로 표현된 4비트 데이터의 표현 범위는 −8부터 +7까지이지만, 덧셈 결과가 그 범위를 초과하게 되면 결과 값이 틀리게 되는데, 이것을 오버플로우(overflow)라고 한다.

14 1의 보수 체계의 감산 과정에서 발생된 자리올림은 감산 결과의 최하위 비트에 더해야 하는 데 이때 자리 올림을 순환 자리 올림(End-around Carry)이라고 한다.

문 제

01 ALU(Arithmetic and Logical Unit)의 구성 요소를 열거하고 설명하시오.

02 2진화 10진 코드에서 존 형식(Zone Format)과 팩 형식(Packed Format)의 개념을 설명하고 예를 도시하시오.

03 8비트 10진수 +95, −95를 고정 소수점의 3가지 방법인 절대치, 1의 보수, 2의 보수로 표현하시오.

04 10진수 N=69425에 대한 9의 보수와 10의 보수를 구하시오.

05 10진수 1234.65을 IEEE 754 표준 형식으로 변형하여 표현하시오.

06 선택적 세트(selective-set)와 선택적 보수(selective-complement)의 개념을 설명하고 예를 들어 보이시오.

07 시프트(shift) 연산의 3가지 종류를 들어 설명하시오.

08 삽입(insert) 연산을 설명하고 예를 들어 보이시오.

09 $12_{10} - 5_{10}$에 대하여 2의 보수와 1의 보수 연산 과정을 각각 수행하시오.

10 10진수 47+34의 BCD 가산을 할 때 절차 과정을 보이시오.

chapter

04

논리 회로

학습목표

1. 기본 논리 회로를 이해할 수 있다.
2. 조합 논리 회로를 이해할 수 있다.
3. 순서 논리 회로를 이해할 수 있다.

컴퓨터에서는 IBM 시스템에서 부동소수점 표시와 같은 특수한 경우를 제외하고서는 숫자 데이터든 문자 데이터든 어느 것을 막론하고 모두 2진수 또는 2진 코드로 나타낸다. 그런데 2진수와 2진 코드는 '0'과 '1'의 2진 디지트, 즉 비트가 그 기본 단위이다. 그러므로 입력, 기억, 연산, 전송 등 컴퓨터가 행하는 일체의 기능은 '0'과 '1'에 대한 논리적 처리에 의해서 수행되며, 이런 논리적 처리는 논리회로에서 이루어진다.

이런 의미에서 컴퓨터의 기능과 원리를 이해하기 위해서는 컴퓨터 내부 장치에 대한 이해에 앞서 논리회로를 이해해야 하고, 논리 회로를 이해하기 위해서는 먼저 AND, OR, NOT 등 기본 논리와 부울 대수를 이해해야 한다.

디지털 회로는 크게 조합 회로와 순서회로로 구분할 수 있는데 전자는 출력 값이 0과 1의 입력 값에 의해서만 결정되며 정보를 기억하는 회로를 가지고 있지 않은 게이트들의 집합으로 이루어져 있다. 한편, 후자는 입력 값과 회로의 현재 상태에 따라 출력 값이 결정되며 정보의 이전 상태를 기억할 수 있는 게이트들의 집합으로 이루어져 있다.

이 장에서는 먼저 기본 논리 회로에 대하여 공부하고 조합 논리 회로와 순서 논리 회로에 대하여 살펴보기로 한다.

1 기본 논리 회로

부울(Boolean) 대수를 이용하면 복잡한 논리회로의 설계를 간단하게 나타낼 수 있는데, 이때 디지털 신호를 나타내기 위해 사용되는 논리회로를 일반적으로 게이트(gate)라고 한다.

게이트는 논리회로를 구성하는 기본 소자로서 이진 입력 정보를 이용해서 0 또는 1의 논리적인 값을 생성하며 AND, OR, NOT, NAND, NOR, 그리고 XOR 게이트 등이 있는데 그 내용은 다음과 같다.

1) 논리곱(AND) 회로

논리곱(AND)의 논리식은 두 입력 변수 x, y와 출력 xy 사이에 두 개 혹은 그 이상의 입력이 모두 1의 상태일 때만 출력은 1의 상태가 되고 그 외의 경우는 0으로 되는 규칙을 가지고 있다.

연산 기호는 *, ∧, ∩인데 생략이 가능하므로 AND 연산의 논리 함수 표현은 다음과 같다.

$$F = x \cdot y = xy$$

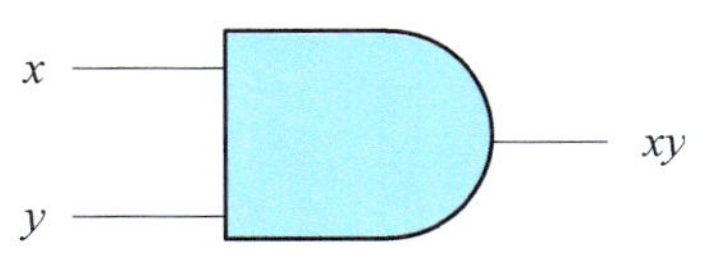

(a) AND 게이트

입력		출력
x	y	xy
0	0	0
0	1	0
1	0	0
1	1	1

(b) 진리표

[그림 4-1] 논리곱(AND) 회로

2) 논리합(OR) 회로

논리합(OR)의 논리식은 두 입력 변수 x, y와 출력 $x+y$ 사이에 두 개 혹은 그 이상 여러 개의 입력이 모두 0의 상태일 때만 출력은 0의 상태가 되고 입력 중 한 개가 1이면 1 상태의 출력을 나타내는 회로이다.

연산 기호는 +, ∨, ∪이며 OR 연산의 논리 함수 표현은 다음과 같다.

$$F=x+y$$

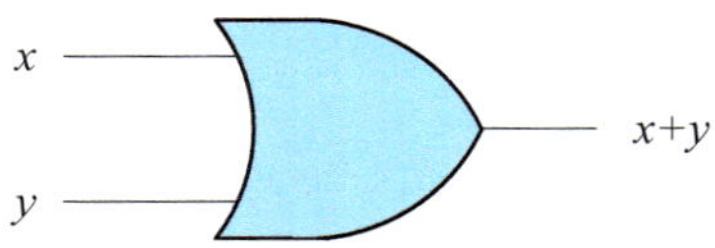

(a) OR 게이트

입력		출력
x	y	$x+y$
0	0	0
0	1	1
1	0	1
1	1	1

(b) 진리표

[그림 4-2] 논리합(OR) 회로

3) 부정(NOT) 회로

부정 논리는 변수 x가 0일 때 출력 변수 x'는 1이 되고, x가 1일 때 x'는 0이 되는 연산으로서 연산 기호는 $\overline{x}$ 혹은 x' 등으로 표현된다. 이 부정 회로를 인버터(inverter) 회로 또는 보수(complement) 회로라고 부른다.

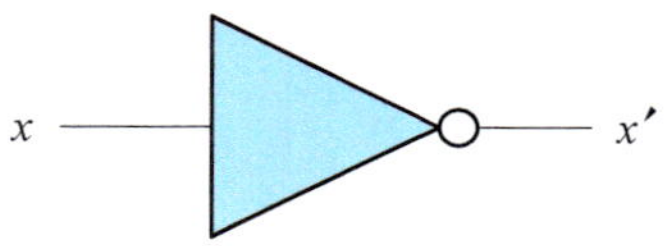

(a) NOT 게이트

입력	출력
x	x'
0	1
1	0

(b) 진리표

[그림 4-3] 부정(NOT) 회로

4) NAND 회로

AND 게이트 출력 단에 인버터를 채용한 게이트로 표현되는 동작이 NAND 동작이다. 다시 말하면 AND-INVERTER-NAND 게이트가 되며 실제로 논리회로 설계 시에 가장 많이 사용되고 있는 게이트이다.

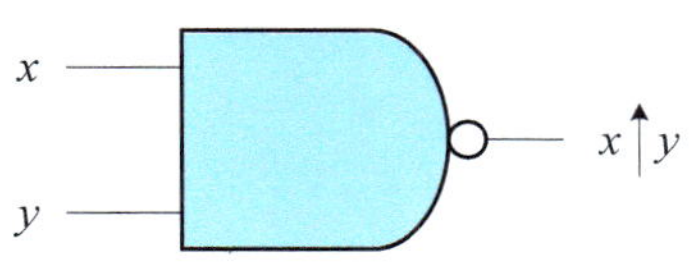

(a) NAND 게이트

입력		출력
x	y	$x \uparrow y$
0	0	1
0	1	1
1	0	1
1	1	0

(b) 진리표

[그림 4-4] NAND 회로

5) NOR 회로

OR 게이트 출력 단에 인버터를 채용한 게이트로 표현되는 동작이 NOR 동작이다. 다시 말하면 OR-INVERTER-OR 게이트가 되며 NAND 회로와 마찬가지로 논리회로 설계 시에 가장 많이 사용되고 있는 게이트이다.

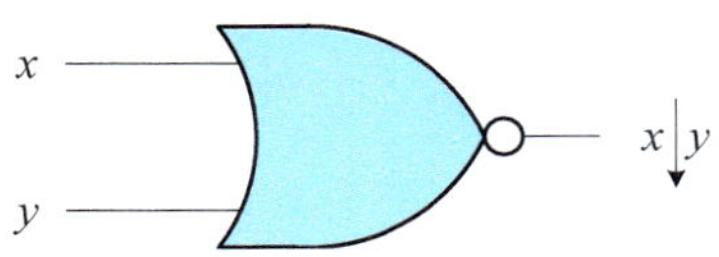

(a) NOR 게이트

입력		출력
x	y	$x \downarrow y$
0	0	1
0	1	0
1	0	0
1	1	0

(b) 진리표

[그림 4-5] NOR 회로

6) XOR 회로

가) 개 념

2개의 입력 x, y를 가정할 때 입력 값이 서로 다르면 출력 $x \oplus y$는 1이 출력되고 같으면 0이 출력되는 동작으로 이와 같은 동작 특성 때문에 배타적 OR 또는 불일치 판정 회로라고 한다.

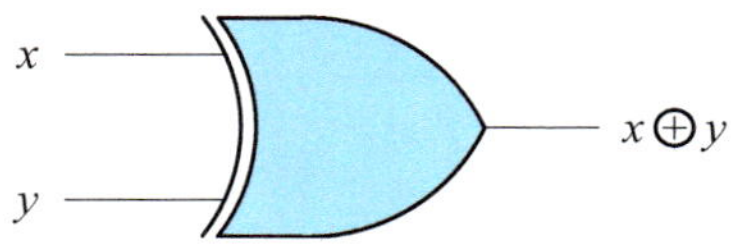

(a) XOR 게이트

입력		출력
x	y	$x \oplus y$
0	0	0
0	1	1
1	0	1
1	1	0

(b) 진리표

[그림 4-6] XOR 회로

나) 적용 사례

(1) DES(Data Encryption Standard)

블록 암호의 일종으로, 미국 NBS(National Bureau of Standards, 현재 NIST)에서 국가 표준으로 정한 암호이다. DES는 대칭키 암호이며, 56비트의 키를 사용한다.

전치(transposition)와 환자(substitution)를 반복해서 평문을 암호화했을 때 이 암호문은 평문의 통계적 성질이나 암호키와의 상관관계가 나타나지 않으며 안전성이 매우 높아 현대 관용 암호 방식에 사용된다. 이때 환자와 전치를 문자단위가 아닌 비트 단위로 적용하는데 XOR 연산을 도입한다.

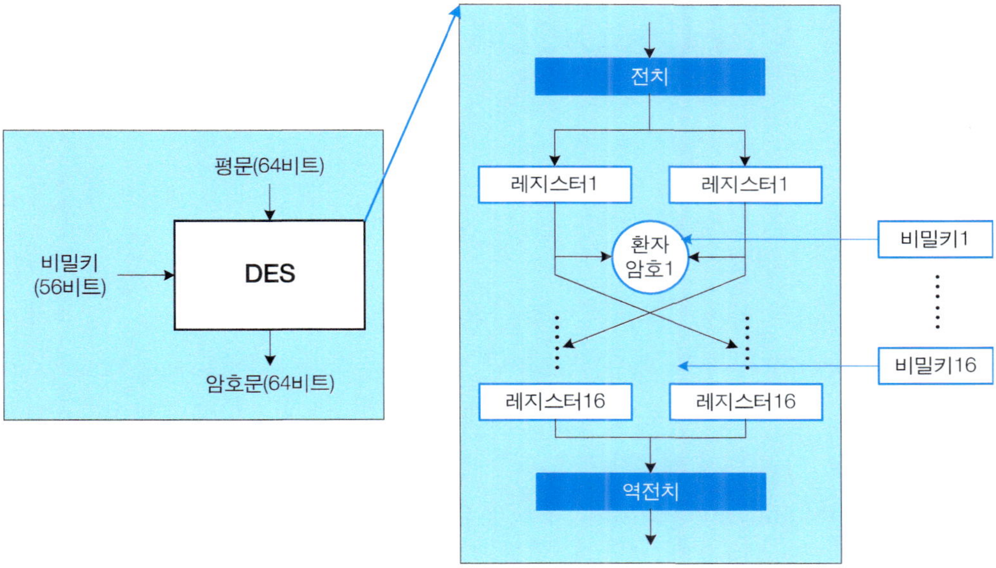

[그림 4-7] DES를 도입한 암호

(2) PN(Pseudo Noise) 코드

IS-95 방식에서는 PN(Pseudo Noise) 코드를 각 기지국 마다 발생하여 전송하는데, 각 기지국은 동일한 코드를 사용하지만 서로를 구별하기 위해 기지국마다 일정한 간격으로 time shift 되어 발생시킨다. 즉 이동국에서는 각 기지국에서 오는 이 시간 천이(Time Shift)를 가지고 각각의 기지국을 구별한다.

간단한 사례로 3단 시프트 레지스터를 이용하여 7비트 PN 수열 생성기를 들 수 있는데 그것의 출력 수열은 XOR 연산을 통하여 구할 수 있다.

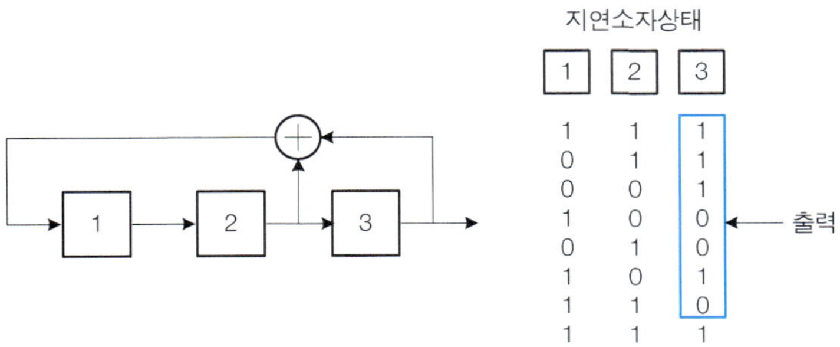

[그림 4-8] PN 부호 발생기

2 부울 대수(Boolean Algebra)

논리 회로에서 필요로 하는 기본적인 수학은 논리 함수(Logical Function) 즉, 부울 대수(Boolean Algebra)이다. 부울 대수는 1848년 영국의 수학자 부울(George Boole, 1815~1864)이 참과 거짓을 수학적으로 정리하여 체계화하였고, 1938년 미국의 벨연구소의 샤논(Claude Shannon)이 스위치 회로가 부울 대수에 의해 표시될 수 있다는 것을 알아냄으로써 스위칭 대수(Switching Algebra)라고 부르게 되었다.

1) 기본 용어

가) 논리 변수

논리 관계를 나타내기 위하여 논리의 대상을 나타내는 변수를 말한다. 예를 들면, 기본 AND, OR 등의 동작에서 x, y 등을 논리 변수 혹은 부울 변수라고 한다. 논리 회로에서는 논리 변수가 취할 수 있는 값은 '0'과 '1'의 2가지 상태에 국한한다.

나) 기본 논리 동작

부울 변수간의 기본 논리 동작은 다음과 같은 AND, OR, NOT 등의 기본 동작이 있다.

[표 4-1] 부울 변수간의 기본 논리 동작

기본 논리 동작	연산자 기호
논리곱(AND)	$*$, $\wedge$, $\cap$
논리합(OR)	$+$, $\vee$, $\cup$
부정(NOT)	$\bar{x}$ 혹은 x'

다) 논리 함수, 논리식, 부울 함수, 부울 식

논리 변수들과 논리 기호들로 나타내어진 논리 관계를 표현한 식을 논리 함수, 논리식, 혹은 부울 함수, 부울 식이라고 부른다.

예를 들면, $f(x,y) = x + y + x \cdot y$는 f라는 논리식을 표현하는데 '=' 기호를 써서 '='를 중심으로 오른쪽 항과 같이 표현되는 등가를 나타내는 기호를 의미한다. 즉, f는 논리 변수 x와 y의 논리합(+)의 결과와 x와 y의 논리곱(•)의 결과와 논리합(+)을 표현하고 있는데, 논리곱의 기호인 ' • '는 생략 가능하다.

chapter 04

2) 표현식

이 절에서는 기본 논리적 동작으로서 일련의 공리(postulate)들을 요약해본다. 이러한 공리를 이용하여 부울 대수에 대한 기본 정리(theorem)들이 요약된다.

먼저 부울 대수에서 표현되는 공리를 정리하면 다음과 같다.

① $x = 0$ 혹은 1
② $0 \cdot 0 = 0$
③ $0 + 0 = 0$
④ $1 \cdot 1 = 1$
⑤ $0 \cdot 1 = 1 \cdot 0 = 0$
⑥ $0 + 1 = 1 + 0 = 1$

한편, 모든 x, y, z가 0과 1로 구성된 집합 B의 원소일 때 부울 대수에 대한 정리들은 다음과 같다.

[표 4-2] 부울 대수의 여러 가지 정리

내 용	표 현 식
교환법칙	$x+y=y+x, \quad xy=yx$
결합법칙	$x+(y+z)=(x+y)+z, \quad x(yz)=(xy)z$
분배법칙	$x \cdot (y+z)=xy+xz, \ x+y \cdot z=(x+y)(x+z)$
항등법칙	$x+0=x, \quad x \cdot 1=x$
보수법칙	$x+\overline{x}=1, \quad x\overline{x}=0$
멱등법칙	$x+x=x, \quad xx=x$
유계법칙	$x+1=1, \quad x \cdot 0=0$
흡수법칙	$x+xy=x, \quad x(x+y)=x$
이중보수법칙	$\overline{\overline{x}}=x$
드 모르강의 법칙	$\overline{x+y}=\overline{x}\,\overline{y}, \quad \overline{xy}=\overline{x}+\overline{y}$
0과 1의 법칙	$\overline{0}=1, \quad \overline{1}=0$

위의 부울 대수의 정리를 살펴보면 각 정리는 어느 논리 관계의 0을 1로, 1을 0으로, +를 •으로, •을 +로 치환할 수 있는 논리 관계를 나타내는 쌍으로 묶여질 수 있다는 것을 알 수 있는데, 이와 같은 특성을 쌍대성(duality)이라고 한다.

쉼터 **그린 IT의 효과**

데이터센터는 전력 소모량이 많다는 문제점 외에 그 안에 들어가는 각종 하드웨어 장비를 생산하는 과정에서 많은 이산화탄소를 배출한다는 문제를 안고 있다. 데이터센터가 환경에 끼치는 영향을 보면 우선 컴퓨터 · 서버 · 스토리지 등 각종 장비를 생산하면서 발생하는 탄소화합물의 배출을 들 수 있다.

최근 IT를 활용한 그린 효과로 여러 분야에서 IT 이용이 이점이 되고 있다. 예를 들어 전자 카탈로그, 전자 우편 등의 인쇄 매체의 전자화로 종이 감축에 따른 온실가스 배출량 감소, 화상회의 및 원격협업 등으로 교통수단 억제에 따른 에너지 사용 억제, 전자상거래에 의한 인터넷을 통한 서비스 제공 그리고 이동 감소로 탄소 배출량 감소를 들 수 있다.

3 논리 회로의 간략화

1) 논리합 정규형태(Disjunctive Canonical Form)에 의한 방법

어떤 논리 변수를 A라고 하면 이를 정상 상태(A)와 보수 상태($\overline{A}$)로 나타낼 수 있고 세 개의 논리 변수 A, B, C를 AND로 결합하면 8가지 상태 즉 $\overline{A}\overline{B}\overline{C}$, $\overline{A}\overline{B}C$, $\overline{A}B\overline{C}$, $\overline{A}BC$, $A\overline{B}\overline{C}$, $A\overline{B}C$, $AB\overline{C}$, ABC가 된다. 이와 같이 주어진 변수들을 논리곱으로 결합시킨 항들을 최소항(minterm)이라고 한다. 이 최소항의 수는 논리변수의 개수 n에 의하여 결정된다. 다시 말하면, n의 논리 변수로서 2^n개의 최소항을 만들 수가 있다.

한편, SOP(Sum of Products)는 최소항(minterm)에 의한 논리합의 형식이며 진리표의 결과 중에서 '1'로 나오는 항을 의미하며 이때 SOP를 정규형태로 표현한 것을 SOP 정규형태라고 한다.

예를 들면, [표 4-3]과 같은 진리표가 주어졌을 때 SOP를 구하면 F가 1이 되는 항들을 차례로 모으면 다음과 같이 표현된다.

$$F(A,B,C) = \overline{A}B\overline{C} + \overline{A}BC + A\overline{B}C$$

[표 4-3] 최소항 번호에 대한 부울식

최소항 번호	입 력	최소항의 부울식	출 력
	A B C		F
m_0	0 0 0	ABC	0
m_1	0 0 1	$AB\overline{C}$	0
m_2	0 1 0	$\overline{A}B\overline{C}$	1
m_3	0 1 1	$\overline{A}BC$	1
m_4	1 0 0	$\overline{A}BC$	0
m_5	1 0 1	$A\overline{B}C$	1
m_6	1 1 0	$\overline{A}\,\overline{B}C$	0
m_7	1 1 1	$\overline{A}\,\overline{B}\,\overline{C}$	0

논리식 표현에서는 SOP의 해당 최소항 번호를 Σ 기호를 써서 표현하기도 한다. 즉, [표 4-3]의 진리표에 해당하는 출력은 $F(A,B,C) = \sum(m_2, m_3, m_5) = \sum m(2,3,5)$로 표현할 수 있다.

예제 4-1

논리 함수 $f(A,B,C) = \overline{A}C + AB$를 SOP 정규형태로 전개하시오.

풀이 $B + \overline{B} = 1$ 그리고 $C + \overline{C} = 1$을 이용하면

$$\begin{aligned} f &= \overline{A}C(B+\overline{B}) + AB(C+\overline{C}) \\ &= \overline{A}BC + \overline{A}\,\overline{B}C + ABC + AB\overline{C} \end{aligned}$$

쉼터 **함수적 완전성(Functional Completeness)**

모든 부울 함수는 최소항(minterm)들의 부울 합으로 나타낼 수 있으며 부울 연산자 {+, •, ¯}로 표현되어 있다. 한편, {+, •, ¯}보다 더 작은 부울 연산자의 집합 {+, ¯}와 {•, ¯}도 함수적으로 완전하다.

2) 논리곱 정규형태(Conjunctive Canonical Form)에 의한 방법

어떤 논리 변수를 A라고 하면 이를 정상 상태(A)와 보수 상태($\overline{A}$)로 나타낼 수 있고 세 개의 논리 변수 A, B, C를 OR로 결합하면 8가지 상태는 다음과 같다.

$$\overline{A}+\overline{B}+\overline{C},\ \overline{A}+\overline{B}+C,\ \overline{A}+B+\overline{C},\ \overline{A}+B+C,$$
$$A+\overline{B}+\overline{C},\ A+\overline{B}+C,\ A+B+\overline{C},\ A+B+C$$

가 된다. 이와 같이 주어진 변수들을 논리합으로 결합시킨 항들을 최대항(maxterm)이라고 한다. 이 최대항의 수는 논리변수의 개수 n에 의하여 결정된다. 다시 말하면, n의 논리 변수로서 2^n개의 최대항을 만들 수가 있다.

한편, POS(Product of Sums)는 최대항(maxterm)에 의한 논리곱의 형식이며 진리표의 결과 중에서 '0'으로 나오는 항을 의미하며 이때 POS를 정규형태로 표현한 것을 POS 정규형

태라고 한다.

예를 들면, [표 4-3]과 같은 진리표가 주어졌을 때 먼저 진리표의 결과 중에서 '0'으로 나오는 항에 대해 출력 F는 다음과 같이 표현될 수 있다.

$$\overline{A}\,\overline{B}\,\overline{C}+\overline{A}\,\overline{B}C+A\overline{B}\,\overline{C}+AB\overline{C}+ABC=0$$

이 식에서 양변을 각각 부정을 취하고 드 모르강의 법칙을 적용시켜 정리하면

$$F=(A+B+C)(A+B+\overline{C})(\overline{A}+B+C)(\overline{A}+\overline{B}+C)(\overline{A}+\overline{B}+\overline{C})$$

가 되며 이것이 바로 구하고자하는 POS 정규형태가 된다.

논리식 표현에서는 POS의 해당 최대항 번호를 Π 기호를 써서 나타내기도 한다. 그러므로 [표 4-3]의 진리표에 해당하는 출력은 다음과 같이 표현할 수 있다.

$$F(A,B,C)=\prod(M_0,M_1,M_4,M_6,M_7)=\prod M(0,1,4,6,7)$$

예제 4-2

$f_\beta(x,y,z)=(x+y+\overline{z})(x+\overline{y}+\overline{z})(\overline{x}+y+\overline{z})(\overline{x}+\overline{y}+\overline{z})$에서 진리표를 작성하고 정규형태의 SOP 리스트를 완성하시오.

풀이

열 번호	입력 x y z	출력 $f_\beta(x,y,z)$
0	0 0 0	1
1	0 0 1	0
2	0 1 0	1
3	0 1 1	0
4	1 0 0	1
5	1 0 1	0
6	1 1 0	1
7	1 1 1	0

$$
\begin{aligned}
f_{\alpha}(x,y,z) &= \overline{x}\,\overline{y}\,\overline{z} + \overline{x}y\overline{z} + x\overline{y}\,\overline{z} + xy\overline{z} \\
&= m_0 + m_2 + m_4 + m_6 \\
&= \sum m(0,2,4,6)
\end{aligned}
$$

3) 카르노 맵(Karnaugh Map)에 의한 방법

가) 사용 배경

논리 회로에서의 논리식을 대수적으로 간단화하기 위해서는 논리식의 기본 정리들을 이용해야 한다. 논리식이 복잡하면 논리 회로의 구성이 복잡하게 되고 회로 소자의 수가 많아져서 비경제적이다. 그러므로 논리식을 할 수 있는 데까지 간단한 형식으로 고칠 필요가 있다.

그러나 논리식 간소화 과정에서 어떤 논리식이 간략화 되는지 또는 어느 정도로 간소화되는지 확인하는 것은 매우 어렵다. 그래서 논리식의 간략화는 도형을 이용해서 논리를 나타내는 여러 가지 방법이 고안되었다. 그 예가 카르노 맵(Karnaugh Map)에 의한 방법이다.

나) 구현 방법

카르노 맵 방법은 논리식을 조직적이고 직관적으로 간략화 하는 방법으로서 모든 논리 변수를 인접하도록 하고 네모의 각 칸은 모든 논리 함수의 최소항을 나타내도록 한다.

카르노 맵은 논리 변수를 1변수에서 6변수까지 사용할 수 있으나 5변수 이상은 좀처럼 사용하지 않으며 4변수가 최대 변수로서 사용되고 있다.

일반적으로 많이 사용되고 있는 2변수 그리고 3변수에 의한 카르노 맵에 대한 내용은 다음과 같다.

(1) 2변수의 카르노 맵

두 개의 논리 변수 x, y가 갖는 값은 각각 0과 1이다. 이것을 조합해서 표현하는 방법은 $4(2^2)$가지 종류이고 다음과 같이 카르노 맵에 나타난다.

	y	$\bar{y}$
x	xy	$x\bar{y}$
$\bar{x}$	$\bar{x}y$	$\bar{x}\bar{y}$

[그림 4-9] 2변수의 카르노맵

(2) 3변수의 카르노 맵

세 개의 논리 변수 x, y, z가 있다고 할 때 이들 세 변수로 표현하는 조합의 수는 $8(2^3)$가지이므로 8칸짜리 카르노 맵을 작성하면 된다.

	yz	$y\bar{z}$	$\bar{y}\bar{z}$	$\bar{y}z$
x	xyz	$xy\bar{z}$	$x\bar{y}\bar{z}$	$x\bar{y}z$
$\bar{x}$	$\bar{x}yz$	$\bar{x}y\bar{z}$	$\bar{x}\bar{y}\bar{z}$	$\bar{x}\bar{y}z$

[그림 4-10] 3변수의 카르노 맵

한편, 카르노 맵에 의한 논리식의 간략화 순서는 다음과 같다.

① 동일한 출력을 갖는 인접 항을 가능한 한 2^n개씩 원으로 묶는다.
② 이들 원은 서로 중복되어도 좋으며, 변화되지 않은 각 변수를 AND로 나타낸다.
③ AND로 표현된 항이 두 개 이상일 경우 이들은 서로 OR로 연결한다.

카르노 맵과 진리표가 서로 다른 점은 진리표가 각 입력 상태에 따른 출력을 표시하는 반면 카르노 맵은 각 입력상태에 따른 출력을 만드는 데 필요한 표시도이다.

예제 4-3

다음 부울식을 카르노 맵을 작성하여 간단히 하고 부울 대수를 사용하여 최소화한 후 결과를 비교하시오.

(1) $F(x,y,z) = xyz + xy\overline{z} + x\overline{y}z + \overline{x}\,\overline{y}z$

(2) $F(x,y,z) = xyz + xy\overline{z} + \overline{x}yz + \overline{x}y\overline{z} + \overline{x}\,\overline{y}z$

풀이

(1)

	yz	$y\overline{z}$	$\overline{y}\,\overline{z}$	$\overline{y}z$
x	1	1		1
$\overline{x}$				1

$$F = xy + \overline{y}z$$

$$\begin{aligned} F &= xyz + xy\overline{z} + x\overline{y}z + \overline{x}\,\overline{y}z = (xyz + xy\overline{z}) + (x\overline{y}z + \overline{x}\,\overline{y}z) \\ &= xy(z+\overline{z}) + \overline{y}z(x+\overline{x}) \\ &= xy + \overline{y}z \end{aligned}$$

(2)

	yz	$y\overline{z}$	$\overline{y}\,\overline{z}$	$\overline{y}z$
x	1	1		
$\overline{x}$	1	1		1

$$F = \overline{x}z + y$$

$$\begin{aligned} F &= xyz + xy\overline{z} + \overline{x}yz + \overline{x}y\overline{z} + \overline{x}\,\overline{y}z \\ &= \overline{x}z(y+\overline{y}) + [xy(z+\overline{z}) + \overline{x}y(z+\overline{z})] \\ &= \overline{x}z \cdot 1 + (xy \cdot 1 + \overline{x}y \cdot 1) \\ &= \overline{x}z + (x+\overline{x})y \\ &= \overline{x}z + y \end{aligned}$$

예제 4-4

카르노맵을 사용하여 $f(A,B,C,D,E)=\sum m(0,2,4,7,10,12,13,18,23,26,28,29)$에 대한 최소 SOP 표현식을 구하시오.

풀이

DE \ ABC	000	001	011	010	100	101	111	110
00	1	1	1				1	
01			1				1	
11		1				1		
10	1			1	1			1

$$f(A,B,C,D,E)=\overline{A}\,\overline{B}\,\overline{D}\,\overline{E}+BC\overline{D}+\overline{B}CDE+\overline{C}D\overline{E}$$

4) Don't care(무관) 조건

논리회로의 진리표에서 입력변수가 배열되는 조합은 존재하지만 실제 출력 결과에 영향을 주지 못하거나 실제로 나타날 수 없는 것이 있다. 그러므로 카르노 맵의 각 셀 값이 0이든 1이든 관계없이 동일한 부울 함수의 값을 갖는 경우에 해당한다.

don't care 조건 항은 카르노 맵에서 0이나 1과 구별하기 위해 d로 표시하며 논리함수를 단순화할 때 가장 간단한 표현을 얻을 수 있도록 1이나 0 아무 것으로나 사용할 수 있고, 간략화 하는 데 필요하지 않을 경우는 전혀 사용하지 않을 수 있다.

예를 들면, 네 개의 변수가 사용되고 don't care 항을 포함하는 논리함수를 간략화하는 경우를 살펴본다. 이 경우 $f(A,B,C,D)$는 반드시 1이어야 하는 항들을 나타내는 $g(A,B,C,D)$와 don't care 항들인 $d(A,B,C,D)$로 나타낸다. 즉,

$$f(A,B,C,D)=g(A,B,C,D)+d(A,B,C,D)$$
$$=\text{반드시 1인 항}+\text{돈케어 항}$$

이때, don't care 항들을 포함한 셀들을 최소화하기 위하여 0 또는 1로 보면서 유리한 방향으

로 사용할 수 있다.

예제 4-5

$f(w,x,y,z) = wxyz + wx\overline{y}z + w\overline{x}y\overline{z} + \overline{w}\,\overline{x}\,\overline{y}\,\overline{z}$를 간략화하시오. 단, 돈 케어 항의 식은 $d(w,x,y,z) = w\overline{x}\,\overline{y}\,\overline{z} + \overline{w}\,\overline{x}y\overline{z} + \overline{w}xyz + \overline{w}x\overline{y}z$이다.

풀이

	yz	$y\overline{z}$	$\overline{y}\,\overline{z}$	$\overline{y}z$
wx	1			1
$w\overline{x}$		1	d	
$\overline{w}\,\overline{x}$		d	1	
$\overline{w}x$	d			d

$$f(w,x,y,z) = xz + \overline{x}\,\overline{z}$$

4 조합 회로(Combinational Circuit)

조합 회로는 입력과 출력을 가진 논리 게이트들의 집합으로서 출력 값은 입력 값 0과 1의 조합에 의해 결정된다. 따라서 이 회로는 기억능력이 없다는 것이 특징이다. 조합 논리 회로의 소자로는 게이트 자체가 기본이고, 반가산기(Half Adder), 전가산기(Full Adder), 디코더(decoder), 멀티플렉서(multiplexer) 그리고 디멀티플렉서(demultiplexer) 등이 여기에 속한다.

[그림 4-11]은 조합회로의 블록선도이다. 조합회로가 입력을 받아서 처리한 후 출력을 내는 형태로 되어 있다.

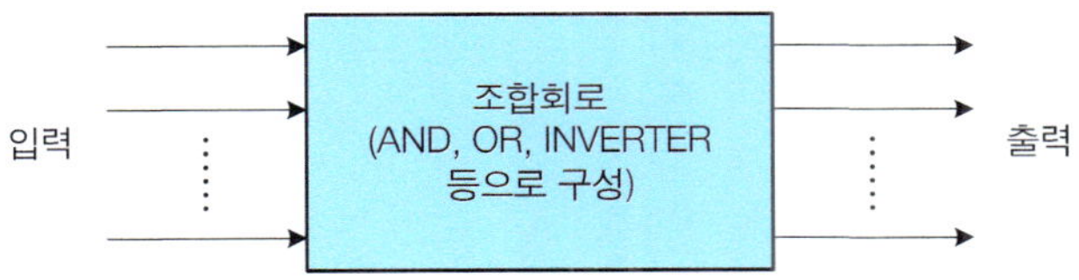

[그림 4-11] 조합회로의 블록선도

조합회로를 설계하는 방법은 다음과 같다.

① 진리표(Truth Table)를 만든다. 진리표는 입력과 출력간의 관계를 0과 1의 조합으로 나타낸 것이다.

② 진리표로부터 논리식을 이끌고, 되도록 이를 간소화한다. 간소화하는 방법에는 부울 대수 법칙을 이용하는 방법과 카르노 맵을 이용하는 방법이 있다.

③ 논리식을 논리회로로 나타낸다.

1) 반가산기(Half Adder)

가) 개 념

두 개의 비트를 서로 산술적으로 합하여 그 결과 1 비트의 합(sum)과 1비트의 자리올림수(carry)를 만들어내는 회로이다. 즉, 2비트의 입력 조합에 따라 산술 연산을 할 경우는 0+0=0, 0+1=1, 1+0=1, 1+1=10의 네 가지 경우가 있다. 여기서 두 입력이 모두 1인 경우는 합이 2비트가 되며 앞의 1이 자리올림수가 된다. 이와 같이 두 입력에 대해 두 출력의 합과 자리올림수를 만들어내는 회로를 반가산기라고 한다.

나) 설계 절차

① 먼저 [표 4-4]와 같이 진리표를 만든다.

[표 4-4] 반가산기의 진리표

입 력		출 력	
A	B	S	C
0	0	0	0
0	1	1	0
1	0	1	0
1	1	0	1

② 진리표에서 논리식을 이끈다.

진리표에서 논리식을 이끄는 방법에는 Sum of products 방법과 Product of sums 방법이 있는데 TTL(Transistor-Transistor Logic)에서는 전자의 방법을 채택하므로 이 방법으로 쓰고자 한다.

그러므로 진리표에서 S와 C에 대한 논리식은 다음과 같다.

$$S = \overline{A} \cdot B + A \cdot \overline{B}$$
$$C = A \cdot B$$

이때 $\overline{A} \cdot B + A \cdot \overline{B}$ 를 배타적 OR(Exclusive OR)이라고 하며 두 변수 A, B가 서로 다르면 1, 서로 같으면 0이 되므로 이런 의미에서 Inequality Comparator라고도 한다.

③ 앞에서 구한 논리식을 논리 회로로 나타낸다.

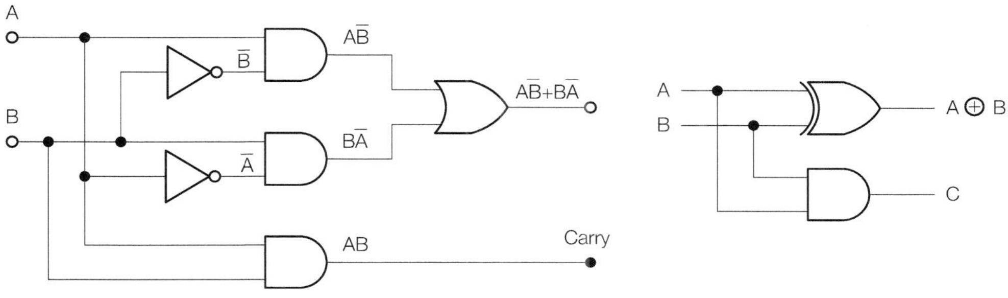

(a) AND와 OR 게이트를 사용한 경우 (b) 배타적 OR 게이트를 사용한 경우

[그림 4-12] 반가산기

2) 전가산기(Full Adder)

가) 개 념

두 개의 입력 x, y와 밑의 자리로부터 올라오는 자리 올림수 z를 포함한 3개의 입력을 사용하여 합(Sum)과 자리올림(Carry)을 구하는 조합회로를 말하며 예를 들면, 1101에 0111을 가산하는 경우를 보기로 한다. 최하 단에서는 두 수를 가산하는 것으로 족하나, 다음 단부터는 전단에서 올라온 올림수까지도 가산해야 한다.

$$\begin{array}{r} 1101\ x \\ +\ 0111\ y \\ \hline 10100\ z \end{array}$$

나) 설계 절차

① 먼저 [표 4-5]와 같이 진리표를 만든다.

[표 4-5] 전가산기의 진리표

입 력			출 력	
A	B	C	S	C_0
0	0	0	0	0
0	0	1	1	0
0	1	0	1	0
0	1	1	0	1
1	0	0	1	0
1	0	1	0	1
1	1	0	0	1
1	1	1	1	1

② 진리표에서 논리식을 만든다.

전가산기의 두 출력 변수에 대한 간략화된 논리식을 만들기 위해 먼저 진리표에 대응하는 카르노 맵을 나타낸다.

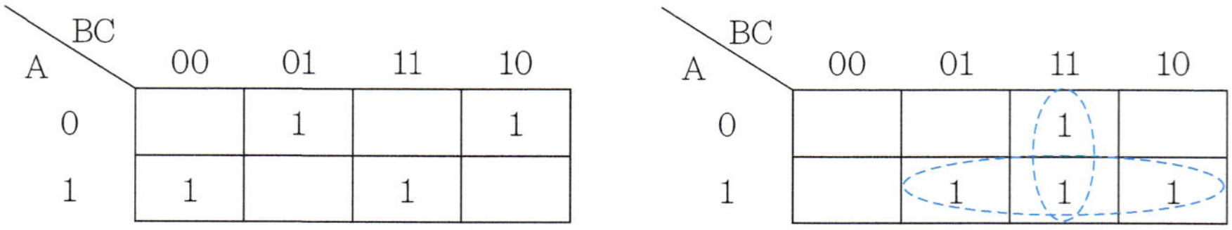

$S = A \oplus B \oplus C$　　　$C_0 = AB + AC + BC$

[그림 4-13] S와 C_0의 카르노 맵

카르노 맵에 의해 표현된 논리 함수 S와 C_0를 배타적 OR 게이트를 이용하기 위해서는 다음과 같은 간략화된 과정을 거쳐 나타낸다.

$$S = \overline{A}\,\overline{B}C + \overline{A}B\overline{C} + A\overline{B}\,\overline{C} + ABC$$
$$= (\overline{A}B + A\overline{B})\overline{C} + (\overline{A}\,\overline{B} + AB)C$$
$$= (A \oplus B)\overline{C} + \overline{(A \oplus B)}C$$
$$= (A \oplus B) \oplus C$$

$$C_0 = AB + AC + BC$$
$$= \overline{A}BC + A\overline{B}C + AB\overline{C} + ABC$$

$$= (A \oplus B)C + AB$$

이것을 논리회로로 그려보면 [그림 4-14]와 같은데 반가산기 2개와 OR 게이트로 구성할 수 있다.

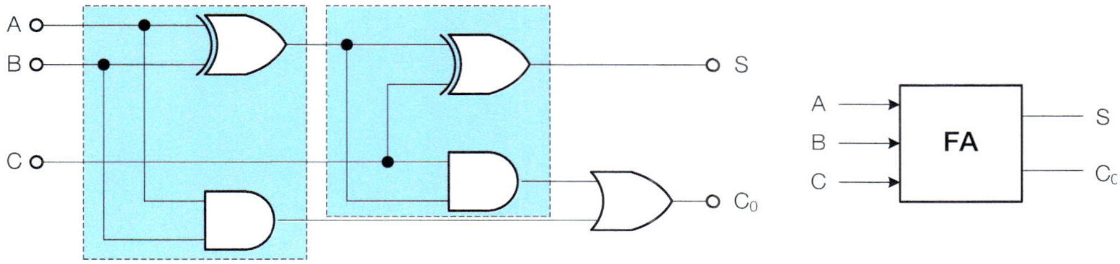

(a) 배타적 OR을 사용한 회로도 (b) 블록도

[그림 4-14] 전가산기

3) 디코더 & 인코더

디코더(decoder)는 코드화된 데이터로부터 정보를 찾아내는 조합 논리 회로이다. 즉 2진 코드를 해독(decoding)하여 이에 대응하는 1개의 신호를 출력하는 것을 말한다. 예를 들면, 4가지 정보를 코드화하기 위해서는 2비트가 필요하므로 2비트의 코드를 사용하면 4가지 정보를 나타낼 수 있다.

디코더는 멀티플렉서 및 디멀티플렉서의 중심이 되고, 특정의 칩을 선택하는 데 사용되며, ROM, RAM과 같은 메모리에서 특정 번지를 선택한다든가 명령 레지스터에 들어온 명령어를 해독한다든가 하는데 사용된다.

예를 들면 2×4 디코더(2 by 4 decoder)에서 X, Y가 00이면 D_0만이 논리 1이 되고, 01이면 D_1만이 논리 1로 되며, 10이면 D_2만이 논리 1로 되고, 11이면 D_3만이 논리 1로 된다. 한편, 출력 단자 중 어느 하나에만 논리 0이 출력되는 경우가 있는데 이런 종류의 디코더는 AND 대신 NAND로 되어 있다.

[표 4-6] 디코더의 진리표

입 력		출 력			
X	Y	D_0	D_1	D_2	D_3
0	0	1	0	0	0
0	1	0	1	0	0
1	0	0	0	1	0
1	1	0	0	0	1

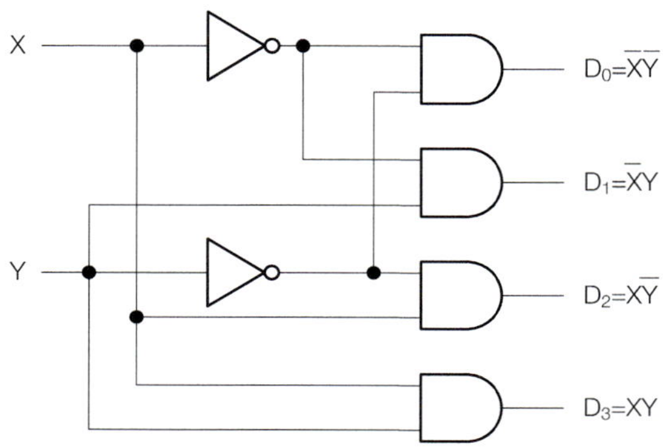

(a) 회로도

X	Y	D_0	D_1	D_2	D_3
0	0	1	0	0	0
0	1	0	1	0	0
1	0	0	0	1	0
1	1	0	0	0	1

(b) 진리표

[그림 4-15] 2×4 디코더(정논리)

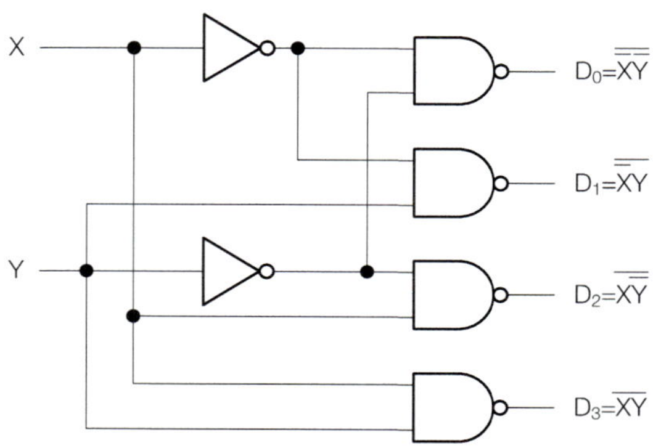

(a) 회로도

X	Y	D_0	D_1	D_2	D_3
0	0	0	1	1	1
0	1	1	0	1	1
1	0	1	1	0	1
1	1	1	1	1	0

(b) 진리표

[그림 4-16] 2×4 디코더(부논리)

학습 활동 3X8 디코더 설계

1) 진리표

C	B	A	O_0	O_1	O_2	O_3	O_4	O_5	O_6	O_7
0	0	0	1	0	0	0	0	0	0	0
0	0	0	0	1	0	0	0	0	0	0
0	0	1	0	0	1	0	0	0	0	0
0	0	1	0	0	0	1	0	0	0	0
0	1	0	0	0	0	0	1	0	0	0
0	1	0	0	0	0	0	0	1	0	0
0	1	1	0	0	0	0	0	0	1	0
0	1	1	0	0	0	0	0	0	0	1

2) 회로도

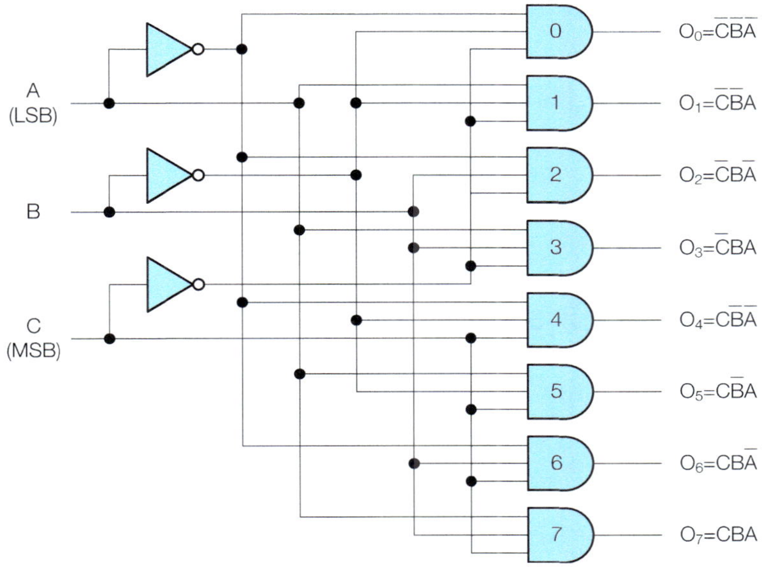

한편, 인코더(encoder)는 디코더와 반대되는 개념으로 사용되는 부호기를 말하며 10진수나 8진수를 입력으로 받아들여 2진수나 BCD와 같은 코드를 변환시키는 회로를 말한다. 다시 말하면, 입력 부호의 종류에 따라 이에 상응된 2진 부호를 만드는 회로이다.

[표 4-7]은 10진수를 BCD 코드로 변환하는 인코더의 진리표이다. 입력은 10진수 0~9까지 10개이며 출력은 BCD 코드에 대응하여 4개이다.

[표 4-7] 인코더의 진리표

입력(10진수)	출력(BCD 코드)			
스위치	$A(2^3)$	$B(2^2)$	$C(2^1)$	$D(2^0)$
0	0	0	0	0
1	0	0	0	1
2	0	0	1	0
3	0	0	1	1
4	0	1	0	0
5	0	1	0	1
6	0	1	1	0
7	0	1	1	1
8	1	0	0	0
9	1	0	0	1

예를 들면, 탁상계산기에서 볼 수 있는 키보드 인코더(10진-BCD 인코더)에서 10개의 입력키 중 9의 키를 선택하여 누르면 이에 상응하는 4비트 BCD 코드인 1001이 $A \sim D$를 통하여 출력된다.

4) 멀티플렉서 & 디멀티플렉서

멀티플렉서(multiplexer)는 여러 입력을 받아 그 중에서 선택된 입력을 출력하는 조합회로로서 선택선의 값으로 특정 입력선의 선택을 제어한다. 일반적으로 비트 조합에 의하여 어떤 입력을 선택할 지 결정하는 n개의 선택선과 2^n개의 입력선이 있다.

한편 멀티플렉서를 MUX라고도 하며, 많은 입력 중의 하나를 선택하고 2진 정보가 출력될 선을 결정하기 때문에 데이터 선택기(Data Selector)라고 부른다.

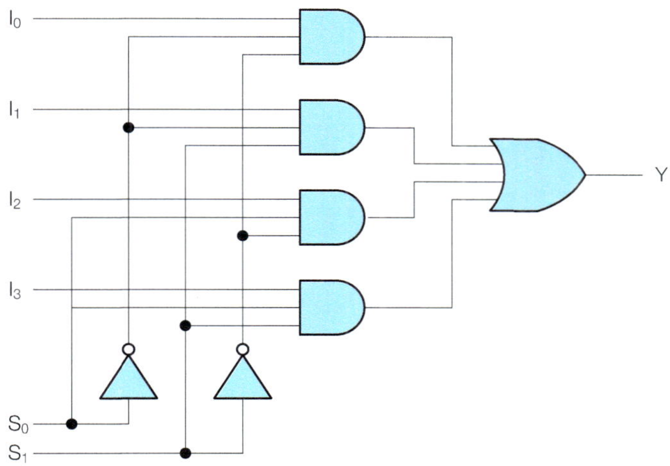

(a) 회로도

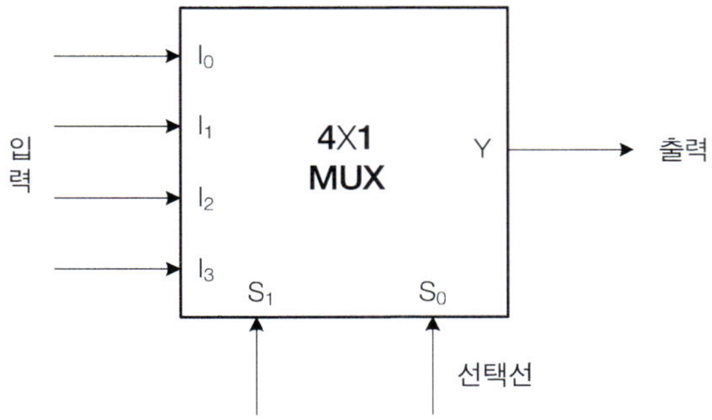

(b) 블록도

S_0	S_1	Y
0	0	I_0
0	1	I_1
1	0	I_2
1	1	I_3

(c) 진리표

[그림 4-17] 4×1 멀티플렉서

학습 활동 　부울함수에 의한 MUX의 구현

$$F(A, B, C) = \sum m\,(1, 3, 5, 6)$$
$$= \overline{A}\,\overline{B}C + \overline{A}BC + A\overline{B}C + AB\overline{C}$$

최소항	A	B	C	F
0	0	0	0	0
1	0	0	1	1
2	0	1	0	0
3	0	1	1	1
4	1	0	0	0
5	1	0	1	1
6	1	1	0	1
7	1	1	1	0

(a) 진리표

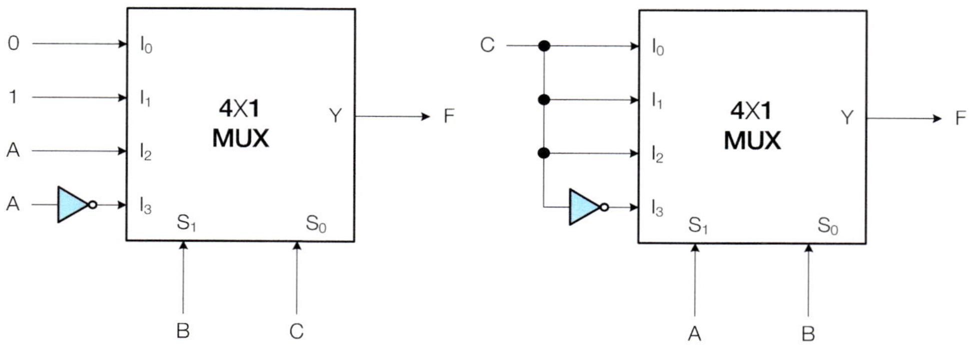

(b) 멀티플렉서의 구현 예

[그림 4-18]

디멀티플렉서(demultiplexer)는 1개의 입력을 받아서 2^n개의 출력 중 하나를 선택하여 정보를 내보내는 조합회로로서 제어 입력들의 값에 따라 출력중의 하나에 데이터 입력이 분배되므로 데이터 분배기(Data Distributer)라고도 한다. 이 회로의 구성은 하나의 입력선, 2^n개의 출력선, n개의 선택선으로 구성된다.

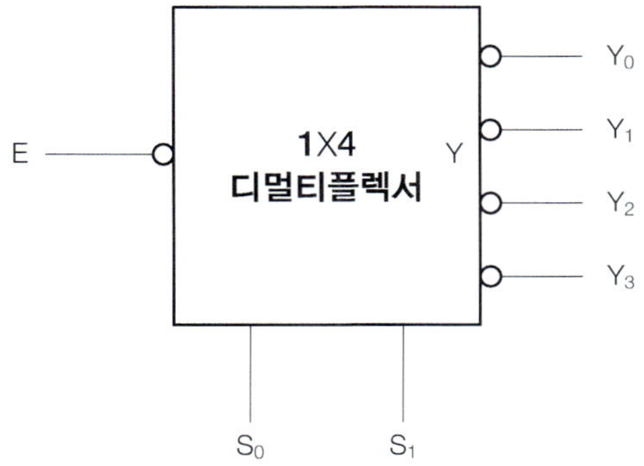

(a) 블록도

S_0	S_1	Y_3	Y_2	Y_1	Y_0
0	0	1	1	1	E
0	1	1	1	E	1
1	0	1	E	1	1
1	1	E	1	1	1

(b) 진리표

[그림 4-19] 1×4 디멀티플렉서

한편, 디멀티플렉서의 선택입력은 디코더에서의 인에이블(enable) 입력과 동일하므로 디멀티플렉서의 논리회로와 1개의 인에이블(enable) 입력을 갖는 디코더는 근본적으로 동일하다. 그러므로 2×4 디코더는 1×4 디멀티플렉서와 동일하다.

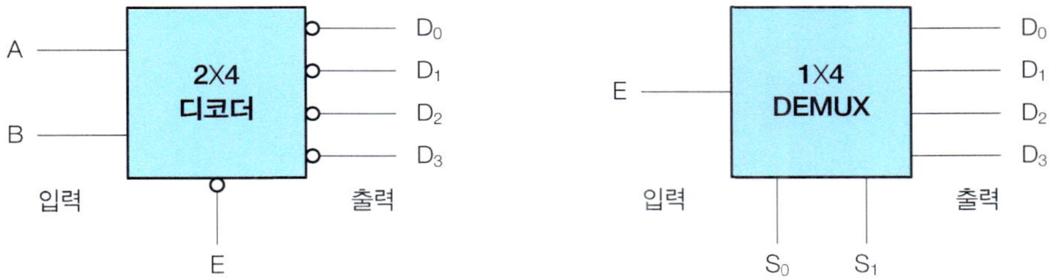

(a) 인에이블을 갖는 디코더　　(b) 디멀티플렉서

[그림 4-20] 2×4 디코더와 1×4 디멀티플렉서

5 순서 회로(Sequential Circuit)

조합 회로는 현재의 입력 변화에 의해서만 다음 상태의 출력이 결정되지만, 순서 회로는 회로의 이전 상태와 현재 상태에 따라 출력값이 결정되는 회로이다. 이와 같이 조합 회로와 기억 기능을 갖는 플립플롭, 레지스터 그리고 카운터가 그 예이다.

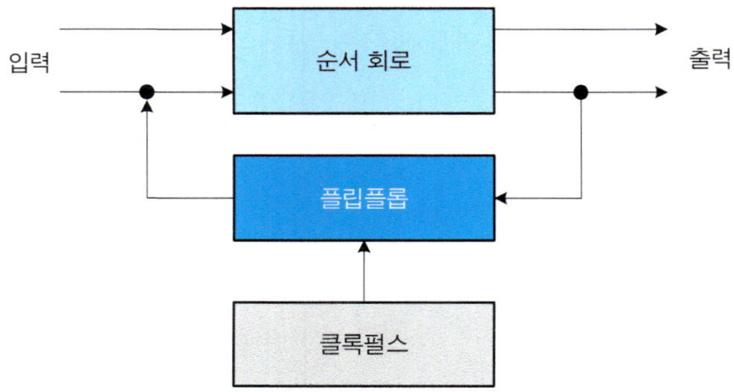

[그림 4-21] 순서 회로의 블록도

순서회로는 신호의 타이밍(timing)에 따라서 두 가지 형태로 나누어지는데, 그것은 각 시간의 순간순간에 들어오는 클록 펄스에 의하여 일률적으로 동작 및 제어되는 동기 순서 회로(Synchronous Sequential Circuit)와 시간에 관계없이 입력 순서들이 변화하는 순서에 결정되어 펄스가 필요 없고, 어떤 시각에도 변화될 수 있는 비동기 순서 회로(Asynchronous Sequential Circuit)이다.

1) 플립플롭(Flip-flop)

플립플롭은 쌍안정 멀티바이브레이터로도 불리는데, 이는 두 개의 안정한 상태, 즉 무기한으로 논리 1 또는 논리 0 중에 어느 한쪽 상태를 유지할 수 있다. 이것은 플립플롭이 기억 소자(Memory Cell)로서 유용하게 사용할 수 있다는 점을 말해준다.

플립플롭은 클록 신호에 의해 정해진 시점에서의 입력을 샘플링 하여 출력에 저장하는 동기식 순서 논리소자이고, 래치는 클록 입력이 활성화되면, 입력되고 있는 데이터가 저장되고 클록에 관계없이 언제든지 출력을 변화시키는 비동기식 순서논리소자이다.

가) RS 플립플롭

RS 플립플롭은 가장 일반적인 플립플롭으로서 SR 플립플롭이라고도 한다. set 상태와 reset 상태라는 2개의 논리 상태를 갖게 되며 출력은 Q(정상출력)와 $\overline{Q}$(보수출력)가 나타난다.

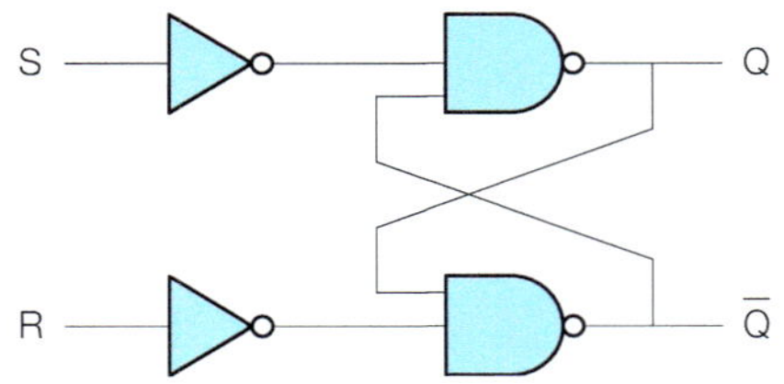

(a) 회로도

R	S	Q_{n+1}
0	0	Q_n
1	0	0
0	1	1
1	1	불확정

(b) 진리표

[그림 4-22] RS 플립플롭

나) JK 플립플롭

RS 플립플롭의 결점을 보완하여 R과 S가 동시에 1이 되는 경우를 허용하는 플립플롭으로서 RS 플립플롭과 T 플립플롭을 결합한 회로이며 R과 S의 입력에 이전 상태 출력을 AND하여 처리한다.

$J=K=1$일 때 클록 펄스 뒤에는 현재 출력 상태를 보수 상태로 바꾸게 한다. 이것을 토글(toggle) 상태라고 하는 데 $Q_n=1$이면 $Q_{n+1}=0$이 되고 $Q_n=0$이면 $Q_{n+1}=1$로 된다. 따라서 $J=K=1$을 유지하면 클록 펄스가 들어올 때마다 플립플롭의 상태를 바꾸게 된다.

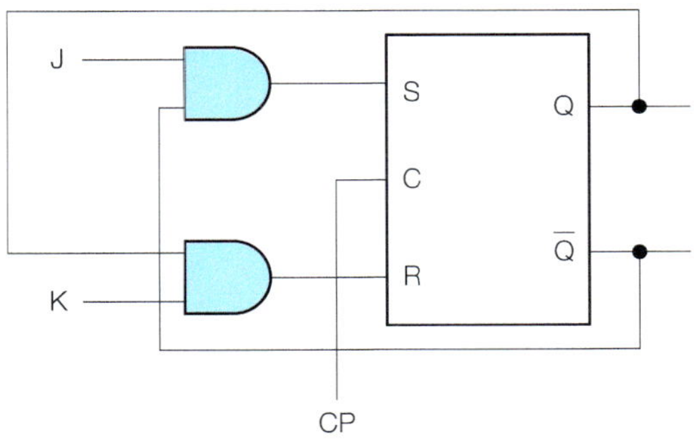

(a) 회로도

J	K	Q_{n+1}
0	0	Q_n
1	0	1
0	1	0
1	1	$\overline{Q_n}$

(b) 진리표

[그림 4-23] JK 플립플롭

다) D 플립플롭

RS 플립플롭 회로에 NOT 게이트를 연결해서 회로를 변형한 것으로 클록 펄스가 인가될 때 입력 D에 인가되는 신호가 출력 Q에 그대로 나타나게 되어 데이터를 전송한다.

이 플립플롭은 지연(delay) 형으로서 데이터 비트(1 또는 0)를 기억하기 위한 기억 소자이며 정보를 일시 유지하는 래치 회로나 시프트 레지스터 등에 쓰인다.

D 플립플롭은 D 입력으로부터 들어온 신호를 클록 펄스에 의하여 기억을 유지시키고, Q 측으로 출력된다. 또 $\overline{Q}$측은 반전한 출력이 된다. 다시 말하면, D에 1신호를 가하고 일정 시간 후에 클록 펄스를 가하면 그 시간차만큼 지연되어 출력이 나타난다.

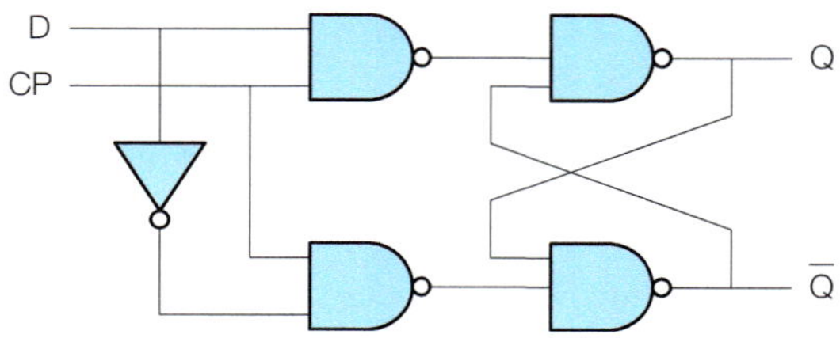

(a) 회로도

CP	D	Q_{n+1}
1	1	1
1	0	0
0	x	Q_n

(b) 진리표

[그림 4-24] D 플립플롭

라) T 플립플롭

J와 K를 연결해서 회로를 변형한 것으로 클록 펄스가 들어올 때마다 출력 신호의 상태가 바뀌는 플립플롭으로서 보수(complement) 플립플롭 또는 토글(toggle) 플립플롭이라고 부르기도 한다.

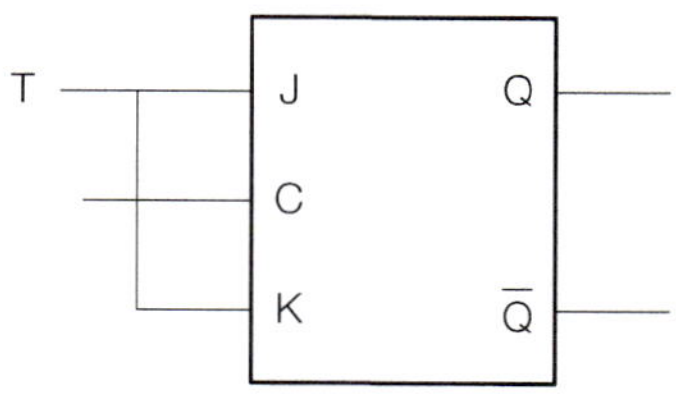

(a) 회로도

T	Q_{n+1}
1	$\overline{Q_n}$
0	Q_n

(b) 진리표

[그림 4-25] T 플립플롭

2) 레지스터(register)

가) 개 념

레지스터란 2진 기억 소자인 플립플롭 회로를 여러 개 접속시킨 것으로 여러 비트의 데이터를 일시적으로 기억시켜 필요할 때에 읽어낸다. 이것은 기억장치와 데이터를 주고받는데 또는 연산처리에 사용한다.

기억장치를 창고시스템에 비유할 때 레지스터는 현장보관소에 해당된다. 자주 쓰는 연장은 현장보관소에 놓아두고 곧바로 쓰는 것이 필요할 때마다 창고에서 가져다 쓰는 것보다 훨씬 편리할 것이다.

여기서 알아야 할 것은 컴퓨터 내의 어느 장치에서 다른 장치로 데이터를 옮길 때에는 레지스터에서 레지스터로 데이터가 옮겨가는 것이지 직접 그들 장치끼리 데이터를 주고받지 못한다는 것이다. 레지스터를 통하여 이렇게 데이터가 이리 옮겨지고 저리 옮겨짐으로써 데이터가 처리되는 것이다. 그것이 컴퓨터이다.

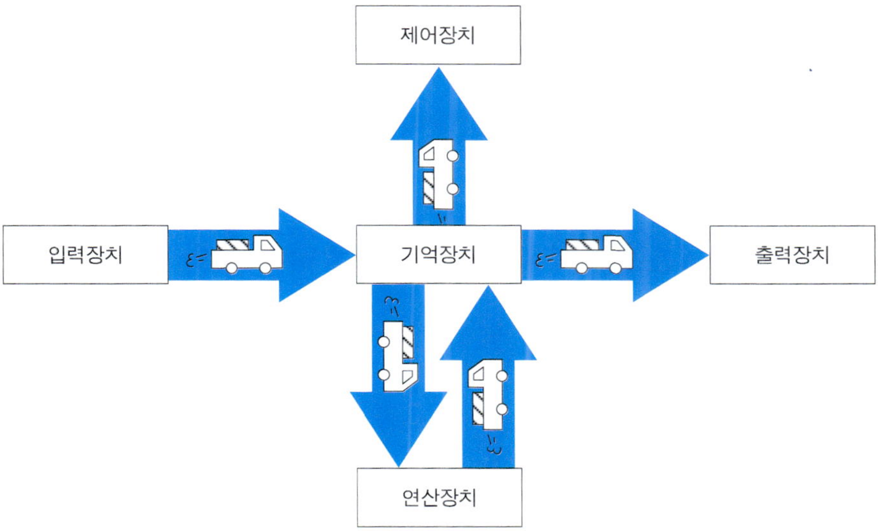

[그림 4-26] 데이터나 명령을 실어 나르는 레지스터

나) 구현 방법

가산이 시작되면 레지스터 내의 수치가 한 자리씩 가산기에 옮겨져서 연산이 된다. 그 결과는 순서적으로 결과 레지스터(Result Register)나 가산기(accumulator)에 수록된다.

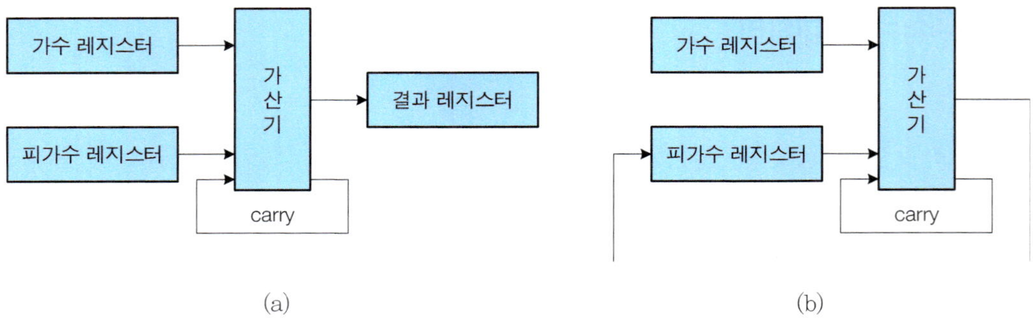

[그림 4-27] 레지스터의 연산 동작

레지스터 내의 수치를 한 자리(1bit)씩 읽어 내는 것은 [그림 4-28]에 나타난 바와 같이 플립플롭 (2)로 시프트(shift)함으로써 이루어진다.

플립플롭(1)이 1의 상태에 있을 때 시프트 펄스(Shift Pulse)를 주면 AND 게이트 ①에 펄스가 통하지만 AND 게이트 ②에는 펄스가 통하지 않으므로 플립플롭(2)의 S에 1이, R에 0이 주어져 플립플롭(2)의 상태는 1이 된다. 이것은 플립플롭(1)의 1 상태가 플립플롭(2)로 옮겨진 것을 말한다.

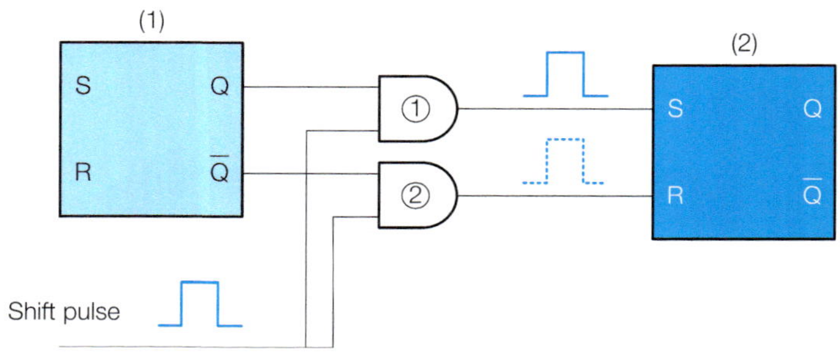

[그림 4-28] 레지스터의 출력 동작

3) 카운터(counter)

가) 개 념

입력 펄스에 따라 그 상태가 미리 정해진 순서대로 바꾸어지는 레지스터를 카운터라고 한다. [그림 4-29]에서 플립플롭 B는 트리거(trigger) 되기 전에 플립플롭 출력 A가 상태를 바꾸기를 기다리며 이어서 플립플롭 출력 C는 플립플롭 출력 B가 바꾸기를 기다리므로 비동기 카운터(Asynchronous Counter) 또는 리플 카운터(Ripple Counter)라고 한다.

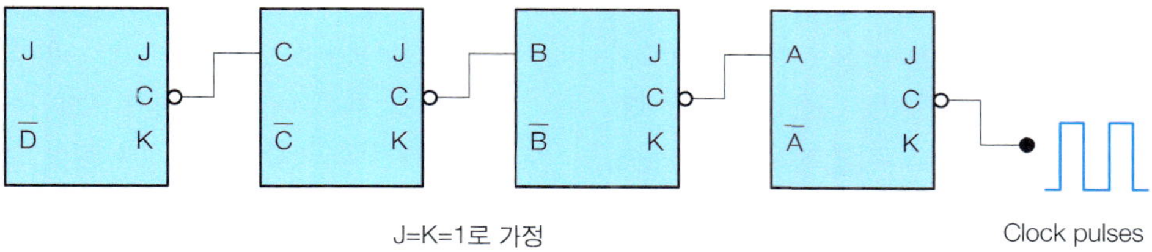

[그 림 4-29] 비동기 카운터

나) 모드 수(Mod Number)

카운터가 완전한 하나의 사이클에서 거치는 상태의 총 가짓수로서 다음과 같이 표현된다.

$$\text{모드 수} = 2^N$$

여기서 N은 리플 카운터에서 연결된 플립플롭의 수이다.

예제 4-6

컨베이어 벨트 위를 지나가는 물건들의 수를 세는 카운터가 있다고 한다. 광검출센서와 광원으로 물건이 지나갈 때마다 하나의 펄스를 발생하도록 했다고 하자. 카운터는 1000개까지 물건을 셀 수 있어야 한다. 몇 개의 플립플롭이 필요한가?

풀이 $2^{10} = 1024$이므로 10개의 플립플롭을 사용하면 $11111\ 11111_2 = 1023_{10}$까지 셀 수 있다. 따라서 플립플롭을 10개 사용하면 된다.

요 약

01 게이트는 논리회로를 구성하는 기본 소자로서 0 또는 1의 논리적인 값을 생성하며 AND, OR, NOT, NAND, NOR, 그리고 XOR 게이트 등이 있다.

02 부울 대수는 참과 거짓을 수학적으로 정리하여 체계화된 대수이고 스위칭 대수(Switching Algebra)라고도 부른다.

03 SOP(Sum of Products)는 최소항(minterm)에 의한 논리합의 형식이며 진리표의 결과 중에서 '1'로 나오는 항을 의미한다.

04 POS(Product of Sums)는 최대항(maxterm)에 의한 논리곱의 형식이며 진리표의 결과 중에서 '0'으로 나오는 항을 의미한다.

05 논리식의 간략화는 도형을 이용해서 논리를 나타내는 방법이 있는데 그 예가 카르노 맵(Karnaugh Map)에 의한 방법이다.

06 조합 회로는 기억능력이 없다는 것이 특징인데 반가산기, 전가산기, 디코더, 멀티플렉서 그리고 디멀티플렉서 등이 여기에 속한다.

07 반가산기는 두 개의 비트를 서로 산술적으로 합하여 그 결과 1비트의 합(sum)과 1비트의 자리올림수(carry)를 만들어내는 회로이다.

08 전가산기는 두 개의 입력 x, y와 밑의 자리로부터 올라오는 자리 올림수 z를 포함한 3개의 입력을 사용하여 합(Sum)과 자리올림(carry)을 구하는 조합회로이다.

09 디코더(decoder)는 코드화된 데이터로부터 정보를 찾아내는 조합 논리 회로이다. 즉 2진 코드를 해독(decoding)하여 이에 대응하는 1개의 신호를 출력하는 것을 말한다.

10 인코더(Encoder)는 디코더와 반대되는 개념으로 사용되는 부호기를 말하며 10진수나 8진수를 입력으로 받아들여 2진수나 BCD와 같은 코드를 변환시키는 회로이다.

11 멀티플렉서(multiplexer)는 여러 입력을 받아 그 중에서 선택된 입력을 출력하는 조합회로로서 선택선의 값으로 특정 입력선의 선택을 제어한다.

12 디멀티플렉서(demultiplexer)는 1개의 입력을 받아서 2^n개의 출력 중 하나를 선택하여 정보를 내보내는 조합회로이다.

13 조합회로는 현재의 입력 변화에 의해서만 다음 상태의 출력이 결정되지만, 순서 회로는 회로의 이전 상태와 현재 상태에 따라 출력값이 결정되는 회로이며 플립플롭, 레지스터 그리고 카운터가 그 예이다.

14 플립플롭은 쌍안정 멀티바이브레이터로도 불리는데, 이는 두 개의 안정한 상태, 즉 무기한으로 논리 1 또는 논리 0 중에 어느 한쪽 상태를 유지할 수 있다.

15 레지스터란 2진 기억 소자인 플립플롭 회로를 여러 개 접속시킨 것으로 여러 비트의 데이터를 일시적으로 기억시켜 필요할 때에 읽어낸다.

16 입력 펄스에 따라 그 상태가 미리 정해진 순서대로 바꾸어지는 레지스터를 카운터라고 한다.

문 제

01 0~9까지의 10진수 중 2의 배수(0은 2의 배수라고 가정)가 입력되면 LED가 켜지고 그 외의 숫자가 입력되면 LED가 꺼지는 논리회로가 있을 때 다음 물음에 답하시오. 이때 논리항은 2개 이하로 제한하며 간소화한 입력 변수는 3개를 넘지 못한다.

1) Boolean Algebra를 사용하여 간소화한 뒤 논리 게이트로 도시하시오.

2) Don't Care 항이 있을 경우 K-map을 사용하여 1개의 최소항으로 답하시오.

02 8 X 1 멀티플렉서 2개를 사용하여 전가산기를 설계하시오.

03 RS 플립플롭과 D 플립플롭을 비교 설명하시오.

04 논리식 $\overline{a}\,\overline{b}\,\overline{c} + \overline{a}b\overline{c} + \overline{a}bc + a\overline{b}\,\overline{c}$를 부울대수를 사용하여 2개의 항을 가진 최소항의 형태로 간단히 하시오.

chapter

05

주기억장치

학습목표

1. 기억장치의 분류를 이해할 수 있다.
2. 주기억장치의 성능 결정 요소를 이해할 수 있다.
3. 계층적 기억 장치 시스템을 이해할 수 있다.
4. 반도체 메모리를 이해할 수 있다.
5. 기억장치 모듈 설계를 이해할 수 있다.

현대의 컴퓨터는 1946년 폰 노이만(J. Von Neumann)이 제안한 프로그램 내장 방식을 채택하고 있으며 컴퓨터는 일반적인 기계들과는 달리 기억장치(Memory Unit)를 가지고 있다.

기억장치는 입력 장치를 통하여 입력된 프로그램과 데이터, 그리고 컴퓨터 내부에서 처리된 중간 결과와 출력될 최종 결과 등을 기억하는 장치이다.

기억장치는 사용목적상 주기억장치와 보조기억장치로 대별되는데 전자는 내부기억장치라고도 하며, CPU 내에 존재하고, 처리에 필요한 프로그램 및 데이터를 저장하는 데 반해 후자는 2차 기억장치 또는 외부기억장치라고도 하며, CPU 외에 존재하고, CPU에서 당장 사용하지 않는 프로그램 및 데이터를 저장한다. 보조기억장치에 있는 데이터나 프로그램은 직접 처리가 되지 않으므로 이들을 처리할 때는 반드시 주기억장치로 옮겨야 한다.

주기억장치에는 자기코어 메모리, 반도체 메모리 및 자기박막 메모리 등이 있는데, 전에는 자기코어 메모리가 주로 사용되었으나 지금은 반도체 메모리가 주로 사용된다.

이 장에서는 먼저 기억장치의 분류에 대하여 이해하고, 주기억장치의 성능 결정 요소에 대하여 살펴본 후 계층적 기억 장치 시스템에 대하여 개괄적으로 설명한 다음 반도체 메모리 그리고 기억 장치 모듈 설계에 대하여 알아보기로 한다.

1 기억장치의 분류

일반적으로 액세스(access)한다고 하는 것은 프로세서가 해당 프로세스를 실행하기 위하여 기억장치에 있는 정보를 쓰거나(write) 읽는(read) 동작을 말한다. 기억장치는 제조공정과 재료 및 조직에 따라 액세스하는 방법도 달라지는데 이에 대한 형태는 다음과 같이 표현할 수 있다.

1) 액세스 방법에 따른 유형

가) 순차 액세스(Sequential Access)

저장된 정보를 처음부터 순서대로 액세스하는 방식인데 자기 테이프(Magnetic Tape) 저장장치가 이 방식을 사용하며 저장되는 모든 정보는 테이프의 처음 위치에서 시작하여 순차적으로 저장하게 된다.

이 내용들은 레코드(record)라고 하는 단위로 저장되는 데, 각각은 고유의 주소를 가진다. 테이프의 모든 내용을 읽거나 쓰는 경우에는 처음부터 시작할 수 있지만, 임의의 위치에 저장된 정보를 검색하여 읽기 위해서는 찾고자 하는 위치에 도달할 때까지 테이프를 회전시켜야 한다. 그러므로 그 위치에 따라 액세스 시간이 각각 달라진다.

나) 직접 액세스(Direct Access)

액세스할 위치 근처로 직접 이동한 다음에, 순차적 검색을 통하여 최종 위치에 도달하는 방식으로서 자기 디스크(Magnetic Disk)와 CD-ROM이 직접 액세스 방식을 이용하는 저장장치이다.

트랙 상에 데이터를 저장하는 동작을 디스크 쓰기(Disk Write)라고 하는 데 헤드가 트랙을 지나간다고 하더라도 자기 이력 현상(Hysteresis Phenomena)에 의해 자성 패턴이 표면에 기록된다. 헤드의 코일에 전류가 흐르면 자장이 발생되는 전기적 성질을 이용하는 데 2진수 1은 양 전류로, 0은 음 전류로 각각 변환하여 헤드로 보내진다.

한편, 저장된 데이터를 디스크 표면으로부터 감지하여 인출하는 동작을 디스크 읽기(Disk Read)라고 한다. 읽기 동작은 자장이 존재하는 곳에 코일이 지나가면 코일에 전류가 발생하는 전기적 성질을 이용한다. 즉, 디스크 표면이 회전하는 동안에, 원하는 데이터가 저장되어 있는 트랙 부분이 헤드 밑을 통과하면 기록될 때와 동일한 극성의 전류가 생성된다.

용어 설명 **자기 이력 현상(Hysteresis Phenomena)**

일반적으로 강자성체에서 일어나는 현상인데 자속 밀도와 자계의 세기가 선형적인 관계를 가지는 표현식과 달리 외부 자계를 가하여도 자성체 내부에 자속밀도 성분이 남아있는 성분, 즉 잔류 자기 성분이 존재하며 마찬가지로 외부 자계를 제거해도 자성체 내에 남아 있는 잔류 자기를 없애기 위해 역방향으로 외부자계를 인가할 때의 성분, 즉 보자력이 존재한다.

다) 임의 액세스(Random Access)

주소에 의해 직접 기억장소를 찾아 액세스하며, 어떤 기억 장소든 액세스하는 시간이 동일하며 반도체 기억장치들이 임의 액세스 방식을 이용한다.

어떤 위치든지 임의로 선택될 수 있고, 직접 주소 지정되고 액세스될 수 있다. 결과적으로 기억장치 내의 어떤 위치를 액세스 하든지, 그에 걸리는 시간이 항상 일정하다.

학습 활동 **임의 액세스의 예**

1~10까지 숫자가 있으면, 상황이나 조건에 따라서 2, 5, 4, 3, 1, 6, 8, 7, 10, 9의 순으로 액세스하는 방식을 말한다.

라) 연관 액세스(Associative Access)

임의 액세스의 변형으로서, 저장된 내용의 특정 비트들을 비교하여, 일치하는 내용을 액세스하는 데 연관 기억장치(Associative Memory)가 좋은 예이다.

CPU의 논리 주소에서 생성된 키(key) 값에 연관(associative)되는 비트들과 변위 값과 일치하는 기억장소의 데이터가 읽혀져 출력된다. 키 값의 비교에 걸리는 시간은 기억장소의 위치에 관계없이 일정하다. 그러나 입력 비트 패턴과 키 값들을 한 개씩 순차적으로 비교하면 시간이 많이 걸리기 때문에 일반적으로 모든 기억장소의 키 값들을 동시에 비교할 수 있는 하드웨어를 포함하고 있다.

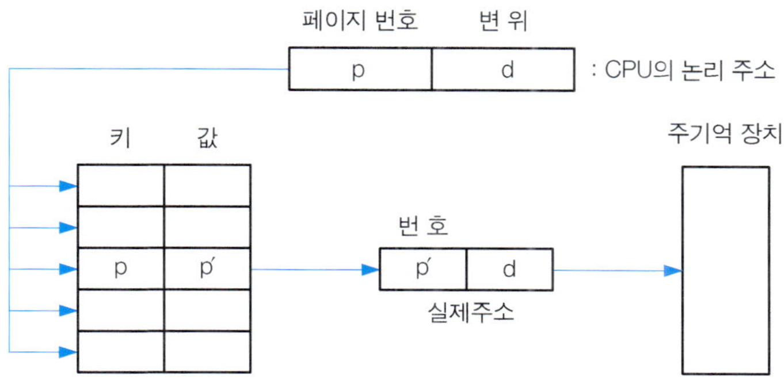

[그림 5-1] 연관 기억 장치

2) 기억장치의 제조 재료에 따른 유형

가) 반도체 기억장치(Semiconductor Memory)

초기의 주기억 장치로 가장 널리 사용되었던 저장장치는 자기코어(Magnetic Core)라고 불리는 자화철 고리들로 구성된 배열이었다. 그러나 기억장치들의 기술적 발전에 따라 미세전자공학(microelectronics)이 대두되어 모든 주기억장치들이 반도체 칩으로 대체되었다.

반도체 기억 장치는 반도체 물질인 실리콘(Si) 칩을 이용한 기억장치로서 부피가 작고 처리 시간이 매우 빠른 장점이 있지만 열에 약한 단점이 있다.

반도체 재료로 만든 기억 회로들을 플립플롭(Flip-flop) 회로라고 하는데 이 회로들은 0과 1을 기억하는 회로들이고 자기 코어 한 개와 같은 역할을 하고 있다.

[그림 5-2] 반도체 칩

나) 자기 표면 기억장치(Magnetic Surface Memory)

알루미늄 합금의 원판 표면에 자성물질을 입힌 보조기억장치로서 일반적으로 자기디스크가 여기에 속한다. 자기 디스크는 액세스 시간이 짧고 대량 정보를 기억할 수 있다는 특징이 있다.

자기 디스크는 하드 디스크(Hard Disk)라고도 하며, 단순히 디스크로 부르기도 한다. 정보는 다수의 동심원 위의 트랙에 기억되어 고속 회전하는 디스크의 표면과 미소간격을 유지하여 자기 헤드(head)를 통해 기록 또는 판독된다.

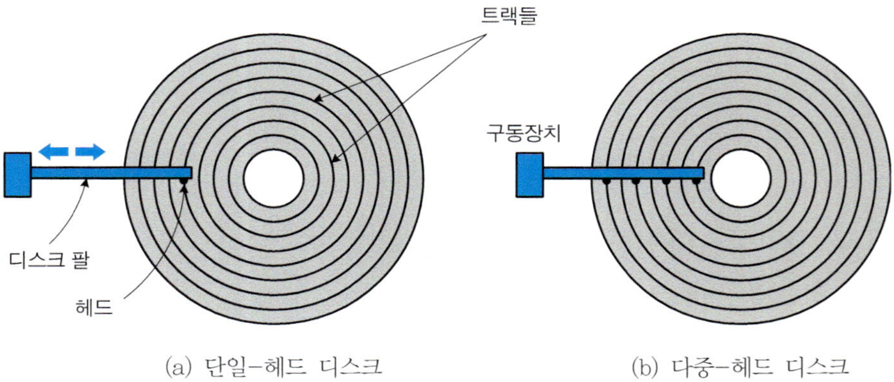

[그림 5-3] 자기 디스크

3) 데이터를 저장하는 성질에 따른 유형

가) 휘발성 기억장치(Volatile Memory)

전원 공급이 중단되면 내용이 지워지는 기억장치를 말하며 RAM(Random Access Memory)이 여기에 속한다. RAM은 임의 액세스 방식을 이용하는 반도체 집적회로 로서 정보를 기억시키기도 하고 기억된 내용을 꺼내 읽기도 한다. 또한 정전이 되면 기억된 내용 모두가 지워지기 때문에 소멸성 반도체라고도 한다.

RAM은 제조 기술에 따라 DRAM(Dynamic RAM)과 SRAM(Static RAM)으로 나누어진다. 전자는 커패시터에 전하(charge)를 충전하는 방식으로 기억밀도가 높고 가격이 싸다는 장점이 있는 반면, 저장되어 있는 내용을 주기적으로 재충전해 주어야 한다. 한편, 후자는 기억소자로서 플립플롭(Flip-flop)을 이용하는 데 데이터가 안정된 상태에서 저장될 수 있으므로, 전력이 공급되는 동안에는 재충전 없이도 데이터를 계속 유지할 수 있다.

DRAM의 소자(cell)는 SRAM의 소자보다 더 작으므로 밀도가 더 높고, 같은 용량의 SRAM보다 가격이 더 싸다. 기억장치의 용량이 커질수록 재충전회로의 비용이 차지하는 비중이 상대적으로 줄어들기 때문에 DRAM은 용량이 큰 주기억장치로 많이 사용되고, SRAM은 높은 속도가 필요한 캐쉬 메모리로 사용된다.

학습 활동 DRAM과 SRAM의 비교

	DRAM	SRAM
공통점	임의 액세스 방식	
집적밀도	높다	낮다
재충전시기	주기적	비주기적
처리속도	낮다	높다
가격	DRAM이 SRAM보다 가격이 더 싸다	
용도	주기억장치	캐쉬기억장치

나) 비휘발성 기억장치(Nonvolatile Memory)

전원 공급에 관계없는 영구 저장장치로서 ROM(Read Only Memory)이나 디스크 등이 여기에 속한다. 일단 저장된 정보는 필요에 따라 변경될 때까지는 그대로 유지되며, 정보 유지를 위하여 지속적으로 전력을 공급할 필요가 없다.

ROM은 RAM과 달리 내용을 읽는 것만 가능하고, 쓰는 것은 불가능하다. 따라서 프로그램이나 변경할 수 없는 데이터를 저장하는 데 사용된다. ROM을 사용함으로써 얻을 수 있는 장점은 데이터 혹은 프로그램이 영구 저장되므로 보조기억장치로부터 매번 이동시킬 필요가 없기 때문에 액세스 시간이 짧아진다는 점이다.

대부분의 컴퓨터 시스템에서는 RAM과 함께 주기억장치의 일부분으로서 ROM을 사용하고 있다.

학습 활동 센서용 마이크로 프로세서

마이크로프로세서는 저가의 저전력 프로세서가 요구되며 특히 저전력 동작을 위하여 전력 관리 기능을 지원할 수 있어야 한다. 센서 네트워크에 사용되는 마이크로프로세서는 32비트 혹은 64비트의 처리 능력과 GHz를 넘는 클록 주파수, 복잡한 메모리 관리 기능, 혹은 고도의 멀티미디어 처리 기능 등을 갖춘 개인 컴퓨터용의 범용 마이크로프로세서와 달리 8비트 혹은 16비트 정도의 처리 능력으로 수 MHz~수 십 MHz 정도의 동작 주파수의 임베디드용 마이크로컴퓨터가 자주 사용된다.

그 이유는 센서 네트워크용의 프로세서는 센서로부터 데이터를 획득하는 것과 그 데이터를 목적지로 보내기 위한 통신 제어가 주된 작업이며 센서 네트워크 응용들의 대부분은 큰 연산능력을 요구하지 않기 때문에 비용 절감 측면에서 센서 노드들은 대부분 8비트 마이크로프로세서를 사용하고 있다.

2 성능 결정 요소

기억장치는 당면의 처리에 필요한 프로그램과 데이터를 기억할 뿐만 아니라 처리 중의 중간 결과나 최종결과도 기억한다. 컴퓨터에서는 데이터를 고속으로 처리하는 것이 요구되기 때문에 고속의 메모리를 주기억장치로 사용해야 한다.

이때, 주기억장치는 CPU에 직접 연결되어 처리할 프로그램이나 데이터가 저장되어야 하며 프로그램이나 데이터를 빠른 속도로 작업을 실행하기 위해서는 동작 속도가 매우 빨라야 한다.

그러나 일시에 많은 정보를 처리하기 위해서는 주기억장치의 용량이 충분히 커야 하는데 무한정으로 크게 되면 제어장치가 복잡해지며 가격 면에서도 매우 불리하다. 그럼에도 불구하고 주기억장치의 용량은 점점 증가하고 있어, 개인용 컴퓨터에 있어서도 커지고 있으며 업무용 컴퓨터에 있어서도 수백 GB, 수 TB의 규모로 커지고 있다.

주기억장치에서 기억되는 정보는 0이나 1로 조합된 비트들인데 실질적으로 컴퓨터 기억장치 내부에서는 여러 개의 비트들이 배열되어 구체적인 데이터들이 기억되도록 하며 특성은 크게 다음과 같은 2가지 성능 요소에 의해 결정된다.

1) 메모리 용량(Memory Capacity)

메모리 용량은 메모리의 물리적인 크기로 메모리당 비트 수를 나타내며 비트 수 대신에 바이트 수와 단어 수를 의미하는 경우도 많다.

컴퓨터 시스템이 필요로 하는 기억 용량을 하나의 장치로 구성하는 데에는 장치의 경제성, 신뢰성, 다양한 서비스의 적용 등에 대한 문제가 있기 때문에 주 메모리, 각종 보조 메모리로 메모리 시스템을 구성하고 있다.

기억장치에서 메모리 용량을 나타내는 단위는 바이트 혹은 단어(word)인데 단어의 길이는 CPU가 실행할 명령어의 길이 혹은 내부 연산에서 한 번에 처리할 수 있는 데이터 비트의 수와 같다.

[표 5-1] 메모리 용량의 단위

단위 기호	의미	연산식
1킬로바이트(KB)	2^{10}	1,204 byte
1메가바이트(MB)	2^{20}	1,204 Kbyte
1기가바이트(GB)	2^{30}	1,204 Mbyte
1테라바이트(TB)	2^{40}	1,204 Gbyte

여기서 1이나 0 하나하나를 비트라고 하고, 이러한 비트 8개가 조합된 1000 0001과 같은 것을 바이트라고 하며, 1000 0001 1110 0000 0011 0100 0001 0010과 같이 32개가 조합된 것을 단어라고 한다. 단어는 또한 몇 비트가 되건 간에 하나의 번지에 들어있는 비트 모두를 통틀어서 그렇게 부르는 경우도 있다고 한다. 그러니까 8비트 1단어인 경우도 있고, 16비트 1단어인 경우도 있으며, …… , 128비트 1단어인 경우도 있다.

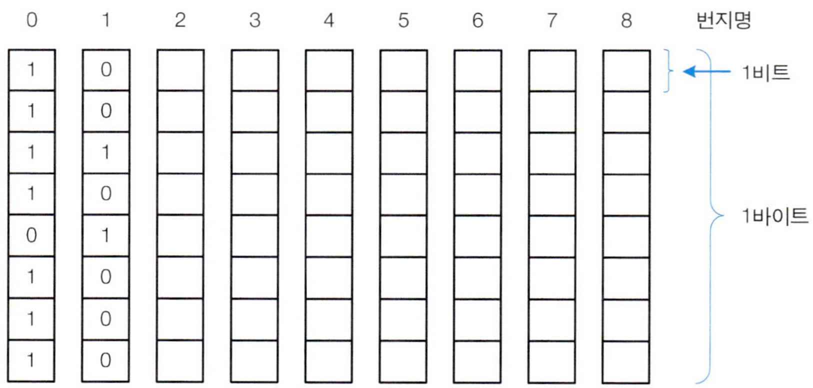

[그림 5-4] 8비트 1단어의 경우 번지들이 횡으로 나열되어 있는 모양

외부 기억장치에서는 데이터가 단어보다 훨씬 더 큰 단위로 전송되기도 하는데, 그 단위를 블록(block)이라고 부른다. 디스크와 같은 대용량 저장장치의 경우에는 블록의 크기가 일반적으로 512바이트 혹은 1K바이트이다. 그러나 외부 기억장치에 접속되는 데이터 버스의 폭은 8비트, 16비트 혹은 32비트이기 때문에 한 블록은 전송하는 데 여러 번의 전송 동작이 연속적으로 수행되어야 한다.

이와 연관된 개념으로서, 주소지정 단위(Addressable Unit)를 정의할 필요가 있다. 각 기억장치에서는 고유의 주소가 할당되는데, 각 바이트에 대하여 별도의 주소를 지정할 수도 있고, 각 단어 별로 주소를 지정할 수도 있다. 대부분의 시스템들에서 주소지정 단위가 바이트이지만, 단어 단위로 주소를 지정하는 시스템들도 있다. 주소 비트의 수 A와 주소지정 단위의 수 N과의 관계는 $2^A = N$이다. 예를 들어, 단어의 길이가 32비트(4바이트)인 시스템에서 단어를 주소 지정 단위로 하는 경우에는 주소지정 가능한 전체 기억장치 용량은 N 단어, 즉 $4N$ 바이트가 된다. 반면에, 바이트 단위로 주소지정을 한다면 N 바이트의 기억장치만 가질 수 있다. 그러나 이 경우에는 필요한 바이트만 별도로 액세스할 수 있다는 장점이 있다.

흔히 여러 물건을 저장해 두는 창고에 비유되는 메모리는 [그림 5-5]와 같이 종횡으로 정연하게 쌓아놓고, 각 뭉치마다 주소(Address Location)를 붙여두면, 저장하는 데도 편리할 뿐만 아니라 저장된 것을 가져가는 데도 대단히 효율적이다.

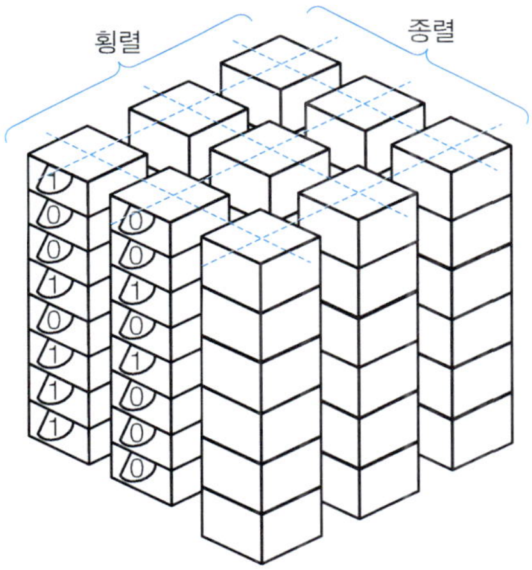

[그림 5-5] 메모리 모델

그러므로 주소에서 횡과 종 2차원만 생각하면 되므로 종1 횡2일 경우 '1.2' 그리고 종2 횡3일 경우 '2.3' 등으로 표기한다. 그러나 컴퓨터에서는 2차원을 1차원으로 고쳐서 번지를 표시한다. 예컨대 1.1을 0번지, 1.2번지를 1번지, 1.3을 2번지, 2.1을 3번지 ..... 등으로 표시한다.

2) 액세스 시간(Access Time)

액세스 시간(Access Time)은 호출 시간이라고도 하며 주소와 읽기·쓰기 신호가 기억장치에 도착한 순간부터 데이터가 저장되거나 읽혀지는 동작이 완료되는 순간까지의 시간을 말한다.

임의 액세스 기억장치의 경우에는 액세스 시간이 모든 기억장소들에 대하여 동일하지만,

순차적 혹은 직접 액세스 기억장치의 경우에는 데이터가 저장되어 있는 위치에 따라 달라진다. 특히 직접 액세스 장치에서 액세스 시간은 헤드가 지정된 기억 장소에 도달하는데 요구되는 탐구 시간 즉, 시크 타임(Seek Time)과 데이터를 장치 내로 또는 밖으로 전송하는데 요구되는 전송 시간(Transfer Time)으로 나눈다.

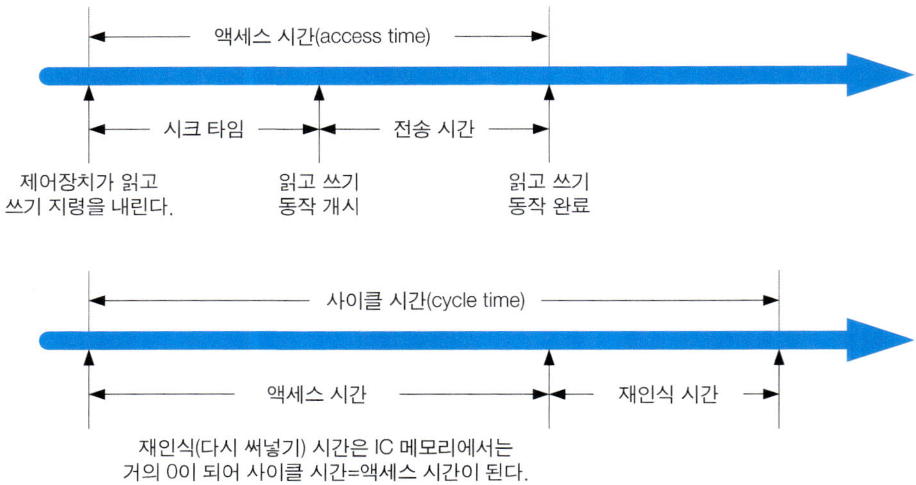

[그림 5-6] 액세스 시간과 사이클 시간

액세스 시간을 근거로 하여 데이터 전송률(Data Transfer Rate)은 기억장치로부터 초당 읽혀지거나 쓰일 수 있는 비트 수를 말한다. 따라서 이것은 (1/액세스 시간) × (한 번에 읽혀지는 데이터 비트 수)에 의해 구할 수 있다. 예를 들면, 어떤 RAM 모듈의 액세스 시간이 100ns이고, 한 번에 32비트씩 읽혀진다면, 데이터 전송률은 $(1/100 \times 10^{-9}) \times 32 = 320$ [Mbps]가 된다.

한편, 사이클 시간(Cycle Time)은 액세스 시간과 다음 액세스를 시작하기 위해 필요한 동작에 걸리는 추가적인 시간을 합한 시간이다. 여기서 추가적인 시간이란 읽기 동작 후에 정보가 파괴되는 저장장치인 경우에 그것을 복원시키는 데 걸리는 시간을 말한다.

자기 코어(Magnetic Core)는 읽기 동작 후에 내용이 지워지며, 자동적으로 다시 복구되는데 시간이 걸리지만 반도체 기억장치나 디스크와 같은 저장장치들은 내용이 파괴되지 않기 때문에 액세스 시간과 사이클 시간이 같다.

3 계층적 기억 장치 시스템

1) 개념

사용자 프로그램과 데이터가 CPU에 의해서 실행되거나 참조되기 위해서는 CPU와 직접적으로 통신하는 기억장치인 주기억 장치 내에 반드시 적재되어야 한다. 그러나 최근 기억 장치 제조 기술의 발전으로 인하여 기억장치의 속도가 계속 높아지고 있지만, CPU의 속도가 더 급속히 향상되고 있기 때문에 그 속도상의 격차는 줄어들지 않을 것으로 보고 있다. 그러므로 용량이 크고 영구 저장 능력을 가진 보조 저장 장치도 필요하지만, 그들의 액세스 속도는 현저히 느린 상태이다.

일반적으로 컴퓨터 시스템에서 사용하고 있는 각종 기억 장치의 성능은 해당 기억 장치에 저장된 정보를 읽어 내거나, 정보를 기록하는 속도와 일정한 양의 정보를 읽어 내는 데 걸리는 접근 시간(Access Time) 등에 의해 평가된다.

그러므로 접근 속도가 빠를수록 비트당 가격이 높아지기 때문에, 중앙 처리 장치와 직접 연결된 기억 장치는 처리 속도가 빠른 소용량, 고가격의 기억 장치를 사용하며, 자주 사용하지 않는 자료들이 저장되는 기억 장치는 중앙 처리 장치에서 멀리 떨어지게 되고 저속의 저가격인 대용량 기억 장치를 사용한다. 이러한 형태의 기억 장치 구성을 기억 장치의 계층 구조라고 한다.

[그림 5-7]은 전형적인 기억 장치 계층 구조를 보여주고 있는데 상위 층으로 갈수록 비트당 가격이 높아지고, 용량이 감소하며, 액세스 시간은 짧아지고, CPU에 의한 액세스 빈도는 높아진다. 한편, 기억 용량이 커질수록 주소 해독 및 정보 인출을 위한 주변 회로가 더 복잡해지기 때문에 액세스 시간이 다소 더 길어진다.

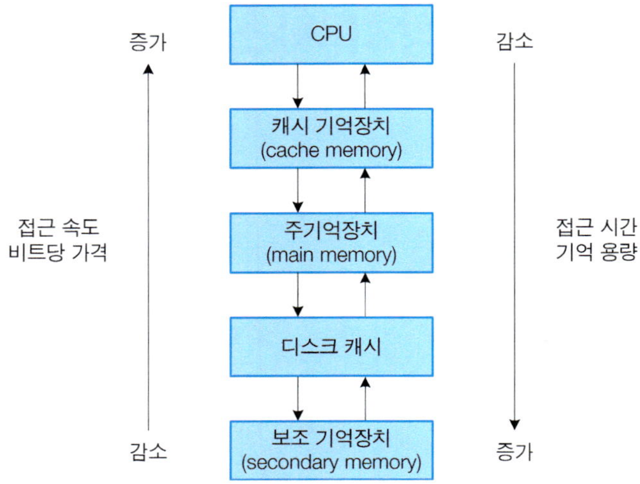

[그림 5-7] 기억 장치의 계층 구조

2) 계층구조의 효과 예

기억 장치를 계층적으로 구성함으로써 얻을 수 있는 효과를 분석해 보면 다음과 같다.

먼저, CPU가 아래와 같은 두 계층의 기억장치들을 사용하다고 가정한다.

① 첫 번째 계층의 기억장치는 액세스 시간이 30ns이다.

② 두 번째 계층의 기억장치는 용량이 더 크지만, 액세스 시간은 300ns이다.

CPU가 액세스할 데이터들의 50%가 첫 번째 계층에 있고 나머지 50%는 두 번째 계층에 있다면, 평균 액세스 시간은 (0.5×30ns)+(0.5×300ns)=165ns가 된다. 같은 방법으로 첫 번째 계층에 데이터가 있는 비율을 20%부터 100%까지 변화시키면서 평균 액세스 시간을 구해보면 다음과 같다.

[표 5-2]에서 보는 바와 같이 원하는 데이터가 첫 번째 계층의 기억장치에 있는 비율이 높아질수록 평균 액세스 시간이 그 기억장치의 액세스 시간에 접근하게 되어 두 계층의 기억장치를 사용한 효과를 더 크게 얻을 수 있다. 한편, 두 번째 계층의 기억장치는 속도가 느린 대신에 비트당 가격이 더 저렴하기 때문에, 이와 같이 두 가지 기억 장치를 계층적으로 사용하면 속도 및 용량 면에서 개선된 계층적 기억 장치 시스템을 사용하게 된다.

오랜 시간이 지나면 프로세스가 어떤 주소를 참조(reference)할 때에는, 해당 페이지들이 적재된 실기억 공간의 모든 영역이 아니라 지역적인 부분만 집중적으로 참조하면서 작업을 수행한다는 것을 알 수 있다. 실제 프로그램 실행 과정에서 속도가 더 빠른 첫 번째 계층의 기억 장치에 대한 액세스 횟수가 두 번째 계층의 기억장치에 대한 액세스보다 많아지게 되어 평균 액세스 시간을 크게 단축시킬 수 있다.

[표 5-2] 데이터가 첫 번째 계층에 있을 때의 평균 액세스 시간

비율(%)	평균 액세스 시간(ns)
20	246
40	192
60	138
80	84
100	30

3) 대책 방안

가) 지역성(locality)

(1) 개 념

스래싱을 예방하고, 페이지 부재율을 감소시키기 위해서는, 각 프로세스가 계속적으로 주기억 공간의 페이지 프레임 내에 유지시켜야 할 페이지들의 집합을 알아내는 것이 좋다. 지역성은 이것을 알아내는 방법 중의 하나이다.

용어 설명 **스래싱(thrashing)**

너무 자주 페이지 대체 현상이 일어나는 현상을 스래싱이라고 한다. 어떤 프로세스가 프로그램 수행에 보내는 시간보다 페이지 교환에 보내는 시간이 더 크면 스래싱을 하고 있다고 하며 심각한 성능의 저하를 초래한다.

지역성은 CPU가 주기억장치의 특정 부분에 위치한 프로그램이나 데이터를 빈번히 혹은 집중적으로 액세스하는 현상이다. 이와 같은 구역성은 운영체제에서, 특히 기억장치 관리에서 많이 나타난다. 그것은 이론적인 특성이라기보다는, 관측된 실험적인 특성이며 항상 그러한 특성이 나타난다고 보장하는 것은 아니지만 매우 자주 나타나는 현상이다.

예를 들어, 프로세스들은 각각 그들의 페이지들 중 소수의 몇몇 페이지들을 특히 많이 사용하는 경향이 있으며 그 프로세스의 가상 주소 공간 내에서 서로 인접해 있는 경향이 많다. 이것은 각 프로세스가 어떤 주어진 기간 동안 그의 전 페이지들 중 특별한 몇 개의 페이지 내에서 실행되는 경향이 있음을 의미한다.

이러한 지역성 개념은 일반적으로 시간 지역성(Temporal Locality)과 공간 지역성(Spatial Locality)으로 나누어진다.

전자는 최근에 액세스된 프로그램이나 데이터가 가까운 미래에 다시 액세스 될 가능성이 높다는 것을 의미하며 서브루틴, 순환구조를 갖는 루틴(Looping Routine), 스택이나 큐 등의 프로그램 구조나 자료 구조가 시간 지역성을 갖는다.

이에 반해 후자는 기억장치 내에 인접하여 저장되어 있는 데이터들이 연속적으로 액세스 될 가능성이 높다는 것을 의미하며 대부분의 일반적 프로그램들이 갖고 있는 순차적 실행(Sequential Execution), 행렬 구조에서의 검색 작업, 인접한 곳에 관련된 자료 구조나 처리 루틴을 기술하려는 프로그래머의 경향 등을 들 수 있다.

용어 설명 | 지역성(locality)

사용자 프로그램의 실행시 프로그램 내의 모든 명령들이 균일하게(uniform) 실행되기보다는 프로그램 내의 일부 명령들이 집중적으로 실행되는 현상을 말한다. 즉, 프로그램의 실행이 시작된 이후 종료될 때까지 프로그램 내의 각 명령들이 실행된 횟수를 분석해보면 모든 명령들의 실행 횟수가 균일하기 보다는 특정 영역의 명령들의 실행 횟수가 다른 명령들에 비해 월등히 큰 경향을 보인다는 것이다.

(2) 작업 세트(Working Set) 이론

작업 세트 이론은 1968년 Denning에 의해 제안되었으며 프로그램의 지역성 특성을 이용하고, 각 프로세스가 많이 참조하는 페이지들의 집합을 실기억 공간에 계속 상주하도록 하여, 빈번한 페이지 대체 현상을 줄이고자 하는 개념이다.

작업 세트는 특정 시간에 실행되는 프로그램에 지역성이 포함되는 페이지들의 집합을 의미하며 프로세스들은 주어진 시간 간격 동안 자신의 페이지들 중 일부를 더 자주 접근하려는 지역성이 있으므로 이를 이용하면 페이지 부재율이 감소된다.

Denning은 하나의 프로그램이 효율적으로 실행하기 위해서는 그의 작업 세트가 주기억 장치 내에 유지되어야 하며 그렇지 않은 경우에는 그 프로그램이 보조 기억 장치로부터 계속

페이지들을 요구하게 되므로 스래싱이라고 불리는 과대한 페이징 동작을 하게 된다고 주장했다.

작업 세트는 프로세스가 실행됨에 따라 때로는 페이지들이 삭제되기도 하고 추가되기도 하며 프로세스가 거의 다른 작업 세트로 전이를 할 경우에는 많은 변화가 생긴다. 따라서 한 프로세스의 초기의 작업 세트의 크기나 내용에 대한 가정은 그 후로 프로세스가 진행함에 따른 많은 변화를 겪게 된다.

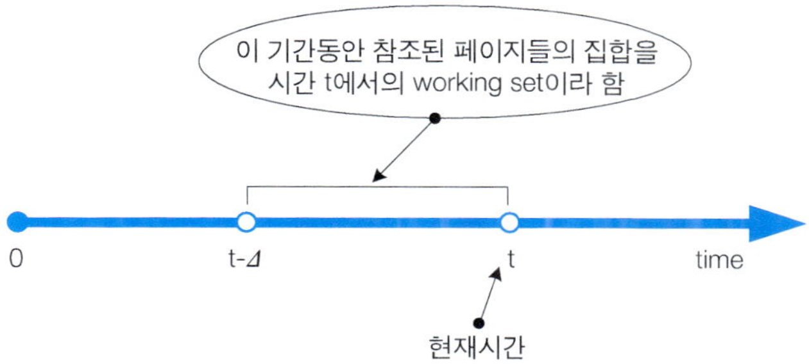

[그림 5-8] 작업 세트(Working Set)

학습 활동 캐시 기억 장치

■ 구 조

CPU와 주기억장치의 속도 차이로 인한 CPU 대기 시간을 최소화시키기 위하여 CPU와 주기억장치 사이에 설치하는 고속 반도체 기억장치다.

■ 특 징

① 주기억장치보다 액세스 속도가 높은 칩을 사용한다.

② 가격 및 제한된 공간 때문에 용량이 적다.

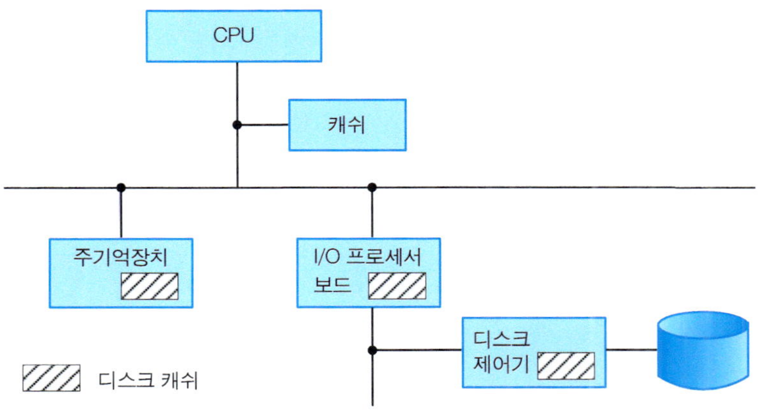

[그림 5-9]

4 반도체 메모리

주기억장치는 메모리 셀(Memory Cell)이라고 하는 기본 단위의 기억 소자를 여러 개 모아 놓은 것으로 각 메모리 셀은 1비트의 정보를 저장할 수 있는 플립플롭 회로로 구성되어 있다.

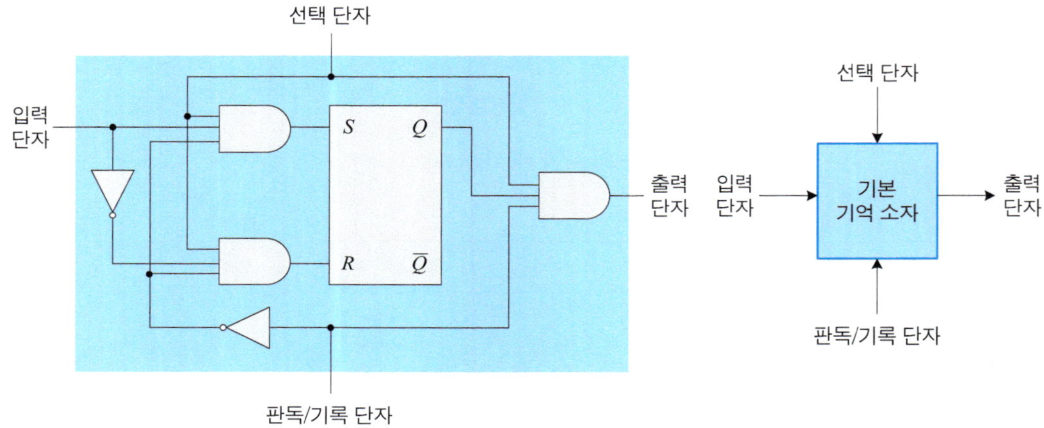

(a) 논리도 (b) 블록도

[그림 5-10] 메모리 셀

메모리의 구성은 종류에 따라 다소 차이가 있으나 일반적인 반도체 메모리는 거의 플립플롭의 2차원적 집합이라고 볼 수 있다. 즉, 기억장치의 구성은 이와 같은 기억 소자(Memory Cell)들이 다수가 모여서 이루어짐을 알 수 있다.

기억장치 중 기억부(Memory Part)는 2차원의 테이블(table) 혹은 행렬(matrix)로 구성되어 있으며, 어드레스 신호의 상위 어드레스부와 하위 어드레스부에서 지정되어 양쪽의 어드레스 신호가 일치한 메모리 셀이 선택된다. 메모리 셀의 선택은 디코더(decoder)에 의해 이루어진다.

디코더는 상위 어드레스부와 하위 어드레스부의 디코더로 구성되어 있으며, 어드레스 신호를 해독하여 어드레스 선택 신호를 상위 어드레스부와 하위 어드레스부에서 기억부로 보내는 기능을 갖고 있다. 보내어진 신호에 의해 원하는 어드레스의 메모리 셀이 선택된다.

초기의 컴퓨터에서 임의 액세스 방법을 사용하며 주기억장치로 널리 알려진 저장 장치는 자기 코어(Magnetic Core)라고 불리는 자화철 고리들로 구성된 배열이었다. 최근에는 거의 모든 주기억장치들이 반도체 칩(Semiconductor Chip)으로 대체되고 있다. 이 절에서는 반도체 기억 장치의 종류에 대하여 설명하고자 한다.

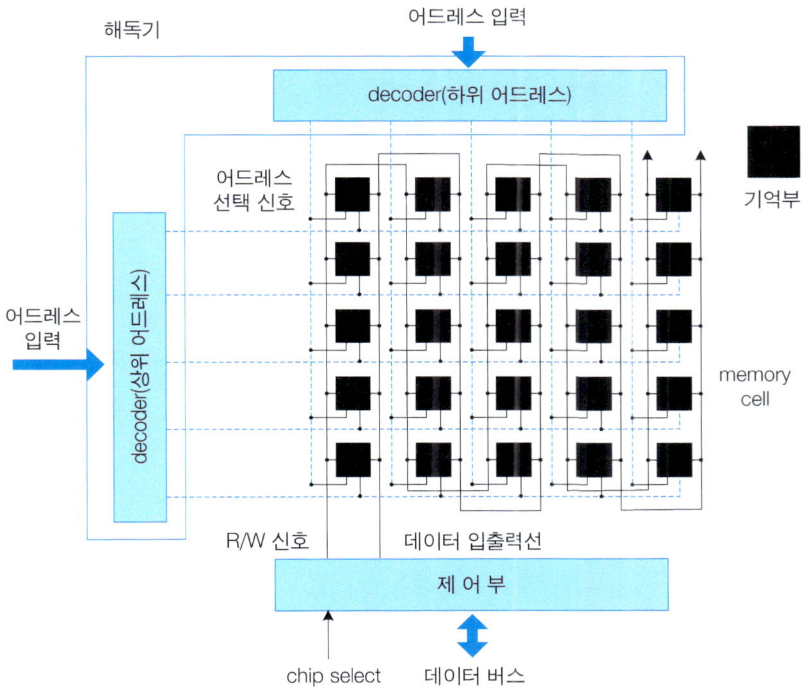

[그림 5-11] 메모리의 구성

용어 설명 **자기 코어(Magnetic Core)**

각각의 코어는 자화의 방향에 의해서 1 또는 0을 나타내는데 코어를 통하는 4개의 선에 대한 기능은 다음과 같다.

1) **자기 코어 선택**: 2개의 구동선(Driving Wire)인 X선 및 Y선에 1/2씩 전류를 흘려 그 교차점의 코어만을 감지하는 기능을 가지고 있다.
2) **감지선(Sense Wire)**: 코어의 어느 방향으로 자화되었는가를 감지하는 기능을 가지고 있다.
3) **금지선(Inhibit Wire)**: 불필요한 코어가 자화되어 있을 때 금지전류를 흐르게 하여 그 코어의 자화를 소거하는 역할을 한다.

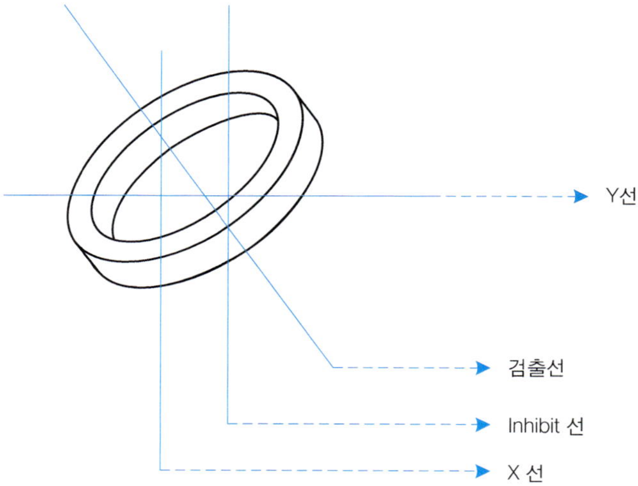

[그림 5-12]

1) RAM(Random Access Memory)

가) 제어 신호들에 따른 동작

[그림 5-13]은 1K×8비트 용량의 RAM에 대한 블록선도와 제어 신호들을 보여주고 있는데 이 비트 조직은 8비트로 구성된 기억장소들이 1024개가 배열되어 있는 경우이다. 이 칩의 용량은 1K 바이트가 되며, 주소 비트는 $1K=2^{10}$이므로 10개가 필요하다.

기억장치 시스템이 여러 개의 칩들로 구성되는 경우에는 칩 선택(Chip Select) 신호인 CS 신호에 의하여 칩의 선택 여부가 결정된다.

[그림 5-13]에서 칩 선택(Chip Select) 신호인 CS가 1일 경우 칩은 주소와 제어신호에 따라 동작을 수행한다. 이때, RD는 읽기(read) 신호이고 WR는 쓰기(write) 신호이다. RD가 0이고 WR이 1이면, 데이터 버스를 통하여 들어오는 데이터가 주소가 지정하는 기억장소에 지정된다. CS가 0이면 이 기억 소자는 선택되지 않아 액세스(access)할 수 없다.

RAM은 일정한 용량에 대하여 내부 조직이 다양하게 구성될 수 있다. 여기서는 간단한 예로서, 아주 작은 용량인 64 비트 RAM이 가질 수 있는 내부 조직들을 살펴보고, 각각의 경우에 주소를 지정하는 방법을 분석하기로 한다.

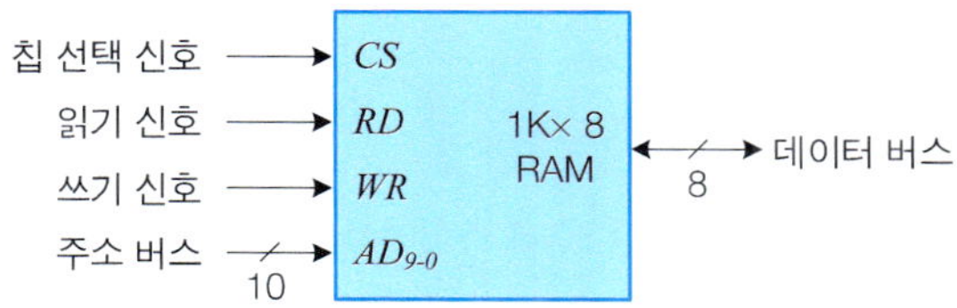

(a) RAM의 블록선도

CS	RD	WR	RAM의 동작
0	X	X	선택되지 않음
1	1	0	읽기 동작
1	0	1	쓰기 동작

(b) 제어 신호들에 따른 RAM의 동작

[그림 5-13] 제어 신호들에 따른 동작

나) 8x8 비트 RAM

8개의 기억장소들로 구성되며, 각 기억장소에는 8비트씩 저장할 수 있다. 따라서 3개의 주소 비트들이 있으면 기억장소들의 주소를 지정할 수 있으며, 주소 범위는 3비트로 구성된 0번지부터 7번지까지다.

3×8 디코더는 주소 비트들을 해독하여 8개 출력들 중의 하나를 활성화한다. 그러면 그 출력 선이 연결된 기억장소가 선택되고, 제어신호에 따라 읽기 혹은 쓰기 동작이 수행된다.

이와 같은 조직을 가진 RAM의 용량이 1K×8비트라면, 10개의 주소 비트들이 필요하며 16M×8비트 용량의 RAM인 경우에는 24비트의 주소가 각각 입력되어야 한다.

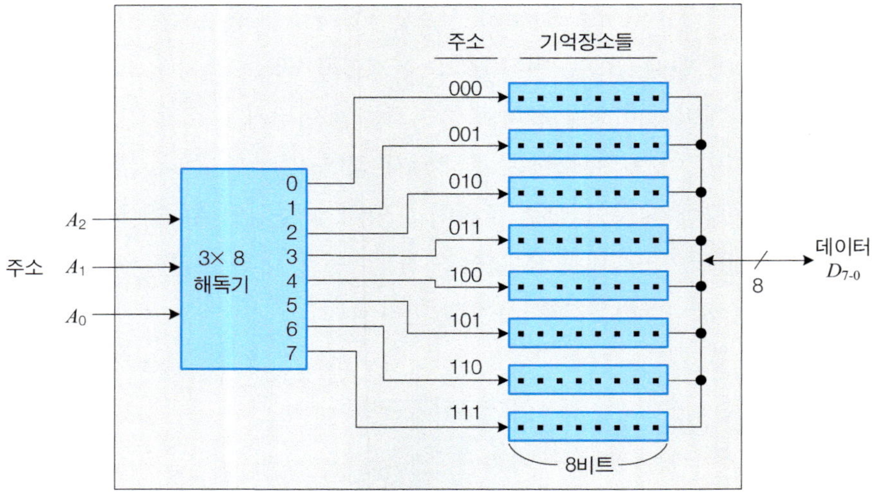

[그림 5-14] 8×8 조직에서의 주소 지정

다) 16x4 비트 RAM

16×4 비트 RAM에서는 16개의 기억장소들이 서로 다른 주소를 할당받으며, 각 기억장소에는 4비트 데이터가 저장된다. 이 칩에 대한 주소지정을 위해서는 $16=2^4$, 즉 4비트 주소 (A_3, A_2, A_1, A_0)가 필요하게 된다. 그러므로 4×16 디코더가 16개의 출력 신호들 중의 하나를 활성화시킴으로써 각 기억장소가 선택된다. 주소의 범위는 4비트로 구성된 0번지부터 15번지가 된다.

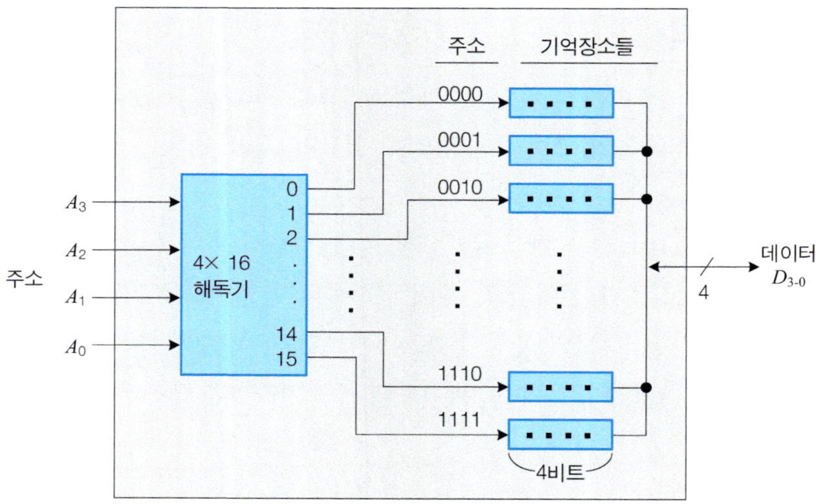

[그림 5-15] 16×4 조직에서의 주소 지정

라) 64x1 비트 RAM

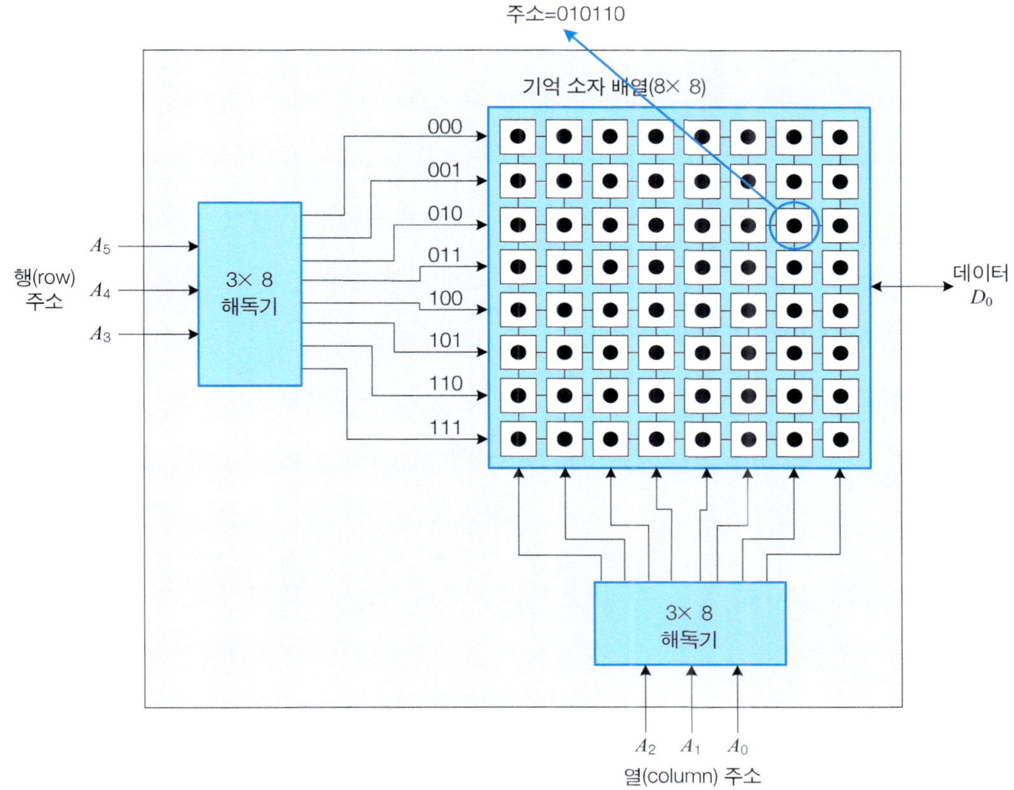

[그림 5-16] 64×1 조직에서의 주소 지정

이 RAM에서는 8×8의 장방형 구조에 위치한 64개의 기억 소자들에 대하여 읽기 및 쓰기가 1 비트씩 이루어진다. 따라서 이 칩에는 데이터 입출력 선이 1개만 있다. 각 기억장소가 별도의 주소를 가지므로 $64=2^6$, 즉 6개의 주소 비트들이 필요하다.

이러한 조직에서는 일반적으로 주소 비트들이 두 그룹으로 나누어져서 별도로 디코딩된다. 주소 비트들 중에서 상위 3 비트들은 8개의 행(row)들 중에서 한 개를 선택하고, 하위 3 비트들은 8개의 열(column)들 중에서 한 개를 선택한다. 따라서 두 개의 3×8 디코더가 필요하다.

학습 활동 RAM의 응용 분야

종 류	응 용 분 야
DRAM	대형, 소형, 개인용 컴퓨터 등의 주기억장치용
SRAM	소형 컴퓨터의 빠른 버퍼 기억 장치용

2) ROM(Read Only Memory)

가) 제어 신호들에 따른 동작

[그림 5-17]는 4K×8 비트 조직을 가진 ROM으로서 RAM과 다른 점은 읽기만 가능하기 때문에 WR 신호는 필요 없고 RD 신호만 있으면 된다. 칩 선택 신호인 CS와 RD 신호가 활성화되면, 주소가 지정하는 기억장소로부터 데이터가 읽혀져서 데이터 버스에 실리게 된다. 대부분의 ROM은 데이터 출력 선이 8개인 조직을 사용한다.

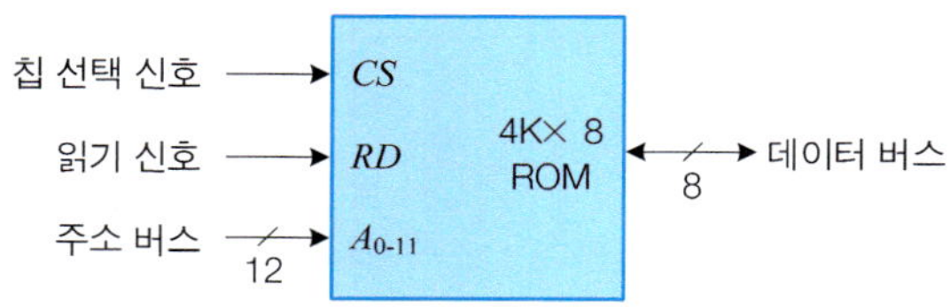

[그림 5-17] ROM의 블록선도

나) 종 류

(1) 마스크 ROM(Mask ROM)

사용자 요구에 따라 반도체 제조사가 제조 시에 데이터를 넣기 때문에 한 번 저장한 것은 그 내용을 바꿀 수 없어 융통성(flexibility)은 없으나 대량 생산에 적합하다.

마스크 ROM을 만드는 과정은 다음과 같다. 먼저 사용자가 만들고자 하는 제품에 대한 규격을 설계하고 회로도를 만든 후 프로그램을 작성한다. 프로그램이 완성되면 이를 USB에 담아서 반도체 제조업자에게 제출함으로써 마스크 ROM의 작성을 의뢰한다.

의뢰한 후 1~2개월 후 제조업자는 테스트용 샘플을 몇 개 주는데, 이것을 ES(Engineering Sample)라고 한다. 제품업자는 ES를 응용제품에 실제 넣어서 시험 평가한다. TEST OK이면 마스크 ROM의 대량 생산을 제조업자에게 의뢰한다.

(2) PROM(Programmable ROM)

ROM 자체를 만든 후에 사용자가 내용을 1회에 한해서 써넣을 수 있으며 한 번 기록한 것은 소멸되지는 않으나, 그 내용을 지우고 다시 기록할 수는 없다.

PROM에 어떤 내용을 쓰는 동작을 "프로그래밍한다."라고 말하는데, 이것을 위해서는 일반 동작시 보다 더 높은 전압의 신호를 발생할 수 있는 롬라이터(ROM Writer)라고 부르는 특수한 장치가 필요하다.

PROM의 일종에 OTPROM(One Time Programmable ROM)이라는 것이 있다. 이것은 내장된 반도체 칩은 EPROM과 같으나 소거용 유리창이 없이 플라스틱 패키지로 되어 있어서 데이터를 지우고 다시 쓸 수는 없다. 이것은 EPROM에 비해 저렴하므로 한번 밖에 기록하지 않는 용도에서 EPROM대신 사용한다.

(3) EPROM(Erasable PROM)

EPROM은 FAMOS(Floating gate Avalanche injection MOS)형으로 MOS 내에 전하(charge)로 기억시킨 내용을 자외선으로 소거하는 것과 전기적으로 소거하는 것이 있다. PROM과 달리 내용을 지울 수도 있기 때문에 사용자가 여러 번 쓸 수 있다. 그러나 쓰기 전에 자외선을 이용하여 내용들을 지워서 초기 상태와 같아지도록 해야 한다.

주로 응용제품의 개발 단계에서 사용되고, 평가 테스트의 결과가 좋지 않으면 현장에서 몇 번이고 다시 기록하여 쓸 수 있는 이점이 있다. 소량 제품의 경우에는 이대로 최종 제품으로 사용되지만, 양산의 경우에는 가격이 싼 ROM이 유리하다.

(4) EEPROM(Electrically Erasable PROM)

전기적으로 삭제 가능한 EPROM으로서 쓰기 전에 그 이전의 내용을 지울 필요가 없다. 내용의 갱신은 특정 바이트 혹은 여러 개의 바이트들에 대하여 가능하다. 이때, 전기적으로 특정한 비트의 정보를 바꿀 수 있는 ROM을 EAROM(Electrically Alterable ROM)이라고 한다.

EEPROM에는 데이터를 삭제하기 위한 자외선 소거기와 같은 전용 소거기가 따로 필요하지 않으며, 롬라이터를 사용하여 기록하고 지울 수 있다. EEPROM은 모뎀이나 비디오 카드, SCSI(Small Computer System Interface) 제어기 등에서 사용된다.

(5) 플래쉬 메모리(Flash Memory)

1980년대 중반에 처음 소개되었으며, 가격과 기능면에서 EPROM과 EEPROM의 중간 정도이다. EEPROM과 마찬가지로 플래쉬 기억 장치도 전기적으로 삭제하는 기술을 사용한다. 플래쉬 기억 장치의 전체 내용을 지우는 데 걸리는 시간은 수 초 정도인데, 이 속도는 EEPROM보다 훨씬 더 빠른 것이다.

쓰기 시간은 바이트당 수십 μs, 칩 전체는 용량에 따라 수 초 내지 수십 초가 걸린다. 현재로서는 1000여회 밖에 재기록을 할 수 없다는 단점이 있다. 일반 EEPROM은 10만 번까지 재기록이 가능하다.

학습 활동 **ROM의 응용 분야**

종 류	응 용 분 야
PROM	소형 컴퓨터의 마이크로프로그램 제어용, 군대 및 가정용품 제어용
EPROM	소프트웨어 개발용
EEPROM	프로그램과 자료 교정이 필요한 경우

5 메모리 모듈 맵

RAM과 ROM으로 구성되는 주기억장치를 어떻게 설계하느냐, 즉 이들을 데이터 버스, 제어 버스 그리고 주소 버스에 어떻게 연결시키느냐는 이들의 용량 및 칩 선택선의 수, 그리고 메모리 맵에 따라 다르다.

메모리 맵(Memory Map)은 시스템 설계자가 애초에 정하는 번지 할당표이다. RAM 1은 몇 번지에서 몇 번지까지로 하고, RAM 2는 몇 번지에서 몇 번지까지로 하며, … RAM n은 몇 번지에서 몇 번지까지로 하고, ROM 1은 몇 번지에서 몇 번지까지를 하며, ROM 2는 몇 번지에서 몇 번지까지로 할 것인지 … 이렇게 각 칩에 할당된 번지의 범위를 지정한 표를 말한다. 이 절에서는 이러한 메모리 맵을 이용하여 기억장치 모듈(Memory Module)의 설계 방법에 대하여 알아보고자 한다.

먼저 기억장치 칩(chip)의 데이터 비트 수가 단어 길이보다 짧은 경우 여러 개의 칩들을 병렬로 접속한 기억장치 모듈로 구성한다. 예를 들면, 단어 길이가 32비트인 컴퓨터의 기억장치 모듈을 내부 조직이 1K×8비트인 RAM 칩들을 이용하여 구성한다. 이 경우에는 4개의 칩들을 병렬로 배열하고, 각 칩에 8비트씩 저장하면 된다. 32개의 단어 비트들 중에서 최상위 비트들인 $D_{31} \sim D_{24}$를 저장하고, 다음 칩들에 순서대로 $D_{23} \sim D_{16}$, $D_{15} \sim D_{8}$, 그리고 마지막 칩에 $D_{7} \sim D_{0}$ 비트들을 저장한다.

따라서 어떤 주소가 칩들에 가해지면, 그 주소에 해당하는 기억장소가 네 개의 RAM 칩들에 모두 존재하기 때문에 각 칩당 8비트씩, 전체 32비트 단어에 대한 쓰기 (혹은 읽기) 동작이 한 번에 수행될 수 있다.

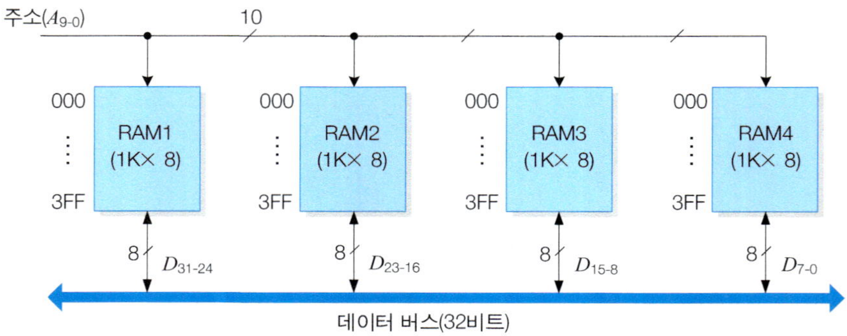

[그림 5-18] 병렬연결을 통한 1K×32비트 기억장치 모듈의 설계

다음으로, 필요한 기억장치 용량이 각 기억장치 칩의 용량보다 큰 경우 여러 개의 칩들을 직렬로 접속하여 기억장치 모듈을 사용하여 메모리 맵을 구성할 수 있다. 예를 들면, 1K×8비트 RAM 칩들을 이용하여 4K×8비트 기억장치 모듈을 구성하는 방법을 살펴본다. 이러한 구성을 위해서는 각 기억장치 구성에 대하여 RAM 칩이 한 개씩만 선택되도록 하고, RAM 칩들은 모두 서로 다른 주소 영역을 가지도록 해야 한다. 따라서 4개의 RAM 칩들을 직렬로 연결하면 된다.

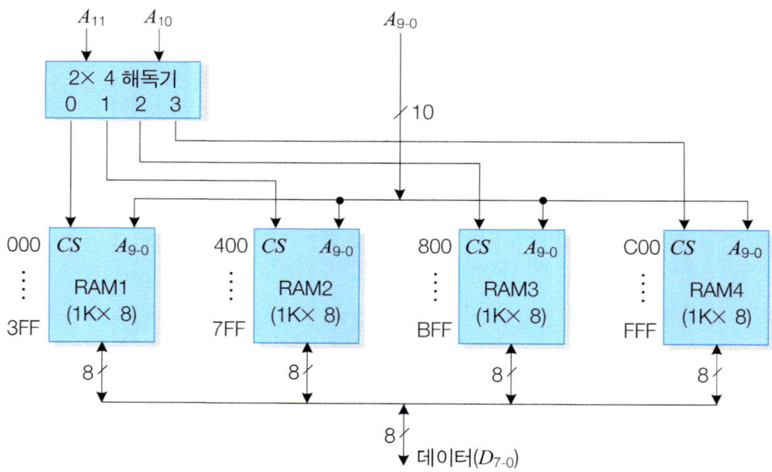

[그림 5-19] 직렬연결을 통한 4K×8비트 기억장치 모듈의 설계

4K= 2^{12}=4096개의 기억장치 주소를 구분하기 위해서는 12비트의 주소가 필요하다. 2×4 해독기(decoder)는 최상위의 두 주소 비트(A_{11}, A_{10})를 받아서 네 개의 칩 선택(CS, Chip

Select) 신호들을 발생시킨다. 여기서 주소의 H는 hexadecimal의 약자로서 16진수임을 가리킨다.

[표 5-3] RAM 메모리 맵

칩 번호	주소영역												
	A_{11}	10	9	8	7	6	5	4	3	2	1	0	
RAM1	0	0	0	0	0	0	0	0	0	0	0	0	(000H)번지부터
	0	0	1	1	1	1	1	1	1	1	1	1	(3FFH)번지까지
RAM2	0	1	0	0	0	0	0	0	0	0	0	0	(400H)번지부터
	0	1	1	1	1	1	1	1	1	1	1	1	(7FFH)번지까지
RAM3	1	0	0	0	0	0	0	0	0	0	0	0	(800H)번지부터
	1	0	1	1	1	1	1	1	1	1	1	1	(BFFH)번지까지
RAM4	1	1	0	0	0	0	0	0	0	0	0	0	(C00H)번지부터
	1	1	1	1	1	1	1	1	1	1	1	1	(FFFH)번지까지

지금까지의 설계 방법들을 이용하여 RAM과 ROM으로 구성된 주기억장치를 가진 마이크로컴퓨터를 설계하기로 한다. [그림 5-20]에서 RAM은 1K×8비트에 두 개의 칩 선택선을 가지고, ROM은 4K×8비트에 하나의 칩 선택선을 가지고 있다. 전자에서는 RD(또는 R)와 WR(또는 W)은 [그림 5-13]처럼 서로 보상(complement) 관계, 즉 R=1일 때 W=0 그리고 W=1일 때 R=0인 관계에 있으므로 $R/\overline{W}$를 동일한 단자에 둔다.

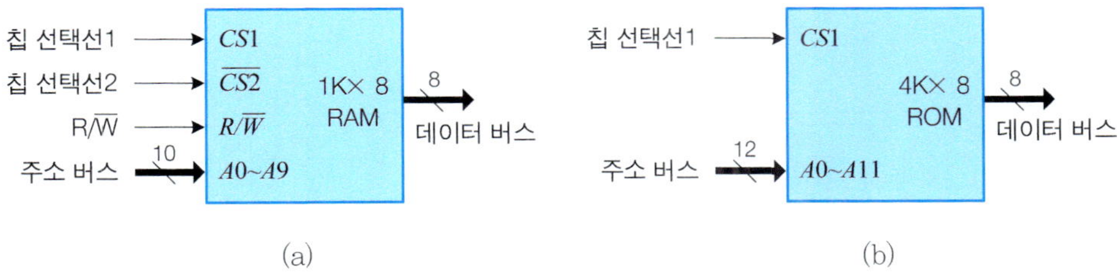

[그림 5-20] 사용할 RAM 및 ROM

메모리 맵이 16진수 0000~03FF로 되어 있는 RAM1의 경우에 16진 표기의 주소를 2진 표기의 주소로 고치면 0000 0000 0000 0000~0000 0011 1111 1111로 되고, 그 중 변화가 없는 부분과 변화가 있는 부분을 구별하면 0000 00xx xxxx xxxx로 된다.

RAM#1	A15	A14	A13	A12	A11	A10	A9	A8	A7	A6	A5	A4	A3	A2	A1	A0
0000	0	0	0	0	0	0	0	0	0	0	0	0	0	0	0	0
03FF	0	0	0	0	0	0	1	1	1	1	1	1	1	1	1	1
변화부분	0	0	0	0	0	0	x	x	x	x	x	x	x	x	x	x

[표 5-4] 메모리 맵에 따른 주소버스

장치	16진표시의 주소	주소버스															
		A_{15}	A_{14}	A_{13}	A_{12}	A_{11}	A_{10}	A_9	A_8	A_7	A_6	A_5	A_4	A_3	A_2	A_1	A_0
RAM#1	0000~03FF	0	0	0	0	0	0	x	x	x	x	x	x	x	x	x	x
RAM#2	0400~07FF	0	0	0	0	0	1	x	x	x	x	x	x	x	x	x	x
RAM#3	0800~0BFF	0	0	0	0	1	0	x	x	x	x	x	x	x	x	x	x
RAM#4	0C00~0FFF	0	0	0	0	1	1	x	x	x	x	x	x	x	x	x	x
ROM	1000~1FFF	0	0	0	1	x	x	x	x	x	x	x	x	x	x	x	x

[표 5-4]에서 주소가 16진수 0000~03FF인 RAM1의 경우 주소 버스 A15~A0은 0000 00xx xxxx xxxx로 된다. 여기서 xxx … xx로 되는 부분, 즉 A0에서 A9까지가 주소 버스와 일대일로 직접 연결해야 할 부분이다. 그리고 A10에서 A15까지는 RAM 4개와 ROM 하나를 구별하는 칩 선택선을 정해야 한다. RAM과 ROM의 구분은 A_{12}로 하면 되고, RAM1~RAM4의 구분은 A_{10}과 A_{11}로 하면 된다.

한편, 8비트 데이터버스의 경우 RAM 또는 ROM의 D_0는 데이터버스의 D_0에, … D_7은 D_7에 연결만 하면 되고, RAM의 $R/\overline{W}$는 제어버스의 $R/\overline{W}$에 연결만 하면 되기 때문이다. 그러므로 이들 RAM과 ROM을 CPU에 연결하는 전체적인 설계는 다음과 같다.

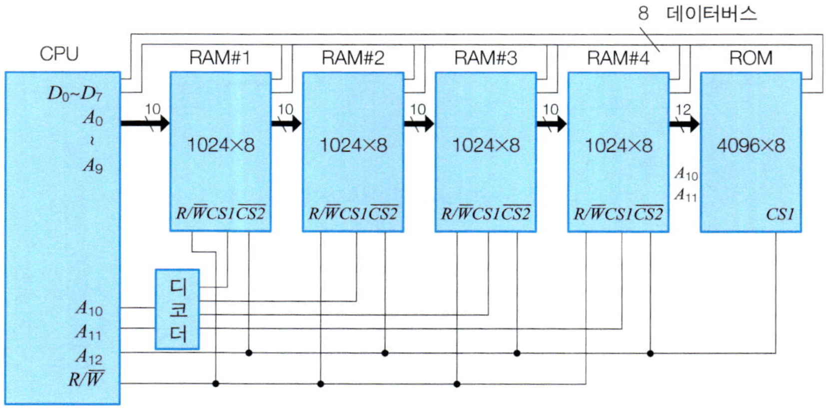

[그림 5-21] 8 비트 CPU를 위한 기억장치 설계의 예

6 캐시메모리

캐시메모리(Cache Memory)는 주로 CPU와 주기억장치 사이에 사용하는 빠른 속도의 메모리이다. 컴퓨터가 작업에 주로 사용하는 메인메모리의 액세스 타임을 줄이기 위한 목적으로 사용한다.

캐시는 초기에는 캐시메모리를 CPU 바깥에 장착했거나 요즘은 프로세서 성능을 높이기 위해 대개 CPU 칩에 내장된다. 캐시로는 고속 기억장치 칩들을 사용하기 때문에 캐시 액세스 시간이 주기억장치 액세스 시간보다 더 짧다. 그러나 칩의 가격이 그만큼 더 높아지고 공간도 제한되기 때문에 캐시의 용량은 일반적으로 주기억장치의 용량에 비해 훨씬 더 작다.

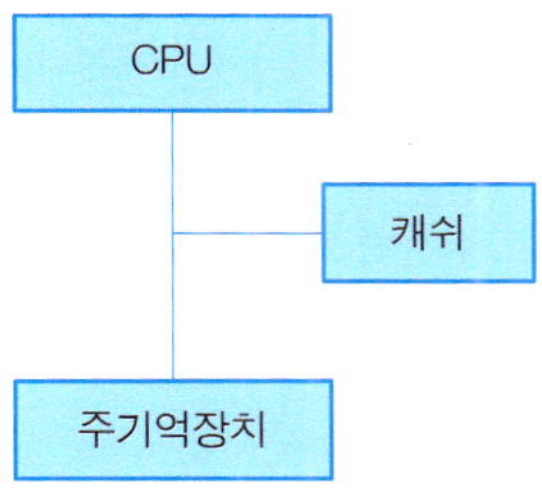

[그림 5-22] 캐시메모리 계층구조

1) 계층 구조

CPU 프로세서 칩 내부는 [그림 5-23]처럼 CPU 코어와 함께 레벨 L1, L2, L3 등의 캐시가 저장된다. 이와 같이 프로세서 칩 내부에 캐시메모리를 내장한 것을 온 칩(on-chip) 캐시라고 한다.

싱글코어 프로세서인 경우 L1, L2 캐시는 각각 CPU 코어 내부와 CPU 칩 내부에 위치하는 것이 보통이다. 멀티코어 프로세서 중에도 [그림 5-23](a)의 구조를 갖는 것들이 많다.

한편, [그림 5-23](b)의 멀티코어 프로세서인 경우 L1, L2 캐시를 각 코어가 독점하고 L3 캐시를 CPU 칩 내부의 공유 캐시로 사용하는 것이 일반적이다. 이때 L3 캐시는 각 멀티

코어에서 다중 작업이나 하나의 작업을 나눠서 처리할 때 일관성을 유지해준다.

메모리 계층구조의 특성상 L3, L2, L1 캐시로 올라갈수록 속도는 빨라지고 용량은 작아진다. CPU는 상위 계층부터 자료를 찾으며 없으면 하위계층으로 내려가면서 자료를 찾는다. 상위 계층인 L1 캐시부터 시작하여 L2를 거쳐 L3에도 없으면 디스크 캐시를 포함한 메인메모리에서 찾는다. 그 곳에도 없으면 하드 디스크나 다른 디스크에서 자료를 구한다. 이때 하위 계층에 대한 액세스 횟수가 늘어날수록 평균 속도가 느려져 전체 기억장치의 성능은 떨어진다.

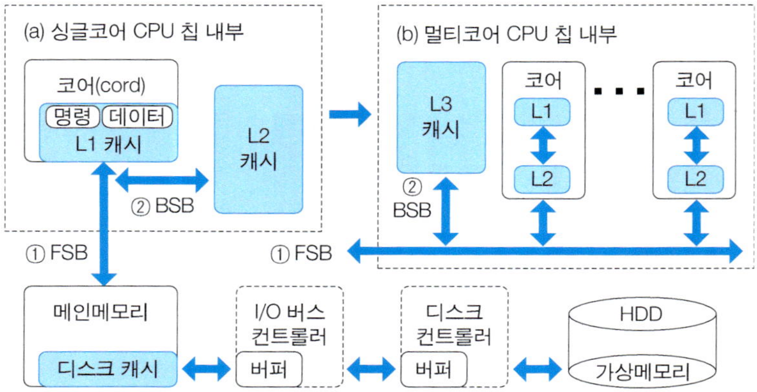

[그림 5-23] 캐시메모리 계층 구조

한편, 메모리의 이중독립버스(Dual Independent Bus, DIB)는 [그림 5-23]에서 ① CPU와 메인 메모리 사이의 시스템 버스 ② CPU 코어와 캐시메모리 사이의 캐시버스가 두 개의 독립적인 버스 구조를 갖는 경우이다. 여기서 ①②에 해당하는 두 가지 메모리 버스를 각각 전면버스(Front Side Bus, FSB)와 후면버스(Back Side Bus, BSB)라고 한다.

전자는 CPU와 주기억장치 사이를 연결해주는 시스템 버스이며 주기억장치에 주로 사용하는 RAM 모듈의 속도나 시스템버스의 클록 등을 언급할 때는 사용한다.

후자는 주로 CPU 칩 내부에 내장하는 캐시메모리와 CPU 코어 사이를 연결해주는 캐시버스이다. BSB는 시스템 버스로 사용되는 FSB보다 비트 수를 넓히고 클록도 고속으로 설계하는 것이 보통이다.

이중독립버스 구조는 메모리 버스의 한계를 극복하는 방법이다. 시스템 버스와 캐시 버스의 데이터 비트 수가 같을 때 이중독립버스 구조로 구성하면 단일버스 방식보다 최대 3배까지 전송속도가 개선된다고 알려져 있다.

2) 캐시 설계에 고려할 사항

캐시의 사용 목적은 기억장치 계층구조에서 평균 액세스 타임을 줄이는 데 있다. 컴퓨터 시스템의 성능을 높이려면 메모리 상위계층에 데이터가 존재할 확률을 높여야 한다. 캐시 적중률을 높이기 위한 가장 확실한 방법은 캐시메모리의 크기를 늘리는 것이며 설계할 때 다음과 같은 사항을 고려해야 한다.

가) 평균 액세스 타임

CPU가 한 번 이상 액세스한 내용은 일단 캐시에 복사된다. 그러나 캐시에서 원하는 내용을 찾지 못하면 CPU는 주기억장치에서 새로운 내용을 읽어 들여 사용하고 이를 캐시메모리에 저장해둔다. 캐시의 용량에는 한계가 있으므로 한동안 사용되지 않았던 내용들은 새로운 내용에 자리를 내주고 캐시를 빠져나간다.

캐시 실패율(Miss Ratio)은 CPU가 원하는 프로그램이나 데이터가 캐시메모리에 없을 확률이다. 적중률의 반대로 캐시 부(不)적중률이라고도 한다. 이에 반해 캐시 적중률(Hit Ratio) H는 CPU가 원하는 프로그램이나 데이터가 캐시메모리에 있을 확률인데 다음과 같이 나타낼 수 있다.

$$H = \frac{\text{캐시 적중 횟수}}{\text{전체 메모리 액세스 횟수}}$$

캐시 적중률이 높을수록 전체 기억장치의 평균 액세스 시간이 빨라져 캐시의 액세스 시간에 가까워진다.

캐시메모리가 적용된 계층구조에서 전체 기억장치의 평균 액세스 시간을 구하기 위해서 캐시메모리와 주기억장치의 액세스 시간을 각각 T_c 그리고 T_m이라고 가정한다. 평균 액세스 시간은 실제 액세스가 일어나는 장소의 비율과 속도에 따라 계산된다. 이때 전체 기억장치의 평균 액세스 시간 T_a는 다음과 같이 나타낼 수 있다.

$$T_a = H \times T_c + (1 - H) \times T_m$$

chapter 05

나) 캐시의 크기

캐시의 크기, 즉 용량이 커질수록 적중률이 높아진다. 그러나 비용도 같은 비율로 상승하므로 캐시의 크기는 비용과의 상호조정을 통하여 적절히 결정되어야 한다. 뿐만 아니라 캐시의 용량이 커질수록 주소 디코딩 및 정보 인출을 위한 주변 회로가 더 복잡해지기 때문에 액세스 시간이 다소 길어진다.

캐시 적중률을 높이기 위해서는 캐시의 크기를 증가시키는 것이 필요하지만, 그와 같은 문제들 때문에 최적의 캐시 크기를 결정하는 것은 쉬운 일이 아니다.

다) 캐시와 주기억장치의 일관성

캐시와 주기억장치의 데이터 일관성에 걸리는 시간을 최소화해야 한다. CPU는 원래 캐시메모리가 아닌 주기억장치를 액세스하려고 한 것이다. 캐시는 주기억장치의 액세스 속도를 빠르게 해줄 목적으로 사용된다.

정상적으로는 캐시에 있는 데이터들이 주기억장치에 있는 데이터들의 복사본이 되어야 한다. 캐시만 새로 갱신되고 주기억장치가 똑같이 갱신되지 않으면 캐시와 주기억장치는 서로 다른 내용을 가지게 된다.

이러한 문제점을 해결하는 방법으로는 캐시에서 데이터가 변경되더라도 주기억장치에는 갱신하지 않는 것이다. 그러면 쓰기 동작이 캐시에서만 수행되므로 쓰기 시간이 짧아진다. 그러나 만약 교체 알고리즘에 의하여 그 데이터가 교체되어야 하는 경우에는 그 내용을 주기억장치에 갱신한 다음에 교체한다. 따라서 이러한 정책이 사용되는 시스템에서는 데이터를 교체할 때마다 그 데이터가 캐시에 적재되어 있는 동안에 변경된 적이 있는 지를 반드시 확인해야 한다.

이와 같이 데이터가 변경되었을 때 그 내용을 주기억장치에 갱신하는 시기와 방법을 결정하는 것을 쓰기 정책(Write Policy)이라고 하는데 대표적인 방식 두 가지를 설명하기로 한다.

(1) 연속 기록(Write Through)

CPU가 캐시메모리와 주기억장치 두 곳의 데이터를 정상적으로 함께 갱신하는 방식이다. 캐시메모리의 속도가 주기억장치보다 빨라 캐시메모리가 먼저 업데이트되고 잠시 후 주기억장치에 기록이 완료된다.

이 방식은 구조는 간단하지만 캐시가 갱신될 때마다 주기억장치를 매번 함께 액세스하므로 성능은 떨어진다. 그러므로 주요 단점은 쓰기 동작에 걸리는 시간이 길어진다는 것이다.

(2) 후기록(Write Back)

캐시에서 데이터가 변경되어도 주기억장치에는 갱신되지 않는다. 이 정책을 사용하면 기억장치에 대한 쓰기 동작의 횟수가 최소화된다. 또한 쓰기 동작이 캐시까지만 이루어지므로 쓰기 시간이 짧아진다. 후기록의 문제점은 주기억장치의 일부 블록들이 새로운 내용으로 갱신할 때까지는 무효 상태에 있게 된다는 점이다.

따라서 데이터를 교체하거나 I/O 장치에 대한 주기억장치 액세스가 이루어질 때는 반드시 캐시의 상태를 확인하여 갱신하는 동작이 선행되어야 한다. 이러한 동작들을 지원하기 위하여 제어 회로가 복잡하고, 각 캐시 슬롯이 상태 비트를 가지고 있어야 하는 단점이 있다.

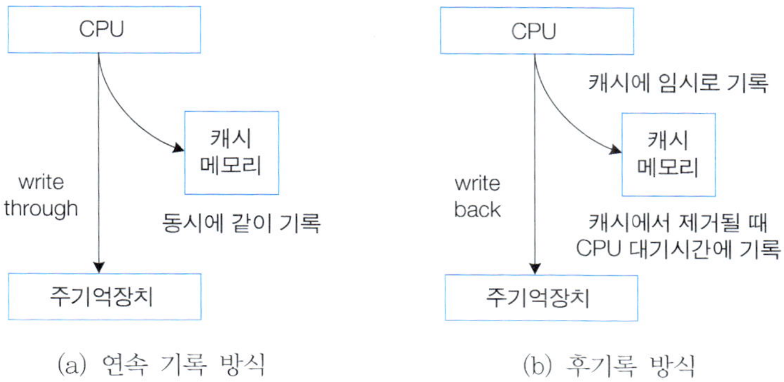

[그림 5-24] 메모리 쓰기 정책

라) 사상(mapping) 방식

캐시는 주기억장치보다 크기가 훨씬 더 작기 때문에 캐시의 슬롯이 여러 개의 주기억장치 블록들에 의해 공유된다. 그렇게 되도록 하기 위해서는 어떤 주기억장치 블록들이 어느 캐시 슬롯을 공유할 것인지를 결정하는 방법이 필요하다. 그 방법을 주기억장치와 캐시간의 사상 방식이라고 하는데, 캐시 적중률에도 많은 영향을 미치는 주요 설계 요소이다.

가장 널리 사용되고 있는 사상 방식으로는 세 가지가 있는데, 직접 사상(Direct Mapping), 완전 연관 사상(Fully Associative Mapping) 그리고 세트 연관 사상(Set Associative Mapping)이다.

학습 활동 주기억장치와 캐시의 구성

주기억장치에서 각 단어는 n비트의 주소에 의해 지정된다. 선인출을 위하여 주기억장치를 K개의 단어들로 이루어진 블록으로 나눌 경우에 전체 블록들의 수는 $2^n/K$개가 된다.

캐시는 m개의 슬롯들로 구성되는데, 각 슬롯에는 주기억장치 블록과 같은 크기인 K개의 단어들이 저장된다. 선인출 방식을 적용하는 경우에 CPU가 주기억장치로부터 어떤 단어를 읽으면, 그 단어를 포함하고 있는 블록 전체가 캐시 슬롯들 중의 어느 하나로 적재된다.

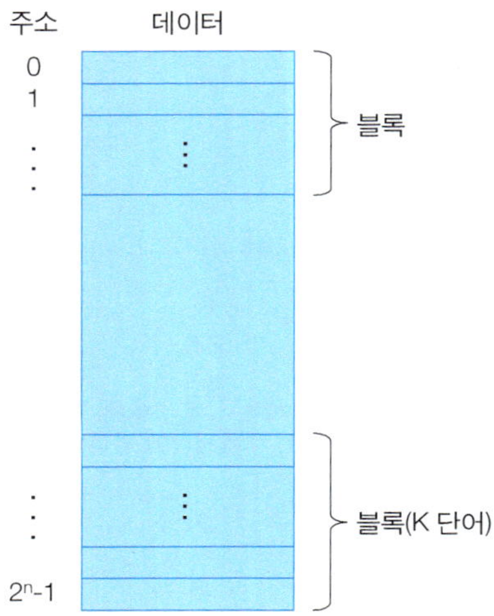

(a) 주기억장치

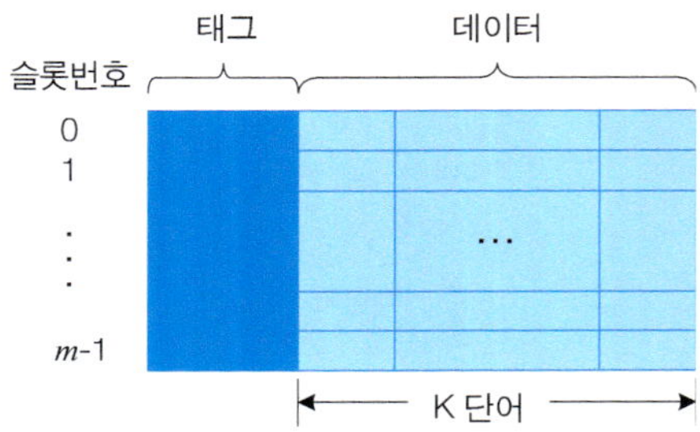

(b) 캐쉬

[그림 5-25]

(1) 직접 사상 방식

직접 사상 방식은 주기억장치의 블록들이 지정된 어느 한 캐시 슬롯으로만 사상될 수 있다. 다시 표현하면, 각 블록은 지정된 슬롯에만 적재될 수 있다는 것이다.

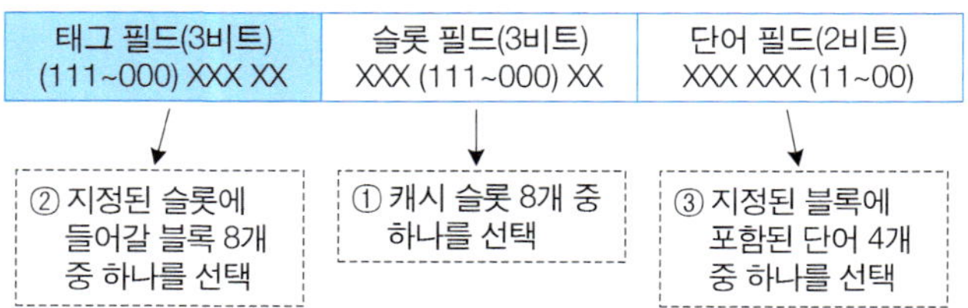

[그림 5-26] 직접 사상 방식의 주기억장치 주소 형식

이 때, 캐시메모리는 $2^3=8$개 슬롯으로 구성하고 주기억장치는 $2^3=8$개 블록마다 지정된 각 캐시 슬롯에만 1개 블록씩 들어갈 수 있다고 가정한다.

[그림 5-26]에서 이 방식의 주소 사상 과정을 정리하면 다음과 같다.

① 태그 필드는 지정된 슬롯에 들어갈 블록을 구분: 3비트로 8개 블록 중 하나를 선택
② 슬롯 필드는 캐시 슬롯을 구분: 3비트로 8개 슬롯 중 하나를 선택
③ 단어 필드는 지정된 블록내의 단어를 구분: 2비트로 4개 단어 중 하나를 선택

(2) 완전 연관 사상

완전 연관 사상은 주기억장치 블록이 캐시의 어느 슬롯이든지 적재될 수 있도록 허용함으로써 직접 사상 방식의 단점을 보완하고 있다. 이 방식에서는 캐시 액세스 과정에서 주기억장치 주소가 태그 필드와 단어 필드로만 구성된다.

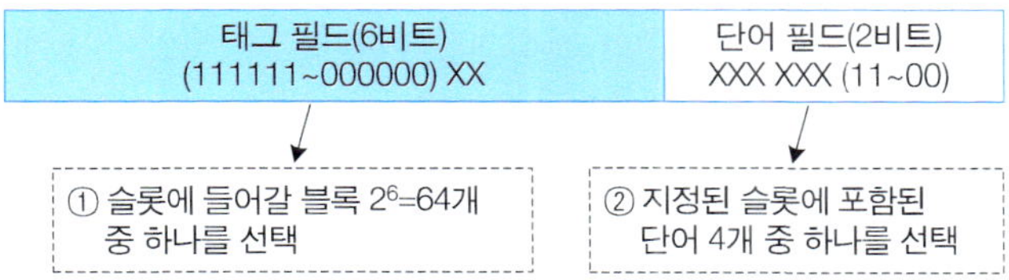

[그림 5-27] 완전 연관 사상 방식의 주기억장치 주소 형식

주기억장치가 모두 $2^6=64$개 블록으로 구성되어 있고 각 블록은 $2^2=4$개 단어로 구성된다고 가정할 때 각 블록은 아무 슬롯에나 들어갈 수 있다. 슬롯의 태그 값은 주기억장치의 블록 번호와 같다. 캐시메모리의 슬롯 개수는 정해지지 않고 1~64개 사이에서 선택할 수 있다.

[그림 5-27]에서 이 방식의 주소 사상 과정을 정리하면 다음과 같다.

① 태그 필드는 캐시 슬롯에 들어갈 블록을 구분: 6비트로 64개 블록 중 하나를 선택
② 단어 필드는 지정된 블록내의 단어를 구분: 2비트로 4개 단어 중 하나를 선택

완전 연관 사상에서는 새로운 블록이 캐시로 적재될 때 슬롯의 선택이 자유롭기 때문에, 프로그램 세그먼트나 데이터 배열 자체가 캐시로 적재될 수도 있다. 이 경우에 만약 지역성이 높으면 적중률이 매우 높아질 것이다. 그러나 캐시 슬롯들의 태그들을 동시에 검사하기 위하

여 복잡하고 비용이 높은 하드웨어를 포함해야 한다는 단점이 있기 때문에 실제 시스템에서는 거의 사용되지 않고 있다.

(3) 세트 연관 사상

세트 연관 사상은 주기억장치에 있는 블록들이 복수의 캐시 슬롯을 묶은 '지정된 슬롯 세트(set)'에 들어갈 수 있다.

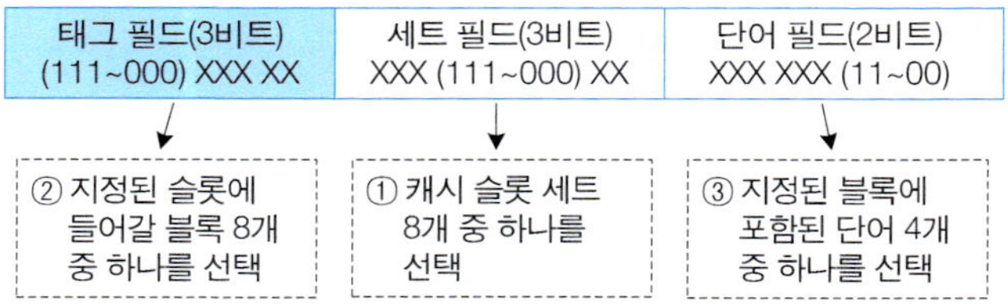

[그림 5-28] 세트 연관 사상 방식의 주기억장치 주소 형식

각 블록은 $2^2 = 4$개 단어로 구성된다고 가정할 때 캐시메모리는 $2^3 = 8$개 슬롯 세트로 이루어진다. 주기억장치는 각 $2^3 = 8$개 블록마다 지정된 캐시 슬롯 세트에만 들어갈 수 있다. 세트에는 하나 이상의 블록이 들어갈 수 있다. 세트당 슬롯 개수는 정해지지 않고 1~8개 사이에서 선택할 수 있다.

[그림 5-28]에서 이 방식의 주소 사상 과정을 정리하면 다음과 같다.

① 태그 필드는 지정된 세트에 들어갈 블록을 구분: 3비트로 8개 블록 중 하나를 선택
② 세트 필드는 캐시 슬롯 세트를 구분: 3비트로 8개 슬롯 세트 중 하나를 선택
③ 단어 필드는 지정된 블록 내의 단어를 구분: 2비트로 4개 단어 중 하나를 선택

학습 활동 디스크 캐시

캐시는 빠른 속도로 처리되는 프로세서와 상대적으로 느린 속도로 처리되는 메인 메모리에서 데이터나 정보를 저장하는 역할을 한다. 디스크 캐시는 이러한 원리를 이용하여 빈번하게 사용되는 디스크 상의 데이터를 RAM으로 되어 있는 디스크 캐시 버퍼 상에 저장하여 사용하는 방법이다.

디스크 캐시의 적중률을 높이기 위해 지역성을 도입하여 사용하며, 운영체제 관리자는 디스크에 대한 작업 요청을 받았을 때, 디스크를 접근하지 않고 디스크 캐시를 먼저 접근하여 데이터를 처리한다.

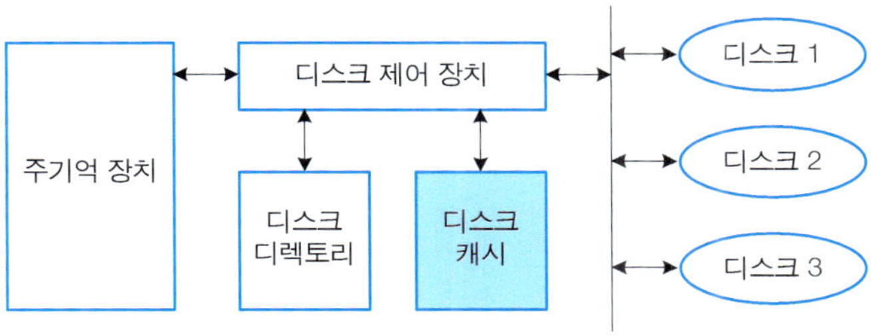

[그림 5-29]

요 약

01 순차 액세스는 저장된 정보를 처음부터 순서대로 액세스하는 방식인데 자기 테이프 저장장치가 이 방식을 사용한다.

02 직접 액세스는 액세스할 위치 근처로 직접 이동한 다음에, 순차적 검색을 통하여 최종 위치에 도달하는 방식이다.

03 임의 액세스는 주소에 의해 직접 기억장소를 찾아 액세스하며, 어떤 기억 장소든 액세스하는 시간이 동일하다.

04 연관 액세스는 임의 액세스의 변형으로서, 저장된 내용의 특정 비트들을 비교하여, 일치하는 내용을 액세스하는 데 연관 기억장치(Associative Memory)가 좋은 예이다.

05 반도체 기억 장치는 반도체 물질인 실리콘(Si) 칩을 이용한 기억장치로서 부피가 작고 처리 시간이 매우 빠른 장점이 있지만 열에 약한 단점이 있다.

06 자기 표면 기억장치는 알루미늄 합금의 원판 표면에 자성물질을 입힌 보조기억장치이다.

07 휘발성 기억장치는 전원 공급이 중단되면 내용이 지워지는 기억장치를 말하며 RAM이 여기에 속한다.

08 비휘발성 기억장치는 전원 공급에 관계없는 영구 저장장치로서 ROM(Read Only Memory)이나 디스크 등이 여기에 속한다.

09 액세스 시간은 호출 시간이라고도 하며 주소와 읽기·쓰기 신호가 기억장치에 도착한 순간부터 데이터가 저장되거나 읽혀지는 동작이 완료되는 순간까지의 시간을 말한다.

10 사이클 시간은 액세스 시간과 다음 액세스를 시작하기 위해 필요한 동작에 걸리는 추가적인 시간을 합한 시간이다.

11 CPU와 직접 연결된 기억 장치는 처리 속도가 빠른 소용량, 고가격의 기억 장치를 사용하며, 자주 사용하지 않는 자료들이 저장되는 기억장치는 저속의 저가격인 대용량 기억 장치를 사용한다. 이러한 형태의 기억 장치 구성을 기억 장치의 계층 구조라고 한다.

12 지역성은 CPU가 주기억장치의 특정 부분에 위치한 프로그램이나 데이터를 빈번히 혹은 집중적으로 액세스하는 현상이다.

13 작업 세트 이론은 각 프로세스가 많이 참조하는 페이지들의 집합을 실기억 공간에 계속 상주하도록 하여, 빈번한 페이지 대체 현상을 줄이고자 하는 개념이다.

14 PROM은 ROM 자체를 만든 후에 사용자가 내용을 1회에 한해서 써넣을 수 있으며 한 번 기록한 것은 소멸되지는 않으나, 그 내용을 지우고 다시 기록할 수는 없다.

15 EPROM은 PROM과 달리 내용을 지울 수도 있기 때문에 사용자가 여러 번 쓸 수 있다. 그러나 쓰기 전에 자외선을 이용하여 내용들을 지워서 초기 상태와 같아지도록 해야 한다.

16 EEPROM은 전기적으로 삭제 가능한 EPROM으로서 쓰기 전에 그 이전의 내용을 지울 필요가 없다.

17 플래쉬 메모리는 1980년대 중반에 처음 소개되었으며, 가격과 기능면에서 EPROM과 EEPROM의 중간 정도이다.

18 메모리 맵(Memory Map)은 시스템 설계자가 애초에 정하는 번지 할당표이다.

19 캐시메모리(Cache Memory)는 주로 CPU와 주기억장치 사이에 사용하는 빠른 속도의 메모리이다.

20 캐시 적중률은 CPU가 원하는 프로그램이나 데이터가 캐시메모리에 있을 확률이다.

21 연속 기록(Write Through)은 CPU가 캐시메모리와 주기억장치 두 곳의 데이터를 정상적으로 함께 갱신하는 방식이다.

22 후기록(Write Back)은 캐시에서 데이터가 변경되어도 주기억장치에는 갱신되지 않는다.

23 직접 사상 방식은 주기억장치의 블록들이 지정된 어느 한 캐시 슬롯으로만 사상될 수 있다.

24 완전 연관 사상은 주기억장치 블록이 캐시의 어느 슬롯이든지 적재될 수 있도록 허용함으로써 직접 사상 방식의 단점을 보완하고 있다.

25 세트 연관 사상은 주기억장치에 있는 블록들이 복수의 캐시 슬롯을 묶은 '지정된 슬롯 세트(set)'에 들어갈 수 있다.

문 제

01 액세스 방법에 따른 기억장치의 종류에 대하여 자세히 나열하시오.

02 휘발성 기억 장치와 비휘발성 기억 장치에 대하여 자세히 비교하시오.

03 주기억장치의 성능을 결정하는 요소에 대하여 아는 대로 서술하시오.

04 CPU가 아래와 같은 두 계층의 기억장치들을 사용하다고 가정한다.

① 첫 번째 계층의 기억장치는 액세스 시간이 50ns이다.

② 두 번째 계층의 기억장치는 용량이 더 크지만, 액세스 시간은 500ns이다.

첫 번째 계층에 데이터가 있는 비율을 20%부터 100%까지 변화시키면서 구한 평균 액세스 시간을 지역성의 개념을 사용하여 해석하시오.

05 지역성(locality)의 개념 및 구현 방법에 대하여 설명하시오.

06 1K ROM 1개와 1K RAM 4개를 사용하여 8비트 마이크로컴퓨터를 설계하여 도시할 때 16진법이 사용되는 경우를 보이시오.

07 주기억장치와 캐시간의 사상 방식에 대하여 자세히 설명하시오.

chapter

06

보조기억장치

학습목표

1. 자기 디스크 장치를 이해할 수 있다.
2. RAID를 이해할 수 있다.
3. 광 디스크 저장장치를 이해할 수 있다.
4. USB 메모리를 이해할 수 있다.
5. 자기버블 메모리를 이해할 수 있다.
6. CCD 메모리를 이해할 수 있다.

컴퓨터의 원활한 응용을 위한 요구 중의 하나는 대량의 데이터를 저장하고 저장된 데이터를 처리할 수 있도록 하는 것이다. 대형의 컴퓨터에서는 사용 용도에 따라 모든 고객들의 리스트를 저장한다거나 이용자의 요구를 충족시켜 줄 수 있는 모든 정보를 저장해 놓기 위하여 수십억의 문자를 저장할 수 있어야 하며 필요한 데이터를 액세스하는 기능을 갖고 있어야 하고 비휘발성이 있어야 한다.

그러나 대량의 데이터를 고속으로 처리하기 위해서 주기억장치의 기억용량은 가능한 커야 하지만, 이것은 가격이 너무 비싸기 때문에 적당량만을 구비하고 나머지 대량의 데이터는 보조기억장치에 별도로 기억시켜 두고 필요한 만큼만을 주기억장치로 옮기는 방법을 쓴다. 보조기억장치는 기록밀도가 높고 비휘발성이며 속도가 빠르고 가격이 저렴한 것이 바람직하다.

대량의 정보를 기억시켜 놓고 관리하기 위한 장치를 주기억장치라고 한다면 주기억장치를 보조 역할해 주는 기억장치를 보조 기억 장치(Auxiliary Memory) 또는 2차 기억장치(Secondary Memory)라고 한다. 데이터를 효율적으로 관리하고 처리를 위해서 가장 중요시되는 것이 적당한 매체의 선택과 액세스 방법의 선택이라고 할 수 있는데 이를 위해서 보조 기억 장치의 종류와 처리 기법에 대해서 알아보기로 한다.

1 자기 디스크 장치

1) 원리

자기 디스크의 원리는 전자석의 원리이다. 읽고 쓰기 헤드와 디스크 표면상의 수많은 미세 자성체의 극성으로 1과 0을 구분한다. 전류가 흐르는 헤드의 자성으로 디스크 표면의 미세 자성체의 극성을 변화시켜 기록한다.

헤드의 코일에 (+)와 (−) 극성의 전류를 흐르게 하면 자장 성분이 발생해 디스크 표면에 두 가지 형태의 자성 패턴이 저장된다. 반대로 읽기 동작은 자장이 형성된 곳을 코일이 지나가면 전류가 발생하는 현상을 이용한다. 디스크 표면의 미세 자성체가 코일이 달린 헤드에 전류를 유도시킨다. 기록할 때의 동일한 극성의 전류가 생성되는 것을 검출해 1과 0을 판독한다.

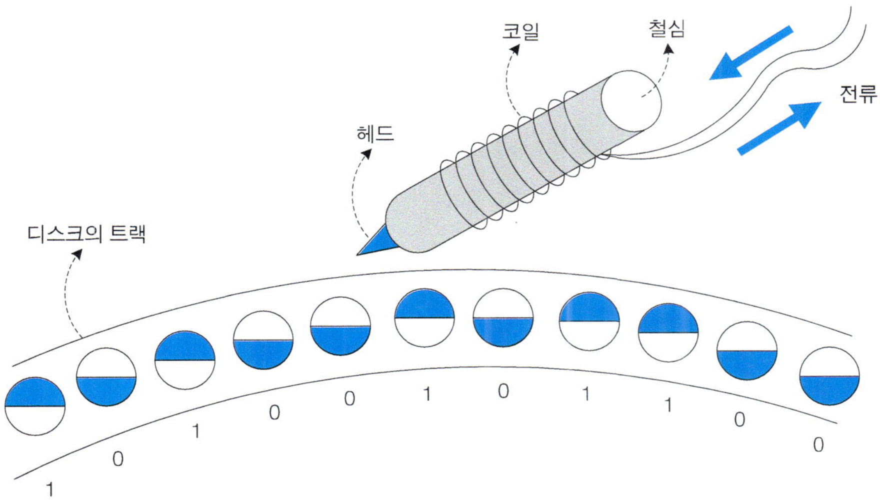

[그림 6-1] 자기디스크의 원리

2) 구조

자기 디스크(Magnetic Disk Unit)는 하드 디스크라고도 하며 순차 접근(Sequential Access Method, SAM)도 가능하고, 랜덤 접근(Direct Access Method, DAM)도 가능하며, 속도가 빠르고 기억용량도 크기 때문에 보조 기억 장치로서 가장 널리 사용되고 있다.

학습 활동 SAM & DAM

SAM(Sequential Access Method)은 자기테이프에서와 같이 필요한 데이터를 판독 또는 기록할 때 파일의 처음에서부터 순차적으로 접근하는 방식이고, DAM(Direct Access Method)은 랜덤 액세스라고도 하며 자기디스크와 같이 필요한 데이터를 판독 또는 기록할 때 파일된 레코드의 순서와는 관계없이 랜덤하게 접근하는 방식이다.

자기 디스크는 일반적으로 디스크 드라이버(Disk Driver)와 이동이 가능한 디스크 팩(Disk Pack)으로 구성되어 있다. 이 디스크 팩은 자기 드럼 대신에 레코드판과 같은 원판의 안팎에 자성물질을 도포한 자기 디스크로 이루어져있는데 기록 및 판독의 원리는 자기 테이프나 자기 드럼 장치와 같다.

자기 디스크 장치에서는 수 겹의 자기 디스크를 고속(2,000~3,000회/분)으로 회전시키고 각 디스크 안팎에 부착된 자기 헤드로 기록 또는 판독한다. 자기 헤드와 디스크와의 간격은 담배 연기 입자 하나가 빠져나가기 힘든 간격이다.

자기 테이프 장치를 가정용 테이프 레코더에 비유한다면 자기 디스크 장치는 레코드플레이어에 비유된다. 다만 자기 디스크는 레코더와 같이 바늘이 있는 픽업(pick-up)이 있는 것은 아니고 앞에서 말한 바와 같이 자기 헤드를 쓴다.

디스크 팩의 크기는 고정적인 디스크에 비해서 일반적으로 작으나, 기억용량은 크다. 만약 4매의 디스크로 구성된 디스크팩이 있다면 사용 가능한 면은 8개이고 각 디스크 사이에 헤드(head)를 연결시켜주는 4개의 액세스 암과 8개의 헤드가 존재한다.

한 면의 디스크 위에는 200여개의 동심원이 있고 여기에 데이터가 기록되는데, 이 동심원을 트랙이라고 한다. 각 디스크 사이에는 액세스 암(Access Arm)이 있고, 이에 부착된 헤드가 있어서, 액세스 암을 움직여 원하는 트랙을 찾아 데이터를 판독 또는 기록한다.

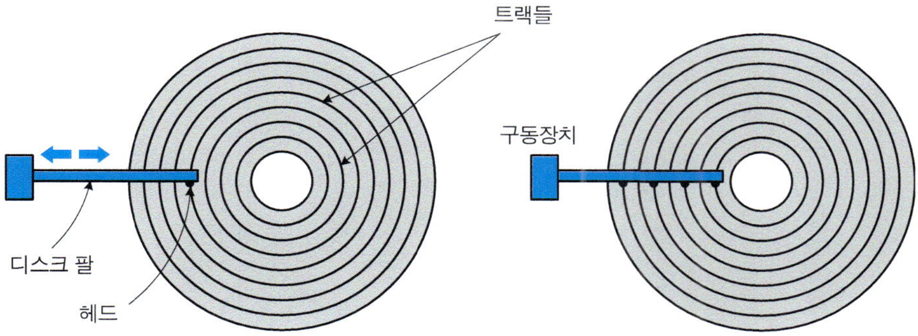

[그림 6-2] 디스크 표면과 헤드

디스크 표면의 구조를 살펴보면 동심원을 이루고 있는 트랙은 헤드가 지나갈 수 있도록 연속적인 통로로 만들어져 있지만, 실제로는 여러 개의 섹터(sector)들로 분리되어 있다. 이때 디스크의 중심축으로부터 동일한 거리에 위치하고 있는 트랙의 모임을 실린더(cylinder)라고 한다.

디스크에 데이터를 저장하거나 읽을 때는 블록 단위로 이루어지는데, 각 섹터에 저장할 수 있는 데이터 용량이 그 블록 크기에 해당한다. 즉, 섹터는 디스크에 한 번에 쓰거나 읽는 데이터 크기의 최소 단위이며, 대부분의 디스크들에서는 512바이트이다. 섹터 사이에는 약간의 간격을 두고 있는데, 이것을 섹터간 갭(Inter-sector Gap)이라고 부른다.

한편, 헤드가 잘못 정렬되거나 자장의 간섭 때문에 발생하는 오류를 방지하기 위하여 트랙들 사이에도 약간의 간격을 두고 있다. 이 간격을 트랙간 갭(Inter-track Gap)이라고 부른다. 트랙의 길이는 바깥쪽에 위치할수록 안쪽보다 더 길어진다. 그러나 읽기·쓰기 장치를 간단하게 설계하기 위하여 트랙당 저장되는 데이터 비트들의 수는 같게 된다. 결과적으로 저장밀도는 안쪽의 트랙이 바깥쪽 트랙보다 더 높아진다. 이렇게 하면 디스크 평판이 등각속도(Constant Angular Velocity, CAV), 즉 일정한 속도로 회전하는 상태에서도 데이터를 동일한 비율로 액세스할 수 있게 된다.

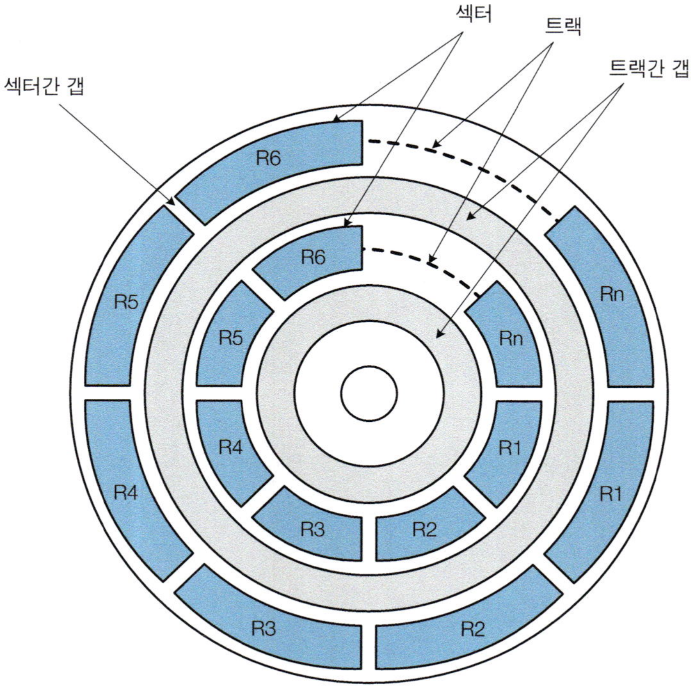

[그림 6-3] 디스크 표면의 내부 구조

3) 접근 시간

자기 디스크 장치에서 데이터의 기억과 탐색은 트랙을 기준으로 이루어진다. 데이터를 저장할 경우에 저장된 데이터는 트랙 형식에 맞추어 기록된다.

자기 디스크에 데이터를 기억시키거나 원하는 데이터를 찾기 위한 작업은 헤드가 작동할 수 있는 준비 상태에서부터 시작되며 이때 자기 디스크 장치에서의 접근시간(Access Time)은 메모리 내의 특정 위치에 도달해서 그 내용을 읽어 들이거나 기록하는 데 필요한 평균 시간을 말하는 것으로서, 이것은 탐색시간, 회전 지연 시간 그리고 데이터 전송 시간으로 구성된다.

① 탐색 시간(Seek Time): 디스크 상에 기록된 내용을 찾기 위하여 실린더의 위치까지 액세스 암이 도달하는 데 걸리는 시간

② 회전 지연 시간(Rotational Delay Time): 회전하고 있는 디스크 위에 헤드가 위치한 후 찾고자 하는 데이터 레코드의 기록 부분이 헤드 아래까지 오는 데 걸리는 시간

③ 데이터 전송 시간(Data Transfer Time): 주기억장치와 자기 디스크장치 간에 데이터

의 전송을 위하여 걸리는 시간

접근 시간 중 탐색 시간은 헤드의 현재 위치에서부터 원하는 트랙까지의 거리에 따라 달라진다. 그러나 기계적인 이동이기 때문에 시작 시간(Startup Time)이 필요하며, 여러 트랙들을 지나가게 되면 적어도 수 ms 이상 걸리고, 거리가 먼 경우에는 20[ms]까지도 걸린다. 그러나 지역성이 높은 경우에는 헤드의 이동 거리들이 짧아지므로 평균 탐색 시간을 크게 단축시킬 수 있다.

일반적으로 자기 디스크는 자기 드럼의 기억용량보다 수십~수백 배일 정도로 훨씬 크지만 접근시간(Access Time)은 자기 드럼의 경우보다 1/5~1/10이다. 그럼에도 불구하고 경제성, 교환가능성 등과 더불어 자기디스크 장치는 대용량 보조기억장치의 주류를 이루고 있다.

자기디스크의 기계적인 속도 성능을 표시할 때 탐색시간과 더불어 분당 회전수(Revolutions Per Minute, RPM)는 중요한 요소이다. 실제 상업적으로 자기디스크의 RPM 속도는 5400, 7200, 10000, 그리고 15,000 등이며 고속일수록 가격이 비싸다. 탐색 시간은 수 [ms] 단위로 짧을수록 액세스 속도가 빠르고 가격도 비싸진다.

디스크의 회전 지연시간은 디스크의 회전속도에 의해 결정되는데 예를 들면 디스크의 평균 회전 거리를 확률적으로 반 바퀴로 계산하여 10,000RPM으로 회전하는 디스크의 평균 회전 지연시간은 다음과 같다.

$$T = \left(\frac{60}{10000}\right) \div 2 \simeq 3 \times 10^{-3} = 3[\text{ms}]$$

한편, 디스크 제어기에서 데이터를 전송하는 속도는 디스크의 액세스 시간과 구분된다. 데이터 전송 속도가 100[MB/s]인 자기 디스크에서 CPU가 512바이트 섹터 하나를 읽거나 쓰는데 걸리는 시간은 다음과 같이 구해진다.

$$t = \frac{512 \times 8}{100 \times 10^6 \times 8} = 5.12 \times 10^{-6} = 5.12[\mu\text{s}]$$

학습 활동 **윈체스터 디스크 장치**

자기디스크의 헤드는 변화만을 탐지하므로, 0이 계속적으로 있다든가, 1이 계속적으로 있는 경우에는 그것을 탐지하지 못한다. 이 문제를 해결하기 위하여 종래의 디스크에서는 별도의 트랙에 클록신호를 넣는 방법을 쓰고 있었는데, 윈체스터 디스크에서는 클록신호를 데이터에 실어서 같이 보내는 방법을 새로 고안하기 때문에 별도의 트랙을 필요로 하지 않게 되었다. 그러므로 윈체스터형이 훨씬 고밀도이다.

윈체스터 디스크는 기억용량이 현재 수천GB에 이르고, 소형이며, 저가이고, 신뢰성이 좋아서 마이크로컴퓨터나 미니컴퓨터에서 많이 사용되고 있다. 그러나 기계식이어서 탐색시간과 전달시간이 길고, 기계적 지연이 있으며, 실패율이 커서 플래시 메모리를 쓴 솔리드 스테이트 드라이버(Solid-state Driver, 반도체 소자를 기반으로 만들어진 기억장치)에 밀리고 있는 실정이다.

4) 성능 발전 환경

자기 디스크의 기술발전 목표는 용량 증가와 함께 성능을 개선해 데이터 속도를 개선하는 것이다. 자기 디스크의 성능을 높이기 위한 기술 목표로는 [그림 6-4 (a)]의 기계장치이다. 여기서 발생하는 소음, 열, 진동 등의 문제는 자기디스크가 발전하는데 가장 걸림돌이 되고 있다. 뿐만 아니라 [그림 6-4 (c)]처럼 요즘은 기계장치를 포함한 하드 디스크 자체의 속도보다 자기 디스크와 메인보드 사이의 전송방식을 개선하려고 한다. 이 방법은 전송속도를 높이기 위해 I/O 버스 인터페이스를 최적화하는 것을 목표로 한다.

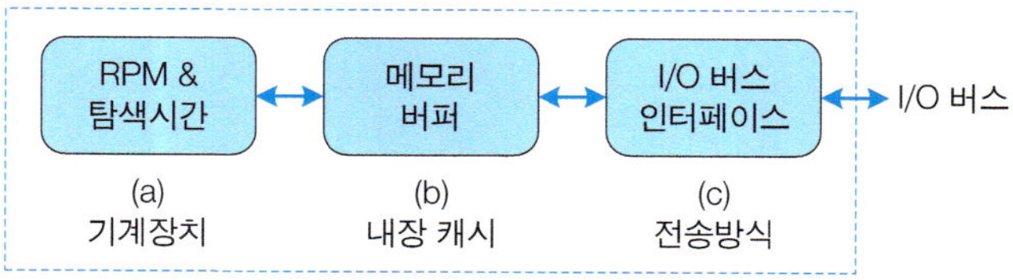

[그림 6-4] 자기디스크의 성능 개선을 위한 분야

[표 6-1] 자기 디스크 인터페이스 방식

방식		특징
병렬	ISA	Industry Standard Architecture의 약자로 아이사(eyesah)로 발음한다. IDE 방식 이전의 대표적인 인터페이스 방식이다.
	ATA/IDE	Advanced Technology Attachment 혹은 Intelligent Drive Electronic의 약자로 PC에서 별도의 인터페이스 카드 없이 HDD와 CD-ROM 등을 함께 사용할 수 있는 저렴한 방식이다.
	SCSI	Small Computer System Interface의 약자로 ATA/IDE보다 진보한 방식으로 HDD, CD-ROM, 스캐너 등의 여러 종류의 소자를 함께 지원한다.
직렬	SATA	Small ATA의 약자로 최소 4가닥의 선으로 장치 간을 point-to-point 방식으로 연결하는 규격이다. eSATA는 SATA 방식의 외부 인터페이스 표준이다.
	SAS	Serial Attached SCSI의 약자로 병렬 SCSI에 비해 고속의 인터페이스를 구현한다.

자기 디스크를 다루는 I/O 버스 제어기는 칩셋이나 별도의 확장 카드가 될 수 있다. 자기 디스크 인터페이스 방식이 바뀌면 자기 디스크, 메인 보드, 칩셋이 함께 지원되어야 한다.

한편, 자기 디스크의 방식을 선택할 때 개인이나 일반 사무용 컴퓨터는 대개 가격이 저렴하고 단순한 구조가 적합하다. 이 경우 인터페이스가 편리하고 속도 성능은 좋지만 연결 가능한 소자 수가 제한되고 종류가 다른 장치를 동시에 인터페이스하기에 부족할 수 있다. 네트워크 서버처럼 높은 신뢰성이 필요한 곳은 이보다 우수한 성능의 자기 디스크 구조가 좋다. 이때는 인터페이스 문제가 적고 연결 소자의 수의 여유, 멀티태스킹, 시스템 자원 분담 능력 등을 우선 고려해야 한다.

2 RAID

1) 등장 배경

최근 수년간 프로세서의 속도가 계속적으로 성장했으나, 프로그램 처리 속도에 직접적으로 영향을 주는 디스크의 성능은 그와 보조를 맞추지 못하고 있는 실정이다. 그러므로 컴퓨터의 성능을 개선시키기 위해서는 프로세서와 기억장치의 속도가 빨라지는 만큼 디스크의 성능도 개선되어야 한다는 것이다.

그러나 반도체 기억장치와는 달리 디스크는 기계적 장치들이 많이 포함되어 있기 때문에 속도의 개선이 반도체 기술이나 전자회로의 발전 속도에 비하여 현저히 느리게 발전해 오고 있다. 디스크 액세스 시간 중에서 많은 부분이 기계적인 장치들이기 때문에 속도를 높이는 것에 한계가 있기 때문이다.

수치적으로 보면, 지난 수십 년간 CPU와 주기억장치의 속도는 수백 배 높아졌지만, 디스크 액세스 시간은 수십 배 정도 밖에 개선되지 못하였다. 현재 디스크의 속도는 주기억장치 속도의 10만 분의 1 정도이며, 그 차이는 점점 커질 것으로 예상하고 있다. 이러한 문제는 프로세서의 속도가 계속 향상되고 있기 때문에 더욱 심각해지고 있다.

학습 활동 **패러다임 전환(Paradigm Shift)**

과학 활동에서 새로운 개념이 고전적 관찰을 통해 형성되는 것이 아니라 연구자와 사용자 집단 모두 받아들이는 과정에서 신뢰하는 과학 내용과 수단을 패러다임(paradigm)이라고 하며 패러다임이 대체되는 과정을 패러다임 전환(Paradigm Shift)라고 정의한다.

여기서 요구되는 기술 진화 법칙 중 하위 시스템의 불균일 진화의 법칙이 있는데 시스템의 여러 부분들의 진화 속도가 균일하지 않고 서로 다른 속도로 진화한다는 사실이다. 예를 들면, 컴퓨터의 CPU는 빠른 속도로 진화하였지만 입력매체는 아직 키보드인 점이 이를 말해 주고 있다. 뿐만 아니라 정보화 패러다임의 전환 방향은 전산화 → 정보화 → 지식화 → 유비쿼터스화를 거쳐 지능화하여 사물 인터넷(IoT, Internet of Things)을 구현하게 되었지만 이를 기반으로 하는 물리공간의 진화는 기대할 수 없다.

이때, 등장한 것이 RAID(Redundant Array of Inexpensive Disks)인데 여러 개의 작은 디스크들을 배열(array) 구조로 연결하고 하나의 유닛으로 패키지 함으로써 액세스 속도를 크게 향상시키고 신뢰도도 높이게 되었다.

자기 디스크는 컴퓨터의 프로그램 실행 속도에 직접적으로 영향을 주는 보조 저장 장치이기 때문에 액세스 속도와 신뢰도의 향상도 용량의 증가만큼 중요하다. 디스크의 속도를 향상시키기 위해서는 액세스 시간을 줄이고 데이터 전송 속도를 높여야 한다. 그런데 용량을 늘리기 위하여 배열 구조로 연결한 다수의 작은 디스크들에 데이터를 분산 저장하게 되면, 그 디스크들을 동시 액세스(Concurrent Access)하는 것이 가능해진다.

예를 들면, 어떤 파일을 구성하고 있는 데이터 블록들을 서로 다른 디스크들에 분산 저장한다면, 그 블록들을 여러 디스크들로부터 동시에 읽거나 쓸 수 있는 것이다. 또한 디스크마다 별도의 전송 채널을 접속하게 되면 병렬 전송이 가능해져서 데이터 전송 시간도 크게 단축시킬 수 있게 된다.

데이터 블록들을 여러 개의 디스크들에 분산 저장하는 기술을 디스크 인터리빙(Disk Interleaving)이라고 부른다. 어떤 파일이 다수의 데이터 블록들로 이루어져 있을 때 디스크 인터리빙 기술을 이용하면, 블록들을 라운드 로빈 방식으로 서로 다른 디스크들에 균등하게 분산 저장할 수 있다.

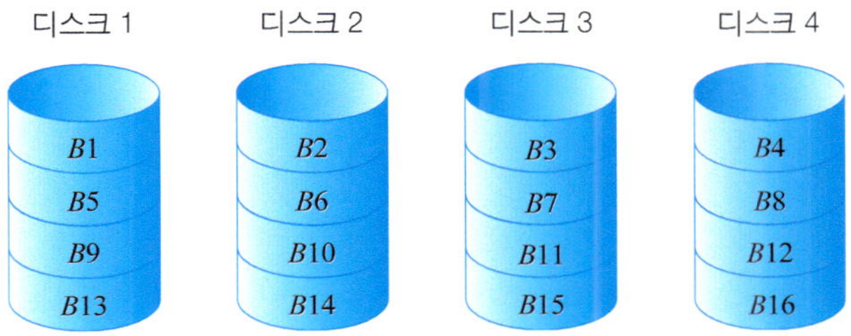

[그림 6–5] 디스크 인터리빙

MTTF(Mean Time To Failure)를 고장(결함)이 발생하는 기간들의 평균값이라고 한다면 RAID 구조와 같은 디스크 배열의 주요 단점은 여러 개의 장치를 연결하면 전체의 평균 고장 수명이 줄어 고장이 날 확률이 증가한다는 것이다.

$$MTTF = \frac{\text{디스크 하나의 MTTF}}{\text{배열 디스크의 수}}$$

4년마다 1번 고장이 일어날 수 있는 디스크를 4개 연결해 사용하면 늘어난 디스크 개수만큼 고장 확률이 증가해 확률적으로는 1년마다 1번씩 고장이 일어날 수 있다는 이론이다. 이런 단점을 보완하려면 디스크 배열에서 발생한 오류를 정확히 검출하고 데이터를 신속히 복구해 주어야 한다. 이를 위해 여분의(redundant) 디스크를 추가할 필요가 생기고 그 방법에 따라 다양한 RAID 방식들이 발전했다.

학습 활동 MTBF, MTTR & MTTF

어떤 물건이 고장이 날 확률을 통계적으로 정의할 때 [그림 6-6]에서 다음과 같은 관계식이 존재한다.

$$MTBF = MTTR + MTTF$$

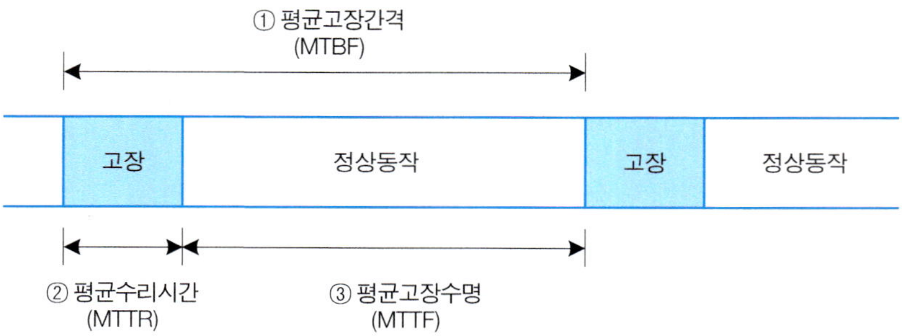

[그림 6-6] 고장이 발생할 평균시간

① 평균고장간격(Mean Time Between Failure, MTBF)
고장이 났을 때부터 수리 후 다시 사용할 때 다음번 고장이 날 때까지의 시간간격 평균치이다.

② 평균수리시간(Mean Time To Repair, MTTR)
고장이 나는 장치의 수리에 걸리는 수리시간 평균치이다.

③ 평균고장수명(Mean Time To Failure, MTTF)
사용하기 시작해서 고장이 날 때까지의 수명시간 평균치로서 수리가 가능한 장치와 수리가 불가능한 장치 양쪽 모두에 적용한다.

2) RAID 레벨

RAID는 앞에서 말한 바와 같이 데이터를 분할해서 복수의 자기 디스크 장치에 대해 병렬로 데이터를 읽는 장치 또는 읽는 방식으로 1987년 캘리포니아 대학 버클리에서 발표한 논문 'A Case for Redundant Arrays of Inexpensive Disks'에서 등장한 기술이다. 1~5단계로 제안된 자기 기억 장치의 새로운 기술과 SLED(Single Large Expensive Disk)를 비교하여 설명하였으며 접근(access) 속도와 데이터 보존 신뢰가 우수할수록 높은 등급을 받는 5단계로 구분된다.

데이터를 나누는 다양한 방법이 존재하며, 이 방법들을 레벨이라 하는데, 레벨에 따라 저장 장치의 신뢰성을 높이거나 전체적인 성능을 향상시키는 등의 다양한 목적을 만족시킬 수 있다.

최초에 제안되었을 때는 다섯 가지의 레벨이 존재했는데, 이후에 중첩 레벨을 비롯한 여러 가지 다른 레벨들이 추가되었다.

RAID는 여러 개의 디스크를 하나로 묶어 하나의 논리적 디스크로 작동하게 하는데, 하드웨어적인 방법과 소프트웨어적인 방법이 있다. 하드웨어적인 방법은 운영 체제에 이 디스크가 하나의 디스크처럼 보이게 한다. 소프트웨어적인 방법은 주로 운영체제 안에서 구현되며, 사용자에게 디스크를 하나의 디스크처럼 보이게 한다.

내부 구조와 운용 방식에 따른 RAID의 분류와 각각의 동작원리 및 특성을 보면 다음과 같다.

가) RAID 레벨 0

패리티(오류 검출 기능)가 없는 스트라이핑(striping, 분산) 세트(적어도 2개의 디스크)를 사용하며 개선된 성능에 추가적인 기억 장치를 제공하는 게 장점이지만 실패할 경우 자료의 안전을 보장할 수 없다.

디스크에서 실패가 일어나면 배열을 파괴하게 되는데, 이러한 파괴는 디스크를 많이 장착할수록 가능성이 더 크다. RAID 0 레벨은 오류 검출 기능을 제공하지 않기 때문에 어떠한 오류도 복구하지 못한다. 배열에 디스크를 더 많이 넣으면 더 높은 대역을 사용할 수 있겠지만 데이터 손실의 큰 위험이 도사리게 된다.

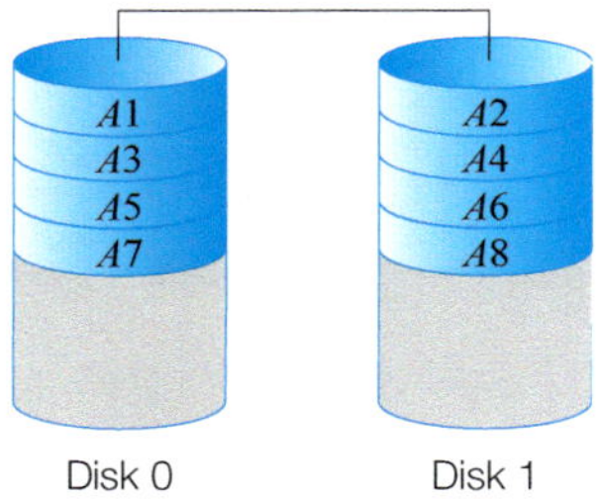

[그림 6-7] RAID 레벨 0의 조직

학습 활동 디스크 스트라이핑

데이터를 여러 개의 디스크에 똑같은 크기의 스트라이프(stripe) 단위로 나누어 분산 저장하는 방법이다. 이렇게 하면 디스크의 액세스 속도를 높일 수 있다.

이 방법은 대개 순환 순서로 기회를 균등하게 분할하는 라운드 로빈(Round Robin) 방식으로 여러 개의 디스크에 나누어 저장한다. 파일처럼 논리적으로 연속된 데이터를 일정한 크기의 블록으로 잘게 나눠 여러 개의 디스크에 균등하게 분산시켜 기록한다. 한 디스크에 액세스가 집중되지 않기 때문에 병목현상을 개선할 수 있다.

나) RAID 레벨 1

한 개 이상의 디스크에 데이터를 중복해 저장하고 데이터를 분산하지는 않는다. 이 방식은 TANDEM사의 Nonstop 시스템과 같은 결함 허용 컴퓨터 시스템에서 전통적으로 사용되어 왔으며 디스크를 백업(backup)해 사용하므로 하나의 드라이버가 고장 나도 다른 드라이브를 통해 완벽한 복구가 가능하다. 이런 구조를 디스크 미러링(Disk Mirroring)이라고 한다.

RAID 레벨 1에서는 속도가 다른 두 개의 디스크를 묶어 사용할 때는 액세스 속도가 빠른 쪽의 디스크에서 읽는다. 반면에 쓰기 동작은 항상 두 디스크들에서 동시에 수행되어야 한다. 만약 쓰기 동작이 시작되는 순간에 두 디스크에서 헤드의 위치가 서로 다르다면, 탐색 시간에 차이가 발생하므로 쓰기 동작에 걸리는 시간이 서로 달라질 것이다. 그런 경우에 쓰기 동작은 더 오래 걸리는 디스크에서의 쓰기가 완료되어야 끝난다.

이 레벨은 비록 구조는 간단하나 용량이 크게 줄고 비용이 많이 든다. 데이터를 두 개의 디스크들에 중복 저장하므로 높은 신뢰도를 요구하는 결합허용시스템에 주로 사용된다.

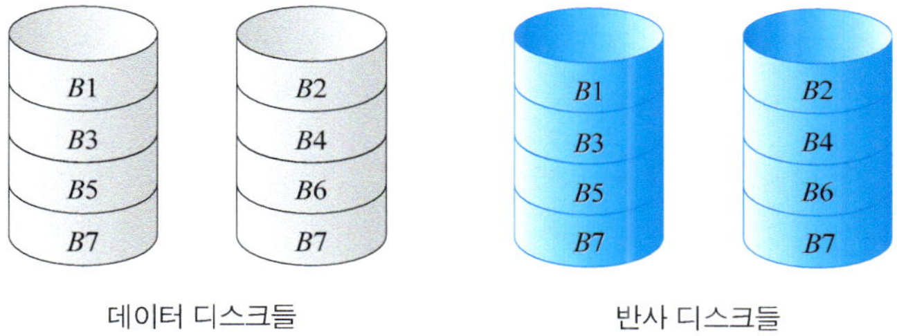

[그림 6-8] RAID 레벨 1의 조직

다) RAID 레벨 2

RAID 레벨 2에서는 각 디스크에 데이터를 비트 단위로 분산 저장한다. 오류 검출 및 정정이 가능하도록 해밍코드(Hamming Code)로 여분의 패리티 비트를 계산해 여러 개의 검사 디스크에 저장한다. 해밍코드 이론에서 검사 디스크 수(C)에 따라 가능한 데이터 디스크 수(D)는 다음 식과 같이 표현된다.

$$2^C \geq C + D + 1$$

이 식을 적용하면 전체 디스크 수가 12개인 경우에 검사 디스크 $C=4$개가 필요하므로 오버헤드가 50[%]이다. 한편, 전체 디스크 수가 26개인 경우에 검사 디스크 $C=5$개 필요하므로 오버헤드가 약 40[%]이 된다.

이 식에서 전체 디스크의 수가 늘어나면 오류가 발생할 위치를 찾기 위해 검사 디스크도 점점 늘어난다. 그러므로 디스크 배열의 수가 증가할수록 전체 디스크 중에서 검사 디스크가 차지하는 비율은 점차 줄어든다.

RAID 레벨 2는 많은 오류가 발생하는 환경에서 사용되는 것이 효과적이며 RAID 레벨 1보다는 적은 수의 디스크들이 필요하지만, 여전히 가격이 높아 거의 사용하지 않는다.

[그림 6-9] RAID 레벨 2의 조직

라) RAID 레벨 3

RAID 레벨 3은 각 디스크에 데이터를 바이트 단위로 분산 저장하고 패리티 바이트를 저장할 하나의 검사 디스크만 사용한다. 데이터를 바이트 단위로 관리하는 별도의 하드웨어가 추가로 필요하다.

4개의 데이터 디스크에 저장된 바이트가 $d_1 \sim d_4$일 때 패리티 바이트 p을 구하는 계산식은 다음과 같다.

$$p = d_1 \oplus d_2 \oplus d_3 \oplus d_4$$

만약 d_3에서 에러가 발생했다고 가정하면 원래의 데이터를 복원하는 계산식은 다음과 같다.

$$\begin{aligned} d_3 &= p \oplus d_1 \oplus d_2 \oplus d_4 = (d_1 \oplus d_2 \oplus d_3 \oplus d_4) \oplus d_1 \oplus d_2 \oplus d_4 \\ &= d_3 \oplus (d_1 \oplus d_1) \oplus (d_2 \oplus d_2) \oplus (d_4 \oplus d_4) \\ &= d_3 \oplus 0 \oplus 0 \oplus 0 \end{aligned}$$

예를 들면, 데이터 단어 1001이 4개의 데이터 디스크들에 1 비트씩 저장되어 있다면, 우수 패리티 바이트 $p=0$이 패리티 디스크에 저장된다. 세 번째 디스크에서 에러가 발생했다면 $d_3 = 0 \oplus 1 \oplus 0 \oplus 1 = 0$이 되어 원래의 데이터를 복구할 수 있다. 이 방법을 이용하면 어떤 데이터 디스크에 결함이 발생하더라도 다른 디스크들의 데이터를 이용하여 결함 디스크의 데이터들을 복구할 수 있다.

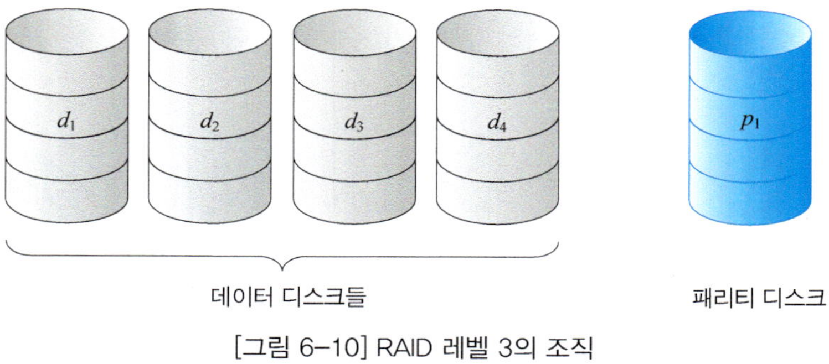

[그림 6-10] RAID 레벨 3의 조직

RAID 3 방식은 RAID 2 방식에 비해 패리티 디스크의 개수가 줄어들었다. 하지만 디스크에 기록할 때마다 패리티 바이트를 계산해 검사디스크에 넣어야 하므로 패리티를 사용하지 않을 때보다 성능이 여전히 감소한다. RAID 2와 RAID 3 방식은 검사디스크를 포함해 모든 데이터 디스크에서 동시에 읽기와 쓰기 동작이 진행된다. 이를 위해 입출력 버스에 연결된 여러 개의 하드디스크 인터페이스 채널을 빠른 속도로 교대로 액세스해야 하므로 입출력 버스에 부하가 생긴다.

마) RAID 레벨 4

RAID 4 구조는 각 디스크에 데이터를 바이트들의 묶음인 블록 단위로 분산 저장하고 패리티 정보도 하나의 검사 디스크에 블록 단위로 저장한다. RAID 3과 RAID 4의 유일한 구조 차이는 데이터를 디스크에 분산 저장하는 '스트라이프의 크기가 바이트 단위냐 블록 단위냐'이다.

RAID 4 방식은 본래 데이터 블록이 바뀔 때마다 데이터 디스크들의 블록을 모두 읽어 패리티 블록을 다시 계산해야 한다. 이로써 디스크 액세스 횟수가 증가할 수 있다. 이런 단점은 다음과 같은 설계로 해결할 수 있다.

예를 들면, 4개의 데이터 디스크에 저장된 데이터 블록이 $B1 \sim B4$이고 데이터 블록의 XOR 형태로 구성된 패리티 블록을 P라고 할 때 $B3$ 블록이 $B3'$로 바뀌었다고 가정하면 새로운 패리티 블록 값 P'는 다음 식과 같이 간단히 구해진다.

$$P' = B1 \oplus B2 \oplus B3' \oplus B4$$

오류가 발생한 블록이 $B3$이므로 이 식에 $B3 \oplus B3$을 더하여 정리하면 다음 식과 같이 구할 수 있다.

$$\begin{aligned} P' &= B1 \oplus B2 \oplus B3' \oplus B4 \oplus (B3 \oplus B3) \\ &= (B1 \oplus B2 \oplus B3 \oplus B4) \oplus B3 \oplus B3' \\ &= P \oplus B3 \oplus B3' \end{aligned}$$

이와 같이 디스크 쓰기 동작을 위해서는 네 번의 디스크 액세스(두 번의 읽기와 두 번의 쓰기)만 필요하게 되며, 해당 데이터 블록 단위만 읽고 쓰게 되므로 RAID 2나 3에 비해 디스크 액세스 횟수가 줄어든다.

그러나 이 레벨에서는 어떤 디스크에서든지 데이터 블록을 쓸 때마다 패리티 디스크가 반드시 두 번씩 액세스되어야 한다. 따라서 패리티 디스크에 액세스들이 집중되기 때문에

chapter 06

병목 현상이 발생하여 성능이 저하되는 문제가 있다. 이와 같은 문제점을 해결하기 위하여 RAID 레벨 5가 제시되었다.

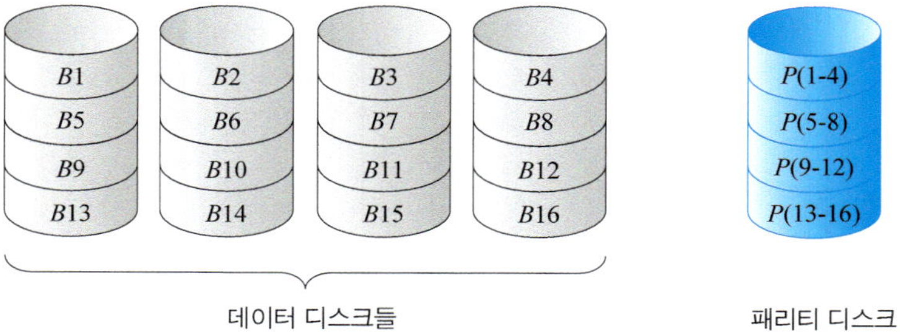

[그림 6-11] RAID 레벨 4의 조직

바) RAID 레벨 5

RAID 3과 4는 전용 패리티 디스크를 사용하기 때문에 데이터 디스크에 기록할 때마다 패리티 디스크를 갱신해야 한다. 이때 패리티 디스크에 액세스가 집중되는 병목 현상으로 여러 개의 데이터 디스크에 동시 쓰기가 불가능해져 성능이 저하된다. RAID 5 구조는 패리티 블록을 여러 개의 디스크에 분산 저장된다. 데이터 블록과 함께 패리티 블록 분산 알고리즘을 사용한다. 이를 통해 패리티 디스크의 병목 현상을 없애 여러 개의 동시 쓰기가 가능해진다.

예를 들면, [그림 6-12]에서 블록 *B*1에 대한 쓰기 동작이 수행될 때는 첫 번째 디스크와 패리티 갱신을 위하여 다섯 번째 디스크가 액세스된다. 그 쓰기 동작과 동시에 *B*7에 대한 쓰기 동작도 요구되었다면, 그 블록에 대한 패리티 블록은 네 번째 디스크에 저장되어 있으므로 세 번째 디스크와 네 번째 디스크를 액세스하여 쓰기 동작을 수행할 수 있다. 패리티 정보가 분산 저장되어 있으므로 액세스 요구들이 모든 디스크들에 적절히 분배된다. 따라서 이 구조는 액세스할 데이터 블록의 크기에 관계없이, 또한 입출력 요구의 형태에 관계없이 좋은 성능을 보여준다.

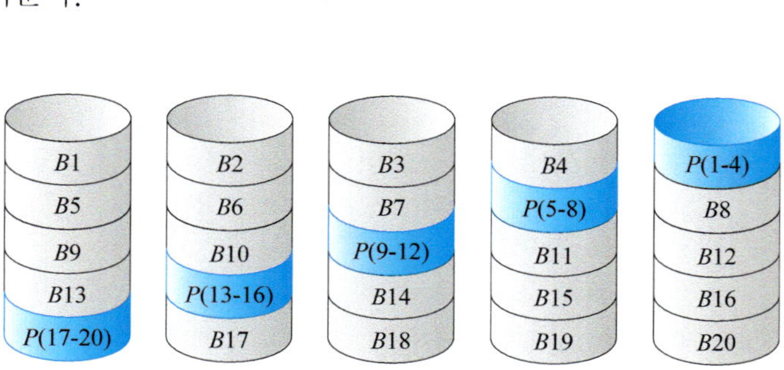

[그림 6-12] RAID 레벨 5의 조직

지금까지 소개한 RAID들 중에서 RAID 레벨 1은 랜덤 읽기와 랜덤으로 한 블록만 쓰는 작은 쓰기(Small Write)가 많은 환경에서 높은 성능을 보인다. 스트라이핑이 없기 때문에 순차적인 블록을 읽고 쓸 때는 일반 디스크의 속도 밖에 내지 못한다.

RAID 레벨 5는 중복 저장을 하지 않기 때문에 중복 저장을 하는 RAID 레벨 1에 비해 같은 비용으로 더 큰 디스크 용량을 사용하게 된다. RAID 레벨 5는 순차적인 여러 블록을 동시에 쓰는 큰 쓰기(Large Write)와 순차적인 블록 읽기에 유리하다.

랜덤으로 디스크를 액세스할 때는 RAID 레벨 1보다 낮은 성능을 보인다. 특히 랜덤으로 작은 쓰기가 많은 환경에서는 성능이 현저하게 떨어진다. 이를 RAID 구조의 '작은 쓰기 문제(Small Write Problem)'라고 하며 다양한 해결책들이 연구되고 있다.

3 광디스크 저장장치

디지털 음향 매체로 널리 사용되고 있는 CD(Compact Disk)는 1983년에 개발된 이래 가장 성공한 전자 제품들 중의 하나로 발전해 가고 있다. CD는 한 면에 60분 이상의 음향 정보를 저장할 수 있는 삭제불능 디스크(Nonerasable Disk)이다. 음향은 아날로그 신호를 저장하지만, 유사한 원리를 이용하여 디지털 신호도 저장할 수 있다.

그 원리를 이용하여 개발한 것이 광디스크 저장장치(Optical Disc Storage Device)이며 레이저 광선을 이용해서 데이터를 읽고 쓰며 CD-ROM이 대표적인 읽기전용형 광디스크, CD-R이 속하는 추기형 광디스크 그리고 광자기 디스크에 해당하는 고쳐쓰기형 광디스크의 3종류가 있다.

컴퓨터의 세계에서는 드물게 가전분야에서 먼저 보급된 기술로 고속 대용량의 데이터 뱅크(읽기전용형, 추기형)와 보조 저장 장치(고쳐쓰기형)로서 응용되어 급속히 보급되어 왔다. 이 절에서는 이들의 내부 구조와 동작 원리에 대하여 살펴보도록 한다.

1) 읽기전용형

읽기전용형 광디스크는 IC 메모리 ROM과 같아서 내용을 읽어내는 것만 가능하다. 공장에서 출하할 때에 씌어져 있는 데이터는 고쳐 쓸 수 없다. 1비트의 데이터는 알루미늄 판 표면 위에 피트(pit)라고 불리는 경사에 저장되며, 피트에 닿은 레이저 광선의 반사방법으로 '1'인지 '0'인지를 식별한다.

자기 디스크에는 동심원상의 트랙에 데이터를 기록했지만, CD-ROM에서는 중심에서 외측을 향해서 나선형으로 트랙을 따라 순차적으로 저장한다. 모든 섹터들의 저장 밀도는 위치에 상관없이 동일하지만 등선속도(Constant Linear Velocity, CLV) 방식을 이용함으로써 액세스할 위치에 따라 회전 속도를 계속 변화시켜 전송속도를 일정하게 유지시키고 있다.

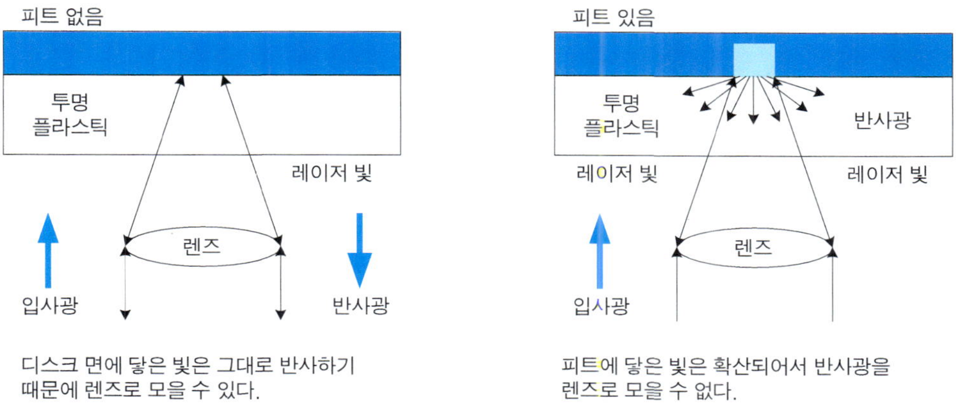

[그림 6-13] CD의 데이터 기록 원리

CLV 방식은 헤드가 중심부 가까이 위치한 트랙 부분을 액세스할 때는 회전 속도를 높여주고 바깥쪽 트랙 부분을 액세스할 때는 속도를 낮추기 때문에, 섹터의 위치에 관계없이 표면을 지나가는 헤드의 속도가 항상 일정해지는 것이다. 이 방식을 사용하면 트랙 전체의 저장 밀도를 균일하게 할 수 있기 때문에 일정한 속도로 회전하는 상태에서도 데이터를 동일한 비율로 액세스하는 등각속도(Constant Angular Velocity, CAV) 방식과는 달리 바깥쪽 트랙 부분의 저장 공간이 낭비되지 않는다.

최초 CD-ROM의 전송속도인 150KB/s를 기준 속도인 1배속(1X-rating)이라고 할 때, 최근에는 이 전송 속도의 몇 배나 되는 성능을 가진 제품이 일반적으로 8배속, 12배속, 24배속, 32배속, 42배속, 52배속이라는 성능을 나타낸다.

한편, CD-ROM 플레이어는 보다 더 정교하고, 데이터가 디스크에서 컴퓨터로 오류 없이 전달되는 것을 보장하기 위하여 오류 정정 기능을 가지고 있는 것이 특징이다.

자기 디스크와 비교할 때 CD-ROM은 다음과 같은 특징들을 가지고 있다.

① 데이터 저장 용량이 매우 크다.
② 저렴한 가격으로 대량 복제할 수 있다.
③ 읽기만 가능하고, 내용을 변경할 수 없다.
④ 액세스 시간이 자기 디스크보다 훨씬 길다.

2) 추기형

CD-R(CD-Recordable)은 추가로 써넣는 것이 가능한 추기형 CD로 사용자가 데이터를 한 번은 기록할 수 있는 CD-ROM이다. 일반적으로 700M 바이트의 데이터를 입력할 수 있으며 입력에는 전용장치가 필요하지만 읽어내는 것은 통상적인 CD-ROM 드라이브(장치)로 가능하다. 몇 회라도 추가 기입이 가능한 제품도 있다.

추기형 방식은 데이터의 소거나 고쳐쓰기는 불가능하지만 필요에 따라서 데이터를 추가로 기록할 수 있는 방식이며 WO(Write-Once) 또는 WORM(Write-One Read-Many)이라고 불린다. 추기형 디스크는 업무용 광디스크 중에서는 처음으로 실용화한 것이고, 증서 등이 지워지면 곤란한 데이터를 장기간 보존하는 전자파일링 시스템으로 이용되고 있다.

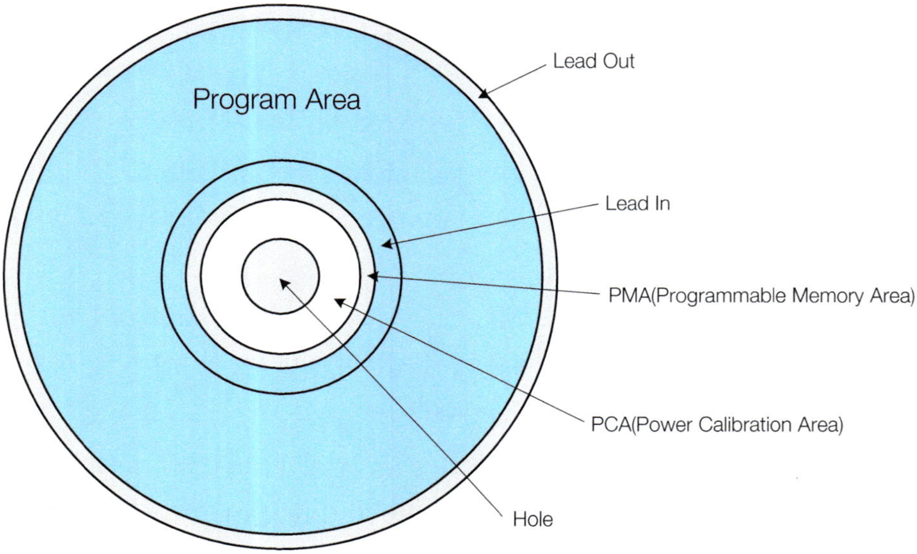

[그림 6-14] CD-R 표면의 구조

학습 활동	CD-RW(CD ReWritable)

CD-RW는 여러 번 쓰기가 가능한 CD를 말한다. 즉, 어떤 데이터를 기록하였더라도 지우고 다른 내용을 다시 기록할 수 있다. 일반적으로 1,000번 정도 재기록이 가능하므로 사실상 거의 무한정 읽기 및 쓰기가 가능한 것이다.

3) 고쳐쓰기형

고쳐쓰기형은 데이터의 출력만이 아닌 데이터의 소거나 고쳐 쓰기도 가능한, 이른바 MO (Magneto-Optical Disc)라고 불리는 광자기 디스크를 말한다.

저장 원리는 디스크 상에 도포되어 있는 강자성체에 우선 레이저 광선을 쏘아 고온으로 하고 자기를 없앤다. 다음에 식혀서 자력을 갖도록 되었을 때에 데이터를 기록한다. 극성화(Polarization Process)가 디스크의 물리적 변화를 유발하지는 않기 때문에 그 과정이 여러 번 반복될 수 있다.

읽기 동작은 순수하게 광학적으로 이루어진다. 자화 방향(Magnetized Direction)은 극성을 띤 레이저 광에 의해 검출될 수 있다. 특정 점으로부터 반사된 빛은 자화 방향에 따라 회전 각도가 변경되기 때문에 극성을 감지할 수 있으며, 그에 따라 1과 0이 구분된다.

추기형에 비해 고쳐쓰기형이 가지는 장점은 디스크의 수명이 길다는 점이다. 추기형은 쓰기 동작을 여러 번 반복하게 되면 매체의 질이 점점 저하되기 때문에 반복 회수가 1,000회 정도로 제한된다. 그러나 고쳐쓰기형은 그러한 저하 현상이 일어나지 않기 때문에 쓰기 동작을 거의 무제한 반복할 수 있다.

학습 활동 상황 인식 컴퓨팅

상황 인식 컴퓨팅(Context-Aware Computing)은 1994년 Schilit와 Theimer에 의하여 논의되었다. 여기에서 상황 인식 기술을 '사용 장소, 주변 사람과 물체의 집합에 따라 적응적이며, 동시에 시간이 경과하면서 이러한 대상의 변화까지 수용할 수 있는 기술'로 정의하였다.

상황에 대한 정의는 사용자와 관계를 갖는 정보를 말한다. 즉, 사용자를 둘러싸고 있는 정보를 의미한다. 유비쿼터스의 사용자는 지속적으로 이동을 하고 사용자와 관계를 갖는 환경 역시 변경된다. 과거의 컴퓨터의 수행 환경에서 사용자의 상황 정보는 사용자 자신이 입력함으로써 유지되었다. 그러나 유비쿼터스 컴퓨팅에서는 인간이 느낄 수 있는 모든 것이 상황이 된다.

4 USB 메모리

USB 메모리는 2000년, 이스라엘의 IT 업체인 M시스템(M-System)에서 8MB와 16MB, 그리고 32MB 용량의 제품을 내놓으면서 처음으로 시장에 모습을 드러냈다. 플로피디스크에 비하면 상당히 넉넉한 용량을 갖추고 있었으며, 물리적인 구동이 필요한 디스크가 아닌 반도체를 저장 매체로 사용하기 때문에 제품의 내구력 역시 우수하다.

USB 메모리는 자유롭게 탈착이 가능하여 쉽고 편리하게 쓸 수 있는 휴대용 보조저장장치다. 더욱이, 데이터 기록을 하기 위해 별도의 소프트웨어가 필요한 CD나 DVD와 같은 광디스크보다 훨씬 간편하게 사용할 수 있어서 호평을 받고 있다.

2012년에는 128GB 용량의 USB가 출시된 상태다. 이는 현재 일반 소비자가 주로 사용하는 4~8GB USB 메모리보다 16~32배나 큰 용량으로, 일반 노트북이나 외장형 HDD와 비슷하다. USB는 많은 데이터를 저장할 수 있으면서도 제품 크기가 작아 휴대하기 편하다는 장점이 있다.

1) 내부 구조

USB(Universal Serial Bus)란 컴퓨터와 주변기기 사이에 데이터를 주고받을 때 사용하는 버스규격 중 하나다. 1990년대 후반부터 대부분의 개인용 컴퓨터에 USB 장치를 꽂을 수 있게 됨에 따라 USB는 현재 다른 규격 버스에 비해 보급률이 매우 높다. 또한, USB는 컴퓨터 전원이 켜진 상태에서도 자유롭게 장치를 꽂고 뺄 수 있어 편의성이 높다는 장점도 있다.

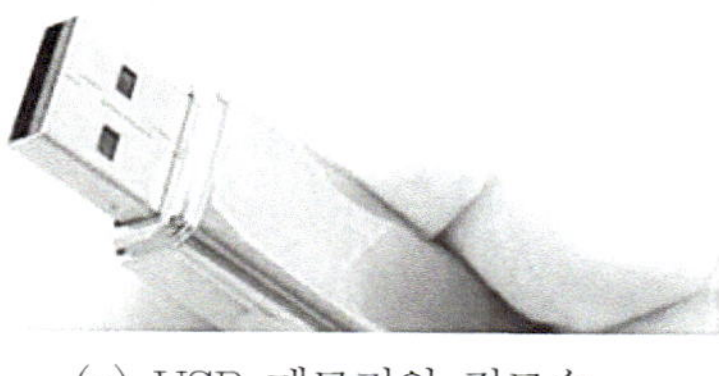

(a) USB 메모리의 겉모습

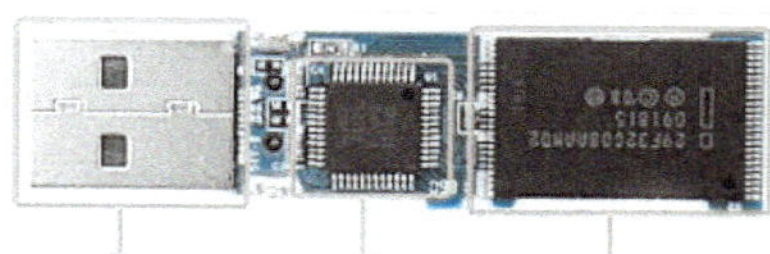

(b) USB 메모리의 내부 구조

[그림 6-15] USB 메모리

한편, 플래시 메모리(Flash Memory)는 데이터를 저장, 보관할 수 있는 반도체의 일종이다. 일단 데이터를 저장하면 삭제나 수정이 불가능한 롬(ROM)이나 삭제, 수정은 가능하지만 전원이 차단되면 모든 데이터가 사라지는 램(RAM)과 달리, 자유롭게 데이터를 저장하거나 삭제할 수 있으면서 전원이 꺼져도 데이터가 그대로 보존되는 특징이 있다.

USB 메모리 속도는 USB 버스 규격뿐 아니라 내장된 플래시 메모리의 종류에 따라서도 달라질 수 있다. 플래시 메모리의 종류는 크게 SLC(Single Level Cell) 방식과 MLC(Multi Level Cell) 방식으로 나뉘는데, SLC 방식 플래시 메모리는 1개의 기억 소자당 1 비트의 데이터를 저장하는데, 안정성이 높고 데이터 처리 속도가 빠르지만 가격이 비싸다. 반면, MLC 방식은 1개의 기억소자당 2비트 이상의 데이터를 저장할 수 있으며, SLC 방식의 플래시 메모리에 비해 안정성과 속도는 낮지만 단가가 저렴해 대용량 제품을 대량 생산할 수 있다.

USB 메모리 역시 이들 방식에 따라, 제품의 외형이나 사용법은 같지만, 속도 및 성능 면에서는 SLC 방식이, 가격대비 가용 용량 면에서는 MLC 방식의 USB 메모리가 우수하다. 시중에서 판매 중인 USB 메모리는 거의 대부분이 MLC 방식이므로, 비싸더라도 SLC 방식의 USB 메모리를 원한다면 구매 전에 반드시 제품 사양을 자세히 확인해야 한다.

이와 같은 USB와 플래시 메모리, 이 두 가지 요소를 결합해 하나의 제품으로 만든 것이 바로 'USB 플래시 드라이브(USB Flash Drive)', 흔히 말하는 'USB 메모리'다. USB 메모리는 대개 손가락 하나 정도의 크기의 막대형 본체에 USB 커넥터가 노출된 형태다. 내부는 데이터를 저장하는 플래시 메모리 칩, 그리고 커넥터와 메모리 칩 사이에서 데이터 전송을 제어하는 컨트롤러(controller)로 구성되어 있다.

USB 메모리는 USB 버스를 이용하므로 언제나 자유롭게 탈착이 가능하며, 플래시 메모리를 사용하여 전원이 끊어지더라도 저장된 데이터가 지워지지 않아 누구라도 유용하게 사용할 수 있다. 다만, 대부분의 컴퓨터 하드웨어가 그러하듯이 USB 메모리 역시 해당 컴퓨터에 설치되어 있는 운영체제의 종류에 따라 사용 조건이 다르다.

[표 6-2] USB 메모리와 외장하드의 비교

	USB 메모리	외장하드
방식	USB	USB, IEEE1394, eSATA
용량	적다	매우 많다
속도	느리다	빠르다
휴대성	매우 양호	보통

2) USB 버스

USB는 컴퓨터와 주변기기를 연결하는 데 쓰이는 입출력 표준 가운데 하나이다. 대표적인 버전으로는 USB 1.0, 1.1, 2.0, 3.0, 3.1 등이 있다.

USB는 다양한 기존의 직렬, 병렬 방식의 연결을 대체하기 위하여 만들어졌다. 의료 기관에서 키보드, 마우스, 원격진료장치와 같은 다양한 기기를 연결하는 데 사용하고 있다. 이러한 기기의 연결 대부분은 표준 연결 방식을 이용하여 이루어지고 있다.

USB는 Full speed의 경우 12[Mbps]의 데이터 전송속도를 지원하므로 웬만한 주변기기를 연결해도 속도가 충분하고 최대 127개까지 장치들을 사슬처럼 연결할 수 있다. 또 PC를 사용하는 도중에 연결해도 인식이 되며 별도의 주변장치용 전원이 필요 없다. 일반적으로 USB 허브가 있어서 하나의 포트를 다수의 포트로 나누어주기 때문에 다양한 주변장치를 연결할 수 있다.

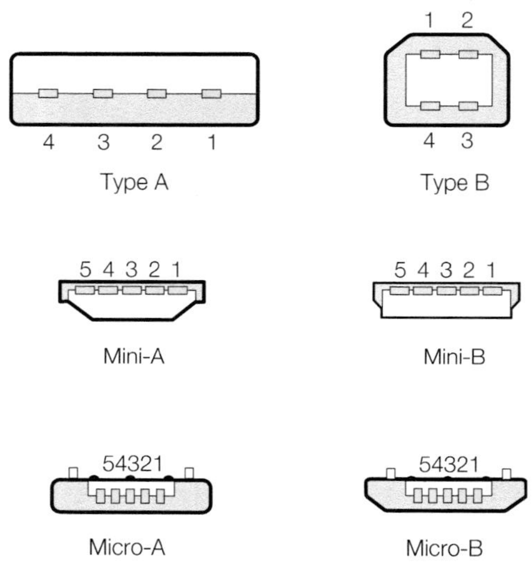

[그림 6–16] USB 형태에 대한 도식도

가) USB 1.0

USB 인터페이스의 첫 번째 규격인 USB 1.0은 1996년 1월에 발표되었다. USB 규격 개발에는 인텔, 마이크로소프트, IBM, HP, NEC와 같은 대형 컴퓨터 관련 업체들이 다수 참가했기 때문에 USB는 비교적 쉽게 업계 표준으로 인정받을 수 있었다. 특히 사용료가 무료였기 때문에 규모가 작은 업체에서도 저렴하게 USB 관련 기기를 제조할 수 있다는 장점도 있었다.

1996년에 USB 1.0 규격이 발표되었지만 한동안은 소비자들이 이를 사용하기가 쉽지 않았다. 특히 당시 컴퓨터 운영체제의 주류를 이루던 MS의 '윈도우 95'는 USB 기능을 지원하지 않았다. 하지만 1997년에 나온 윈도우 95의 후기 버전인 '윈도우 95 OSR2'부터 USB를 정식 지원하기 시작했으며, 1998년에 USB 1.0에서 데이터 전송 및 전원 공급 기능의 안정성을 개선한 USB 1.1이 발표되면서 본격적인 보급이 시작되었다.

나) USB 2.0

USB 1.0 및 1.1은 편의성 면에서는 상당히 호평을 받았지만 데이터 전송률이 최대 12[Mbps]에 불과했기 때문에 데이터를 주고받을 때는 속도가 느리다는 지적이 많았다. 이를 개선하기 위해 2000년에 발표된 것이 바로 USB 2.0이다. USB 2.0은 최대 480[Mbps]의 향상된 속도로 데이터를 전송할 수 있기 때문에 USB 메모리나 외장 하드디스크 같은 데이터 보관 장치, 혹은 랜 카드나 모뎀과 같은 네트워크 장치에 쓰기에도 큰 문제가 없었다.

Full speed의 USB 1.0은 1.1 규격으로 업데이트된 다음 USB 2.0으로 전환되었다. 2010년 초 USB 3.0을 적용한 제품들이 나오기 전에는 대부분 USB 2.0을 사용했다. USB 2.0 제품의 이론상 최대 전송속도는 480[Mbps]이지만 실제 속도는 절반 정도인 240[Mbps]이다.

2001년 들어서서 USB의 보급을 가속화한 것이 바로 윈도우 XP 운영체제다. 당시윈도우 XP는 큰 인기를 끌고 있었으며 별도의 소프트웨어 설치 없이도 상당수의 USB 장치(키보드, 마우스, 웹캠, USB 메모리, 외장하드 등)들을 간단히 사용할 수 있었다. 그리고 2002년에 배포된 기능 향상 패치인 '서비스 팩 1'을 추가 설치하면 USB 2.0도 지원하기 때문에 USB 2.0 기기의 보급에 큰 영향을 미쳤다. 실제로 2011년 현재 쓰이고 있는 장치들은 대부분 USB 2.0 규격이다.

다) USB 3.0

2008년 SIG(Special Interest Group)에서 USB 3.0 표준안 작업이 완료되어 규격이 발표되었으며 2010년에 출시되었고 데이터 전송 속도가 최대 5[Gbps]로 빨라진 것이 가장 큰 특징이다. 포트에서 공급되는 전력의 공급 능력도 USB 2.0의 5V 500[mA]에서 5V/12V 900[mA]로 향상되어 이전보다 높은 전력을 요구하는 주변기기도 별도의 외부 전력 없이 작동이 가능하게 되었다.

포트의 색상에 대한 별다른 규정이 없던 이전 버전들과 달리, USB 3.0 버전은 파란색의 포트를 사용할 것을 USB-IF(USB Implementers Forum: USB의 표준을 정하는 협회)에서 제조사들에게 권장하고 있다.

USB의 각 버전은 같은 모양의 포트를 사용하며, 서로 다른 버전의 기기끼리 연결해도 작동이 가능하다. 다만, 이렇게 되면 양쪽 기기 중에 낮은 버전의 성능으로 동기화된다. 예를 들어 USB 3.0 버전의 외장 하드 디스크를 사용하더라도 컴퓨터가 USB 2.0 버전만 지원한다면 USB 2.0 수준의 데이터 전송 속도 밖에 내지 못한다는 의미다. 그리고 USB 3.0 포트의 경우 포트의 모양은 USB 1.1~2.0과 같지만 내부적으로 배선이 늘어났기 때문에 케이블을 USB 3.0 전용으로 사용해야 최대 속도를 낼 수 있으며 기존 버전의 케이블을 사용하면 속도가 USB 2.0 수준이 된다.

USB 3.0 방식은 이론상으로는 5[Gbps]이지만 최근 읽기 및 쓰기 속도가 이를 초과하는 경우가 허다하다. USB 3.1 방식은 현재 표준만 발표된 상태이다.

(a) USB 1.0 / 1.1 (b) USB 2.0 (c) USB 3.0

[그림 6-17] USB 로고

학습 활동 무선 USB(Wireless USB)

단파의 고대역 무선 통신 프로토콜로 와이어리스 USB 프로모터 그룹이 제창하였다. 무선 USB는 'WUSB'로 간단히 줄여 말하기도 하지만 USB 임플리멘터스 포럼(Implementers Forum)은 이 기술을 경쟁 기술과 차별화하기 위해 인증된 무선 USB(Certified Wireless USB)로 부르는 것을 선호한다.

무선 USB는 와이미디어 얼라이언스(WiMedia Alliance)의 UWB(Ultra Wide Band) 공통 라디오 플랫폼에 기반하고 있으며 최대 10[m]에서 110[Mbps]의 전송 속도를 구현한다. USB 3.1에서 10.6[GHz]의 주파수 대역에서 동작하도록 설계되어 있으나 지역 규제 정책은 국가의 규정에 따라 법으로 제한하고 있다.

5 자기버블 메모리

자기버블 메모리(Magnetic Bubble Memory)는 1967년에 벨연구소에서 개발된 것으로서, 자성 박막에 자기 bubble를 형성하여 shift register처럼 이동시킬 수 있는 구조로 되어 있다.

가넷트(garnet)와 같은 물질의 박막에서는 [그림 6-18]과 같이 자화의 방향이 판에 직각으로 형성되어 있다. 외부 자계가 없는 경우에는 domain이라고 하는 자기 영역이 이루어지지만, 편향 자계(Bias Field)라고 하는 외부 자계 H_b을 가해주면 H_b와 반대 방향으로 1~10[μm]의 둥근 자기점이 구성되는데, 이것을 자기버블(Magnetic Bubble)이라고 한다.

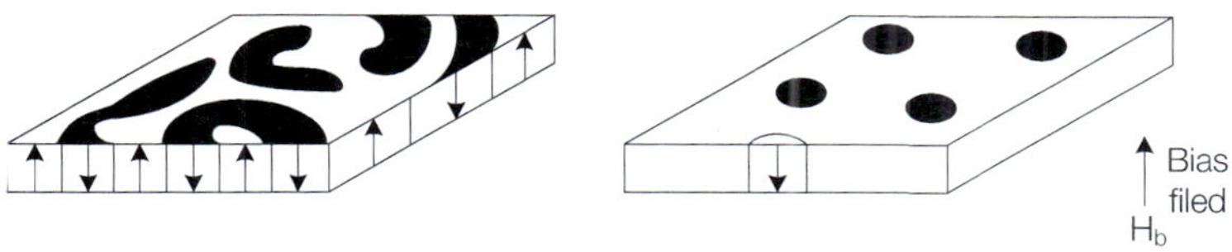

[그림 6-18] 자기 버블 메모리

박막 위에 니켈 합금으로 된 퍼멀로이(permalloy)의 선형 트랙을 만들면 이 자기 버블을 트랙에 따라 이동시킬 수 있어서 프로그램이나 데이터의 기록 및 판독이 가능하다. 자기 버블의 유, 무가 비트 1, 0을 의미한다.

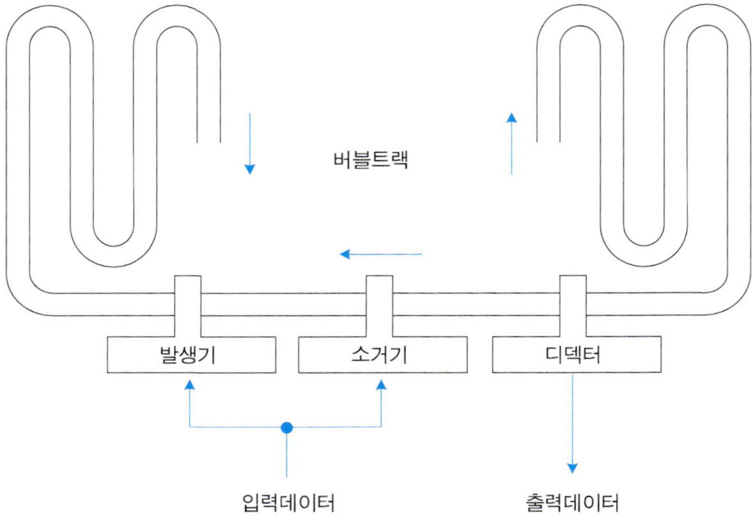

[그림 6-19] 버블 메모리의 구조

이 메모리는 기계적 동작을 수반하지 않으므로 신뢰성이 높고, 고집적이 가능하며(반도체 기억소자의 4~16배), 대용량이며 접근시간이 빠르고 비휘발성이며, 열악한 환경에도 잘 적응하는 등의 장점이 있는 반면, 인터페이스가 복잡하다는 단점이 있다.

6 CCD 메모리

CCD 메모리(Charged Coupled Device Memory)는 1969년에 벨연구소에서 개발한 것으로서, MOS 커패시터로 구성된 시프트 레지스터이다.

기본 구조는 실리콘 기판 위에 얇은 산화실리콘(SiO_2)박막을 붙이고, 그 위에 다수의 전극을 늘어세우고 있다. 이 전극과 기판 간에 펄스전압을 인가함으로써 전극 밑에 전하 패킷(Charge Packet)을 형성시킬 수 있고, 이것을 전극에 대한 인가전압의 이동에 의해서 이동시킬 수 있다.

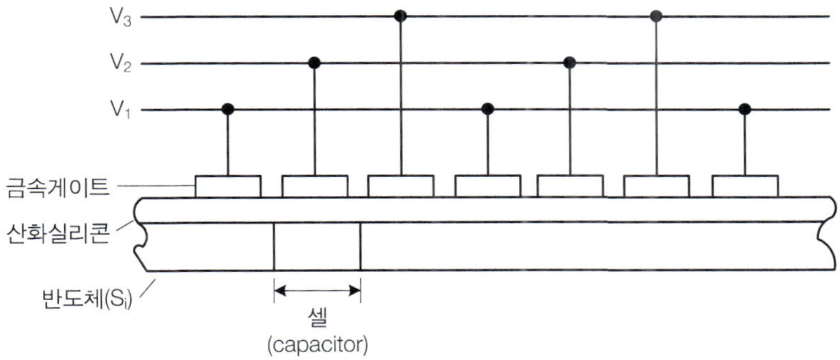

[그림 6-20] CCD 메모리

CCD 메모리는 인터페이스 회로가 간단하고, 주변회로를 동일 칩에 집적할 수 있고, 소비전력 또한 적지만, 휘발성이라는 단점을 가진다. CCD 메모리는 현재 컴퓨터 보조기억장치로 사용되기 보다는 디지털 카메라의 화소 메모리로 사용되고 있다. 이외에도 천체 망원경, 스캐너, 바코드 판독기, 로봇 눈 등에 사용되고 있다.

요 약

01 자기디스크는 자화될 수 있는 물질로 코팅된 플라스틱이나 금속을 이용한 원형 평판으로 만들어진 저장장치이다.

02 RAID(Redundant Array of Inexpensive Disks)는 데이터 분산 저장에 의한 동시 액세스(Concurrent Access)가 가능하며 병렬 데이터 채널에 의한 데이터 전송 시간을 단축할 수 있다.

03 광디스크 저장장치(Optical Disc Storage Device)는 CD-ROM이 대표적인 읽기전용형 광디스크와 추기형 광디스크 그리고 광자기 디스크에 해당하는 고쳐쓰기형 광디스크의 3 종류가 있다.

04 CD-ROM은 전체 평면상에 하나의 트랙이 나선형으로 연결되어 있고, 이 트랙은 같은 크기의 섹터들로 분할되어 있다.

05 등각속도(Constant Angular Velocity, CAV)는 디스크가 일정한 속도로 회전하는 상태에서 트랙의 위치에 상관없이 데이터를 동일한 비율로 액세스하는 방식이다.

06 등선속도(Constant Linear Velocity, CLV)는 액세스할 섹터의 위치에 따라 디스크의 회전 속도가 달라지는 방식이다.

07 USB 메모리는 자유롭게 탈착이 가능하여 쉽고 편리하게 쓸 수 있는 휴대용 보조저장장치이다.

문 제

01 주기억장치와 보조기억장치의 차이점을 기술하시오.

02 RAID의 출현 배경을 설명하고 각 level에 대한 구현 방법 및 문제점을 자세히 제시하시오.

03 RAID-4의 구현방법을 설명하고 개선방법을 도시한 뒤 개선된 level에서 발생할 수 있는 문제점을 제시하시오.

04 광 디스크 저장장치의 종류를 들고 내부 구조와 동작 원리에 대하여 설명하시오.

05 USB 메모리에서 내부 구조와 USB 버스에 대하여 자세하게 설명하시오.

06 자기버블 기억장치(MBM)와 전하결합소자 기억장치(CCD)를 비교 설명하시오.

chapter

07

CPU 구조와 기능

학습목표

1. CPU의 기본 구조를 이해할 수 있다.
2. 명령어의 형식을 이해할 수 있다.
3. 명령어 사이클을 이해할 수 있다.
4. 명령어 파이프라이닝을 이해할 수 있다.
5. 주소 지정 방식을 이해할 수 있다.

컴퓨터의 5대 기능 가운데 제어 및 연산을 실행하는 장치가 중앙처리장치(Central Processing Unit)이다. 이 가운데 제어를 행하는 부분을 제어장치 또는 제어기구라고 한다. 제어장치는 실행되는 명령의 어드레스를 근거로 주기억장치에서 CPU에 명령을 내린다. 그리고 어떤 명령을 해독해 필요한 동작지시를 다른 장치에 내린다.

한편, 연산을 행하는 부분은 연산장치 또는 연산기구라고 하고 여러 가지 형식을 가진 데이터에 대하여 사칙연산, 논리연산이나 대소비교 등을 실행한다. 연산장치는 명령에 대응한 여러 가지 회로로부터 구성되어 있다.

이러한 기능을 수행하기 위한 CPU의 구성 요소들을 세분화해서 보면 연산장치(Arithmetic Logic Unit, ALU), 범용 레지스터와 특수 레지스터, 제어장치와 내부 버스들로 구성되어 있다.

이 장에서는 CPU의 기본 구조를 이해한 뒤 명령어의 형식 및 사이클을 알아보고 명령어 파이프라이닝에 대해 살펴본 뒤 주소 지정 방식에 대하여 고찰하도록 한다.

1 CPU의 기본 구조

CPU는 [그림 7-1]과 같은 내부 구성 요소들로 이루어져 있다. 즉, CPU는 ALU와 레지스터 및 제어장치로 구성되어 있다.

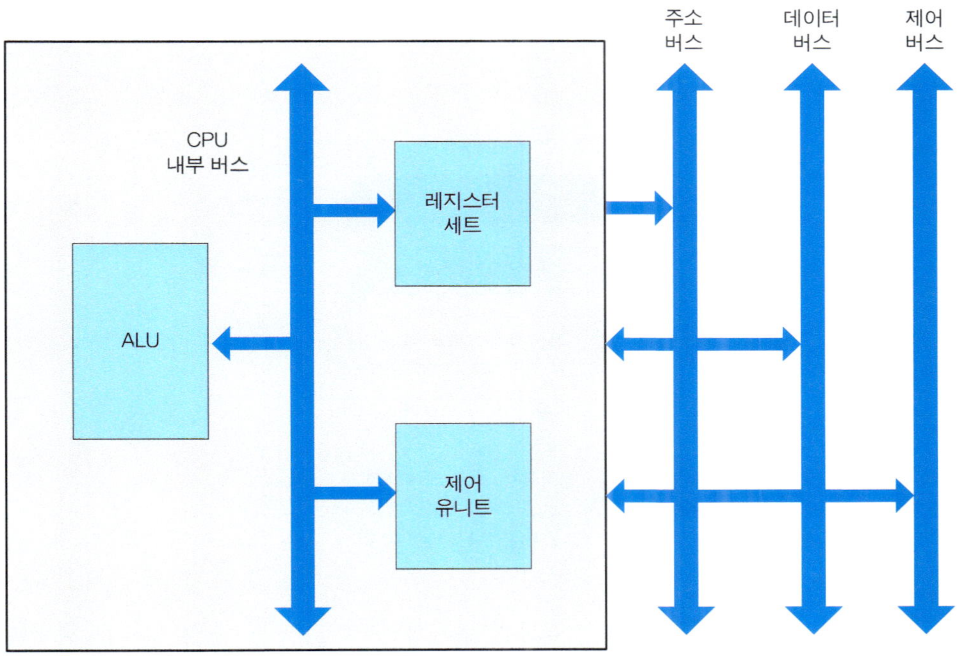

[그림 7-1] CPU의 내부 구조

ALU는 단순한 2진 가산기에서부터 부동 소수점 연산기에 이르기까지 다양하며 단순한 연산기로 복잡한 계산을 할 때는 여러 가지 연산 명령의 조합으로 된 프로그램을 처리하게 되는데 대부분의 컴퓨터는 2의 보수 체계로써 연산을 실행한다.

기본적인 연산기의 기능을 분류하면 다음과 같다.

① 2진의 가감산
② 논리 연산(boolean 대수)
③ 보수 연산(complement 또는 negative)
④ 시프트 라이트(Shift Right)와 시프트 레프트(Shift Left)

ALU의 기본 원리는 [그림 7-2]에 나타낸 바와 같이 ALU 안에 여러 가지 논리 기능을 가진 장치가 있는데 ALU에 입력된 어떠한 데이터가 논리장치를 선택하는 선택 신호(Select Signal)에 의해 처리하도록 한다.

이 밖의 기능에는 레지스터 내용을 비교하는 기능, 왼쪽 또는 오른쪽으로 회전시키는 기능, 1씩 증가 또는 감소시키는 기능, 특정 비트를 세트(set), 리셋(reset) 혹은 검사하는 기능 등을 가지고 있다.

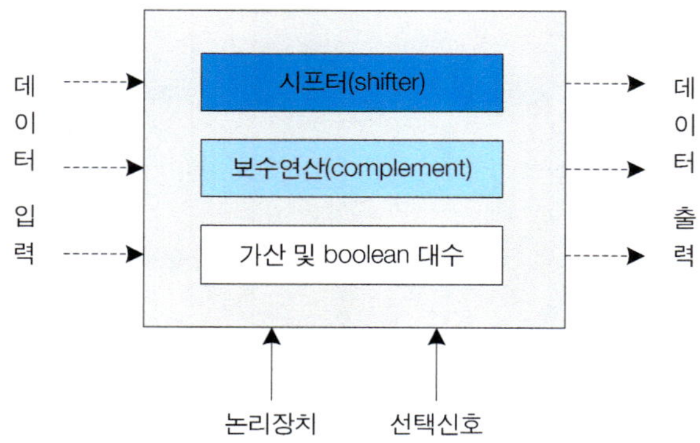

[그림 7-2] ALU의 기본 동작

한편, 레지스터는 CPU 내부에 있는 소규모의 일시적인 기억장치로 주기억장치처럼 어드레스로 지정될 수 없으며 2진 소자(cell)로 구성되어 있고 주기억장치와 다른 점은 수효가 훨씬 적다는 것이다.

데이터는 프로그램이 진행 도중 그 데이터를 요구할 때까지 또는 버스나 다른 장치가 데이터를 받을 준비가 될 때까지 레지스터에 보관하기도 한다. 레지스터는 여러 가지 용도로 사용할 수 있으며 컴퓨터에 따라 프로그래머가 그 용도를 지정하기도 하지만 대부분의 컴퓨터에서는 그 기능이 고정되어 있고 레지스터를 사용 용도별로 구분하면 다음과 같다.

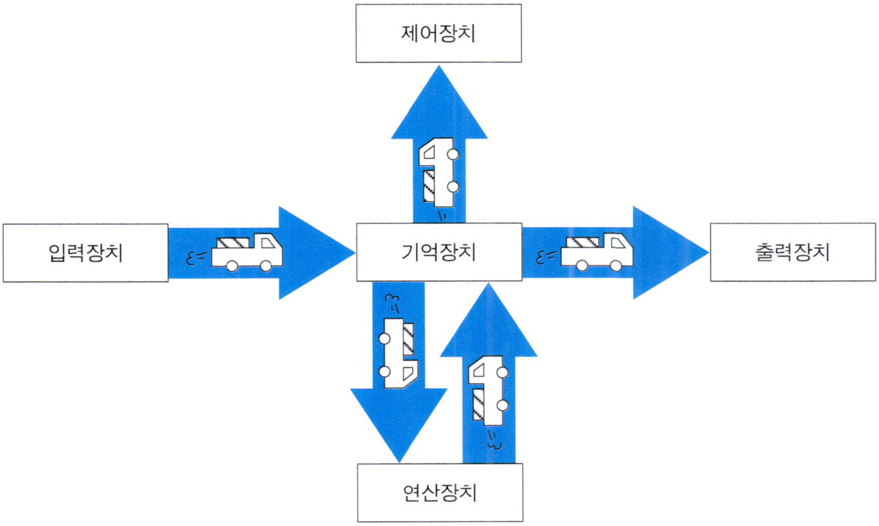

[그림 7-3] 데이터나 명령을 실어 나르는 레지스터

[표 7-1] 사용 용도에 따른 레지스터

레지스터의 종류	기 능
누산기 (Accumulator, AC)	1-주소 명령어를 쓰는 시스템에서 연산의 중심이 되는 레지스터이다. 연산결과도 일시적으로 여기에 저장한다.
범용 레지스터 (General Register, GR)	- 산술 및 논리연산, 연산결과의 임시 저장, 주소 색인(index) 등 여러 목적으로 사용되는 레지스터 - 프로그램카운터나 명령레지스터와 같이 특수한 용도로만 사용되는 레지스터와 대비되는 레지스터 - 2 주소 명령어나 3 주소 명령어를 쓰는 시스템에서는 CPU 내에 여러 개의 범용 레지스터를 둔다.
프로그램 카운터 (Program Counter, PC)	- 다음번에 수행될 명령어가 들어 있는 번지(Address Location)를 지시하는 레지스터 - 지시하는 번지의 내용이 명령레지스터로 옮겨지면 프로그램카운터의 내용은 하나만큼 증가 - 소형 컴퓨터에서는 명령어의 내용에 따라 1~4만큼 증가
명령 레지스터 (Instruction Register, IR)	실행될 명령어를 일시 보존하는 레지스터
메모리 주소 레지스터 (Memory Address Register, MAR)	CPU에 저장된 명령어 주소가 시스템 주소 버스로 출력되기 전에 일시적으로 저장되는 주소레지스터이다. PC의 내용이 이곳으로 옮겨진다.
메모리 버퍼 레지스터 (Memory Buffer Register, MBR)	MAR이 지시하는 번지의 내용(명령어 및 데이터)을 일시 보존하는 레지스터이다. 이곳에 들어온 명령어는 IR로 들어가고, 데이터는 명령에 따라 다른 곳으로 옮겨 간다.

제어 장치는 프로그램 코드(명령어)를 해석하고, 그것을 실행하기 위한 제어 신호들(Control Signals)을 순차적으로 발생하는 하드웨어 모듈이다. CPU 내부의 버스를 제어하고 연산에 필요한 동작신호를 ALU와 레지스터 장치에 내려줄 뿐만 아니라 CPU 외부의 메모리나 I/O 버스에 읽기 신호와 쓰기 신호를 만들어 내보낸다.

CPU 내부 버스는 ALU와 레지스터들 간의 데이터 이동을 위한 데이터 선들과 제어 유니트로부터 발생되는 제어 신호 선들로 구성된 내부 버스로 구성되어 있으며 외부의 시스템 버스들과는 직접 연결되지 않으며, 반드시 버퍼 레지스터들 혹은 시스템 버스 인터페이스 회로를 통하여 시스템 버스와 접속되어 있다.

2 명령어의 형식

1) 구성

명령어는 보통 여러 부분으로 구분되는데, 가장 기본이 되는 것은 연산 코드(Operation Code)이며 사칙 연산, 보수 연산 등과 같은 동작을 정의하는 부분으로 동작 코드부라고도 한다. 그런데 이 명령 코드가 실행되려면 데이터가 필요하다.

그래서 명령어 코드에는 명령뿐만 아니라 오퍼랜드(operand)가 들어 있는 레지스터나 어드레스가 나타나 있어야 하고 덧붙여 결과가 저장될 곳도 나타나 있어야 한다. 그러나 경우에 따라서는 명령어 크기를 줄이고 전체 프로그램이 차지하는 기억 장소를 줄이려고 오퍼랜드를 함축적으로 처리하기도 한다.

연산 코드부에서는 입력, 가산, 출력, 시프트(shift), 비교(compare) 등의 명령들을 취급하고 오퍼랜드부에서는 주기억장치의 데이터 번지 및 명령 번지, 보조기억장치의 데이터 번지 또는 명령 번지 그리고 데이터를 취급한다.

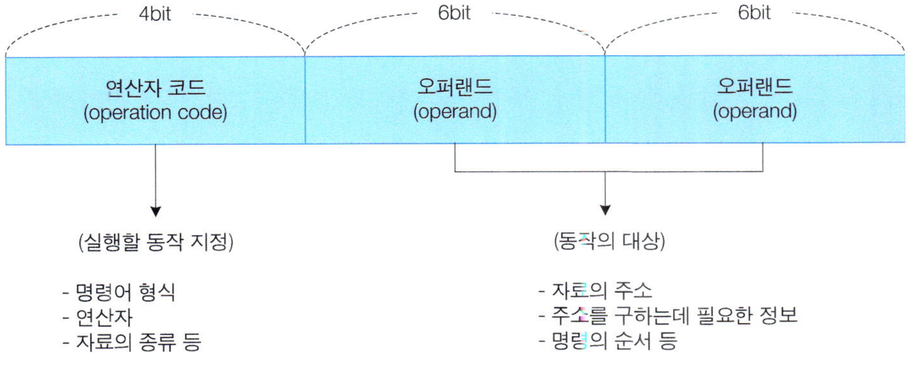

[그림 7-4] 명령어의 구성

이와 같은 명령어의 수행에 필요로 하는 과정을 명령어 사이클(Instruction Cycle)이라고 한다. CPU가 한 개의 명령어를 실행하는 데 필요한 전체 처리 과정으로서, CPU가 프로그램 실행을 시작한 순간부터 전원을 끄거나 회복 불가능한 오류가 발생하여 중단될 때까지 반복하며 다음과 같이 두 개의 사이클로 나누어진다.

① 인출 사이클(Fetch Cycle) : CPU가 기억장치로부터 명령어를 읽어오는 단계
② 실행 사이클(Execution Cycle) : 명령어를 실행하는 단계

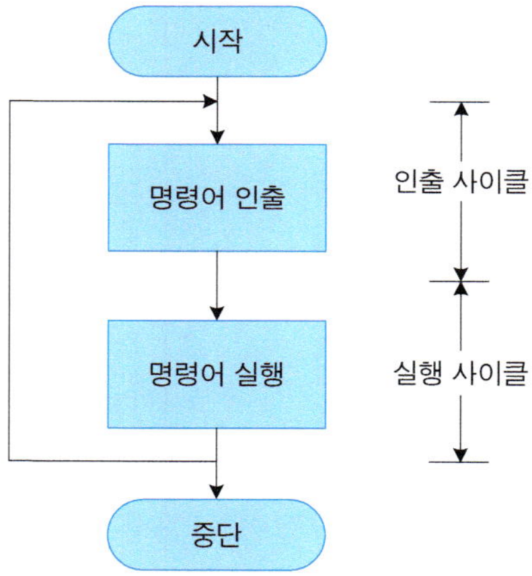

[그림 7-5] 명령어 사이클

2) 기능

가) 전달 기능

연산을 할 경우에는 두 수는 각각 다른 주소의 기억장치 속에 들어 있으므로 이들 중 하나의 수를 먼저 누산기에 옮겨 놓아야 한다. 누산기는 연산을 실행할 경우 연산의 과정에서 필요한 일시적인 기억장치이다. 누산기의 크기는 기계어의 크기와 같다.

정보를 처리하기 위해서 중앙처리장치 내의 누산기와 기억장치 사이에 정보 교환이 필요하다. 모든 정보는 기억장치에 기억되어 있으므로 프로그램의 수행 과정에서 기억장치와 중앙처리장치 사이에서 정보 교환이 일어난다. 기억장치에서 중앙처리장치로 정보를 옮겨 오는 것을 로드(load)라고 하며 반대로 중앙처리장치에서 기억장치에 저장시키는 것을 스토어(store)라고 한다.

나) 함수 연산 기능

연산을 실행하는 명령은 산술적 연산과 논리적 연산을 포함하는데 산술적 연산의 기본은

사칙 연산과 시프트 명령이며 논리적 연산의 기본은 AND, OR, NOT 등의 조합이다.

다) 제어 기능

동일한 명령어를 여러 번 반복 수행한다거나 어떤 조건에 따라 몇 개의 명령을 건너뛰어야 할 경우가 생긴다. 이와 같이 대표적인 것은 다음과 같다.

(1) 조건부 분기 명령

프로세서 내의 상태 값에 따라 제어 전송이 발생할 수 있고, 안할 수도 있다. 각각의 명령은 조건을 위한 상태 비트의 조합을 판단하는데 만약 조건이 참이면 분기된 유효번지로 전송되고, 조건이 거짓이면 프로그램은 다음 명령을 계속 수행한다.

(2) 서브루틴 명령

서브루틴은 어떤 특정한 작업을 수행하도록 자체가 일련의 명령들로 구성되어 있는 프로그램이다. 어떤 프로그램이 수행하는 도중에 주프로그램의 여러 위치에서 부 프로그램을 부를 수가 있다. 매번 서브루틴이 호출될 때마다 그 시작위치로 분기가 일어나며, 서브루틴이 수행되고 나서 다시 주프로그램으로 분기가 일어난다.

서브루틴으로 제어권을 넘겨주는 일반적인 명령의 명칭으로 서브루틴 호출(Call Subroutine), 서브루틴으로 점프(Jump to Subroutine), 서브루틴으로 분기(Branch to Subroutine) 등이 있다.

라) 입출력 기능(I/O Operation)

프로그램과 데이터를 기억장치에 기억시키기 위해서는 입력장치가 필요하고, 또 기억된 데이터를 출력하여 프로그래머에게 알리는 출력장치가 필요하다. 이와 같이 입출력 기능은 전달 기능과 유사함을 알 수 있다.

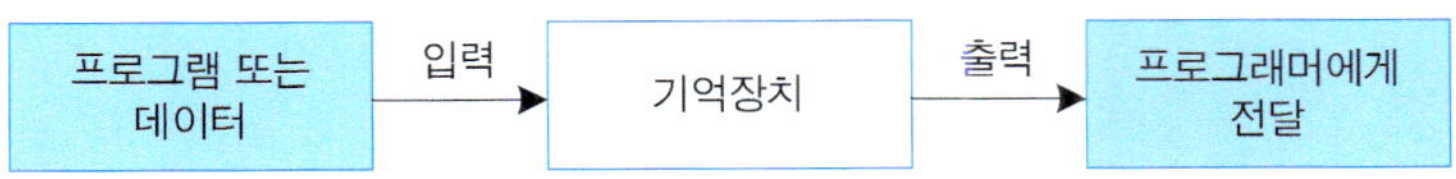

[그림 7-6] 입출력 기능

마) 매크로 기능(Macro Operation)

여러 개의 명령어를 한 개로 묶어서 사용하는 경우가 있는데 이러한 명령어를 매크로 명령(Macro Instruction)이라 한다. 흔히 범용적으로 언제나 쓰이는 일련의 명령어들을 하나로 묶어 거기에 이름을 붙이고 그것을 한 개의 명령어로 간주해서 사용하면 매우 편리하다.

3) 주소에 따른 명령어 형식

가) 0-주소 명령어

연산 코드 수행에 있어서 연산 결과를 기억시킬 장소가 고정되어 있을 경우 이때의 명령들을 0-주소 명령어(Zero-address Instruction) 형식이라고 한다. 0-주소 명령 형식을 사용하는 특징은 연산을 위하여 스택(stack)을 갖고 있는 점이며 모든 연산은 스택에 있는 자료를 이용하여 수행하고 그 결과 또한 스택에 보존된다.

스택의 구조는 마치 접시를 여러 개 쌓아둔 것과 비슷한 구조를 가진 데이터 저장 장치로서 가장 나중에 저장한 데이터가 가장 먼저 꺼내어지는 기능을 하고 있다. 이 구조를 갖는 컴퓨터에서는 ADD나 MUL 등의 명령에서 주소 부분을 사용하지 않는다. 그러나 PUSH와 POP 등의 명령어에서 스택과 operand 사이의 정보 전달을 위해서는 하나의 주소 부분이 필요하다.

다음은 프로그램 $X=(A+B)\times(C+D)$를 0-주소 명령 형식에 따라 처리하는 과정을 보이고 있다. 여기서 TOS는 스택의 꼭대기(Top Of Stack)를 가리킨다.

PUSH A ; $TOS \leftarrow A$
PUSH B ; $TOS \leftarrow B$
ADD ; $TOS \leftarrow (A+B)$
PUSH C ; $TOS \leftarrow C$

나) 1-주소 명령어

누산기를 하나만 갖고 있는 컴퓨터에서는 명령어에서 입력 자료가 누산기에 기억되어 있음을 나타낼 필요가 없다. 즉, 하나의 입력 자료의 주소를 생략할 수 있다. 연산 결과 또한 항상 누산기에 기억하도록 하면 연산 결과의 주소를 지정할 필요가 없다.

예를 들어 두 개의 데이터에 대하여 덧셈을 수행하는 ADD 명령어의 예를 살펴보면 다음과 같다.

$$\text{ADD } X \qquad ;AC \leftarrow AC + M[X]$$

여기서 X는 데이터가 저장되어 있는 기억장치 주소를 나타낸다. 따라서 이 명령어는 '기억장치 X 번지의 내용과 누산기의 내용을 더하고, 그 결과를 다시 누산기에 저장하라'는 명령어다. 즉, 연산에 사용되는 두 개의 오퍼랜드들 중의 하나는 누산기의 내용이 되고, 결과 값도 항상 누산기에 저장되도록 하고 있다. 그렇게 되면 명령어 코드는 주소 X만 포함되면 되므로, 오퍼랜드 필드의 모든 비트들이 주소 지정에 사용될 수 있어서 더 넓은 영역의 주소들을 지정할 수 있게 된다.

이와 같이 명령어가 한 개의 오퍼랜드만 포함하는 것을 1-주소 명령어(One-address Instruction)라고 한다.

연산코드	오퍼랜드 주소

[그림 7-7] 1-주소 명령어 형식

다) 2-주소 명령어

연산 후에 입력 자료 보존의 필요성이 없으면 연산 결과를 두 개의 입력 자료가 기억되어 있던 곳들 중에서 어느 한 곳에 기억시킬 수가 있다. 이렇게 하면 연산 결과를 기억시킬 곳의 주소를 명령어 내에 표시할 필요가 없어진다. 이러한 명령어 형식을 2-주소 명령어(Two-address Instruction)라고 한다. 물론 이 경우에 결과 값이 저장되는 레지스터의 원래 내용은 지워진다.

2-주소 명령어 형식에서 결과 값을 레지스터와 중앙처리장치의 누산기에 동시에 기억시키도록 할 수 있으며 이렇게 하면 계산 결과를 검토할 필요가 있을 때 중앙처리장치 내에서 직접 검토가 가능하므로 시간을 절약할 수 있다.

예 1 두 개의 레지스터 오퍼랜드를 가지는 경우

연산코드	레지스터 1	레지스터 2

[그림 7-8] 두 개의 레지스터를 가지는 2-주소 명령어 형식

덧셈에 사용될 데이터들이 레지스터 1을 가리키는 $R1$과 레지스터 2를 가리키는 $R2$에 적재되어 있다고 가정할 경우 다음 명령어는 두 레지스터들의 내용을 더하고,

그 결과 값을 레지스터 $R1$에 저장한다.

$$\text{ADD } R1, \quad R2 \qquad ; R1 \leftarrow R1 + R2$$

예2 한 오퍼랜드는 기억장치 주소인 경우

연산코드	레지스터	기억장치 주소

[그림 7-9] 한 개의 레지스터를 가지는 2-주소 명령어 형식

오퍼랜드들 중의 하나는 레지스터에 적재되어 있고 다른 하나는 기억장치로부터 인출하여 덧셈을 수행하는 2-주소 명령어 형식은 다음과 같다.

$$\text{ADD } R1, \ X \qquad ; R1 \leftarrow R1 + M[X]$$

이 명령어의 경우에는 명령어 코드 내에 레지스터 번호와 기억장치 주소가 모두 포함되어야 하므로, 주소지정 할 수 있는 기억장치 영역이 상당히 좁아지게 된다.

라) 3-주소 명령어

3-주소 명령어(Three-address Instruction) 형식은 3개의 오퍼랜드로 구성되어 있으며 여러 개의 범용 레지스터를 가진 컴퓨터에서 사용되는 형식으로 특수한 목적에만 제한적으로 사용된다.

연산코드	레지스터 1	레지스터 2	레지스터 3

[그림 7-10] 세 개의 레지스터를 가지는 3-주소 명령어 형식

3-주소 명령어에 대한 장단점을 살펴보면 다음과 같다.

〈장 점〉

① 수식 계산의 연산 후에도 입력 자료가 변하지 않고 보존이 가능하다.

② 레지스터의 주소를 사용할 경우 프로그램 길이가 절감된다.

〈단 점〉

① 레지스터의 수와 기억장치 용량이 고정된 상태에서 명령을 나타날 때 많은 비트가 필요할 수 있다.

② 하나의 명령어를 수행하려면 최소한 4번 기억장치에서 액세스하므로 수행시간이 길다.

③ 명령어의 길이가 증가하며 명령어 해독 과정이 복잡해진다.

학습 활동 $X=(A+B)\times(C-D)$**에 대한 주소별 명령어 형식**

1) 1-주소 명령어 형식

LOAD A	; $AC \leftarrow M[A]$
ADD B	; $AC \leftarrow AC+M[B]$
STOR T	; $M[T] \leftarrow AC$
LOAD C	; $AC \leftarrow M[C]$
SUB D	; $AC \leftarrow AC-M[D]$
MUL T	; $AC \leftarrow AC\times M[T]$
STOR X	; $M[X] \leftarrow AC$

2) 2-주소 명령어 형식

MOV $R1$, A	; $R1 \leftarrow M[A]$
ADD $R1$, B	; $R1 \leftarrow R1+M[B]$
MOV $R2$, C	; $R2 \leftarrow M[C]$
SUB $R2$, D	; $R2 \leftarrow R2-M[D]$
MUL $R1$, $R2$	; $R1 \leftarrow R1\times R2$
MOV X, $R1$	; $M[X] \leftarrow R1$

3) 3-주소 명령어 형식

ADD $R1$, A, B	; $R1 \leftarrow M[A]+M[B]$
SUB $R2$, C, D	; $R2 \leftarrow M[C]-M[D]$
MUL X, $R1$, $R2$	; $M[X] \leftarrow R1\times R2$

3 명령어 사이클

CPU는 기억장치에 저장되어 있는 명령어들을 인출하여 실행함으로써 실제적인 작업을 수행하게 된다. CPU의 구조와 동작 원리는 컴퓨터의 주요 구성 요소들이 프로그램 실행을 위하여 어떻게 상호 작용을 하는지를 살펴봄으로써 명확하게 이해될 수 있다.

한 개의 명령어를 실행하는 데 필요한 전체 처리 과정을 명령어 사이클(Instruction Cycle)이라고 부르는데 CPU가 프로그램 실행을 시작한 순간부터 전원을 끄거나 회복 불가능한 오류가 발생하여 중단될 때까지 반복하여 수행한다.

명령어 사이클의 기본 구조는 크게 CPU가 기억장치로부터 한 번에 한 개씩 명령어를 읽어 오는 명령어 인출(Instruction Fetch) 사이클과 그것을 수행하는 명령어 실행(Instruction Execution) 사이클로 이루어진다.

이 절에서는 명령어 사이클에서 요구되는 종류와 기능에 대하여 살펴보고 다음 절에서 학습할 명령어 파이프라이닝에 대한 내용에 대해 유연성을 갖도록 한다.

1) 인출 사이클(Fetch Cycle)

CPU는 각 명령어 사이클의 시작 단계에서 프로그램 카운터(PC)가 가리키는 기억장치의 위치로부터 명령어를 인출해온다. 그런 다음에 CPU는 PC의 내용을 1씩 증가시킴으로써 명령어들을 기억장치에 저장되어 있는 순서대로 읽어올 수 있도록 한다.

예를 들면, 어떤 컴퓨터에서 현재 PC의 내용이 '210'이라고 가정한다. CPU는 먼저 기억장치의 210번지에 저장되어 있는 명령어를 인출해오며, 그런 다음에 PC의 내용을 211로 증가시킨다. 그러면 다음 명령어 사이클에서는 211번지의 명령어가 인출된다.

이를 위해 다음과 같이 수행되는 몇 단계의 마이크로 연산을 거쳐서 전개된다.

① MAR ← PC: PC에 저장된 명령어 번지를 MAR로 전송한다.

② MBR ← M[MAR], PC ← PC+1: MAR 번지 메모리 내용인 명령어를 MBR로 전송하고, PC를 증가시켜 다음번 명령어의 번지를 준비한다.

③ IR ← MBR: 메모리에서 인출해온 명령어를 IR로 전송한다.

2) 간접 사이클(Indirect Cycle)

명령어 실행을 위해서는 연산에 필요한 실제 피연산자를 읽어 와야 한다. 오퍼랜드 필드에 포함된 메모리 주소 A에 저장된 내용이 실제 피연산자가 아닌 유효주소(Effective Address)라면 A를 간접주소(Indirect Address)라고 한다.

간접 사이클(Indirect Cycle)은 오퍼랜드 필드에 포함된 간접주소로부터 실제 피연산자가 저장된 위치를 가리키는 유효주소를 읽어 들이는 과정이다.

CPU가 오퍼랜드 필드에 포함된 간접주소에서 유효주소를 읽어오려면 다음과 같이 몇 단계의 마이크로 연산을 거쳐야 한다.

① MAR ← IR(오퍼랜드): 오퍼랜드 필드에 있는 간접번지를 MAR로 전송한다.
② MBR ← M[MAR]: MAR 번지 메모리 내용인 유효주소를 MBR로 전송한다.
③ IR(오퍼랜드) ← MBR: MBR의 내용을 IR(오퍼랜드)로 전송한다. 명령어의 새로운 오퍼랜드 필드에는 실제 피연산자를 가리키는 유효주소가 준비된다.

chapter 07

3) 실행 사이클(Execution Cycle)

실행 사이클에서는 CPU가 인출된 명령어 코드를 해독하고, 그 결과에 따라 필요한 연산을 수행한다. CPU가 '프로그램 실행'이라는 기능을 수행하기 위해서 처리하는 과정을 살펴보면 다음과 같다.

① 명령어 인출(Instruction Fetch): 기억장치로부터 명령어를 읽어온다.
② 명령어 해독(Instruction Decode): 수행해야 할 동작을 결정하기 위하여 명령어를 해독한다.
③ 데이터 인출(Data Fetch): 명령어 실행을 위하여 데이터가 필요한 경우에는 기억장치 혹은 I/O 장치로부터 그 데이터를 읽어온다.
④ 데이터 처리(Data Process): 데이터에 대한 산술적 혹은 논리적 연산을 수행한다.
⑤ 데이터 저장(Data Store): 수행한 결과를 저장한다.

연산에 사용될 피연산자를 직접 가리키는 유효주소는 명령어의 오퍼랜드 필드에 들어있다고 가정하고 CPU에서 동작하는 몇 가지 명령어 실행 사이클을 설계하기로 한다.

LOAD 명령

오퍼랜드 필드에 포함된 기억장치 번지 내용을 AC로 로드한다.

① MAR ← IR(오퍼랜드): 오퍼랜드 필드에 포함된 주소를 MAR로 전송한다.

② MBR ← M[MAR]: MAR 번지 메모리 내용을 MBR로 전송한다.

③ AC ← MBR: MBR 내용을 AC로 로드한다.

STORE 명령

AC의 내용을 오퍼랜드 필드에 포함된 기억장치 번지에 저장한다.

① MAR ← IR(오퍼랜드): 오퍼랜드 필드에 포함된 주소를 MAR로 전송한다.

② MBR ← AC: AC의 내용을 MBR로 전송한다.

③ M[MAR] ← MBR: MBR 내용을 MAR 번지 기억장치에 저장한다.

ADD 명령

AC의 내용을 오퍼랜드 필드에 포함된 번지의 내용과 더해 저장한다.

① MAR ← IR(오퍼랜드): 오퍼랜드 필드에 포함된 주소를 MAR로 전송한다.

② MBR ← M[MAR]: MAR 번지 메모리 내용을 MBR로 전송한다.

③ AC ← AC + MBR: AC와 MBR의 합을 구해 다시 누산기로 로드한다.

JUMP 명령

프로그램의 흐름이 오퍼랜드 필드에 포함된 번지로 분기한다.

① PC ← IR(오퍼랜드): 오퍼랜드 필드에 포함된 분기 번지를 PC로 전송한다.

4) 인터럽트 사이클(Interrupt Cycle)

인터럽트 사이클은 인터럽트 서비스 루틴의 시작번지를 호출해 실행을 준비하는 단계이다. 이 루틴은 기억장치에 저장되어 있으며 처리해야할 일들이 미리 정해져있다.

인터럽트는 프로그램의 정상적인 처리 순서를 방해하는 서비스 요구이다. 소프트웨어 인터럽트는 프로그램의 요청에 의해 발생하고 하드웨어 인터럽트는 주로 CPU 외부장치에서 발생한다. 일반 서브루틴과 달리 대부분 전혀 예상치 못한 시점에서 CPU에 서비스를 요구한다. CPU는 어떤 장치가 서비스를 요구해 왔는지 파악하고 이에 해당하는 서비스 루틴을 준비한다.

인터럽트 요구를 수용하려면 CPU에서 현재 하던 작업을 중단하고 인터럽트를 먼저 처리한다. 이것은 ISR(Interrupt Service Routine)의 시작번지를 프로그램 카운터로 불러들여 실행하는 것이다.

인터럽트 사이클은 명령어 사이클의 일부로 추가되며 다음과 같이 몇 단계의 마이크로 연산을 거쳐야 한다.

① MBR ← PC: 현재 PC에는 인터럽트를 마치고 돌아올 본래 프로그램의 복귀 주소가 저장되어 있는데 PC의 내용을 MBR로 전송한다.

② MAR ← SP, PC ← ISR의 시작번지: 현재 SP(Stack Pointer)에 포함된 주소를 MAR로 전송한다. PC는 ISR의 시작번지로 이동시킨다

③ M[MAR] ← MBR, SP ← SP−1: 복귀 주소를 MAR 번지 메모리에 저장한다. SP를 감소시켜 다음 번 저장위치를 새로 준비한다.

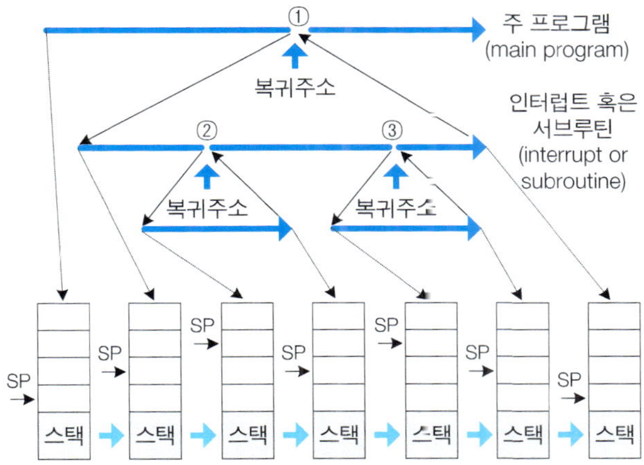

메모리의 스택(stack) 영역에 들어간 역순으로 나온다.(LIFO)

[그림 7–11] 인터럽트의 스택 영역 변화

학습 활동 스택(stack)

스택(stack)은 제한적으로 접근할 수 있는 나열 구조이다. 그 접근 방법은 언제나 목록의 끝에서만 일어난다. 스택 포인터(Stack Pointer, SP)는 CPU 내부 레지스터 중 하나로 항상 현재 상태에서 이용 가능한 스택 영역의 최종 위치를 표시한다.

스택은 한 쪽 끝에서만 자료를 넣거나 뺄 수 있는 선형 구조로 되어 있다. 자료를 넣는 것을 '밀어 넣는다.' 하여 푸시(push)라고 하고 반대로 넣어둔 자료를 꺼내는 것을 팝(pop)이라고 하는데, 이때 꺼내지는 자료는 가장 최근에 보관한 자료부터 나오게 된다. 이처럼 나중에 넣은 값이 먼저 나오는 것을 LIFO 구조라고 하며 스택 영역을 이용할 때 주로 사용한다.

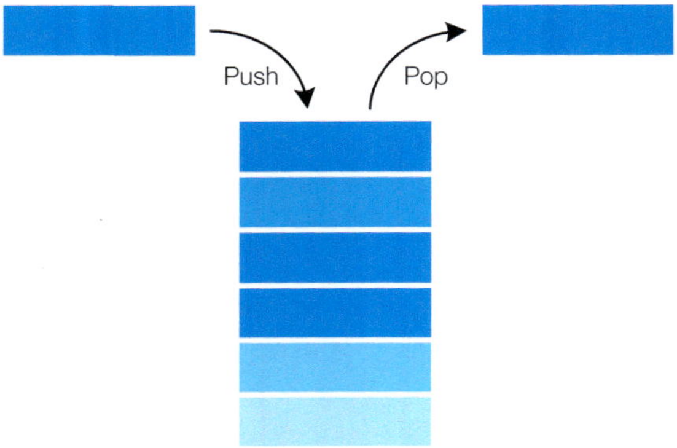

[그림 7-12] 스택의 정의

4 명령어 파이프라이닝

1) 개요

자동차 조립 라인을 보면 [그림 7-13]과 같이 먼저 기본 차체(frame)가 컨베이어 위에 얹히고 이것이 일정 속도로 이동한다. 이동하는 곳곳에는 많은 station이 있고 각 station에서는 특정의 부품 하나만을 조립한다. 이처럼 하나의 station에서 조립한 결과가 다음 station으로 연속적으로 넘어가서 마지막 station을 통과하면 최종 결과로 완성된 자동차가 나온다.

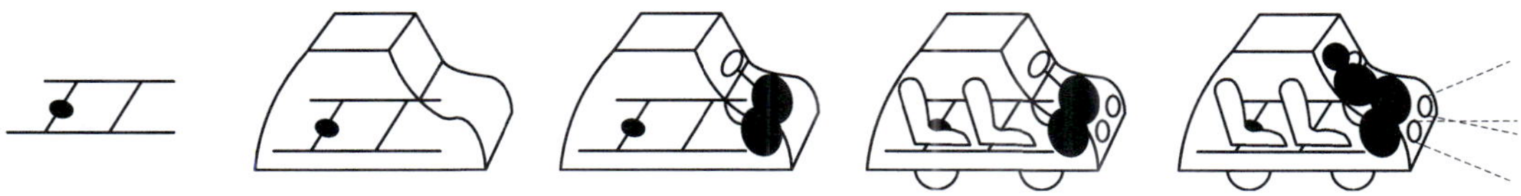

[그림 7-13] 파이프라인의 개념

파이프라인은 이와 같은 산업공장의 조립라인(Assembly Line)에 매우 유사하다. 파이프라인에서는 하나의 연산(process)을 기능이 서로 다른 여러 개의 명령어들로 나누는데, 각 명령어는 stage라고 하는 회로에서 수행되고, 이들 stage가 하나의 pipeline을 형성하도록 연결되어 있다. 그러므로 하나의 stage에서 수행된 결과는 다음 stage로 연속적으로 넘어가고, 마지막 stage를 통과하면 최종 결과가 얻어지도록 되어 있다. 이러한 기법이 파이프라인(pipeline)이다.

파이프라인의 구조로서 가장 간단한 형태의 것은 [그림 7-14]와 같이 명령어를 수행하는 각 stage와 입력 레지스터로 파이프라인이 구성되어 있는 경우이다. 입력 레지스터는 데이터 또는 중간 처리 결과를 기억하고 stage는 명령어를 수행한다. 클록신호는 가장 시간이 많이 걸리는 stage에 맞추고, 모든 stage의 입력레지스터에 들어간다.

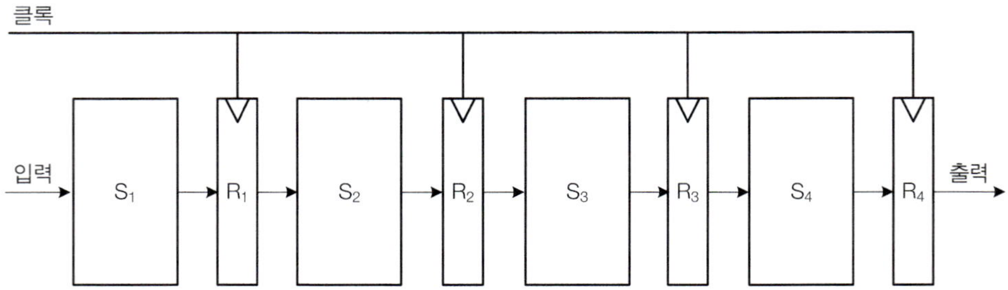

[그림 7-14] 파이프라인의 구조

2) 단계별 파이프라인

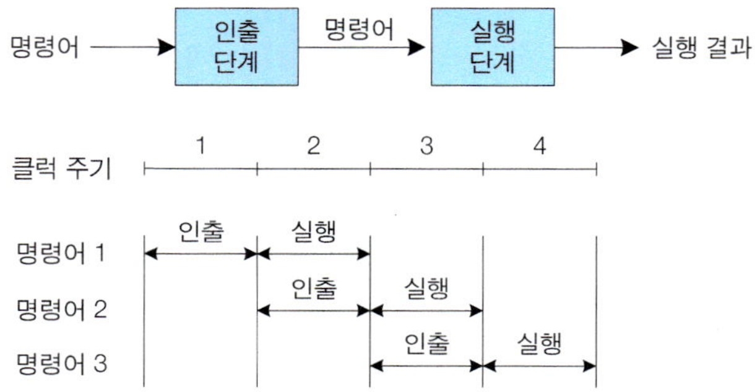

[그림 7-15] 2단계 파이프라인의 구조

명령어를 실행하는 하드웨어를 인출 단계(Fetch Stage)와 실행 단계(Execute Stage)라는 두 개의 독립적인 파이프라인 모듈들로 분리할 수 있다. 그런데 이들 각 사이클의 동작을 처리하는 하드웨어를 독립적인 모듈로 구성할 수 있다면, 각 모듈이 서로 다른 명령어를 동시에 처리할 수 있을 것이다.

두 단계들에 동일한 클록을 가하여 동작 시간을 일치시킬 수 있다면 첫 번째 클록 주기에서는 인출 단계가 첫 번째 명령어를 인출하며 두 번째 클록 주기에서는 인출된 첫 번째 명령어가 실행 단계로 보내져서 실행되며, 그와 동시에 인출 단계는 두 번째 명령어를 인출한다. 이와 같이 다음에 실행될 명령어를 미리 인출하는 것을 명령어 선인출(Instruction Prefetch)이라고 한다.

2-단계 파이프라인(Two-stage Instruction Pipeline)을 이용하면 명령어 처리 속도가 두 배 향상(일반적으로 단계 수만큼의 속도 향상)되지만 두 단계의 처리 시간이 동일하지 않으면 두 배의 속도 향상(speedup)을 얻지 못하므로 파이프라인의 효율이 저하된다.

파이프라인 단계들의 처리 시간이 동일하지 않음으로 인하여 발생하는 효율 저하를 방지하는 방법은 처리 시간이 더 긴 파이프라인 단계를 더 작게 분리하여 거의 같아지도록 하는 것이다. 이와 같이 파이프라인 단계의 수를 늘리면 전체적으로 속도 향상도 더 높아진다.

그러므로 2단계 파이프라인의 실행 단계를 더 분리하여 다음과 같이 파이프라인을 4단계로 구성하는 경우를 살펴본다.

① 명령어 인출(Instruction Fetch, IF) 단계 : 다음 명령어를 기억장치로부터 인출한다.
② 명령어 해독(Instruction Decoding, ID) 단계 : 해독기(decoder)를 이용하여 명령어를 해석한다.
③ 오퍼랜드 인출(Operand Fetch, OF) 단계 : 기억장치로부터 오퍼랜드를 인출한다.
④ 실행(Execute, EX) 단계 : 지정된 연산을 수행한다.

이와 같이 4단계 파이프라인으로 구성하면, 각 단계에서 걸리는 시간들이 거의 같아질 수 있다. 여기서는 편의상 모든 단계들에 같은 시간이 걸린다고 가정한다. 이 경우에는 명령어 파이프라인이 4단계로 구성되므로 실행시간 흐름도는 [그림 7-16]과 같다.

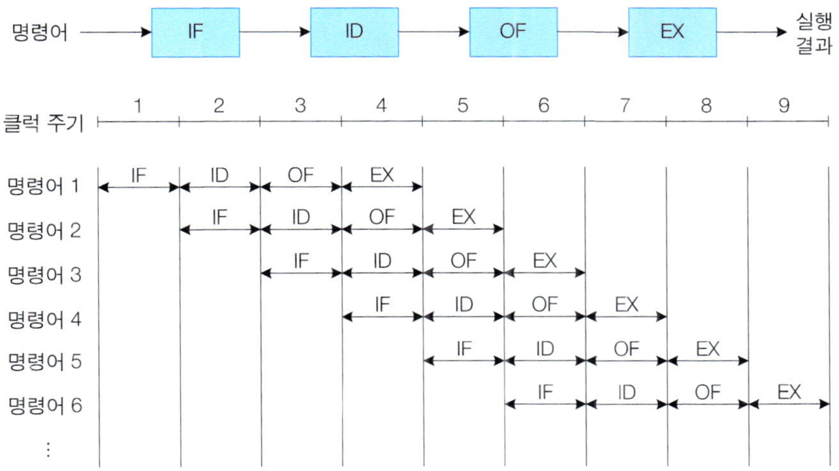

[그림 7-16] 4단계 파이프라인의 구조

3) 파이프라인의 효율성

파이프라인을 갖추지 않은 시스템에서 n개의 명령(task)을 실행시키는 데 필요한 시간을 먼저 계산하기로 한다. 하나의 명령을 실행시키는 데 필요한 시간을 t_n이라고 한다면, n개의 명령을 실행시키는 데는 nt_n의 시간이 필요할 것이다.

이제 파이프라인을 갖춘 시스템에서 역시 n개의 명령을 실행시키는 데 필요한 시간을 계산해 보기로 한다. 지금 클록 시간을 t_p이고 최초의 명령어를 실행하는 데는 k 주기가 걸린다면 나머지 $(n-1)$개의 명령어들은 각각 한 주기씩만 소요된다. 예를 들면, 4개의 주기를 통과하는 데 요하는 시간은 $4t_p$이고, 다음 명령부터는 매 클록마다 하나의 명령이 최종 주기로부터 나온다. 그러므로 주기가 k개인 경우에는 최초의 명령이 최종 주기를 통과하는 데는 kt_p의 시간이 필요하고, 그 다음 명령부터는 매 클록마다 하나의 명령이 최종 주기를 통과한다.

그러므로 n개의 명령어가 최종 주기를 통과하는 데 필요한 시간은

$$kt_p + (n-1)t_p = (k+n-1)t_p$$

가 된다. 지금 비파이프라인 시스템과 파이프라인 시스템의 성능을 비교하는 지수로서 속도향상율(Speedup Ratio)이라는 것을 정하고, 이것으로 n개의 명령을 실행시키는 데 필요한 각각의 시간비로 정의한다면 이것은 다음과 같이 된다.

$$S = \frac{nt_n}{(k+n-1)t_p}$$

$(k-1)$에 비하여 n이 충분히 크면 윗 식은 다음과 같이 된다.

$$S = \frac{t_n}{t_p}$$

그런데 $t_n = kt_p$의 관계에서

$$S = \frac{kt_p}{t_p} = k$$

이므로 파이프라인에 의한 이론적 최대 속도향상율은 파이프라인의 주기 수 k이다.

예제 7-1

실행할 명령어의 수가 10개, 100개, 1,000개 및 10,000개일 때, 각각에 대한 4-단계 파이프라인의 속도향상율(Sp)을 구하시오.

풀이 $n = 10$개일 때 $Sp = 4 \times 10/\{4 + (10 - 1)\} = 40/13 \simeq 3.08$

$n = 100$개일 때 $Sp = 4 \times 100/\{4 + (100 - 1)\} = 400/103 \simeq 3.88$

$n = 1000$개일 때 $Sp = 4 \times 1000/\{4 + (1000 - 1)\} = 4000/1003 \simeq 3.988$

$n = 10000$개일 때 $Sp = 4 \times 10000/\{4 + (10000 - 1)\} = 40000/10003 \simeq 3.9988$

학습 활동 CISC & RISC

1) CISC(Complex Instruction Set Computing)

복잡한 명령어 집합을 가지고 있으며 각각의 명령은 특정한 회로로 구성되어 있다.

- 장점: 매우 효율적인 컴파일러(complier)를 개발할 수 있고, 단순하고 강력한 운영체제 개발도 가능하다.
- 단점: 속도가 느리고 가격이 비싸다.

2) RISC(Reduced Instruction Set Computing)

CPU 명령어의 개수를 줄여 하드웨어 구조를 좀 더 간단하게 설계한 CPU이다.

- 장점: 시스템 설계를 빠르고 쉽게 할 수 있으며 적은 수의 TR(transistor)을 사용하므로 가격이 싸고 다양한 반도체 기술이 필요하다.

[표 7-2] CISC와 RISC의 비교

	CISC	RISC
명령어의 수	다수(100~250개)	최소화
명령어의 길이 및 형식	다양한 길이 load/store, 레지스터와 메모리의 다양한 형식	고정길이 load/store와 레지스터간의 연산명령만이 허용
주소 지정 방식	다양	최소화
제어장치구성	마이크로프로그램방식	고정 배선 방식
파이프라인	비효율적	효율적
캐시메모리	반드시 필요하지는 않음	반드시 필요함

4) 파이프라인 저해 요인

가) 하드웨어 설계

묵시적 주소 지정 방식(Implied Addressing Mode)에서는 오퍼랜드를 인출할 필요가 없는 경우가 생긴다. 그러나 파이프라인 하드웨어를 단순화하기 위해서는 모든 명령어들이 네 단계를 모두 통과하도록 해야 한다. 결과적으로 그러한 명령어의 실행 과정에서는 OF를 위한 사이클이 필요 없이 소모되는 것이다.

나) 병목현상

어느 클록 주기에서의 수행시간이 다른 클록 주기에서의 수행 기간보다 긴 경우에는 병목 현상이 일어난다. 이 경우 파이프라인의 클록은 처리 시간이 가장 오래 걸리는 단계를 기준으로 정해져야 한다.

예를 들면, 4단계 파이프라인 중 앞의 세 단계들은 1[μs]가 걸리고 마지막 EX 단계가 2[μs]가 걸린다면, 클록 주기는 2[μs]로 결정되어야 한다. 그 이유는 앞 단계에서 처리가 종료되었더라도 다음 단계의 처리가 끝나기 전에 그 결과를 보내주면 안되기 때문이다. 결국 앞의 세 단계에서는 처리된 결과들이 1[μs]동안 기다려야 하므로 전체적인 속도가 떨어지게 된다. 이것은 비동기 방식(handshaking 방식)에 의해서 어느 정도 해결할 수 있으나, 여기에도 문제점이 있어 이 방식도 잘 사용되지 않는다.

다) 자원충돌(Resource Conflict)

두 개의 단계가 동시에 하나의 기억장치에 접근하려는 데서 기인한다. 이런 충돌은 명령어가 들어가는 메모리와 데이터가 들어가는 메모리를 따로 마련함으로써 대부분 해결할 수 있다.

라) 분기 곤란(Branch Difficulty)

조건에 따라 다른 위치로 분기하도록 하는 조건 분기(Conditional Branch) 명령어가 실행된다면, 미리 인출되어 파이프라인에서 처리되고 있던 명령어들이 무효화될 수 있다.

분기를 미리 예상할 수 없으므로 발생하는 문제를 완전히 해결할 수는 없지만, 그로 인한 성능 저하를 최소한으로 줄이기 위하여 다음과 같은 방법들이 사용되고 있다.

(1) 분기 목적지 선인출(Prefetch Branch Target)

분기 명령어 다음의 명령어와 함께 분기 목적어가 되는 명령어를 미리 가져오는 방법인데, 이들을 미리 가져와서 보관해 두었다가 분기조건이 이루어지지 않을 경우에는 분기명령어 다음의 명령어로부터 파이프라인을 계속하고, 분기조건이 이루어지는 경우에는 미리 가져온 목적지의 명령어로부터 파이프라인을 계속한다.

(2) 루프 버퍼(Loop Buffer)

루프 버퍼는 가장 최근에 인출된 n개의 명령어들이 순서대로 저장되어 있다. 만약 분기가 발생하면, 하드웨어는 먼저 분기의 목적지 명령어가 버퍼에 있는지를 검사한다.

만약 있다면, 다음 명령어는 버퍼로부터 인출된다. 반복루프가 크지 않다면 그 전체가 루프 버퍼에 저장될 수 있기 때문에, 이 방법은 작은 반복 루프들이 포함된 프로그램을 처리하는 경우에 효과적이다.

용어 설명	루프 버퍼
파이프라인의 명령어 인출 단계에 포함되어 있는 작은 고속 기억장치	

(3) 분기 예측(Branch Prediction)

분기가 일어날 것인지를 예측하고, 그에 따라 명령어를 인출하는 확률적 방법이다. 예측하는 방법은 분기 역사 표(Branch History Table)를 이용하여 최근의 분기 결과를 참조하는 것이다.

(4) 지연 분기(Delayed Branch)

대부분의 RISC 프로세서가 채용하는 방법으로서, 컴파일 시에 컴파일러가 분기명령을 탐지하고 파이프라인이 막힘없이 동작되도록 하는 명령을 삽입해 넣음으로써 기계어 코드를 적절히 조정한다.

5 주소 지정 방식

주소 지정 방식(Addressing Mode)이란 연산에 사용될 데이터를 주기억장치의 어떤 위치에서 인출할 것인가를 미리 명령어 형식의 오퍼랜드 주소부에 지정하는 방식을 말한다. 이 연산은 레지스터나 기억장치에 저장된 데이터에 대해 수행을 한다. 프로그램이 수행되는 동안 오퍼랜드 주소들을 취하는 방법은 명령어의 주소 지정 방식에 따라 달라진다.

컴퓨터에서 주소 지정 방식 기법을 사용한 이유는 첫째, 포인터(pointer), 카운터 인덱싱(indexing), 프로그램 재배치 등의 편의를 사용자에게 제공함으로써 프로그램 하는 데 융통성을 주고, 둘째, 명령어의 주소 부분의 비트를 줄일 수 있다. 일반적으로 경험이 없는 사용자에게는 어떤 컴퓨터에서의 다양한 주소 지정 방식이 지나치게 복잡한 것으로 보일 수 있지만 여러 가지의 주소 지정 기법을 사용함으로써 숙련된 프로그래머는 명령의 수나 수행 시간에 비해 훨씬 효율적인 프로그램을 작성할 수 있다.

1) 즉시 주소 방식(Immediate Addressing Mode)

즉시 주소 방식에서는 연산에 사용할 데이터가 명령어에 포함되어 있다. 즉, 이런 명령에서는 주소부라기보다는 오히려 오퍼랜드부를 가지게 된다.

이 방식은 상수를 레지스터에 초기 값으로 줄 때 편리하다. 일반적으로 수는 2의 보수 표현으로 저장된다. 따라서 오퍼랜드 필드의 맨 좌측 비트가 부호(sign) 비트로 사용된다. 예를 들면, '수치 7을 직접적으로 누산기에 load한다.'라는 명령에 대하여 생각한다. 이 명령은 LOAD 7과 같이 부호화된다. 오퍼랜드 7은 명령어 중에 직접 포함한다.

연산코드	데이터

[그림 7-17] 즉시 주소 방식

즉시 주소 방식의 장점은 데이터를 인출하기 위하여 기억장치를 액세스할 필요가 없기 때문에, 실행 사이클이 짧아진다는 점이다. 단점은 사용할 수 있는 수의 크기가 오퍼랜드 필드의 비트 수에 의해 제한된다.

예제 7-2

(1) 즉시 주소 방식이 사용되는 16비트 명령어에서 연산코드가 5비트일 때, 이 명령어가 가질 수 있는 데이터의 범위를 구하시오.

(2) 'ADD20' 명령어에 대한 2진수 비트 패턴을 즉시 주소 지정 방식으로 표현하시오. 이때, 연산코드는 5이고, 즉시 데이터는 10진수인 것으로 가정한다.

풀이 (1) 양의 정수를 사용하는 경우: 0~2047
2의 보수를 사용하는 경우: −1024~+1023

(2)

00101	00000010100

2) 직접 주소 방식(Direct Addressing Mode)

직접 주소 방식에서는 오퍼랜드에 관한 어드레스 정보가 명령 가운데 직접 위치하고 있다. 다시 말하면, 명령어의 주소부에 실제 데이터가 들어있는 주기억장치의 주소를 직접 갖고 있는 방식이다.

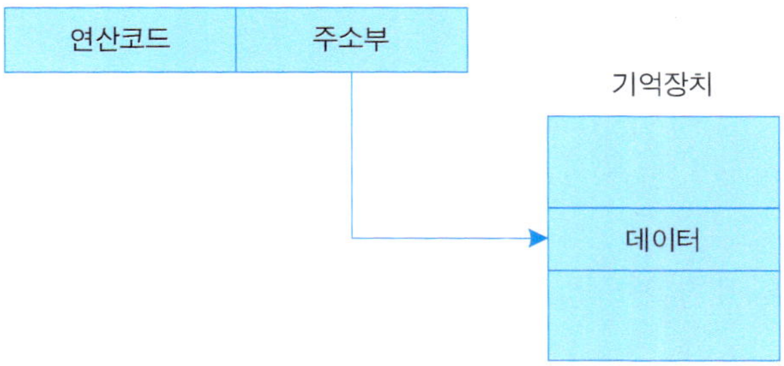

[그림 7-18] 직접 주소 방식

예를 들면, '어드레스 100의 기억장치 내용을 누산기에 더한다.'라고 하는 명령에 대하여 살펴본다. 이 명령을 부호화(coding)하면 ADD 100이 된다. 오퍼랜드 어드레스 100은 명령어 가운데서 직접 지정되고 있다. 이 어드레스 방식은 마이크로프로세서에 있어서 사용되는 일반적인 주소 방식의 하나이다.

이 방식의 장점으로는 데이터 인출을 위하여 한 번의 기억장치 액세스만 필요하며, 유효 주소 결정을 위한 다른 절차나 계산이 필요하지 않다. 한편, 단점은 명령어에서 일정 부분은 연산 코드를 위해 사용되기 때문에 남은 비트들만 주소 비트로 사용될 수 있다.

3) 간접 주소 방식(Indirect Addressing Mode)

간접 주소 방식에서는 오퍼랜드 어드레스가 가리키는 위치의 어드레스를 지정한다. 이 방법은 기억장치를 임의로 사용한다거나 프로그램상의 융통성을 발휘할 수 있다는 장점이 있으나 기억장치를 두 번이나 호출해야 한다는 단점도 있다.

최대 기억장치 용량이 그 기억 장소에 저장된 전체 비트 수에 의해 결정되므로 더 확장될 수 있다. 즉, 기억장치의 단어 길이가 n비트라면, 최대 2^n개의 주소 공간을 가질 수 있다. 이 방식을 간접 주소 지정 방식이라고 한다.

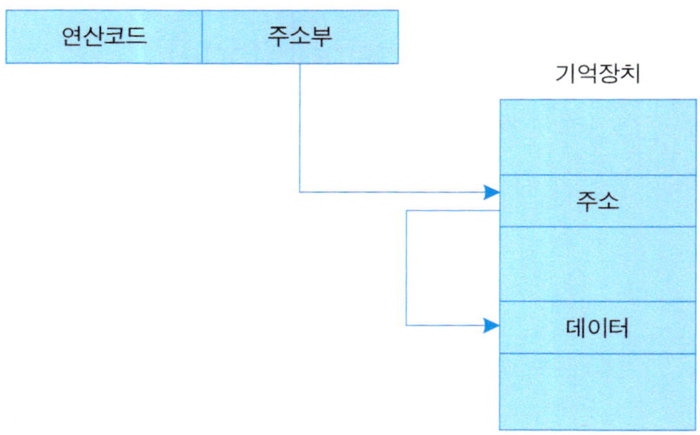

[그림 7-19] 간접 주소 방식

이 방식을 위하여 명령어 형식은 [그림 7-20]과 같이 간접 비트(I)가 포함되어야 한다. 만약 I 비트가 0이면, 직접 주소지정 방식을 나타내므로 오퍼랜드 자체가 유효 주소이다. 그러나 만약 I 비트가 1이면 간접 주소지정 방식이므로 오퍼랜드가 지정하는 위치로부터 유효 주소를 인출해야 한다.

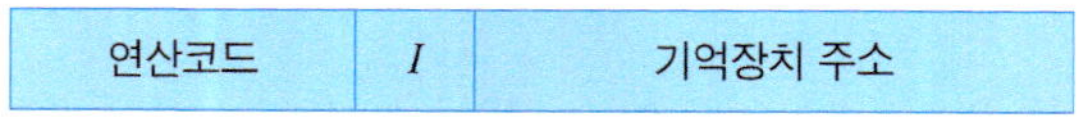

[그림 7-20] 간접 비트가 포함된 명령어 형식

4) 레지스터 주소 지정 방식(Register Addressing Mode)

레지스터 주소 지정 방식에서는 연산에 사용할 데이터가 레지스터에 저장되어 있다. 이때, 오퍼랜드의 비트가 K 비트일 때 2^K개의 레지스터 중에 하나를 선택할 수 있다.

따라서 오퍼랜드 필드의 내용이 레지스터 번호이며, 그 번호가 가리키는 레지스터의 내용이 명령어 실행 과정에서 데이터로 사용된다.

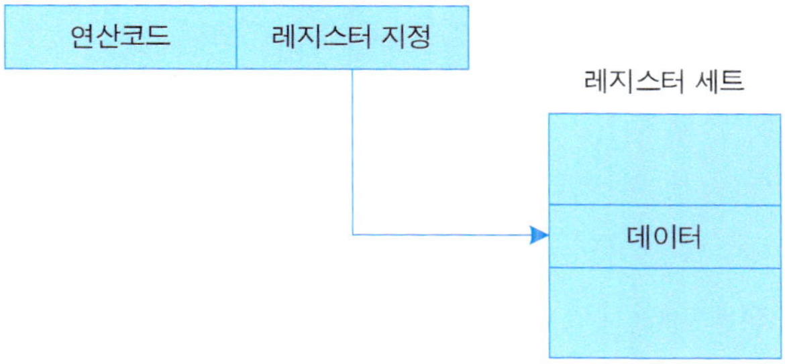

[그림 7-21] 레지스터 주소 지정 방식

5) 레지스터 간접 주소 지정 방식(Register-indirect Addressing Mode)

레지스터 간접 주소 지정 방식에서는 오퍼랜드 필드(레지스터 번호)가 가리키는 레지스터의 내용이 유효 주소가 된다. 따라서 오퍼랜드가 레지스터를 지정하고 다시 그 레지스터의 값이 실제 데이터가 기억된 기억 장소의 주소를 지정한다. 이 지정 방식의 특징은 직접 주소 지정 방식보다 적은 비트가 사용된다.

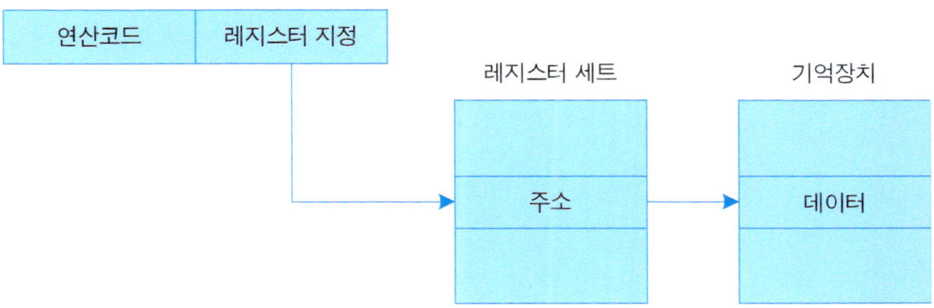

[그림 7-22] 레지스터 간접 주소 지정 방식

이 방식을 이용하는 경우에 주소가 지정될 수 있는 기억장치 영역은 레지스터의 길이에 달려 있다. 예를 들면, 레지스터의 길이가 16비트라면 $2^{16}=64K$바이트, 32비트라면 $2^{32}=4G$바이트의 기억장치 영역을 주소지정할 수 있다. 이 방식을 이용하면 데이터 인출에 한 번의 기억장치 액세스만 필요하다.

6) 인덱스 주소 지정 방식(Indexed Addressing Mode)

인덱스 주소 지정 방식에서 명령에 포함되어 있는 주소 정보는 인덱스 레지스터의 내용과 더하여 오퍼랜드 주소가 결정된다. 인덱스 레지스터는 인덱스(index) 값을 지정하는 특수 레지스터이다.

이에 대한 예를 들어보면, 데이터 배열이 기억장치의 35번부터 저장되어 있고, 그 시작 주소를 가리키기 위하여 명령어의 주소부에 35가 포함되어 있다. 한편, 인덱스 레지스터에 있는 값 345는 변위 35에 더해져서 오퍼랜드 위치의 값 380을 얻는다. 다음에 저장된 데이터들을 순차적으로 액세스하려면 인덱스 레지스터의 내용만 1씩 증가하면 된다.

인덱스 어드레스 방식은 배열(array) 또는 테이블(table)이라는 데이터 구조를 포함하는 프로그램에 있어서 중요한 역할을 한다. 테이블의 첫 요소의 어드레스는 인덱스 레지스터에 지정되어 있고 다른 테이블의 요소는 첫째 요소와의 상대 관계로 어드레스할 수 있다.

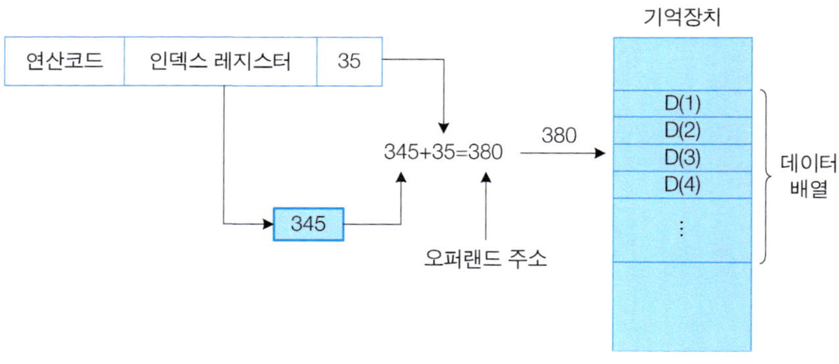

[그림 7-23] 인덱스 주소 지정 방식

7) 베이스 레지스터 주소 지정 방식(Base-register Addressing Mode)

베이스 레지스터 주소 지정 방식에서는 베이스 레지스터의 내용과 변위를 더하여 오퍼랜드 주소를 결정한다. 이 방식은 인덱스 주소 지정 방식과 유사하지만, 인덱스 레지스터에서는 명령어에 포함된 변위를 기준으로 한 인덱스 값이 저장되는 반면 베이스 레지스터에는 기준이 되는 주소가 저장된다.

관용적으로 변위가 주기억 전체의 어드레스를 액세스 하는데도 불구하고 충분한 비트 길이를 가지고 있을 때 인덱스 어드레스 지정이라 하고, 그렇지 않으면 베이스 어드레스 지정이라고 한다.

용도상의 차이를 보면, 인덱스 주소 지정 방식은 데이터 배열의 액세스에 주로 사용되지만, 베이스 레지스터 주소 지정 방식은 기억장치 내의 프로그램의 시작 위치를 지정하는데 사용된다.

만일 N 개의 베이스 레지스터를 이용할 수 있고, 변위는 K 비트로 구성되어 있다면 2^K 어드레스로 되는 N 개의 영역 어디에도 즉시 액세스할 수가 있다. [그림 7-24]는 $N=4$의 예로써 4개의 영역이 액세스가 가능하게 된다. 이외의 주기억의 부분은 베이스 레지스터의 값을 변경하는 것으로 액세스가 가능하게 된다.

또한 베이스 레지스터는 프로그램의 재배치에 이용된다. 프로그램을 주기억 임의의 장소에 로드할 때 주기억 상의 프로그램의 선두 어드레스를 베이스 레지스터에 로드하면 베이스 어드레스 지정을 사용하고 있는 명령의 어드레스 부는 조금도 변경되지 않아서 편리하다.

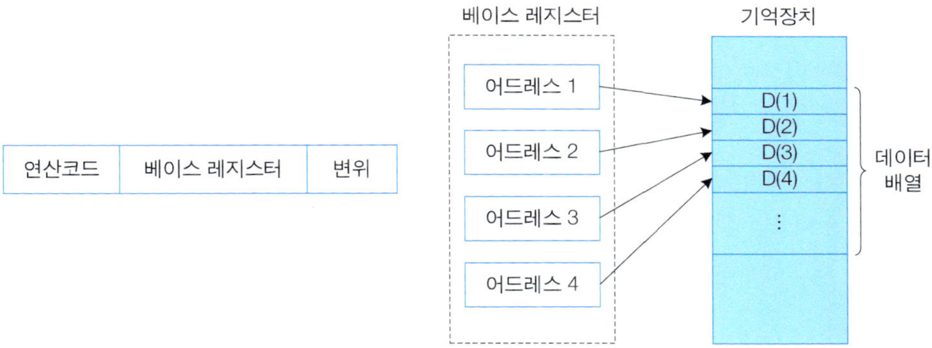

[그림 7-24] 베이스 레지스터 주소 방식

요 약

01 중앙처리장치(CPU)는 ALU와 레지스터 및 제어장치로 구성되어 있다.

02 레지스터는 CPU 내부에 있는 소규모의 일시적인 기억장치로 어드레스로 지정될 수 없다.

03 누산기(Accumulator)는 1-주소 명령어를 쓰는 시스템에서 연산의 중심이 되는 레지스터이다.

04 범용 레지스터(General Register)는 산술 및 논리연산, 연산결과의 임시 저장, 주소 색인(index) 등 여러 목적으로 사용되는 레지스터이다.

05 프로그램 카운터(Program Counter)는 다음번에 수행될 명령어가 들어 있는 번지(Address Location)를 지시하는 레지스터이다.

06 명령 레지스터(Instruction Register)는 실행될 명령어를 일시 보존하는 레지스터이다.

07 메모리 주소 레지스터(Memory Address Register)는 다음번에 실행될 명령이나 데이터가 들어 있는 번지를 지시하는 레지스터이다.

08 메모리 버퍼 레지스터(Memory Buffer Register)는 MAR이 지시하는 번지의 내용(명령어 및 데이터)을 일시 보존하는 레지스터이다.

09 제어 장치는 프로그램 코드(명령어)를 해석하고, 그것을 실행하기 위한 제어 신호들(Control Signals)을 순차적으로 발생하는 하드웨어 모듈이다.

10 명령어에서 가장 기본이 되는 것은 연산 코드(Operation Code)이며 사칙 연산, 보수 연산 등과 같은 동작을 정의하는 부분으로 동작 코드부라고도 한다.

11 연산 코드 수행에 있어서 연산 결과를 기억시킬 장소가 고정되어 있을 경우 이때의 명령들을 0-주소 명령 형식이라고 한다.

12 명령어가 한 개의 오퍼랜드만 포함하는 것을 1-주소 명령어라고 한다.

13 연산 후에 입력 자료 보존의 필요성이 없으면 연산 결과를 두 개의 입력 자료가 기억되어 있던 곳들 중에서 어느 한 곳에 기억시킬 수가 있다. 이러한 명령어 형식을 2-주소 명령어이라고 한다.

14 3-주소 명령어 형식은 3개의 오퍼랜드로 구성되어 있으며 여러 개의 범용 레지스터를 가진 컴퓨터에서 사용되는 형식으로 특수한 목적에만 제한적으로 사용된다.

15 명령어 사이클은 크게 CPU가 기억장치로부터 한 번에 한 개씩 명령어를 읽어오는 명령어 인출 사이클과 그것을 수행하는 명령어 실행 사이클로 이루어진다.

16 인출 사이클(Fetch Cycle)에서 CPU는 각 명령어 사이클의 시작 단계에서 프로그램 카운터가 가리키는 기억장치의 위치로부터 명령어를 인출해온다.

17 간접 사이클(Indirect Cycle)은 오퍼랜드 필드에 포함된 간접주소로부터 실제 피연산자가

저장된 위치를 가리키는 유효주소를 읽어 들이는 과정이다.

18 실행 사이클에서는 CPU가 인출된 명령어 코드를 해독하고, 그 결과에 따라 필요한 연산을 수행한다.

19 인터럽트 사이클은 인터럽트 서비스 루틴의 시작번지를 호출해 실행을 준비하는 단계이다.

20 파이프라인 저해 요인은 하드웨어 설계, 병목 현상, 자원충돌 그리고 분기 곤란 등이다.

21 즉시 주소 방식에서는 연산에 사용할 데이터가 명령어에 포함되어 있다. 즉, 이런 명령에서는 주소부라기보다는 오히려 오퍼랜드부를 가지게 된다.

22 직접 주소 방식에서는 오퍼랜드에 관한 어드레스 정보가 명령 가운데 직접 위치하고 있다.

23 간접 주소 방식에서는 오퍼랜드 어드레스가 가리키는 위치의 어드레스를 지정한다.

24 레지스터 주소 지정 방식에서는 연산에 사용할 데이터가 레지스터에 저장되어 있다. 이때, 오퍼랜드의 비트가 K 비트일 때 2^K개의 레지스터 중에 하나를 선택할 수 있다.

25 레지스터 간접 주소 지정 방식에서는 오퍼랜드 필드(레지스터 번호)가 가리키는 레지스터의 내용이 유효 주소가 된다.

26 인덱스 주소 지정 방식에서 명령에 포함되어 있는 주소 정보는 인덱스 레지스터의 내용과 더하여 오퍼랜드 주소가 결정된다.

27 베이스 레지스터 주소 지정 방식에서는 베이스 레지스터의 내용과 변위를 더하여 오퍼랜드 주소를 결정한다.

문 제

01 인출 사이클에서 MBR ← M[MAR], PC ← PC + 1의 의미를 약술하시오.

02 파이프라인 단계 수가 11, 명령어 개수가 490인 파이프라인 구조의 속도향상비를 구하시오.(각 단계의 통과에 걸리는 시간은 동일하다.)

03 파이프라인의 효율성과 문제점 그리고 대책 방안에 대하여 제시하시오.

04 CISC와 RISC의 개념 및 장단점을 설명하시오.

05 2-주소 명령어를 사용하는 16비트 CPU에서 연산코드가 5비트이고, 각각 레지스터의 수는 16개이다. (a) 두 오퍼랜드들이 모두 레지스터 번호인 경우와 (b) 한 오퍼랜드는 기억장치 주소인 경우의 명령어 형식을 정의하시오.

06 3-주소 명령어에 대한 개념 및 장단점을 설명하시오.

07 인덱스 주소 지정 방식과 베이스 레지스터 주소 지정 방식의 개념과 차이점에 대해 설명하시오.

chapter

08

버스 및 입출력

학습목표

1. 시스템 버스를 이해할 수 있다.
2. 버스 중재를 이해할 수 있다.
3. 데이터 입출력 방식을 이해할 수 있다.

컴퓨터 시스템에서 버스(bus)는 전자회로 부품 간에 연결을 위해서 사용되는 신호선의 다발이다. 실제의 버스선은 하드웨어로 구성된(hardwired) 전선이다. 64비트 버스선이란 64가닥의 가느다란 전선이 신호의 연결용으로 사용된다는 뜻이다.

버스는 자주 사용하는 신호선의 배선 수를 줄이기 위해 사용된다. 3개의 전자회로 부품을 8비트로 연결하는데 필요한 배선 수는 6경로×8비트=48개다. 이때 8비트 버스선을 공동으로 사용하면 배선 수를 1경로×8비트=8개로 줄일 수 있다.

버스에는 데이터 버스, 주소 버스, 제어 버스 등이 있다. 데이터 버스는 데이터를 전송하고, 주소 버스는 기억 번지 또는 어느 장치를 선택하는 주소 정보를 전송하며, 제어 버스는 데이터의 흐름을 제어하는 제어 신호를 전송한다.

한편, 데이터를 입력 또는 출력하는 방식에는 프로그램에 의한 방식, 인터럽트에 의한 방식 그리고 DMA(Direct Memory Access)에 의한 방식이 있다.

이 장에서는 시스템 버스를 살펴본 다음 버스 중재를 이해한 후 데이터 입출력 방식을 고찰하도록 한다.

1 시스템 버스

1) 사용 배경

각 장치간의 정보 교환은 각 장치 내에 있는 레지스터를 통하여 이루어지므로, 정보의 교환은 결국 레지스터와 레지스터간에 이루어진다. 이때, n개의 레지스터 상호간에 교환이 이루어지기 위해서는 $_{n}P_{2}$개의 전송로 묶음이 필요하다.

예를 들면, 3개의 레지스터 상호간에 정보 교환이 이루어지기 위해서는 [그림 8-1]과 같이 $_{3}P_{2}$, 즉 6개의 전송로 묶음이 필요하다. 그러므로 하나의 전송로 묶음이 10개의 도선으로 이루어져 있더라도 전체 60개의 도선이 필요하다. 단 3개의 레지스터를 연결시키는데도 이렇게 많은 도선이 필요하다면 수많은 장치들로 구성되는 컴퓨터 시스템에서 각 장치들을 연결시키려면 엄청난 수의 도선이 필요하므로 가격이나 부피 면에서 문제가 일어날 것이다.

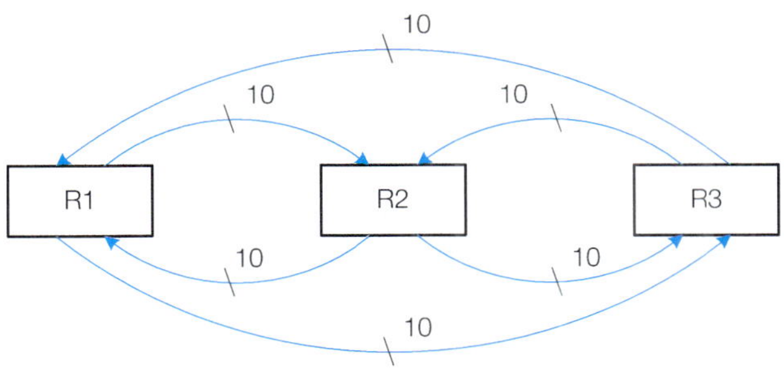

[그림 8-1] 레지스터 간의 정보전송

이러한 문제점에 대한 해결책이 바로 버스이다. [그림 8-2]와 같이 한 묶음의 공통배선을 설치해 두고, 데이터 교환이 필요할 때마다 해당 스위치를 닫는 방법이다. 모든 스위치들은 평상시에는 열려 있다. F_1에서 F_3로 데이터 전송이 필요할 때에는 스위치 S_6와 S_3이 닫히도록 하고, F_2에서 F_1으로 데이터 전송이 필요할 때에는 S_5와 S_1이 닫히도록 한다. 이렇게 함으로써 단 한 묶음의 공통배선으로 모든 레지스터 간에, 즉 모든 장치 간에 데이터, 주소,

제어 등의 정보를 교환할 수 있다.

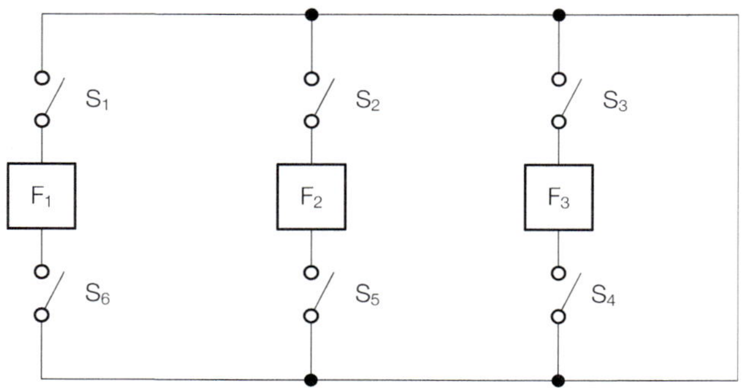

[그림 8-2] 공통 배선을 이용한 정보교환

2) 버스의 구조

가) 단일 버스 구조

단일 버스 구조는 모든 장치들이 하나의 버스에 연결되어 있어서 오직 독자적인 교류 매체가 된다. 버스는 한 번에 오직 하나의 전송만을 할 수 있기 때문에 주어진 일정 시간에서는 오직 두 개의 장치만이 실질적으로 버스를 사용할 수 있다.

이 단일 버스 구조의 주요 장점은 경비가 싸다는 것과 주변장치들을 쉽게 연결시킬 수 있다. 반면에 단점으로는 동작 속도가 느리다. 단일 버스는 보통 미니 컴퓨터나 마이크로 컴퓨터에서 널리 쓰이고 있다.

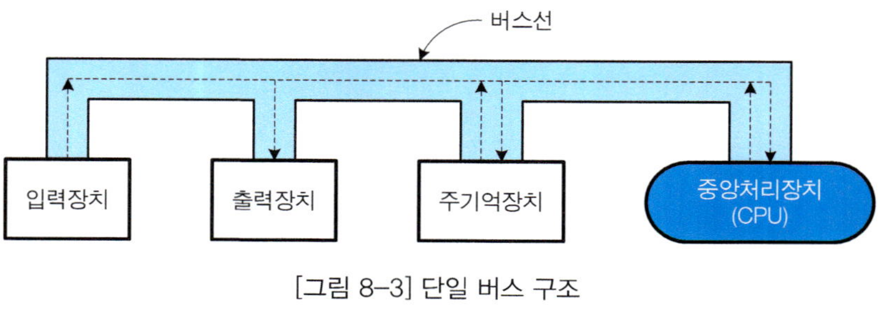

[그림 8-3] 단일 버스 구조

나) 2-버스 구조

이 버스 구조의 컴퓨터는 중앙처리장치와 주기억장치 사이에서 메모리 버스를 통한 데이터 교류를 한다. 입출력 기능은 입출력 버스에 의해서 이루어진다. 그러므로 데이터들은 중앙처리장치를 통하여 주기억장치로 가게 된다. 이러한 구조 하에서는 입출력 전송이 보통 직접적인 중앙처리장치의 제어에 의하여 이루어진다.

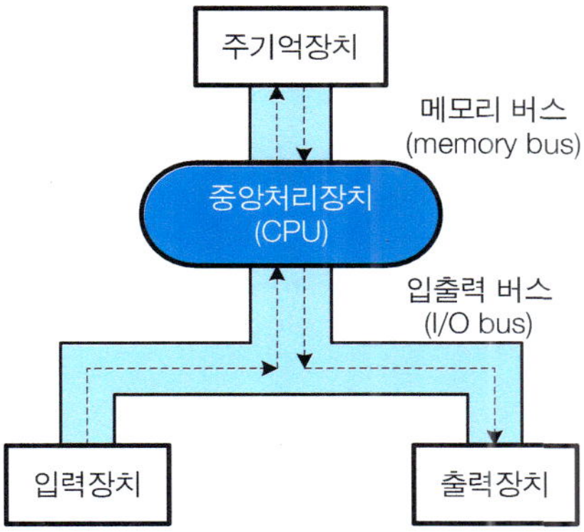

[그림 8-4] 2-버스 구조

2-버스 구조를 약간 변형한 것이 [그림 8-5]인데 중앙처리장치와 주기억장치의 상대적 위치가 바뀐 모양을 보여주고 있다. 메모리 버스가 둘 사이에 통신 매개 역할을 하지만 입출력 전송은 직접 주기억장치를 통하여 이루어진다.

주기억장치는 이러한 전송을 제어할 수 있는 회로를 거의 갖고 있지 않기 때문에 다른 제어 체계를 구성하는 것이 필요하다. 따라서 입출력 장치의 한 부분으로서 입출력 채널을 설치하며 이 입출력 채널은 전송을 제어할 수 있는 능력을 갖고 있다. 중앙처리장치가 원하는 정보를 입출력 채널에 보냄으로써 전송은 시작되는데 실제의 전송을 입출력 채널이 제어한다.

대부분의 컴퓨터들이 이와 같은 구조를 가지고 있는데 특히 대형 컴퓨터에 많으며 여러 개의 구분되는 버스들을 이용한다.

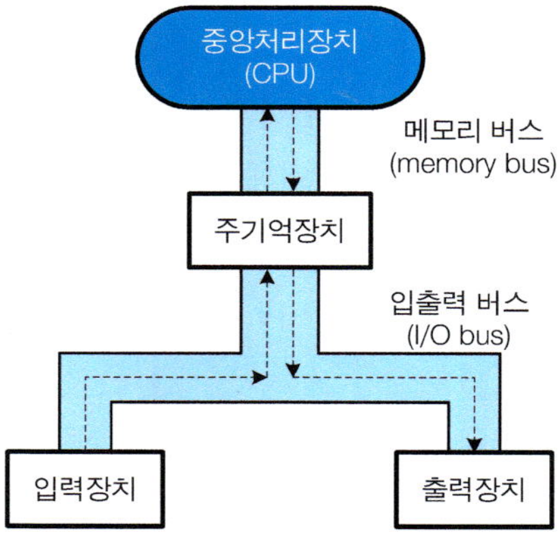

[그림 8-5] 변형된 2-버스 구조

학습 활동 **E-IDE(Enhanced Integrated Drive Electronics)**

HDD, FDD, CD-ROM 드라이브, 테이프 장치 등을 PC에 연결할 수 있는 가장 저렴한 외부 입출력 버스 방식으로서 기존의 IDE 성능을 4배 이상 향상시킨 규격으로 ANSI 표준으로 1994년에 확정되었다. 데이터 입출력 속도를 초당 2~3MB에서 11~13MB로 향상시켰다.

3) 접속 방식

시스템 버스에 접속하는 모든 요소들은 버스를 통하여 상호간에 데이터를 전송하고, 동작 시간을 조정하기 위한 정보도 교환한다. 따라서 버스는 많은 수의 도선으로 구성되는데, 일반적으로 소형 컴퓨터에서는 50개에서 100개 정도이고 중대형급 시스템에서는 그 이상이다. 시스템 버스를 구성하는 선(line)들의 수는 한 번에 전송하는 데이터 비트들의 수와 기억장치 주소 비트들의 수 및 제어 신호들의 수에 따라 결정된다. 이 선들은 기능에 따라 다음과 같이 크게 3가지 버스들로 나누어진다.

① 주소 버스(Address Bus)
② 제어 버스(Control Bus)
③ 데이터 버스(Data Bus)

주로 단일 CPU를 사용한 컴퓨터 시스템에서 시스템 버스를 가정한 것이지만 하나 이상의 프로세서가 연결된 컴퓨터 시스템에서는 시스템 버스를 좀 더 다른 의미로 사용한다. 다중 프로세서 구조에서 각 로컬 프로세서를 중심으로 연결되는 버스를 로컬버스(Local Bus)라고 한다. 이때 각 프로세서간의 중재 역할을 담당하는 공통 버스를 시스템버스라고 하며 주로 버스 컨트롤러와 공유 메모리 사이를 연결한다.

대부분의 개인용 컴퓨터에서 사용하는 단일 CPU 구조에서도 로컬버스의 개념이 존재한다. 컴퓨터 시스템의 메인보드에는 통상 CPU라고 불리는 가장 강력한 메인 프로세서가 있다. 그 외 비디오 카드, 네트워크 카드, 키보드 등 각종 I/O 컨트롤러에도 CPU보다 성능은 약하지만 또 다른 로컬 프로세서들이 들어있다. 또한 이들 로컬 프로세서가 사용하는 로컬버스가 존재한다.

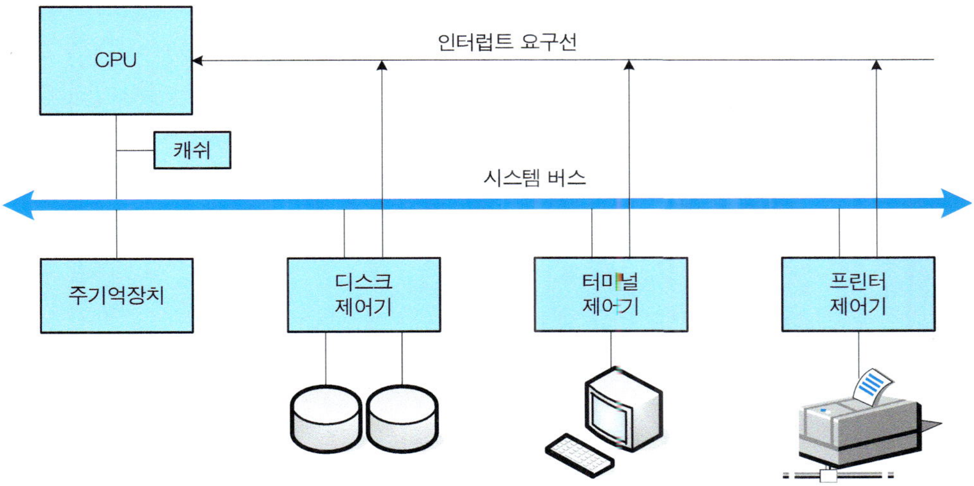

[그림 8-6] 시스템 버스를 이용한 컴퓨터 시스템의 구성도

가) 데이터 버스

시스템 요소들 사이에 데이터를 전송하는 데 사용되는 선들의 집합이다. CPU가 기억장치로부터 한 번에 8비트씩 읽어 온다면 필요한 데이터 버스 선의 수는 8개가 되며, 32비트씩 읽어오는 시스템에서는 32개로 구성된다.

데이터는 CPU와 기억장치, CPU와 입출력장치 및 기억장치와 입출력장치 사이에 양방향으로 전송되기 때문에 버스 인터페이스 회로(Bus Interface Circuit)도 양방향 전송을 지원할 수 있어야 한다.

나) 주소 버스

CPU가 기억장치로(또는 기억장치로부터) 데이터 쓰기(또는 읽기) 동작을 할 때, 해당 기억장소를 지정하기 위한 주소를 전송하는 선들의 집합이다. CPU가 I/O 장치를 사용할 때도 주소가 필요하므로 각 I/O 장치로도 주소 버스가 연결되어야 한다. 그러나 주소는 CPU에 의해서만 발생되기 때문에 단방향 전송 기능만 있으면 된다.

주소 버스선의 수는 CPU가 주소지정할 수 있는 전체 기억장치 용량을 결정해준다.

다시 말하면, CPU가 발생하는 주소 비트의 수에 따라 시스템에서 직접 주소지정될 수 있는 기억장치의 최대 용량이 결정되는 것이다. 그리고 직접 주소지정 할 수 있는 기억장소의 크기는 바이트(byte) 혹은 단어(word)이다.

다) 제어 버스

제어 버스를 구성하는 제어 신호 선들은 각각 고유의 기능을 가지고 있다. 따라서 시스템의 동작과 구성에 따라 제어 신호의 종류와 수도 달라진다. 먼저 CPU가 기억장치 및 I/O 장치와 데이터를 교환하는 데 필요한 제어 신호들은 다음과 같다.

① 기억장치 쓰기(Memory Write) 신호: 버스상의 데이터가 지정된 기억장소에 쓰이게 된다.

② 기억장치 읽기(Memory Read) 신호: 지정된 기억장소의 내용을 버스에 실리게 한다.

③ 입출력 쓰기(I/O Write) 신호: 버스상의 데이터가 지정된 I/O 장치로 출력되게 한다.

④ 입출력 읽기(I/O Read) 신호: 지정된 I/O 장치로부터 데이터를 읽어서 데이터 버스에 실리게 한다.

⑤ 전송 인지 신호: 데이터 전송 동작이 완료되었음을 알려준다.

4) 버스 사이클

버스 사이클(Bus Cycle)은 버스를 이용해 기억장치나 입출력장치에서 데이터를 읽거나 쓰기 위해 반복적으로 수행해야 하는 일련의 연속 동작을 말한다. CPU와 기억장치나 I/O 장치간의 데이터 전송은 버스 사이클 단위로 이루어진다.

버스 상에서의 읽기 동작(Read Operation)의 순서는 다음과 같다.

① 버스 마스터가 버스 사용권을 획득한다.
② 주소와 읽기 신호를 보내고, 데이터가 전송되어 올 때까지 기다린다.

한편, 버스 상에서의 쓰기 동작(Write Operation)의 순서는 다음과 같다.

① 버스 마스터가 버스 사용권을 획득한다.
② 버스를 통하여 주소와 데이터 및 쓰기 신호를 보낸다.

버스 사이클은 기본적으로 ① 기억장치를 구동하는 기억장치 버스 사이클과 입출력 장치를 구동하는 I/O 버스 사이클로 나눌 수 있다. 또한 ② 각종 장치의 로컬버스에서 동작이 발생하는 시간을 설계하는 방법에 따라 동기식과 비동기식으로 나눌 수 있다. 전자는 시스템 버스의 클록에 동기되어 결정되지만 후자는 다른 신호의 발생 여부에 따라 결정된다.

가) 동기식 버스 방식

동기식 버스에서 기억장치로부터 데이터를 읽어오는 과정은 [그림 8-7]과 같다. 먼저, 버스 클록의 첫 번째 주기 동안에 CPU가 주소와 읽기 신호를 기억장치로 보낸다. 이때 버스 동작의 시작을 알리는 신호가 함께 보내지기도 한다. 두 번째 주기 동안에 기억장치에서 데이터 인출 동작이 일어나며, 세 번째 주기에서 기억장치가 인출된 데이터를 버스를 통하여 CPU로 전송한다. 이와 함께 기억 장치는 전송 확인 신호를 보내며, 이 신호를 받은 CPU는 자신이 요청한 데이터가 버스에 실려있다는 것을 알고 받아들이게 된다.

동기식 버스는 기억장치나 I/O 장치의 로컬 버스가 시스템 버스 클록에 동기를 맞추므로 구조가 간단하다. 뿐만 아니라 하드웨어 설계가 간단하고 정확하기 때문에 고속 및 고성능 컴퓨터 시스템을 설계하기에 용이하다. 버스 사이클은 보통 여러 개의 클록으로 구성된다. 클록은 최소 3~4개 이상 모여야 하나의 버스 사이클을 이룬다. 모든 클록에서 데이터 전송이 일어나는 것도 아니다.

동기식 버스 방식은 주소, 데이터, 읽기, 쓰기 등 버스 상의 신호들이 일련의 시스템 버스 클록에 순차적으로 동기 되어 동작한다. 이 방식은 느린 소자에 대한 배려가 필요하다.

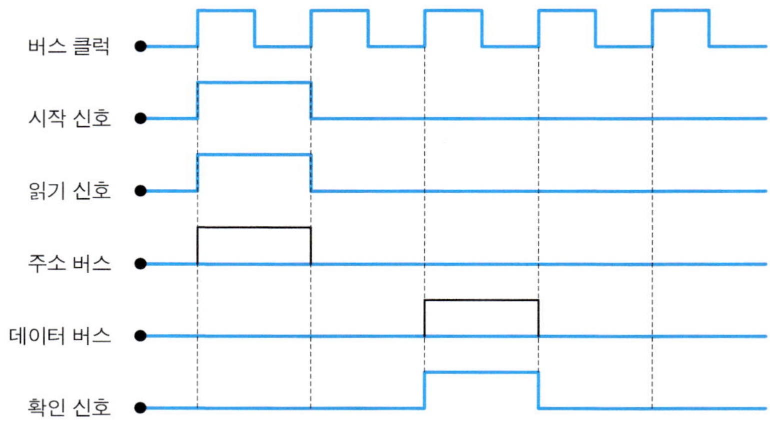

[그림 8-7] 동기식 버스 방식의 버스 사이클

나) 비동기식 버스 방식

비동기 버스 방식에서 읽기 동작은 다음과 같은 순서대로 일어나도록 설계되었다.

① CPU가 버스 상에 읽기 주소 및 읽기 신호를 띄워 놓고 잠시 후 신호가 안정되면 마스터 동기신호(Master SYNch Signal, MSYN)를 내보내 이 사실을 알린다.

② 기억장치나 입출력장치가 버스 상에 읽기 데이터를 출력해 신호가 안정되면 슬레이브 동기신호(Slave SYNch Signal, SSYN)를 내보내 이 사실을 알린다.

③ CPU가 데이터를 읽어오고 읽기가 완료되면 읽기 주소 및 읽기 신호와 MSYN을 제거하여 버스 상에 이 사실을 알린다.

④ 기억장치나 입출력장치는 버스 상에서 읽기 데이터와 SSYN을 제거하여 전송을 완료한다.

한편, 쓰기 동작은 다음과 같은 순서대로 일어나도록 설계되어 동작된다.

① CPU가 버스 상에 쓰기 주소, 쓰기 신호 그리고 쓰기 데이터를 띄워 놓고 잠시 후 신호가 안정되면 MSYN을 내보내 이 사실을 알린다.

② 기억장치나 입출력장치에서 쓰기 데이터를 기록할 준비가 되면 SSYN을 내보내 버스 상에 이 사실을 알린다.

③ CPU가 데이터를 기록하고 쓰기가 완료되면 쓰기 주소, 쓰기 신호, 쓰기 데이터 그리고

MSYN을 없애 버스 상에 이 사실을 알린다.

④ 기억장치나 입출력장치는 SSYN을 없애 전송을 완료한다.

위의 동작에서 보듯이, 비동기식 버스에서는 각 버스 동작이 완료되는 즉시 연관된 다음 동작이 일어나므로 동기식 버스에서와 같이 낭비되는 시간이 없다. 그러나 이러한 연속적 동작을 처리하기 위한 인터페이스 회로가 복잡해지는 단점이 있다. 일반적으로 소규모 컴퓨터 시스템에서는 비동기식 버스를 사용하며, 중형급 이상의 시스템에서는 하드웨어가 더 간단한 동기식 버스를 사용한다.

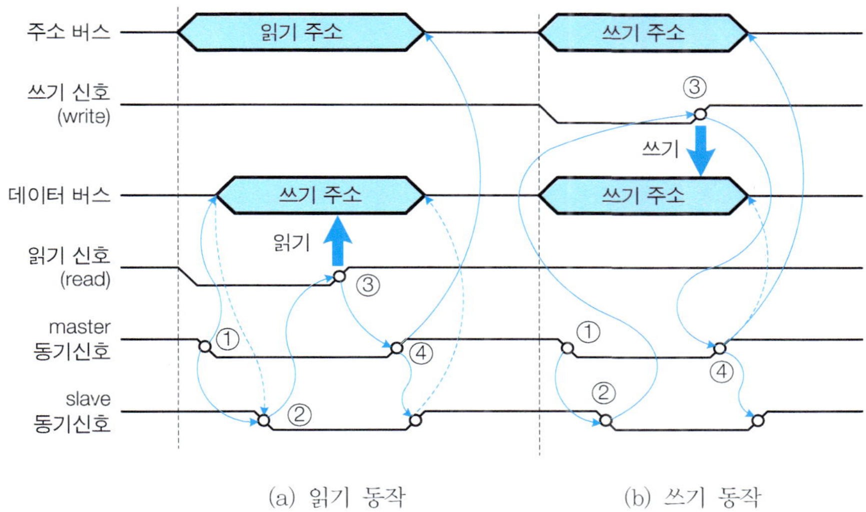

[그림 8-8] 비동기식 버스 방식의 버스 사이클

학습 활동 **패러다임 전환(Paradigm Shift)**

생활 양식, 사고 방식, 가치관, 판단기준 등 모든 것이 시대의 경과에 따라 변한다는 의미를 가지고 있으며 시간이 지남에 따라 사람들의 선호도는 더 나은 다른 것으로 변천하고 있다.

예를 들면 무어의 법칙은 컴퓨터기술 반도체 메모리 집적(속도나 용량)의 발전 속도가 18개월마다 2배씩, 지수함수적으로 증가한다는 법칙이며 이에 반해 황의 법칙은 현재 실제로 '무어의 법칙'의 주기는 이보다 더 짧아진다는 법칙이다.

2 버스 중재(Bus Arbitration)

한 개의 시스템 버스에 접속된 여러 개의 버스 마스터들이 동시에 버스 사용을 요구하는 경우에는 경쟁이 발생하게 된다. 이러한 현상을 버스 경합(Bus Contention)이라고 하는데, 이 문제를 적절히 해결하지 못하면 시스템이 정상적으로 동작하지 못할 수도 있고, 동작을 하더라도 성능이 낮아지게 된다.

버스 경합이 발생한 경우에 어떤 기준에 따라 버스 마스터들 중에서 한 개씩만 선택하여 순서대로 버스를 사용할 수 있게 해주는 동작을 버스 중재(Bus Arbitration)라 한다.

버스를 중재하려면 다음과 같이 버스의 사용 권한을 조정해주는 제어신호들이 필요하다. 이들을 버스 중재 신호 또는 중재 버스(Arbitration Bus)라고 한다.

① 버스 요청(Bus Request) 신호: 버스 마스터가 버스 컨트롤러에게 보내는 버스를 사용하겠다고 요청하는 신호이다.

② 버스 사용 중(Bus Busy) 신호: 버스 마스터가 버스 컨트롤러에게 보내는 버스가 사용 중임을 알리는 신호다. 이 신호를 통해 버스 컨트롤러는 버스 사이클이 완료되었는지 검사한다.

③ 버스 승인(Bus Grant) 신호: 버스 컨트롤러가 버스 마스터에게 보내는 버스 사용을 허락하는 신호이다.

버스 중재는 시스템 성능에 많은 영향을 주기 때문에 시스템의 특성에 따라 적절히 설계되어야 한다. 특히 기능상 중요도가 높은 버스 마스터가 버스를 우선적으로 사용할 수 있도록 해주어야 한다. 만약 모든 버스 마스터들이 균등한 중요도를 가진 기능을 수행하는 시스템이라면, 그들이 공정(fair)하게 버스를 사용할 수 있도록 해주어야 할 것이다. 어떤 시스템에서든지 특정 버스 마스터가 오랫동안 버스를 사용하지 못하는 기근(starvation) 현상은 일어나지 않도록 해야 한다.

학습 활동 버스 마스터 & 버스 마스터링

버스 마스터(Bus Master)는 버스를 직접 제어하고 점유해 사용하는 주체이다. 버스 상에 있는 주소 신호와 버스 제어신호의 흐름을 통제하고 데이터의 흐름을 직접 관장한다. 버스 마스터와 버스 상에 있는 다른 데이터 입출력장치와의 관계는 마스터(master)와 슬레이브(slave)의 주종관계를 이룬다.

버스 마스터의 역할은 각종 장치에 내장된 하드웨어나 소프트웨어가 담당한다. 성능이 높아진 주변장치는 아예 내부에 버스 마스터를 담당할 하드웨어 장치를 내장한다.

이때 버스 마스터링(Bus Mastering)은 주변장치가 CPU의 간섭을 받지 않고 독자적으로 주기억장치와 주변장치 사이에 데이터를 전송할 수 있도록 해주는 버스 설계 기술이다. 이 방식은 입출력장치와 메모리 사이에 데이터 전송이 이루어지는 동안 CPU가 다른 작업을 할 수 있어 다중작업에 유리하다.

일반적인 버스 중재 방식의 종류를 [그림 8-9]와 같이 나타낼 수 있다. 버스 중재 방식은 그 분류 방법에 따라 다양하게 나눌 수 있다. 버스 중재 방식은 그 분류 방법에 따라 다양하게 나눌 수 있다. 대표적으로 ① 중재 신호의 연결 형태에 따라 병렬식과 직렬식 ② 중재기의 위치에 따라 중앙집중식과 분산식 ③ 우선순위 결정방법에 따라 고정 우선순위와 가변 우선순위로 나눈다.

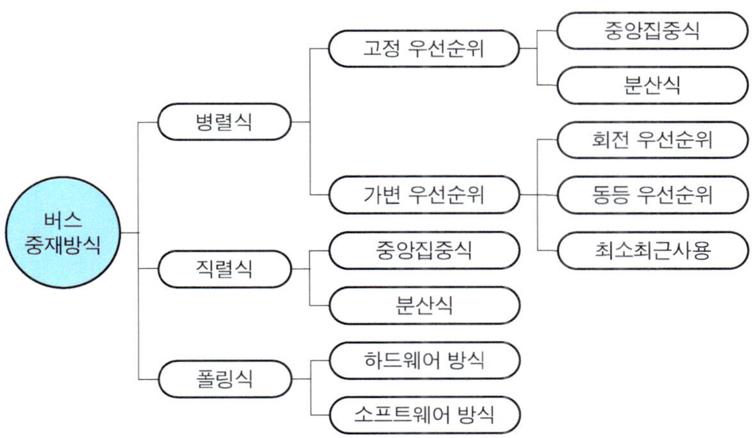

[그림 8-9] 버스 중재 방식의 종류

1) 병렬식 버스 중재

병렬식 버스 중재 방식은 중재 신호의 연결 형태가 병렬이므로 버스 요청 신호와 버스 승인 신호가 각 버스 마스터마다 별도의 선으로 연결되어 있다. 이 방식은 우선순위의 결정 방법에 따라 고정 우선순위 중재 방식과 가변 우선순위 중재 방식으로 다시 나눌 수 있다.

가) 고정 우선순위 중재 방식

중재기에서 고정으로 정해진 우선순위에 따라 버스 마스터들이 버스를 사용하도록 버스 승인 신호를 내준다. 이 방식은 다음과 같이 2가지 방법으로 나눌 수 있다.

(1) 중앙집중식(centralized)

버스 상에 버스 중재기가 하나만 존재하는 방식으로서 각 버스 마스터가 자신의 버스 요구(BREQ) 선을 가지고 있으며, 이들은 모두 하나의 버스 중재기로 접속된다. 버스 중재기는 한 개 또는 그 이상의 버스 요구 신호를 받아서 정해진 중재 원칙에 따라 버스 승인(BGNT) 신호들 중의 한 개만 허용된다.

BBUSY 신호는 어떤 버스 마스터가 버스를 사용하고 있는 중임을 나타내므로, 버스 승인을 받은 마스터는 그 신호가 세트되어 있는 동안에는 기다렸다가, 해제되는 순간부터 버스 사용을 시작하게 된다. 또한, 그 마스터는 버스 사용을 시작하는 순간에 BBUSY 신호를 세트하여 다른 마스터가 버스를 사용하지 못하게 막아야 한다.

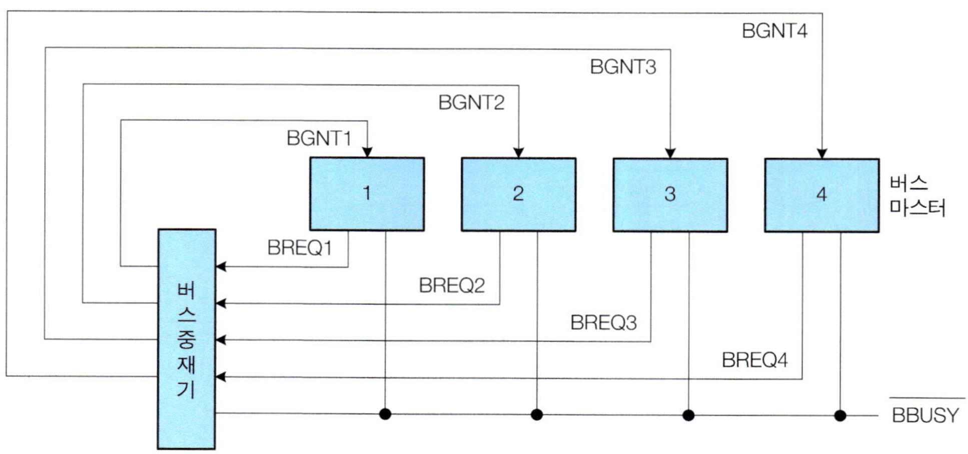

[그림 8-10] 중앙집중식 우선순위 방식

(2) 분산식(centralized)

버스 상에 버스 중재기가 여러 개 존재하는 방식으로서 일반적으로 각 버스 마스터마다 버스 중재기를 하나씩 갖고 있다. 각 중재기는 다른 장치들의 버스 요청 신호를 검사한다. 자신보다 더 높은 우선순위의 장치에서 버스 사용을 요구하지 않을 때만 자신의 버스 승인 신호를 발생한다.

분산식 중재 방식은 중앙집중식에 비하여 중재 회로가 간단하기 때문에 동작 속도가 더 빠르고 신뢰도가 높은 장점이 있다. 신뢰도가 높아지는 이유는 어떤 중재기가 고장이 나더라도 해당 마스터에만 영향을 미치기 때문이다. 그러나 고장을 일으킨 중재기를 찾아내는 방법이 복잡해지는 점과 한 중재기의 고장이 전체 시스템의 동작에 영향을 줄 수도 있다는 문제가 있다. 예를 들면, 고장 난 중재기가 버스 승인 신호를 잘못 발생시키는 경우에는 두 개의 마스터들이 동시에 버스를 사용하게 될 수도 있다.

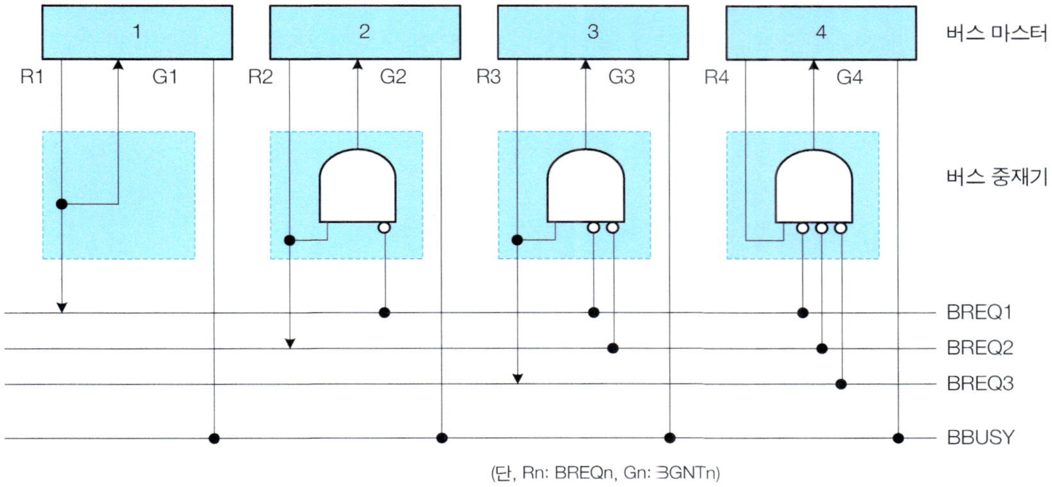

[그림 8-11] 분산식 우선순위 방식

나) 가변 우선순위 중재 방식

우선순위가 고정되어 있지 않고 그때그때 결정하는 방식으로서 동적(dynamic) 우선순위 중재 방식이라고도 한다. 이 방식은 우선순위 결정과정이 복잡하지만 각 버스 마스터에 공평하게 버스 사용 기회를 부여할 수 있다.

그러므로 우선순위가 고정되어 있는 방식에서는 최상위 우선순위를 가진 마스터가 버스를 독점하거나, 최하위 우선순위를 가진 마스터가 오랫동안 버스를 사용하지 못하는 기근 현상이 발생하는 것을 방지할 수 있다. 이 방식은 다음과 같이 다양한 방법으로 나눌 수 있다.

(1) 회전(rotating) 우선순위 방식

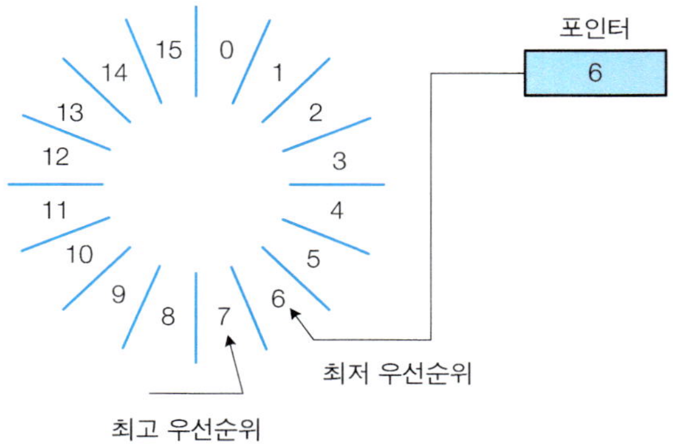

[그림 8-12] 회전 우선순위 방식(마스터 6의 요구가 승인된 후)

우선순위가 차례대로 뒤로 밀리면서 회전하는 순환방식으로서 현재 버스를 사용 중인 버스 마스터가 최상위 순서이다. 사용이 끝나면 바로 다음에 위치한 버스 마스터가 그 다음 순위가 된다.

(2) 동등(equal) 우선순위 방식

비동기식 버스 시스템에서만 사용될 수 있는 방식으로서, 모든 마스터들이 동등한 우선순위를 가진다. 이 방식에서 만약 두 개 또는 그 이상의 마스터들이 동시에 버스 요구를 보내면 중재기는 정해진 기준에 의하여 그 충돌을 해결하는데, 일반적으로 선입 처리(First-Come First-Served) 방식이 사용되며 먼저 도착한 요청을 우선적으로 승인해주는 FIFO(First-In First-Out) 알고리즘이다.

(3) 최소최근사용(Least Recently Used, LRU) 방식

오랫동안 버스 사용 요구를 보내지 않은 버스 마스터 순서대로 최상위 순서를 할당한다. 이 방식은 하드웨어로 구현할 때 회로가 복잡해지는 단점이 있다.

2) 직렬식 버스 중재

직렬식 버스 중재 방식은 중재 신호의 연결 형태가 직렬이며 버스 요청 신호와 버스 승인 신호가 각 버스 마스터마다 별도로 분리되어 있지 않고 하나의 선으로 연결되어 있다. 다음과 같이 2가지 방법으로 나눌 수 있다.

가) 중앙 집중식

하나의 버스 중재기에서 나온 버스 승인 신호(BGNT)가 모든 버스 마스터에 꼬리에 꼬리를 물고 연결되는 이른 바 데이지 체인(Daisy-chain) 형태로 직접 연결된다. 이 방식은 구조 형태상 버스 중재기에서 가장 가까운 버스 마스터의 순서대로 버스 사용에 우선권을 부여한다.

학습 활동	데이지 체인(Daisy-chain)

데이지 체인이란 연속적으로 연결되어 있는 하드웨어 장치들의 구성을 지칭한다. 데이지 체인은 예를 들어 어떤 장치 A가 B라는 장치에 연결되어 있고, 그 B라는 장치는 다시 C라는 장치에 연속하여 연결되어 있는 방식의 버스 결선방식을 말한다.

chapter 08

이 방식에서 이미 버스를 사용하고 있는 마스터가 버스 사용을 끝낼 때까지는 어떤 마스터도 버스를 사용하지 않아야 하며 각 마스터의 버스 인터페이스 회로는 다음과 같은 2가지 중의 어느 한 기능을 가져야 한다.

① BBUSY 신호가 해제될 때까지는 버스 마스터들이 요구 신호를 보내지 않도록 한다.
② 버스 요구 신호는 항상 발생시킬 수 있지만, 승인 신호를 받은 후에도 BBUSY 신호가 해제될 때까지는 버스를 사용할 수 없도록 한다.

①의 경우 버스 마스터가 승인 신호를 받으면 즉시 버스 사용을 시작할 수 있다. 그러나 ②의 경우 승인 신호를 받은 후에도 먼저 버스를 사용하고 있던 다른 마스터가 사용을 완료할 때까지는 기다려야 한다.

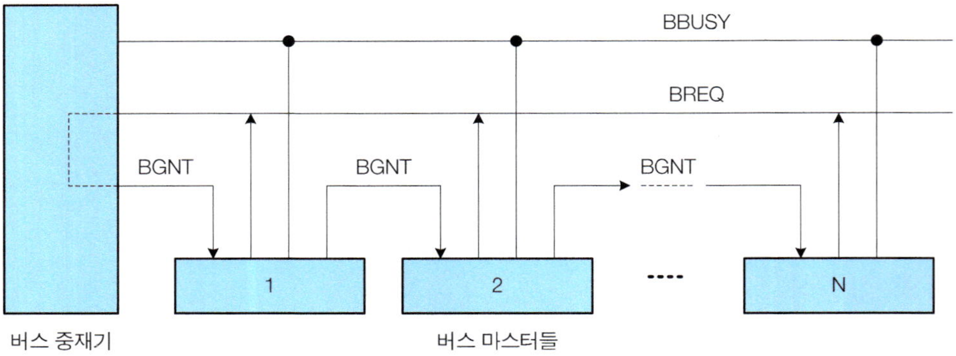

[그림 8-13] 중앙집중식 버스 중재 방식

나) 분산식

버스 승인 신호선이 각 버스 마스터의 중재기에 순환형(circular)의 데이지 체인 형태로 직렬 연결된다. 중앙집중식과 비교해 중재기 위치가 다르다. 버스 승인 신호가 계속 순환해 돌아가면서 자기 차례에 도착했을 때 버스 사용을 요구하는 버스 마스터가 우선권을 갖도록 설계해야 한다.

이 방식에서는 각 마스터의 우선순위가 계속 변화하며 버스 사용 승인을 받으면 다음 중재 동작에서는 최하위 우선순위를 가진다. 이때, 버스를 사용한 마스터의 바로 우측에 위치한 마스터가 최상위 우선순위를 가지고 순환형 구조에서 DBGNT 신호가 연결된 순서대로 우선순위가 하나씩 감소한다. 이 방식은 분산식이지만 어느 한 지점에만 결함이 발생해도 전체 시스템의 동작이 중단된다.

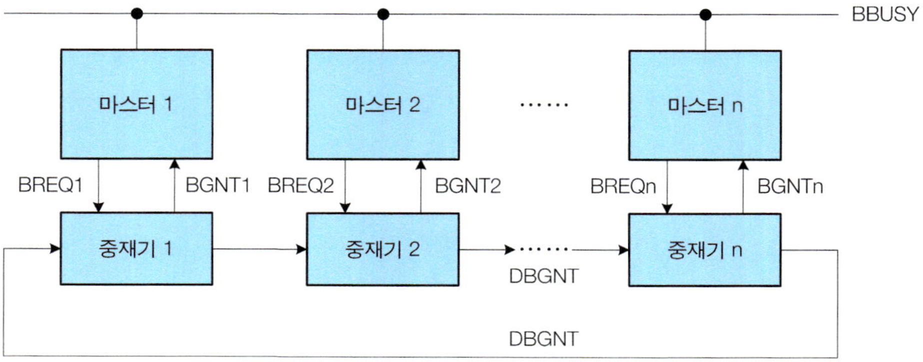

[그림 8-14] 분산식 버스 중재 방식

3) 폴링식 버스 중재

폴링(polling)식 버스 중재 방식은 버스 사용을 원하는 버스 마스터가 있는지 주기적으로 검사해 버스 승인 여부를 결정하는 방식이다. 버스 중재기가 일정한 주기마다 각 버스 마스터를 차례로 돌면서 그 장치가 버스 사용을 요구하는 지 조사한다.

이 방식에는 폴링 순서와 중재 동작이 모두 중재기의 내부에 하드웨어로 구현되어 있는 하드웨어 폴링 방식과 프로그램을 이용한 소프트웨어 폴링 방식이 있다.

가) 하드웨어 폴링 방식

고정된 하드웨어 선을 통해 일정한 주기마다 각 버스 마스터에서 보내오는 버스 요청 신호를 차례대로 검사한다. 이 방식에서는 버스 중재기와 각 버스 마스터 사이에 폴링 동작을 위한 별도의 폴링 선(Polling Line)이 존재한다. 따라서 n개의 마스터를 가진 시스템에서는 n개의 폴링 선들이 필요하다. 각 선은 중재기가 버스 마스터의 버스 요구 여부를 검사하고자 할 때만 사용하기 때문에 한 번에 한 개씩만 세트된다.

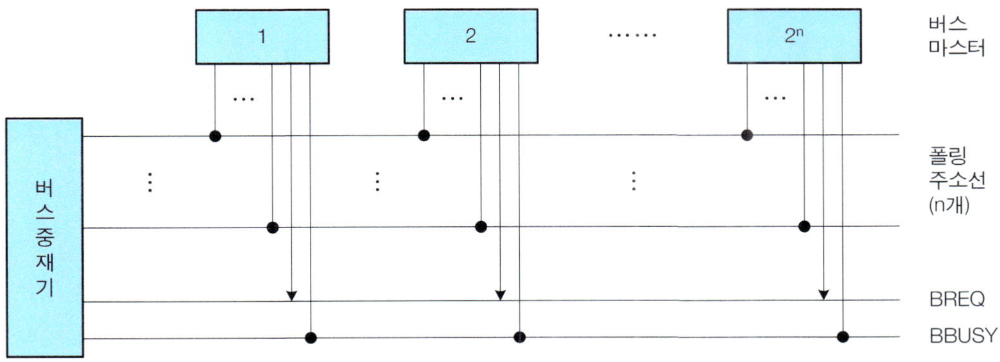

[그림 8-15] 하드웨어 폴링 방식

일단 어떤 마스터가 버스 사용을 시작하면 BBUSY 신호가 세트되고, 마스터의 순서 번호를 지정하는 메커니즘의 동작은 중단된다. 일정 시간 후에 그 마스터가 버스 사용을 완료하고 BBUSY 신호를 해제하면, 중재기는 다시 중재 동작을 시작한다.

이 방식에서 중재기가 가장 먼저 검사하고자 하는 마스터가 최상위 우선순위를 가지며, 그 다음부터 순서대로 더 낮은 우선순위를 가지게 된다. 이 순서는 마스터의 번호에 따라 정해질 수도 있고, 가변 우선순위 알고리즘이 적용될 수도 있다.

학습 활동 **폴링(polling)**

컴퓨터 또는 단말 제어 장치 따위에서 여러 개의 단말 장치에 대하여 순차적으로 송신 요구의 유무를 문의하고, 요구가 있을 경우에는 그 단말 장치에 송신을 시작하도록 지령하며, 없을 때에는 다음 단말 장치에 대하여 문의하는 전송 제어 방식을 말한다.

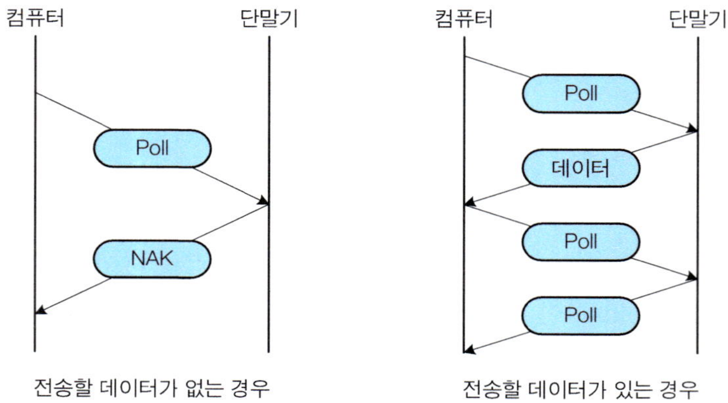

[그림 8-16] 폴링의 동작방식

나) 소프트웨어 폴링 방식

주기적으로 버스 마스터를 돌아가면서 조사하도록 프로그램에 의해 조절되는 방법이며 하드웨어 방식에 비해 속도는 느리지만 폴링 순서 및 주기를 변화시킬 수 있어 유연한 설계가 가능하다.

버스 중재기에 프로그램을 실행할 수 있는 간단한 프로세서가 포함되어 있어서 '지능'을 가지고 있다는 점이 하드웨어 폴링 방식과 다르다. 즉, 중재 동작이 중재기의 고정된 하드웨어에 의하여 일률적으로 이루어지는 것이 아니라, 프로세서에 의하여 조정되는 방식이다. 따라서 소프트웨어 폴링 방식은 하드웨어 방식에 비하여 융통성이 높다는 장점이 있다.

하지만 중재에 소요되는 시간이 비교적 길기 때문에, 컴퓨터들 간에 비교적 큰 정보를 교환하는 시스템의 중재 방식으로 적절하다.

3 데이터 입출력 방식

데이터를 입력 또는 출력하는 방식 즉, 데이터를 전송하는 방식에는 프로그램에 의한 방식, 인터럽트에 의한 방식 그리고 DMA(Direct Memory Access)에 의한 방식이 있다.

이들 중 프로그램에 의한 방식은 CPU가 프린트와 같이 속도가 느린 입출력장치로 프로그램에 의해서 직접 데이터를 입출력하는 방식이고, 인터럽트에 의한 방식은 CPU가 수 개의 입출력장치에 대하여 동시에 입출력 서비스를 하기 위해서 인터럽트를 이용하는 방식이며, DMA에 의한 방식은 자기디스크와 같은 고속의 입출력장치와 기억장치 간에 CPU를 경과하지 않고 데이터를 직접 입출력하는 방식이다.

이 절에서는 I/O 장치들의 제어 및 주소지정 방법 그리고 데이터 입출력 방식의 종류에 대하여 자세히 설명하고자 한다.

chapter 08

1) I/O 제어

가) 도입 배경

각종 I/O 장치들은 시스템 버스를 통하여 CPU 혹은 주기억장치와 정보를 교환하게 되지만 다음과 같은 이유 때문에 직접 시스템 버스에 접속하지 못한다.

① I/O 장치들은 종류가 매우 다양하며, 동작을 제어하는 방법이 서로 다르다. 그러한 제어회로들을 CPU 내부에 모두 포함시키는 것이 불가능하다.

② I/O 장치들의 데이터 전송 속도가 CPU의 데이터 처리 속도에 비하여 훨씬 더 느리다. 그러므로 완충 역할을 해야 하는 제어기가 필요하다.

③ I/O 장치들과 CPU가 사용하는 데이터 형식의 길이가 서로 맞지 않는 경우가 있다.

학습 활동 **I/O 제어기의 주요 기능**

① I/O 장치의 제어와 타이밍을 조정한다.
② CPU와의 통신을 담당한다.
③ I/O 장치와의 통신을 담당한다.
④ 데이터 버퍼링 기능을 수행한다.
⑤ 오류를 검출한다.

따라서 I/O 장치들은 시스템 버스에 직접 접속되지 못하며, 위의 문제들을 해결해 줄 수 있는 인터페이스가 필요하다. 이러한 인터페이스 역할을 하는 장치를 I/O 제어기(I/O Controller)라고 부른다.

나) 주소 지정 방법

CPU가 I/O 장치로 데이터를 입출력하는 동작은 제어기 내부의 레지스터들을 통하여 이루어진다. 그러므로 CPU에게 I/O 장치는 보이지 않고 그 레지스터들만 보인다.

컴퓨터 시스템 내에 여러 개의 I/O 장치들이 접속되어 있는 경우 I/O 레지스터들의 주소를 지정하는 방법에는 다음과 같은 2 가지가 있다.

(1) 기억장치-사상 I/O(Memory-mapped I/O)

I/O 제어기 내의 레지스터들을 기억장치 내의 기억장소들과 동일하게 취급하고, 레지스터들의 주소도 기억장치 주소 영역의 일부분을 할당한다. 따라서 기억장치와 I/O 레지스터들을 액세스할 때 동일한 명령어들을 사용할 수 있다. 또한 CPU로부터 발생되는 기억장치 읽기 신호와 쓰기 신호를 이용하여 I/O 장치에 대한 읽기와 쓰기도 수행할 수 있다.

이 방식에서는 I/O 장치들에 대한 주소로서 기억장치 주소 공간의 일부를 할당하기 때문에 기억장치를 위한 주소공간이 그만큼 감소하게 된다. 예를 들면, 주소 비트들이 8비트인 시스템에서 기억장치-사상 I/O 방식이 사용되면 그 수가 절반으로 줄어든다.

즉, 0번지에서 127번지까지의 상위 128개 주소들은 기억장치에 할당되고, 128번지부터 255번지까지의 하위 128개 주소들은 I/O 장치들에 할당된다.

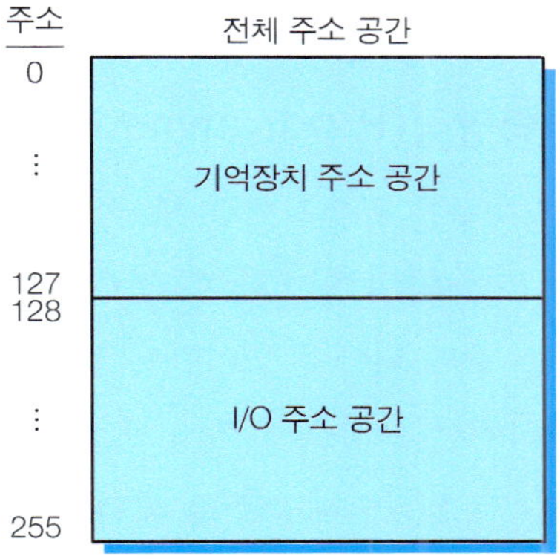

[그림 8-17] 기억장치 사상 I/O에서의 주소 할당

(2) 분리형 I/O(Isolated I/O)

I/O 장치들의 주소 공간이 기억장치 주소 공간과는 별도로 할당된다는 점이 기억장치-사상 I/O와의 차이점인데 이 방식을 사용한 시스템에서는 I/O 레지스터들을 액세스할 때는 반드시 별도의 명령어들, 즉 I/O 명령어들을 사용해야 한다.

이러한 I/O 명령어들이 수행될 때는 액세스 동작이 기억장치에 대한 것인지 I/O 장치에 대한 것인지를 구분할 수 있도록 I/O 읽기(I/O READ)와 I/O 쓰기(I/O WRITE) 신호가 CPU로부터 발생해야 한다.

그러나 이 방식을 사용하는 경우에는 I/O 주소 공간이 기억장치 주소 공간과는 별도로 지정될 수 있는 장점이 있다. 예를 들면, 주소 비트의 수가 8개라면 기억장치 주소와 I/O 주소가 각각 256개씩 할당될 수 있다.

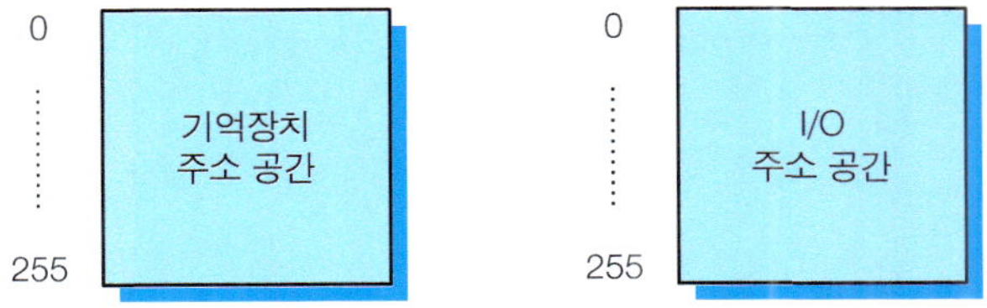

[그림 8-18] 분리형 I/O에서의 주소 할당

2) 데이터를 입출력하는 방식

가) 프로그램에 의한 입출력방식(Programmed Input/Output)

한 제어기가 여러 종류의 I/O 장치들을 공통적으로 제어할 수 없으며, 일반적으로 I/O 장치를 위한 별도의 제어기가 시스템 버스와의 인터페이스를 담당하도록 하고 있다.

프로그램에 의한 입출력방식은 1945년에 폰노이만에 의해서 제안된 것으로서, 하드웨어를 가장 적게 필요로 한다. 이 방식에서는 입출력 제어 프로그램을 CPU가 직접 실행함으로써 데이터를 입출력한다. 그런 경우 CPU는 해당 I/O 제어기를 통하여 데이터 입출력 동작을 수행하게 된다.

이런 동작을 수행하기 위하여 먼저 I/O 제어기의 내부 구조를 살펴보면 상태/제어 레지스터(Status/Control Register)는 2개의 레지스터들로 구성되지만 주소는 하나만 지정된다. 상태 레지스터는 입력장치의 상태와 오류 검사 결과 등을 나타내는 비트들로 구성되어 있으므로 CPU가 입력장치의 상태를 검사할 때는 그 주소를 이용하여 상태 레지스터의 내용을 읽게 된다. CPU가 제어기에게 출력 명령을 보낼 때는 제어 레지스터에 해당 명령 단어(Command Word)를 쓰면 된다.

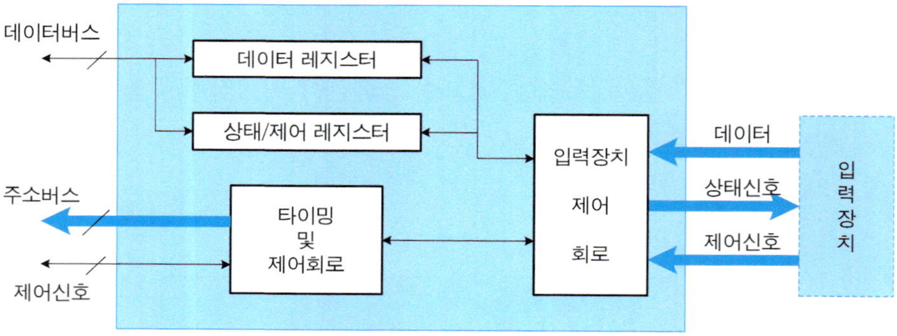

[그림 8-19] 입력장치 제어기의 내부 구성도

지금 입력장치로부터 데이터를 읽어서 일정의 기억장소에 저장시키는 일을 이 방식으로 하는 경우를 살펴보기로 한다. 프로그램은 입출력 인터페이스의 상태 레지스터(Status Register)를 읽어 들이는 것으로부터 시작한다. 읽어 들여서 상태레지스터의 해당 비트(flag)가 set되어 있는 지를 조사한다.

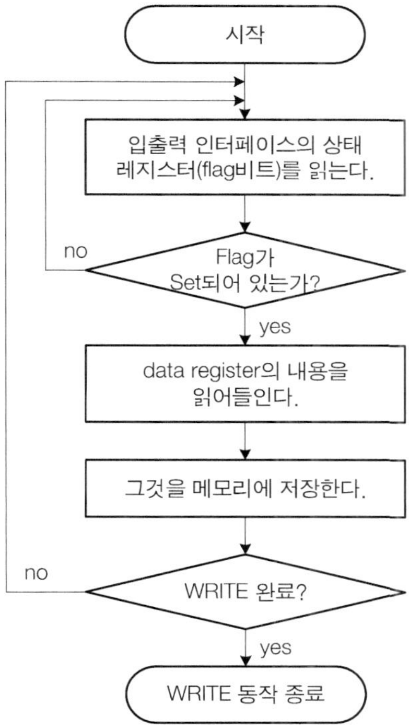

[그림 8-20] 프로그램 방식에 의한 입력 과정

입력장치가 CPU에 보낼 데이터가 준비되면 상태 레지스터의 해당 비트(flag)가 1로 세트되기 때문이다. 이 비트가 1로 세트되지 않으면 다시 상태 레지스터를 읽는 루프를 계속하고, set되어 있으면 입출력 인터페이스(I/O Port)의 데이터 레지스터의 내용을 읽어서 기억장치의 특정 번지에 기억시킨다. 이제 쓰기 동작이 완료되었는지를 따진다. no이면 위의 과정을 되풀이하고, yes이면 쓰기 동작을 종료시킨다.

나) 인터럽트에 의한 입출력방식(Interrupt-driven Input/Output)

(1) 도입 배경

프로그램에 의한 입출력 방식은 가장 간단하고 최소의 하드웨어를 필요로 한다는 장점이 있는 반면, 입출력을 마칠 때까지 CPU는 아무 것도 하지 못하고 여기에 매인다는 단점이 있다.

지금 5[msec] 동안에 문자 한 줄을 출력시킬 수 있는 출력장치가 있다고 할 때 CPU가 한 줄의 문자를 프린터에 출력하는 시간은 수 [μsec]에 불과하므로, CPU는 대부분의 시간을 아무 일도 하지 않으면서 프린터가 문자 한 줄을 다 찍을 때까지 기다려야 한다(아무 일도 하지 않고 기다리기만 하는 이 시간을 유휴시간(Idle Time)이라고 한다).

그러나 만약 인터럽트를 이용한다면 CPU는 이 시간에 다른 일을 하다가 프린터가 한 줄을 다 찍고 문자를 더 보내어 달라고 CPU에 요청을 하면 CPU는 이때 다음 한 줄의 문자를 내어주면 되므로 CPU의 유휴시간을 없앨 수 있다. 내일 아침 6시에 일어날 일이 있다고 하면 이때 계속 시계를 보면서 6시까지 기다리는 것에 프로그램 방식을 비유한다고 하면, 인터럽트 방식은 6시에 자명종을 맞추어 놓고 그동안 잠을 잔다든가 기타 일을 하는 것에 비유할 수 있다.

인터럽트 메커니즘을 이용하면 I/O 동작이 I/O 제어기와 I/O 장치 사이에서 진행되는 동안 CPU는 다른 작업을 처리할 수 있으므로 시간을 유용하게 이용할 수 있게 된다.

(2) 인터럽트의 정의

인터럽트(interrupt)는 외부 또는 내부로부터의 긴급 서비스 요청에 의하여 CPU가 현재 실행 중인 일을 중단하고, 그 요청에 합당한 서비스를 해 주는 기법(technique)이다.

CPU는 모든 명령의 마지막 사이클에서 인터럽트 발생을 체크함으로써 이 요청의 유무를 알아내고, 이 요청을 받은 CPU는 현재 실행중인 명령만은 마친 후 일정의 처리 순서에 따라 그 요청에 합당한 서비스를 한 다음, 본래의 프로그램으로 되돌아가서 중단되었던 프로그램을 다시 실행한다.

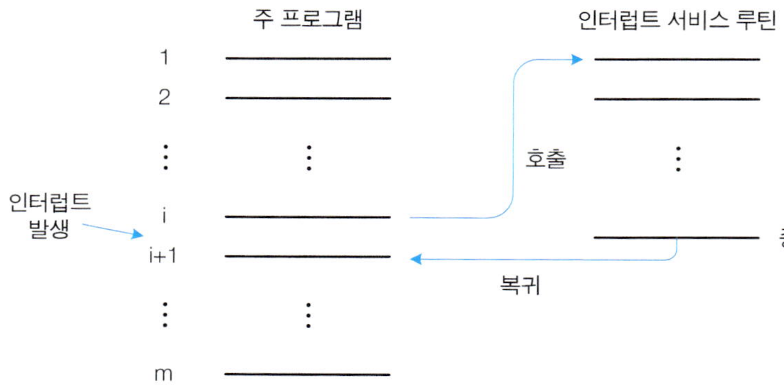

[그림 8-21] 인터럽트에 의한 제어의 이동

인터럽트가 들어왔을 때 CPU는 그것을 인식할 수 있어야 하며, ① 어떤 장치가 인터럽트를 요구하였는지 확인하여 해당 인터럽트 서비스 루틴을 호출하여 수행하고, ② 서비스가 종료된 다음에는 중단되었던 원래 프로그램의 수행을 계속할 수 있어야 한다.

학습 활동 **인터럽트 서비스 루틴(Interrupt Service Routine, ISR)**

대부분의 컴퓨터들은 프로그램 실행 중에 CPU의 정상적인 처리를 방해, 즉 인터럽트할 수 있는 메커니즘을 제공한다. 다시 말하면, CPU가 어떤 프로그램을 순차적으로 수행하는 도중에 외부로부터 인터럽트 요구가 들어오면, CPU는 원래의 프로그램 수행을 중단하고, 요구된 인터럽트를 위한 서비스 프로그램을 먼저 수행하게 된다. 그러한 서비스 프로그램을 인터럽트 서비스 루틴이라고 부른다.

그를 위하여 CPU는 한 명령어의 실행 사이클을 종료하고 다음 명령어를 위한 인출 사이클을 시작하기 전에 인터럽트 요구 신호가 대기 중인 지를 반드시 검사해야 한다.

인터럽트는 서브루틴 call과 매우 유사하지만 다음과 같은 차이가 있다.

① 인터럽트는 외부 또는 내부의 신호에 의해 프로그램의 진행이 바뀌지만 서브루틴 콜은 명령의 실행에 의해서 시작된다.

② 인터럽트에서는 서비스 프로그램의 주소는 하드웨어에 의해서 결정되지만, 서브루틴 call의 경우는 명령어의 주소 필드에 의해 결정된다.

③ 인터럽트는 일반적으로 프로그램 카운터 및 CPU 상태에 관한 모든 정보를 보존시키지만, 서브루틴 call은 프로그램 카운터만을 보존한다.

chapter 08

(3) 인터럽트의 필요성

첫째는 CPU가 데이터를 효율적으로 입력 또는 출력하고자 하는 경우에 필요하다. 명령어를 실행하는데 k 주기가 걸리고 N개의 명령어를 실행하는 데는 $k \times N$ 주기가 소요되나 인터럽트를 실행할 경우 이에 대한 처리 속도의 향상을 기대할 수 있다.

둘째는 CPU에 타이밍 기능을 부여하고자 하는 경우에 필요하다. 예를 들면, 컴퓨터로 교차로 신호등을 제어하는 경우 어떤 신호를 내준 후 일정시간 동안 그 상태를 지속해야 하는데, 그 시간을 얻는 데 있어 외부 또는 내부 타이머를 이용한다. 타이머는 일정시간 후에 CPU에 인터럽트 신호를 줌으로써 그 시간이 지났음을 알린다. 이때, CPU는 그 동안 다른 일을 할 수 있다.

셋째는 시스템에 비상사태가 발생할 때 그 처리를 위한 경우에 필요하다. 전원이 끊긴다든가, 화재가 발생한다든가, 외부 침입자가 있다든가와 같은 비상사태가 발생하는 경우에 대비해서 곳곳에 감지기를 두고 이를 CPU의 인터럽트 요구선에 연결해 둔다. 비상사태가 발생하면 이 선이 논리 0으로 되므로, 인터럽트가 발생하여 비상사태를 수습하는 ISR(Interrupt Service Routine)에 들어간다.

넷째는 내부에 부당한 일이 발생한 경우에 이에 상응하는 일을 할 수 있도록 하기 위하여 필요하다. 데이터 처리 중 범람(overflow)이 발생한다든가, 어떤 수를 0으로 나누려 한다든가, 보호영역을 침범하려 한다든가와 같은 일이 발생할 때 이를 CPU에 알려서 이에 상응하는 일을 할 수 있도록 하지 않으면 심각한 문제가 발생될 수 있기 때문이다.

(4) 인터럽트의 종류

여러 종류의 I/O 장치들이 접속되어 있는 컴퓨터 시스템에서 CPU가 그들을 이용하여 데이터 입력 혹은 출력 동작들을 연속적으로 수행한다고 가정하면 각 I/O 장치 제어기는 I/O 동작의 수행이 종료되는 즉시 CPU로 인터럽트 신호를 보낸다. 그런 경우에 CPU는 인터럽트를 보낸 제어기를 확인할 수 있어야 그에 대한 적절한 처리를 할 수 있다. 또한, 한 개 이상의 제어기들이 동시에 인터럽트 신호를 발생한 경우에 어느 제어기에 대한 서비스부터 처리할 것인지도 결정할 수 있어야 한다.

이와 같이 인터럽트를 발생할 수 있는 I/O 장치들이 여러 개 존재하는 시스템에서 그러한 문제들을 해결하는 방법들은 다음과 같다.

(가) 다중 인터럽트(Multiple Interrupt)

각 I/O 제어기와 CPU 사이에 어떤 인터럽트가 발생하여 그 인터럽트를 처리하는 프로그램(Interrupt Routine)을 수행하고 있는 중에 또 다른 인터럽트가 발생되는 경우 마스크 불가능의 인터럽트(Non-maskable Interrupt)인 경우에는 새로 발생된 인터럽트에 무조건 응해야 하나, 마스크 가능 인터럽트의 경우에는 이 인터럽트를 무시하도록 Interrupt Enable Flip-flop을 리셋 시켜 두지 않는 한 각 I/O 장치에 대하여 새로 들어온 인터럽트의 우선순위가 보다 높은 경우에는 새로 들어온 인터럽트부터 처리해야 한다.

인터럽트 처리 중에 우선순위가 보다 낮은 인터럽트가 들어왔을 때는 그 인터럽트 벡터를 스택에 넣어두고 실행 중이던 인터럽트를 마친 후에 스택에서 pop하여 처리한다.

각 I/O 장치가 별도의 인터럽트 선을 가지고 있기 때문에 CPU가 인터럽트를 요구한 장치를 쉽게 찾아낼 수 있지만 접속 가능한 I/O 장치들의 수가 CPU의 인터럽트 요구 입력 핀의 수에 의해 제한된다.

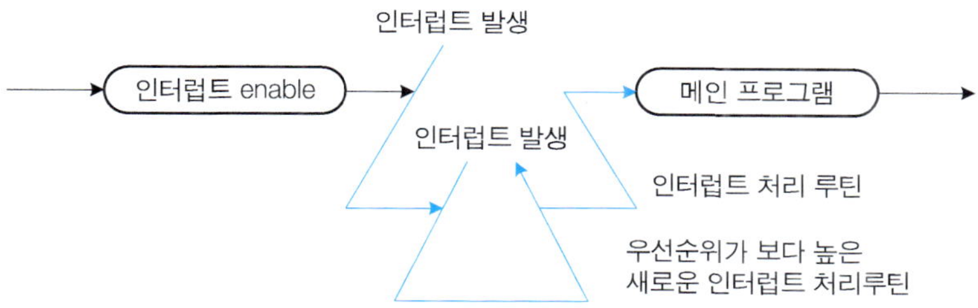

[그림 8-22] 다중 인터럽트 처리과정

(나) 데이지 체인(Daisy-chain) 방식

상위의 인터럽트 요청(Interrupt Request)이 없는 경우에 한하여 하위로 인터럽트 인지 신호(Interrupt Acknowledge, INTA)가 넘어간다. 즉 상위에 있는 것일수록 우선순위가 높다.

데이지 체인 회로를 중심으로 이루어진 우선 인터럽트 제어장치(Priority Interrupt Control Unit, PICU)가 따로 칩으로 마련된 시스템도 있으나, 대개의 시스템에서는 입출력 인터페이스와 같은 장치에 이 회로를 내장하고 있어서 간단히 인터럽트 우선체계를 구성한다.

데이지 체인 방식은 마치 고객에게 미리 등급을 정해두고, 낮은 등급의 고객이 서비스를 받으려면 높은 등급 고객들의 허락을 얻어야 하는 것에 비유할 수 있다.

만약 장치가 인터럽트를 요구한 상태라면, 즉시 데이터 버스를 통하여 자신의 고유 ID 번호를 CPU로 보낸다. 이 번호를 인터럽트 벡터(Interrupt Vector)라고 부르는데 인터럽트를 요청한 장치가 직접 인터럽트 서비스 루틴의 최초 번지(Interrupt Vector Address)를 데이터 버스를 통하여 CPU에게 알려준다.

이 방식은 하드웨어가 간단하지만, 많은 수의 I/O 장치들이 접속된 시스템에서는 우선순위가 낮은 장치들이 서비스를 받지 못하고 매우 오랫동안 기다리게 하는 단점이 있다.

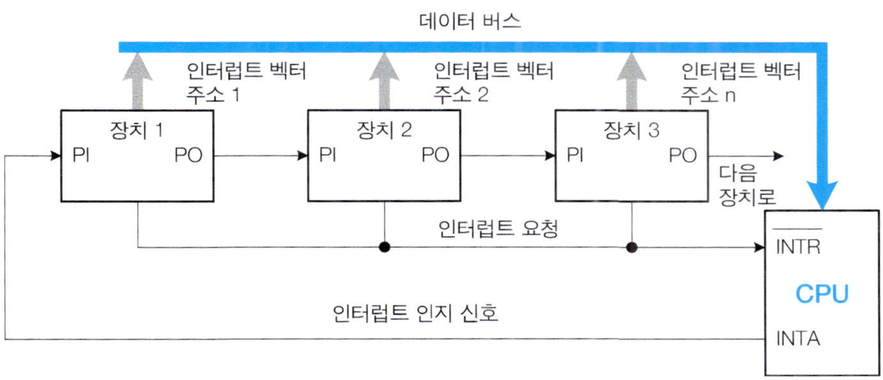

[그림 8-23] 데이지 체인 우선순위 인터럽트

(다) 소프트웨어 폴링 방식

한 개의 TEST I/O 선이 CPU와 모든 제어기들 사이에서 연결되는데 각 제어기 내에서는 해당 I/O 장치의 인터럽트 요구 상태를 가리키는 인터럽트 플래그(Interrupt Flag)가 있다. 이때, TEST I/O 신호는 그 플래그의 상태를 검사하는 데 사용된다.

이 방식에서는 인터럽트가 발생할 경우 각 장치 내에 있는 상태 레지스터의 인터럽트 비트(Interrupt Bit), 즉 플래그를 차례로 조사함으로써 어느 곳에서 인터럽트가 발생되었는지를 알아내는 방법을 사용한다. 이때 먼저 조사를 받는 것이 우선순위가 높다. 이 방식을 쓰면 우선순위 변경이 용이하며 하드웨어는 최소로 되나 시간이 많이 요구된다는 결점이 있다.

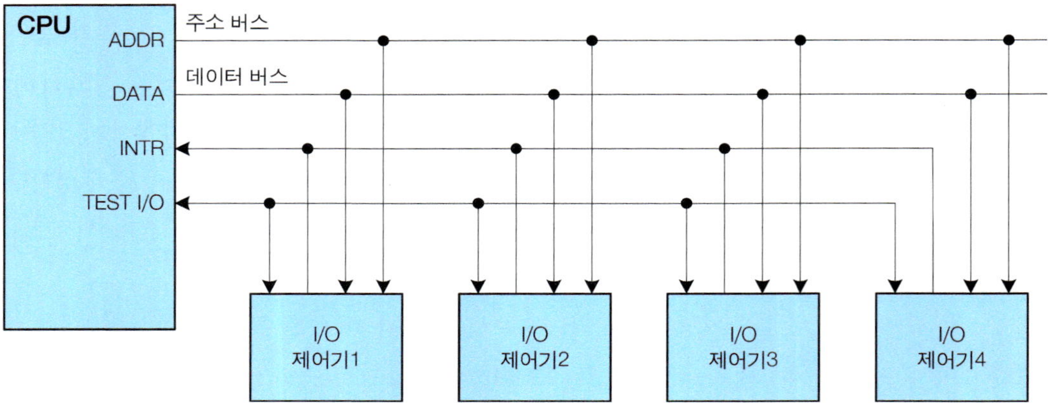

[그림 8-24] 소프트웨어 폴링을 위한 구성도

다) DMA에 의한 입출력방식

(1) 도입 배경

주기억 장치와 I/O 장치간의 데이터 이동에는 CPU가 직접 개입해야 하며, 이동되는 데이터들이 반드시 CPU를 경유해야 한다. 예를 들면, 주기억장치 내의 데이터를 I/O 장치로 이동시키는 I/O 쓰기인 경우에 CPU가 주기억장치로부터 데이터를 한 개씩 읽어서 내부 레지스터에 적재한 다음에 I/O 장치로 내보내고, I/O 명령도 보내야 한다.

만약 큰 데이터 블록을 전송하는 경우에는 CPU가 그 동작들을 수행하는 데 많은 시간을 소모해야 하며, 시스템 버스도 대부분의 시간동안 그러한 I/O 동작들을 위해서 사용되어야 한다. 이러한 문제점을 해결하기 위하여 직접 메모리 액세스(Direct Memory Access, DMA)가 널리 사용되고 있다.

(2) 입출력 방식

DMA는 데이터의 입출력 전송이 직접 주기억장치와 I/O 장치 사이에서 이루어지는 인터페이스를 말한다. 일반적인 입출력 프로그램에 의한 전송과 다른 점은 DMA는 CPU의 레지스터를 경유하지 않는다는 점이다.

DMA는 CPU에 의하여 시작되어 전 블록(block)이 전송될 때까지 주기억장치와 I/O 장치 사이의 데이터의 전송을 계속한다. 주기억장치 내의 데이터를 I/O 장치로 보내거나 I/O 장치로부터 데이터를 주기억장치로 읽어 들이고자 할 때 CPU는 DMA 제어기로 다음과 같은 정보들이 포함된 명령을 보낸다.

① I/O 장치의 주소
② 연산(쓰기 혹은 읽기) 지정자
③ 데이터가 읽혀지거나 쓰일 주기억장치 영역의 시작주소
④ 전송 데이터 단어들의 수

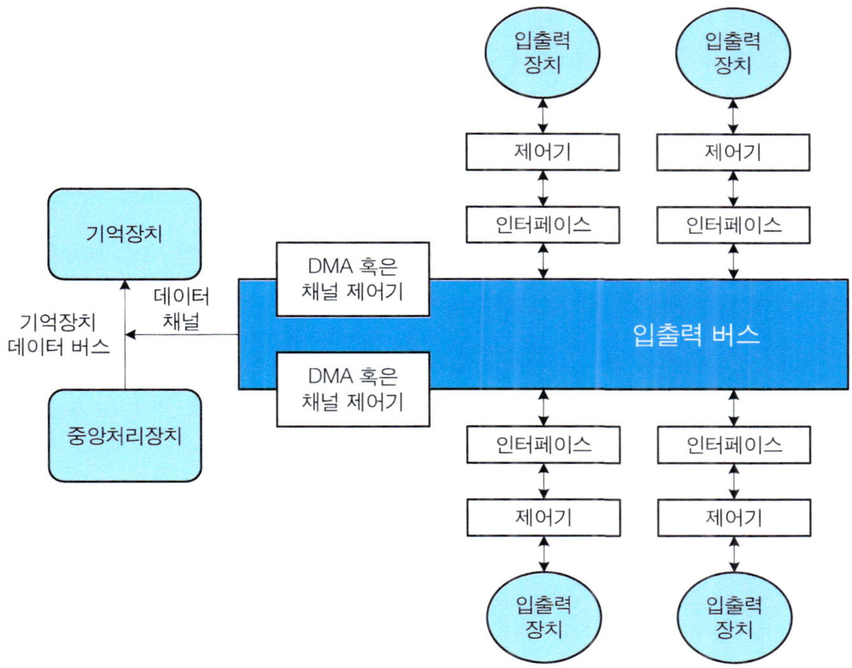

[그림 8-25] DMA 입출력 방식

I/O 장치가 주기억장치와 자율적으로 입출력을 하도록 하면 입출력하는 동안 CPU는 쉬지

않고 입출력 자료와는 관계없는 다른 프로그램 부분을 수행할 수가 있다. I/O 장치와 주기억장치 사이의 데이터 입출력 주기를 기억장치 사이클이라고 하는데 이때, CPU는 이 기억장치의 사이클 동안에 계속 입출력 자료와 관계없는 프로그램을 수행할 수 있다.

만약, 기억장치 사이클 동안에 데이터 처리를 위한 채널 사용이 요구되면 CPU의 프로그램 수행이 중단되고 기억장치 사이클의 사용권이 DMA 인터페이스로 옮겨져 기억장치를 액세스할 수 있게 된다. 이와 같은 동작을 사이클 스틸(Cycle Steal)이라고 하는데 이 사이클 스틸을 하면 수행되고 있던 프로그램은 비록 한 명령의 수행 도중일지라도 그 사이클 동안은 CPU가 개입하지 않는 상태로 있게 되며 그 사이클이 지나면 중단되었던 프로그램의 수행은 계속된다.

이때, DMA 제어기가 CPU에게 버스 사용을 요구하는 신호를 버스 요구(BUS REQ) 신호라고 하며, CPU가 DMA 제어기에게 버스 사용을 허가하는 신호를 버스 승인(BUS GRANT) 신호라고 한다.

이와 같은 처리를 위해서 일반적으로 DMA는 다음과 같은 기능을 갖는다.

① 입출력 자료가 버퍼에 준비되었을 때 기억장치가 액세스를 요청하는 기능
② 입력과 출력의 동작을 결정하는 기능
③ 어떤 장소에 얼마만큼의 자료를 입출력할 것인가를 표시하는 기능
④ 자료 입출력이 완료되었을 때 중앙처리장치에 보고하는 기능

한편, 사이클 스틸과 인터럽트가 다른 점은 만약, 인터럽트가 발생하면 수행하고 있던 프로그램은 정지되나 인터럽트 처리 루틴의 수행을 위하여 CPU는 인스트럭션(instruction)을 수행하는 반면에 사이클 스틸이 발생하면 CPU는 해당 사이클 동안 다른 일을 계속하고 있다는 점이다. 그러므로 인터럽트 발생 시에는 CPU의 상태 보존이 필요하나 사이클 스틸의 발생 시에는 CPU의 상태 보존이 필요 없다.

최근에 고성능 컴퓨터에서는 DMA 제어기를 확장시킨 I/O 프로세서(I/O Processor, IOP)를 사용하고 있다. IOP는 I/O 채널(I/O Channel)이라고도 하는데, 다음과 같은 하드웨어들을 가지고 있다.

① I/O 명령어들을 실행할 수 있는 프로세서
② 데이터 블록들을 임시 저장할 수 있는 용량의 지역 기억장치
③ 시스템 버스에 대한 인터페이스 및 버스 마스터 회로

④ I/O 버스 중재 회로

IOP는 CPU가 다른 일을 처리하고 있는 동안 여러 I/O 장치와 주기억장치 사이의 모든 데이터 전송을 모니터하지만 CPU와 구별되는 차이점은 다음과 같다.

① CPU에 의해 동작이 모두 지정되는 DMA 제어기와는 달리 IOP 고유의 명령어를 인출(fetch)하고 실행할 수 있다.
② CPU는 계산업무에 필요한 데이터를 처리하고 IOP는 여러 주변장치와 주기억장치 사이의 데이터 전송을 위한 통로를 제공한다.
③ CPU는 IOP의 동작을 시작하게 하는 일을 맡고 있으나 CPU에 의하여 시작된 입력 명령어는 IOP에서 실행된다.

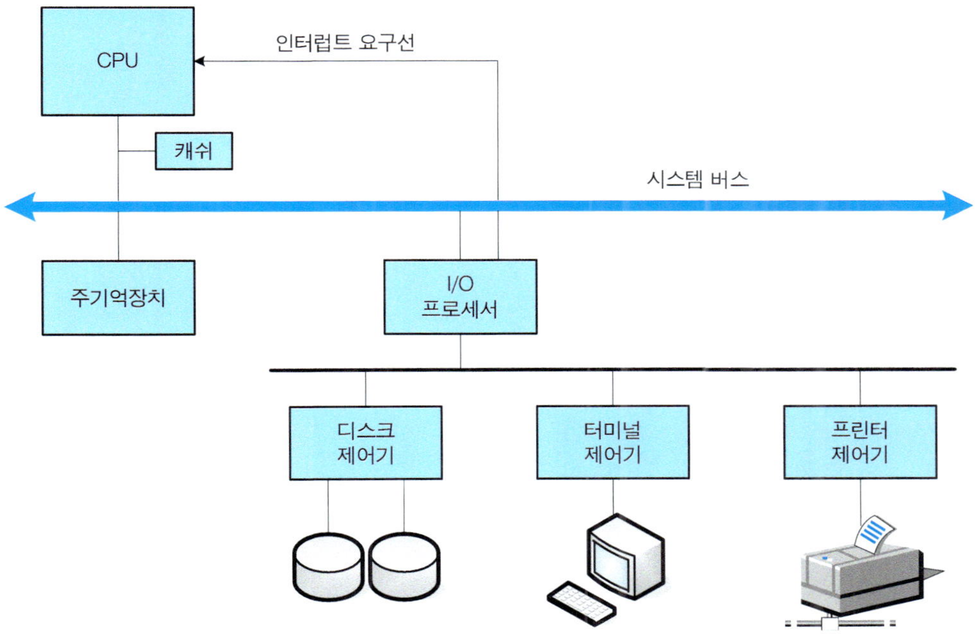

[그림 8-26] IOP가 사용된 시스템 구성도

요 약

01 버스 사이클(Bus Cycle)은 버스를 이용해 기억장치나 입출력장치에서 데이터를 읽거나 쓰기 위해 반복적으로 수행해야 하는 일련의 연속 동작을 말한다.

02 동기식 버스 방식은 시스템 버스의 클록에 동기되어 결정되지만 비동기식 버스 방식은 다른 신호의 발생 여부에 따라 결정된다.

03 버스 중재(Bus Arbitration)는 버스 경합이 발생하는 경우, 어떤 기준에 따라 버스 마스터들 중에서 한 개씩만 선택하여 순서대로 버스를 사용할 수 있게 해주는 동작이다.

04 중재 신호들의 연결 형태에 따른 방식의 분류에는 병렬 중재 방식과 직렬 중재 방식이 있다.

05 버스 중재기의 위치에 따른 분류에는 중앙집중식 중재 방식과 분산식 중재 방식이 있다.

06 우선순위의 결정 방식에 따른 분류에는 고정 우선 순위 방식과 가변 우선 순위 방식이 있다.

07 폴링 방식에는 버스 사용을 원하는 마스터가 있는지를 버스 중재기가 주기적으로 검사하여 사용 승인 여부를 결정한다.

08 I/O 제어기는 I/O 장치의 제어와 타이밍 조정, CPU와의 통신 담당, I/O 장치와의 통신 담당, 데이터 버퍼링(Data Buffering) 기능 그리고 오류 검출을 한다.

09 기억장치-사상 I/O는 기억장치 주소 영역의 일부분을 I/O 제어기 내의 레지스터들의 주소로 할당하는 방식이다.

10 분리형 I/O는 I/O장치 주소공간을 기억장치 주소 공간과는 별도로 할당하는 방식이다.

11 Direct Memory Access(DMA)는 CPU의 개입 없이 I/O 장치와 기억장치 사이에 데이터를 전송하는 방식이다.

12 인터럽트 발생 시에는 CPU의 상태 보존이 필요하나 사이클 스틸의 발생 시에는 CPU의 상태 보존이 필요 없다.

문 제

01 인터럽트의 의미와 필요성을 들고, 인터럽트의 종류를 나열하시오.

02 DMA의 동작을 자세히 설명하시오.

03 입출력 프로세서(IOP)와 일반 프로세서(CPU)와의 차이점을 설명하시오.

04 I/O 레지스터들의 주소를 지정하는 방법에 대하여 설명하시오.

05 폴링 인터럽트(Polling Interrupt) 방식과 벡터 인터럽트(Vectored Interrupt) 방식의 차이점을 설명하시오.

06 중앙집중식 버스 중재 방식과 분산식 버스 중재 방식의 수행 동작을 각각 설명하시오.

07 일반적으로 DMA 제어기가 버스 사용에 있어서 CPU보다 우선순위가 더 높다. 그 이유를 설명하시오.

chapter

09

제어장치

학습목표

1. 제어 장치의 기능을 이해할 수 있다.
2. 제어 장치의 구조를 이해할 수 있다.
3. 제어 장치를 설계하는 방법을 이해할 수 있다.
4. 마이크로 명령어를 이해할 수 있다.

제어 장치(Control Unit, CU)는 프로세서의 조작을 지시하는 CPU의 일부분으로서 입출력 장치 간 통신 및 조율을 제어하며 명령어들을 읽고 해석하며 데이터 처리를 위한 시퀀스를 결정한다.

다시 말하면, 제어 장치는 주기억장치에 들어 있는 일련의 명령어를 순서대로 하나씩 호출하여 그 명령어의 뜻을 해독한 후, 그 뜻에 따라 컴퓨터 각 장치를 동작시킴으로써 데이터를 명령대로 처리하는 장치이다.

제어 장치는 역사적으로 폰 노이만 구조의 1946년 참조 모델의 일부로 정의되었지만 지금은 전반적인 역할과 동작 방식은 변경되지 않은 채로 일반적으로 CPU 내부에 포함되어 있다.

연산장치에서 두 개의 데이터를 연산하는 경우 제어장치가 하는 일은 다음과 같다.

① 입력장치의 내용을 기억장치에 옮긴다.
② 기억장치의 내용을 연산장치에 옮긴다.
③ 연산 처리한 연산장치의 내용을 기억장치에 옮긴다.
④ 기억장치의 내용을 출력장치에 옮긴다.

이 장에서는 먼저 제어 장치의 기능을 살펴본 다음 제어 장치의 구조를 이해한 후 제어 장치를 설계하는 방법과 마이크로 명령어에 대하여 고찰하도록 한다.

1 제어장치의 기능

제어장치는 명령어를 주기억장치에서 하나씩 불러와서 그 명령어를 실행시키는 데 필요한 제어신호를 만들어내는 회로이다. 다시 말하면, 명령어 사이클이 적절히 수행되도록 모든 동작들을 제어하는 장치이다. 7장에서 설명하였던 바와 같이, 각 명령어 사이클은 인출 사이클, 간접 사이클 및 실행 사이클로 이루어지며, 각 사이클에서는 여러 개의 마이크로 오퍼레이션(Micro Operation)들이 수행된다.

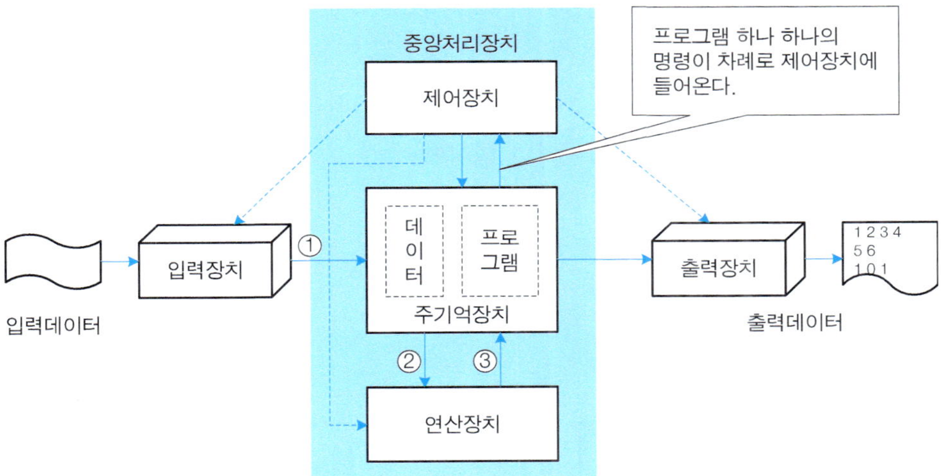

[그림 9-1] 데이터의 흐름과 제어신호

컴퓨터의 각 장치는 데이터가 들어오기만 하면 맡은 바의 일을 자동 처리하는 전자회로이므로, 데이터를 처리하기 위해서는 입력장치의 내용을 기억장치로 옮기고, 기억장치의 내용을 출력장치로 옮기고 … 이와 같이 어느 장치에서 다른 장치로 데이터를 옮겨주는 일이 필요한데, 이런 일을 해주는 것이 제어장치이다.

그런데 어느 장치에서 다른 장치로 데이터를 옮기기 위해서는 이들 장치 사이에 있는 게이트를 열어 주어야 하므로, 제어장치가 하는 일 중 하나인 '입력장치의 내용을 기억장치에 옮긴다.'는 말은 [그림 9-2]에서 입력장치와 기억장치 사이의 게이트 ①을 열어준다는 말이

chapter 09

되고, '기억장치의 내용을 연산장치에 옮긴다.'는 말은 게이트 ②를 열어준다는 말이 되며, '연산장치의 내용을 기억장치에 옮긴다.'는 말은 게이트 ③을 열어준다는 말이 되고, '기억장치의 내용을 출력장치에 옮긴다.'는 말은 게이트 ④를 열어준다는 말이 된다.

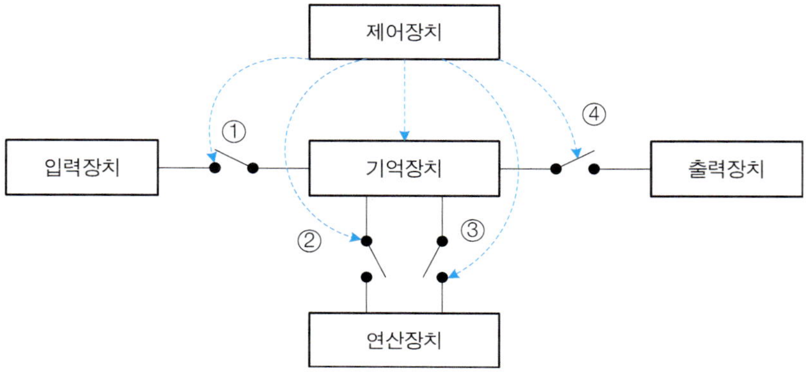

[그림 9-2] 제어장치의 역할

프로그램의 입장에서 볼 때 제어장치는 주기억장치내의 명령어를 하나씩 명령레지스터에 호출해서 해독하는 장치이지만, 데이터의 입장에서 볼 때 제어장치는 데이터를 컴퓨터 각 장치에 이리 보내고 저리 보냄으로써 데이터를 명령대로 처리하는, 이른바 '데이터의 교통순경'이다.

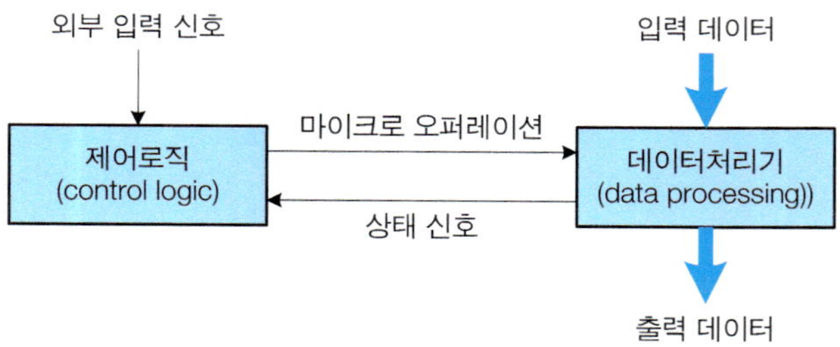

[그림 9-3] 제어 로직과 데이터 처리기의 관계

[그림 9-3]과 같이 제어장치는 연산장치와 레지스터들로 이루어진 데이터 처리기를 제어하기 위한 제어 로직 회로로 구성되어 있다. 이 회로는 순서회로에 의해서 실현될 수도 있고 마이크로프로그램 로직에 의해서 실현될 수도 있다.

데이터 처리기는 제어 로직으로부터 보내진 마이크로 오퍼레이션 신호에 의해 입력 데이터를 받아들여 데이터를 처리한 후에 그 결과를 출력으로 보낸다. 한편, 데이터 처리기에서 제어 로직으로 보내지는 상태 신호는 연산장치에서 데이터를 처리한 결과에 따라 발생되는 상태들로서 제어 로직의 알고리즘이 동작되는 동안 상태에 따라 분기 한다던가 혹은 상태 변환을 하기 위한 판단 기준을 공급해주는 신호이다.

각 마이크로오퍼레이션이 실제로 수행되기 위해서는 2진 비트들로 표현되어야 하는데, 그와 같이 비트들로 이루어진 각 단어를 마이크로 명령어(micro instruction) 혹은 제어단어(Control Word)라고 부른다. 그리고 마이크로 명령어들의 집합을 마이크로프로그램(micro-program)이라고 부른다.

마이크로 명령어들은 명령어 인출과 같은 CPU의 특정 기능을 위하여 그룹 단위로 구성되는데, 이러한 각 그룹을 루틴(routine)이라고 부른다. 결과적으로, 명령어 사이클을 위한 마이크로프로그램은 인출 사이클 루틴, 간접 사이클 루틴 그리고 실행 사이클 루틴들로 구성된다.

학습 활동 **마이크로 사이클(microcycle)**

마이크로 사이클이란 마이크로 오퍼레이션을 수행하는 데 필요한 시간, 즉 중앙처리장치의 사이클 타임(Cycle Time)으로서 CPU의 속도를 표시한다. 마이크로 사이클에는 동기 고정식(Synchronous Fixed)과 동기 가변식(Synchronous Variable)이 있다.

1) 동기 고정식

마이크로 사이클 타임이 비슷한 여러 개의 마이크로 오퍼레이션들 중에서 가장 긴 것을 마이크로 사이클 타임으로 정의하는 것으로 이것이 바로 CPU의 클록 주기가 된다. 다음은 동기 고정식의 특징이다.

① 모든 마이크로 오퍼레이션 수행 시간이 비슷해야 한다.
② 제어가 간단하다.
③ CPU 시간의 낭비를 초래한다.

2) 동기 가변식

마이크로 사이클 타임의 차이가 클 때 마이크로 오퍼레이션 수행시간이 비슷한 것끼리 몇 개의 군으로 모아 서로 다른 마이크로 사이클 타임을 정의하는 것이다. 다음은 동기 가변식의 특징이다.

① 모든 마이크로 오퍼레이션 수행 시간의 차이가 커야 한다.
② 제어가 복잡하다.
③ CPU 시간을 효율적으로 이용한다.

2 제어장치의 구조

제어 장치는 프로세서의 조작을 지시하는 CPU의 한 부분으로서 역사적으로 폰 노이만 구조의 1946년 참조 모델의 일부로 정의되었다. 현대의 컴퓨터 설계에서 제어 장치는 전반적인 역할과 동작 방식은 변경되지 않은 채로 일반적으로 CPU 내부에 포함되어 있다.

[그림 9-4]는 제어장치의 내부 구조를 간략하게 보여주고 있는데 각 주요 구성요소들과 각 기능을 살펴보면 다음과 같다.

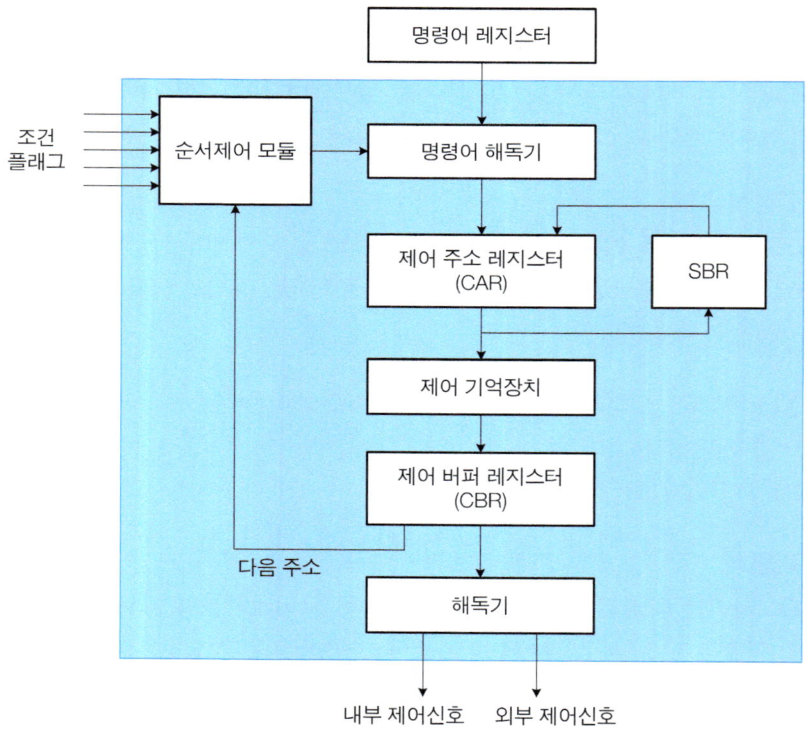

[그림 9-4] 제어 장치의 구조

① 명령어 해독기(Instruction Decoder): 명령 레지스터에 수록된 명령을 해독하여 수행될 장치에 제어신호를 보내는 기능을 한다.

② 제어 주소 레지스터(Control Address Register, CAR): 다음에 실행할 마이크로 명령어의 주소를 저장하는 레지스터로 mapping값, 주소 필드, 서브루틴 레지스터의 내용들이 적재되어 있다.

③ 제어 기억장치(Control Memory): 마이크로 명령어들로 이루어진 마이크로프로그램을 저장하는 내부 기억장치이다.

④ 제어 버퍼 레지스터(Control Buffer Register, CBR): 제어 기억장치로부터 읽혀진 마이크로 명령어 비트들을 일시적으로 저장하는 레지스터이다.

⑤ 서브루틴 레지스터(SuBroutine Register, SBR): 마이크로프로그램에서 서브루틴이 호출되는 경우에 현재의 CAR 내용을 일시적으로 저장하는 레지스터이다.

⑥ 순서 제어 모듈(Sequencing Module): 마이크로 명령어의 실행 순서를 결정하는 회로들의 집합이다.

학습 활동 **사상 방식(mapping)**

명령어의 연산 코드를 특정 비트 패턴과 혼합시킴으로써 그 연산의 수행에 필요한 실행 사이클 루틴의 시작 주소를 찾아낸다. 실행 사이클 루틴들이 제어 장치의 64번지부터 저장되어 있고 16비트 길이의 명령어가 4비트의 연산 코드, 1비트의 간접 주소지정(I)비트 및 11비트의 주소로 구성되어 있다고 하면 [그림 9-5]와 같다.

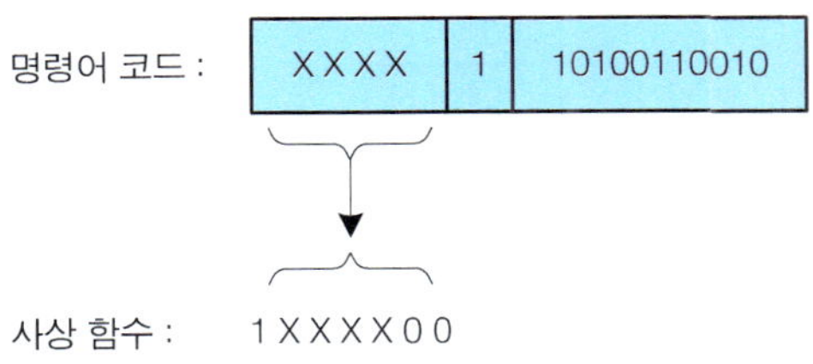

[그림 9-5] 연산 코드를 사용한 루틴 주소의 사상

사상 함수의 최상위 비트가 1이므로, 사상에 의해 결정되는 주소가 64번지부터 시작할 수 있게 된다. 예를 들면, ADD 명령어의 연산코드가 0010이라면, 위의 사상 함수에 의하여 이 연산을 위한 실행 사이클 루틴의 시작 주소는 1001000, 즉 64+8=72번로 결정된다.

루틴들의 길이와 제어 기억장치에 저장되는 위치는 CPU마다 다르다. 예를 들면, 제어 기억장치의 용량이 128 단어인 CPU에서 제어 기억장치의 구성은 [그림 9-7]과 같이 될 수 있다. 이 예에서는 제어 기억장치의 처음 절반(64 단어) 부분에 공통 루틴들, 인출과 간접 및 인터럽트 사이클을 위한 마이크로프로그램 루틴들을 저장하고 있다. 하반부 64 단어들에는 각 명령어를 위한 실행 사이클 루틴들을 저장하고 있다.

인출 사이클 동안에 명령어 레지스터로 적재된 명령어 비트들 중에서 연산 코드 부분은 제어 장치의 명령어 해독기로 들어온다. 이 연산 코드가 지정하는 연산은 실행 사이클 동안에 제어 기억장치에 저장된 해당 루틴을 실행함으로써 수행된다. 따라서 명령어 해독기는 연산 코드를 이용하여 제어 기억장치 내 해당 실행 사이클 루틴의 시작 주소를 찾아야 한다.

학습 활동 **단어(word)**

각 기억 장소에 저장되는 데이터 단위로서 CPU에 의해 한 번에 처리될 수 있는 비트들의 그룹이다. 예를 들면, 한 단어의 크기가 8비트, 즉 한 바이트인 것으로 가정하고 있다.

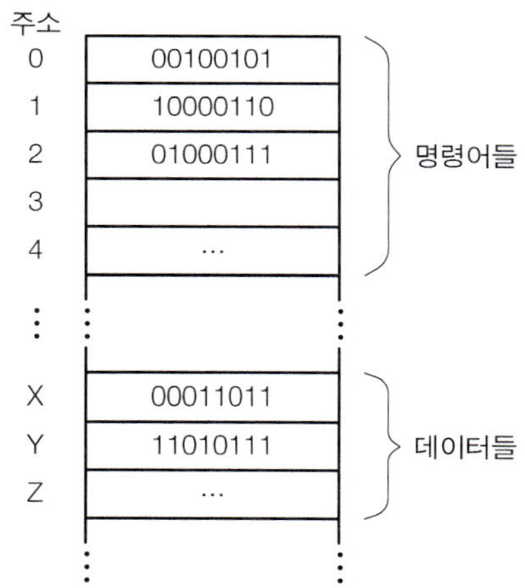

[그림 9-6] 프로그램과 데이터가 기억장치에 저장된 모습

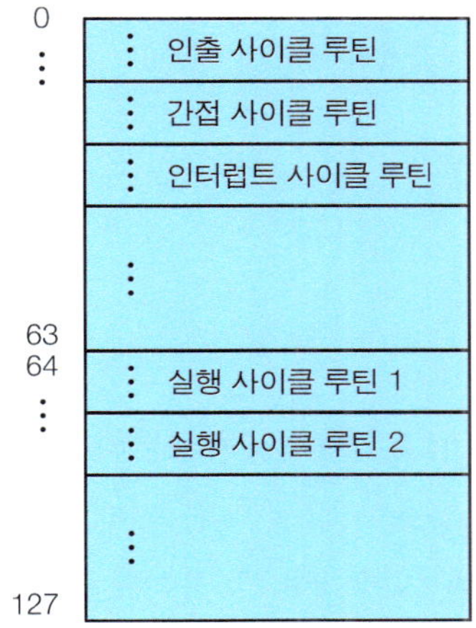

[그림 9-7] 제어 기억장치의 내부 구성

3 제어장치의 설계

제어장치는 제어장치의 상태와 CPU나 기억장치로부터 받은 제어 데이터에 의하여 마이크로 오퍼레이션의 수행을 위한 제어 신호를 발생한다. 이때 제어 장치를 설계하는 방법에는 고정 배선 제어(Hardwired Control)에 의한 구현과 마이크로프로그램(microprogram)에 의한 구현이 있다.

1) 고정 배선 제어

가) 구현 방법

고정 배선 제어 방식에서는 제어용 타이밍 신호를 순서회로(Sequential Circuit)에서 얻는다. 이때 순서회로는 조합회로와 플립플롭으로 구성된다.

이 방법의 목적은 사용하는 부품의 수를 최소화하고 동작 속도를 극대화하는데 있다. 그러나 한번 구성이 되면 다음에 변경이 필요한 경우에는 다시 설계를 해야 하며 또 배선을 다시 구성해야 하므로 특수한 컴퓨터를 제외하고는 별로 사용하지 않는다.

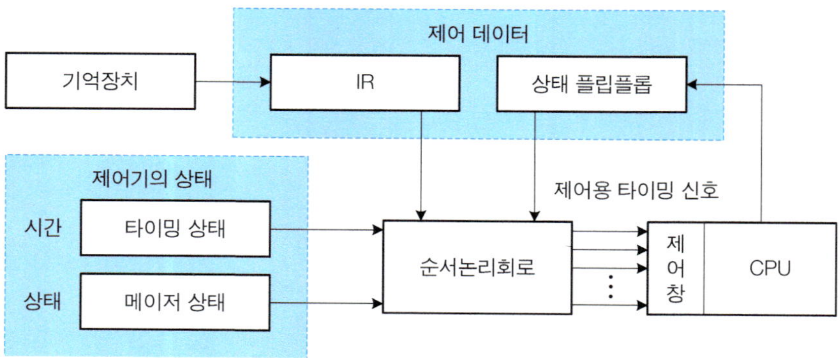

[그림 9-8] 고정 배선 제어에 의한 설계

제어장치에 있는 기억장치는 주기억장치와는 달리 독립된 기억장치이고 순수한 제어장치 논리 회로의 한 부분으로 존재한다. 또한 고정 배선 제어에 의한 출력은 두 그룹으로 나누어지며 하나의 출력은 직접적으로 주기억장치, 연산장치, 입출력장치와 관련되어 있고, 다른 하나의 출력은 재 기억되고 있다.

한편, 명령어를 해독하고 제어 신호를 발생하기 위한 고정 배선 제어 논리 회로를 설계하는 방법에는 세 가지가 있는데 다음과 같다.

① 스위칭 이론의 순서적 회로 설계에 대한 표준 방법으로 제어장치에 따른 상태표를 만들어 사용하는 상태표 방법
② 제어 신호에 따른 시간 조절을 위해 지연 소자(Delay Element)를 이용하는 방법
③ 시간 조절을 하기 위한 순차 카운터(Sequence Counter)를 사용하는 방법

최종적인 설계는 게이트와 플립플롭의 수가 최소화되지 않지만 매우 적은 노력으로 얻을 수 있고 쉽게 이해할 수 있어서 에러 발생이 적고 쉽게 보수할 수 있다.

나) 특 징

제어용 신호를 순서회로에 의해서 얻으므로, 사용되는 부품의 수는 최소화되고, 작동 속도는 극대화되는 장점이 있는 대신, 시스템이 복잡해짐에 따라 설계가 매우 어렵고, 한번 구성하면 배선을 다시 바꾸지 않는 한 변경이 되지 않는다는 단점이 있다. 그러므로 한 때는 마이크로컴퓨터 외에는 거의 사용하지 않았으나, 속도를 중시하는 RISC의 등장으로 다시 사용되고 있다.

chapter 09

2) 마이크로프로그램 제어

가) 구현 방법

마이크로프로그램 제어는 제어용 타이밍 신호를 제어용 ROM에서 얻는 방식이다. 이런 방식을 사용하는 컴퓨터는 두 종류의 기억장치를 가지게 되는데 그것은 주 메모리와 제어 메모리이다. 전자는 사용자가 그 내용을 임의로 변경할 수 있고 명령과 데이터가 그 내용이 되겠지만 후자는 그 내용이 고정되어 있으며 사용자가 직접 사용할 필요가 없다.

마이크로프로그램이 저장되는 ROM과 PROM, WCM(Writable Control Memory) 등이 제어장치에 사용될 때 이들을 제어 메모리라고 한다. 이들은 동적 프로그래밍 기법이 적용되어 보조 기억 장치에 마이크로프로그램을 적재(load)시킨다.

각 명령들은 제어 메모리에 있는 마이크로 명령을 수행시켜 다음과 같은 마이크로 동작을 수행하게 한다.

① 주기억장치에서 명령을 인출(fetch)하게 한다.
② 오퍼랜드(operand)의 유효 번지를 계산한다.
③ 정해진 동작을 수행한다.
④ 인출 사이클의 첫 부분으로 돌아와 다음 명령에 대한 마이크로 동작을 한다.

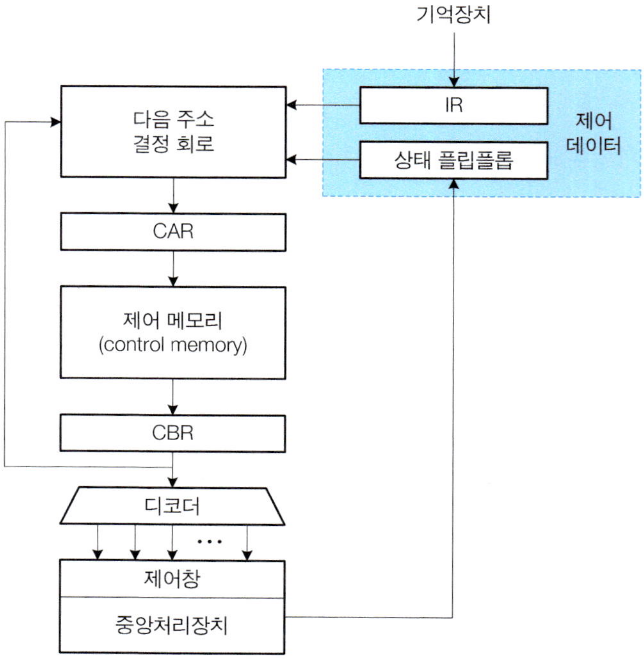

[그림 9-9] 마이크로프로그램에 의한 설계

[그림 9-9]의 제어 메모리는 마이크로프로그램을 가지고 있으며, CAR(Control Address Register)과 CBR(Control Buffer Register)을 이용해 이 장치에 기억된 정보를 읽을 수 있다.

마이크로프로그램은 마이크로 명령어로 구성되며, 마이크로 명령어에는 일반적으로 같은 타이밍 상태 내에 동시에 수행 가능한 마이크로 오퍼레이션들의 제어 신호 정보를 갖고 있다.

어느 마이크로 명령어를 수행할 지에 대해서는 주소 결정 회로를 통해 이루어지는데 IR(Instruction Register)과 상태 플립플롭과 같은 제어 데이터에 의해 결정된다. 또한 하나의 제어 데이터에 의해 하나 이상의 마이크로 명령어의 수행을 할 수도 있고 또는 제어 메모리 데이터 레지스터로부터 오는 정보를 통해 다음에 수행할 마이크로 명령어 주소를 포함하게 할 수도 있다.

나) 특 징

① 설계가 용이하다.

고정 배선 제어 방식에서는 제어용 타이밍 신호를 얻는 순서 논리 회로가 매우 복잡하지만 마이크로프로그램 제어 방식은 주로 ROM의 프로그램에 의존하기 때문에 설계가 매우 간결하다.

② 매우 구조적(Well Structured)이다.

고정 배선 제어 방식이 AND 배열 또는 OR 배열로 구성된 논리회로부터 제어신호를 선별해서 사용하는 데 반하여 마이크로프로그램 제어 방식은 ROM 내의 프로그램에 의하여 매우 구조적이다.

③ 에뮬레이션이 능률적이다.

에뮬레이션은 순수한 소프트웨어에 의해서도 가능하나, 마이크로프로그램이라는 펌웨어(firmware)에 의하는 편이 능률적이다. 이때 제어 ROM 대신 제어 RAM을 쓰는데, 이것을 동적 마이크로프로그래밍(Dynamic Microprogramming)이라고 한다.

④ 융통성이 있다.

개발 당시 수정도 쉽지만, 차후 기능 변경이 발생한 후에도 변경이 쉽다. CROM (Control ROM) 내의 마이크로프로그램을 변경하기만 하면 되기 때문이다.

⑤ 개발비도 적게 들고, 하드웨어가 최소화되므로 저렴하다.

⑥ 프로그램 형태이므로 자기진단 기능을 갖출 수 있다.

⑦ 단점은 속도가 느리다.

속도를 무엇보다 중시하는 현대 컴퓨터에서는 속도가 느리다는 이유 때문에 고정 배선 제어를 더 선호하고 있다.

4 마이크로 명령어

1) 상태 변환

CPU 내의 각종 레지스터들은 거의 플립플롭으로 구성되어 있으므로 CPU의 상태는 플립플롭의 상태이다. 즉, 레지스터나 플래그(flag)가 기억하고 있는 정보의 내용에 의해서 좌우된다.

프로그램의 수행 또는 명령의 수행은 CPU로 하여금 잘 정의된 일련의 상태 변환(State Transition)을 하도록 제어함으로써 이루어진다. 명령 수행을 위해서 CPU가 상태 변환을 할 수 있도록 하는 동작들을 마이크로 오퍼레이션(Micro Operation)이라고 한다.

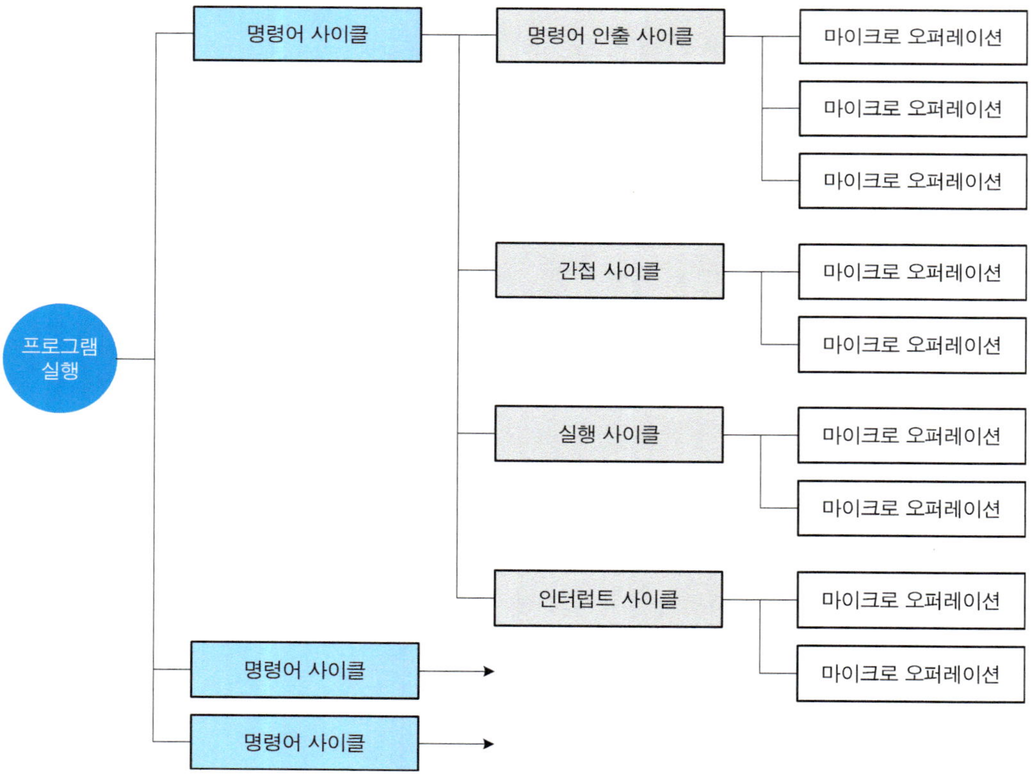

[그림 9-10] 프로그램 실행의 계층적 표현

CPU의 상태 변환 방식에는 동기식과 비동기식이 있는데 동기식(synchronous)은 외부로부터 공급되는 일정 주기의 펄스(Clock Pulse) 열에 대하여 각 펄스마다 상태 변환하는 것이고, 비동기식(asynchronous)은 입력과 내부 상태만으로 상태 변환하는 것을 말한다.

일반적으로 어떤 한 컴퓨터에서 수행이 가능한 마이크로 오퍼레이션의 종류는 CPU 내에 존재하는 레지스터들과 연산 장치의 종류 그리고 그들이 서로 연결된 형태에 의해서 결정되므로 구체적인 구조가 반드시 제시되어야 한다.

[그림 9-11]은 이와 같은 구조의 컴퓨터에서 마이크로 오퍼레이션 종류의 예를 나타낸 것이다.(단, R은 레지스터, F는 연산 장치를 의미한다.)

① $F(R) \rightarrow R$ 마이크로 오퍼레이션: 한 개의 레지스터의 내용이 연산 장치를 통해서 다른 레지스터로 이동하는 동작

② $F(R,R) \rightarrow R$ 마이크로 오퍼레이션: 두 개의 레지스터의 내용이 연산 장치를 통해서 다른 레지스터로 이동하는 동작

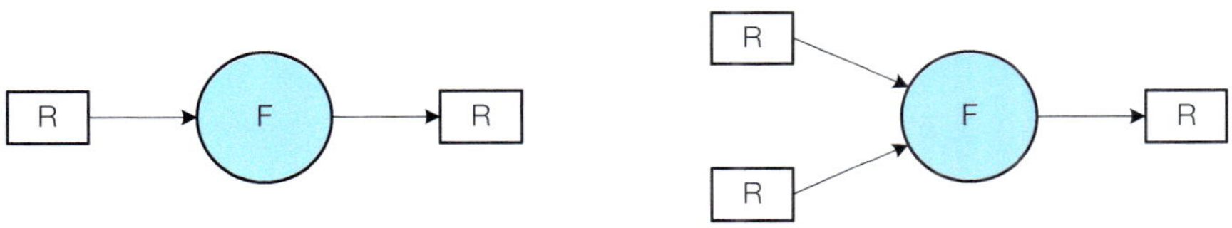

(a) F(R)→R 마이크로 오퍼레이션　　(b) F(R, R)→R 마이크로 오퍼레이션

[그림 9-11] 마이크로 오퍼레이션의 예

2) 명령어의 형식

이러한 상태 변환을 근거로 제어 기억장치에 저장되는 마이크로 명령어 형식의 한 예를 보면 [그림 9-12]와 같다.

3	3	2	2	8
연산 필드 1	연산 필드 2	조건 필드	분기 필드	주소 필드(ADF)

[그림 9-12] 마이크로 명령어의 예

이 예에서 마이크로 명령어는 길이가 18비트이고, 상단에 표시한 수만큼의 비트들로 이루어지

는 다섯 개의 필드들로 구성된다고 가정한다. 이 경우에는 연산 필드가 2개이므로 두 개의 마이크로 연산들이 동시에 수행될 수 있다. 그러면 각 필드에 대한 내용을 알아보도록 한다.

가) 연산 필드

모든 연산 필드는 하나의 레지스터에 기억된 자료를 입력 버스에 싣고 그 자료를 연산 장치를 통해 변형시키든가 그대로 통과시켜 출력 버스에 나타난 자료를 레지스터에 기억시키게 한다. 즉, 주소 필드의 값이 CAR로 적재된다.

나) 조건 필드

분기에 사용될 조건 플래그를 지정하며 필드의 값이 00이면 현재의 마이크로 명령어의 실행이 완료된 다음에는 무조건 분기(Unconditional Branch)한다는 것을 의미한다. 이 경우에 분기될 목적지 마이크로 명령어 주소는 이 형식의 마지막에 있는 주소 필드의 값이 된다.

한편, 조건 필드의 값이 01이면, 간접 주소 지정을 나타내는 I 비트의 값에 따라 분기 여부가 결정된다. 만약 I 비트가 1이라면, 간접 사이클 루틴을 호출하여 기억장치로부터 오퍼랜드의 유효 주소를 인출한다.

조건 필드의 값이 10 혹은 11인 경우에는 각각 조건 플래그인 S(부호) 혹은 Z(0) 플래그의 값이 1이면 분기가 일어난다.

[표 9-1] 조건필드의 코드

코드	조건	기호	설명
00	1	U	무조건 분기
01	I 비트	I	간접 주소지정
10	AC(S)	S	누산기(AC)에 저장된 데이터의 부호
11	AC=0	Z	AC에 저장된 데이터=0

다) 분기 필드

분기 필드는 두 개의 비트로 구성되는데, 필드의 값이 00이면 조건부 점프(Conditional Jump)를 나타낸다. 만약 조건 필드가 가리키는 조건이 만족되면, 주소 필드(ADF) 값이 CAR로 적재되어서 그 주소의 마이크로 명령어로 점프하게 된다. 그러나 조건이 만족되지 않는다면, 분기는 일어나지 않고 CAR은 1이 증가되어 다음에 위치한 마이크로 명령어를 실행하게 된다. 그러나 조건 필드의 값이 00인 경우에는 무조건 점프(Unconditional Jump)를 나타낸다.

한편, 분기 필드의 값이 01이면, 조건부 호출(Conditional Call)을 나타낸다. 이 경우에 만약 조건이 만족된다면, 현재의 CAR 내용에 1을 더한 값이 SBR(SuBroutine Register)에 저장되고, 주소 필드의 값이 CAR로 적재되어 다음 사이클에서 그 주소의 마이크로 명령어가 실행된다. 그러나 만약 조건이 만족되지 않는다면, 원래의 순서대로 다음에 위치한 마이크로 명령어가 실행된다. 그러나 조건 필드의 값이 00 인 경우에는 무조건 점프(Unconditional Jump)를 나타낸다.

이에 반해, 호출되는 루틴의 마지막 마이크로 명령어의 분기 필드에는 반드시 복귀(return)를 나타내는 필드 값이 10이 들어있어야 한다. 그러면 SBR에 저장되어 있던 주소가 CAR로 다시 적재됨으로써 호출되기 전의 실행 순서로 복귀해야 한다.

마지막으로, 분기 필드 값이 11이면, 사상(mapping)의 결과로 얻어지는 루틴의 시작 주소가 CAR로 적재되어 그 주소로 분기하게 된다. 다시 말하면, CAR의 최상위 비트에는 항상 1이 적재되고, 두 번째부터 다섯 번째 비트까지는 연산 코드(Op Code) 비트들이 들어가며, 마지막 두 비트들은 항상 0으로 채워진다.

[표 9-2] 분기 필드의 코드

코드	기호	설명
00	JMP	만약 조건=1이면, CAR ← ADF 만약 조건=0이면, CAR ← CAR+1
01	CALL	만약 조건=1이면, CAR ← ADF, SBR ← CAR+1 만약 조건=0이면, CAR ← CAR+1
10	RET	CAR ← SBR(서브루틴으로부터의 복귀)
11	MAP	CAR(1) ← 1, CAR(2-5) ← IR(op), CAR(6,7) ← 0

3) 제어 신호 발생 방법

제어 장치가 명령어의 실행을 제어한다는 것은 제어 기억 장치에 저장된 해당 마이크로 명령어들을 순서대로 인출하는 것이다. 즉, 각 마이크로 명령어를 읽어서 연산 필드에 있는 비트들을 출력시키면 그 자체가 제어 신호들이 된다.

순서 제어(sequencing) 회로에서의 핵심 요소는 다음에 인출할 마이크로 명령어의 제어 기억장치 주소를 가지고 있는 CAR이다. CPU가 동작을 시작하는 초기 순간에는 CAR이 0으로 세트되어, 제어 기억장치의 0번지에 있는 인출 사이클 루틴의 첫 번째 마이크로 명령어를 인출하면서 마이크로프로그램의 실행이 시작된다. 이때, 마이크로 명령어로부터 제어신호를 발생하는 방법을 살펴본다.

가) 수직적 마이크로프로그래밍(Vertical Microprogramming)

(1) 정 의

마이크로 명령어 내에 적은 수의 코드화된 비트들을 포함시킴으로써 마이크로 명령어의 길이를 줄이고, 그 대신에 외부에 해독기들을 접속하여 원하는 수만큼의 제어신호로 확장하는 방식을 말한다.

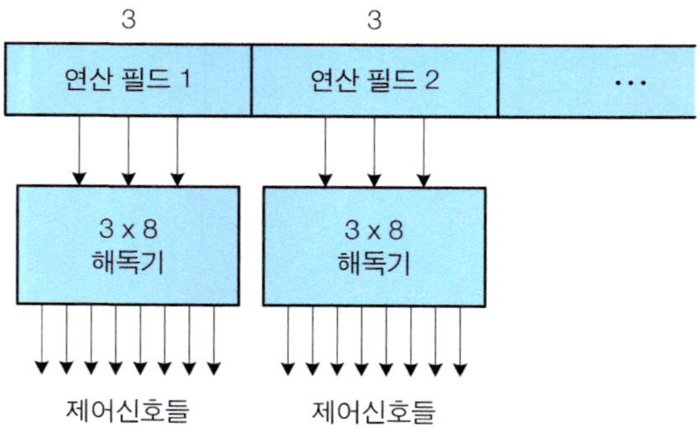

[그림 9-13] 수직적 마이크로 명령어로부터 제어 신호들을 발생하는 방법

(2) 특 징

마이크로 명령어의 길이(비트 수)가 최소화되어 제어 기억장치 용량이 감소하나 해독 동작에 걸리는 만큼의 지연 시간이 발생된다.

나) 수평적 마이크로프로그래밍(Horizontal Microprogramming)

(1) 정 의

마이크로 명령어 내 연산 필드들의 각 비트와 제어 신호를 일대일로 대응시켜서, 그 수만큼의 비트들로 이루어진 마이크로 명령어들을 사용하는 방식을 말한다.

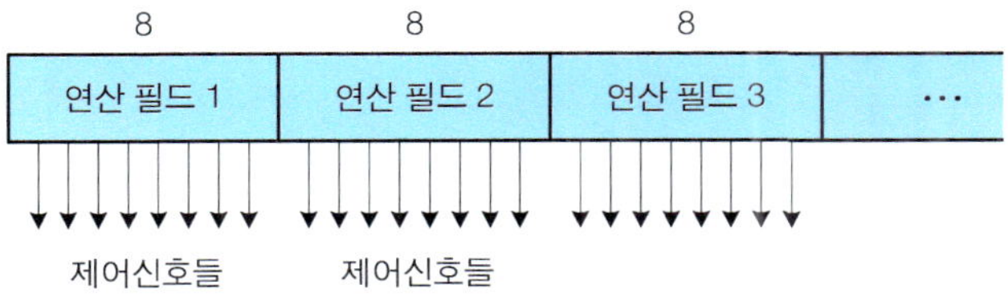

[그림 9-14] 수평적 마이크로 명령어로부터 제어 신호들을 발생하는 방법

(2) 특 징

하드웨어가 간단하고, 해독에 따른 지연 시간이 없으나 마이크로 명령어의 비트 수가 길어지기 때문에 제어 기억장치의 용량이 증가된다.

학습 활동 | 마이크로프로세서

마이크로프로세서는 저가의 저전력 프로세서가 요구되며 특히 저전력 동작을 위하여 전력 관리 기능을 지원할 수 있어야 한다.

센서 네트워크에 사용되는 마이크로프로세서는 32비트 혹은 64비트의 처리 능력과 GHz를 넘는 클록 주파수, 복잡한 메모리 관리 기능, 혹은 고도의 멀티미디어 처리 기능 등을 갖춘 개인 컴퓨터용의 범용 마이크로프로세서와 달리 8비트 혹은 16비트 정도의 처리 능력으로 수 MHz~수 십 MHz 정도의 동작 주파수의 임베디드용 마이크로 컴퓨터가 자주 사용된다.

그 이유는 센서 네트워크용의 프로세서는 센서로부터 데이터를 획득하는 것과 그 데이터를 목적지로 보내기 위한 통신 제어가 주된 작업이며 센서 네트워크 응용들의 대부분은 큰 연산능력을 요구하지 않기 때문에 비용 절감 측면에서 센서 노드들은 대부분 8비트 마이크로프로세서를 사용하고 있다.

요 약

01 제어장치는 명령어를 주기억장치에서 하나씩 불러와서 그 명령어를 실행시키는 데 필요한 제어신호를 만들어내는 회로이다.

02 각 마이크로오퍼레이션이 실제로 수행되기 위해서는 2진 비트들로 표현되어야 하는데, 그와 같이 비트들로 이루어진 각 단어를 마이크로 명령어(microinstruction) 혹은 제어단어(Control Word)라고 부른다.

03 마이크로 명령어들은 명령어 인출과 같은 CPU의 특정 기능을 위하여 그룹 단위로 구성되는데, 이러한 각 그룹을 루틴(routine)이라고 부른다.

04 제어 주소 레지스터(Control Address Register, CAR)는 다음에 실행할 마이크로 명령어의 주소를 저장하는 레지스터로 mapping값, 주소 필드, 서브루틴 레지스터의 내용들이 적재되어 있다.

05 제어 기억장치(Control Memory)는 마이크로 명령어들로 이루어진 마이크로프로그램을 저장하는 내부 기억장치이다.

06 제어 버퍼 레지스터(Control Buffer Register, CBR)는 제어 기억장치로부터 읽혀진 마이크로 명령어 비트들을 일시적으로 저장하는 레지스터이다.

07 서브루틴 레지스터(Subroutine Register, SBR)는 마이크로프로그램에서 서브루틴이 호출되는 경우에 현재의 CAR 내용을 일시적으로 저장하는 레지스터이다.

08 고정 배선 제어 방식에서는 제어용 타이밍 신호를 순서회로(Sequential Circuit)에서 얻는다. 이때 순서회로는 조합회로와 플립플롭으로 구성된다.

09 마이크로프로그램 제어는 제어용 타이밍 신호를 제어용 ROM에서 얻는 방식이다.

10 수직적 마이크로프로그래밍은 마이크로 명령어의 연산 필드에 적은 수의 코드화된 비트들(Encoded Bits)을 포함시키고, 해독기를 이용하여 그 비트들을 필요한 수만큼의 제어 신호들로 확장하는 방식이다.

11 수평적 마이크로프로그래밍은 연산 필드의 각 비트와 제어 신호를 1:1로 대응시키는 방식이다.

문 제

01 제어 장치의 구성과 기능에 대하여 설명하시오.

02 제어 장치를 설계하고자 할 때 마이크로프로그램(microprogram)에 의한 방법과 특징을 설명하시오.

03 명령어 사이클의 종류를 들고 마이크로 연산(micro-operation)을 예로 들어 설명하시오.

04 각각 세 비트씩으로 구성된 두 개의 연산필드로부터 64개의 제어 신호들이 발생하는 방법을 제시하시오.

05 수직적 마이크로프로그래밍과 수평적 마이크로프로그래밍의 장단점을 비교하시오.

chapter

10

병렬 컴퓨터

학습목표

1. 병렬 처리의 개념을 이해할 수 있다.
2. 병렬성에 의한 처리 단위를 이해할 수 있다.
3. 파이프라인 진화 기술을 이해할 수 있다.
4. 배열 프로세서를 이해할 수 있다.
5. 다중 프로세서 시스템을 이해할 수 있다.
6. 상호 연결 네트워크를 이해할 수 있다.

컴퓨터를 이용하는 응용 분야들 중에는 현존하는 고속 컴퓨터의 성능으로도 처리 시간이 매우 오래 걸리는 것들이 많이 있다. 그 예로는 인공지능, 로보틱스, 신호처리, 유체역학, 일기예보, 입자물리학 및 우주과학 분야 등이 있다. 또한, 인터넷의 발달과 더불어 주요 웹사이트의 서버는 동시에 수많은 사용자 요구들을 처리하고 있으며, 그 요구들의 대부분은 대규모 데이터베이스 검색 및 멀티미디어 정보 처리를 포함하고 있다. 그러한 필요성에 따라 더 빠른 컴퓨터의 개발에 대한 요구는 끊임없이 계속되고 있다.

여기서 사용되는 병렬 처리 시스템은 다수의 프로세서를 이용한 동시 수행(한 연산의 다른 부분을 동시 처리) 과정을 통하여 실현시키는데 각각의 프로세서는 자체 계산 능력과 공유 기억 장소를 통하여 주변 장치를 공유한다. 두 개 이상의 프로세서가 존재하는 시스템으로 다중 프로그래밍이 소프트웨어의 관점이라면 병렬 처리는 하드웨어의 관점이다.

이때, 병렬 처리에 참여하는 각 프로세서에 분담하는 단위 프로그램의 크기에 따라 다양한 수준의 병렬성(concurrency)들이 존재할 수 있다. 즉, 병렬 처리는 작업 단위 병렬성, 태스크 단위 병렬성, 스레드 단위 병렬성, 그리고 명령어 단위 병렬성과 같은 다양한 크기의 단위에 대하여 이루어질 수 있다.

일반적으로 병렬 처리 프로세서는 성능이 비슷한 두 개 이상의 프로세서들을 가지며, 모든 프로세서들은 기억장치와 제어장치, 입출력 장치 및 데이터베이스 등의 자원을 공용으로 사용하고, 전체 시스템은 하나의 운영 체제에 의해서 운영된다.

이 장에서는 먼저 병렬 처리의 개요를 살펴본 다음 병렬성에 대한 개념을 이해한 후 파이프라인 진화 기술, 배열 프로세서 및 다중 프로세서 시스템에 대하여 고찰한 다음 상호 연결 네트워크에 대하여 언급하도록 한다.

1 개 요

공장에서 제품의 시간당 생산량을 증가시키기 위해서는 단일 생산 라인에 투입되는 인원을 늘려서 분업 처리를 하든지, 생산 라인을 늘려서 병렬 처리를 하든지 해야 한다. 마찬가지로 컴퓨터에 있어서도 시간당의 처리량을 증가시키기 위해서는 단일 시스템에 ALU를 여러 개 두어서 두 개 이상의 연산이 동시에 분업처리 되도록 하든지, 프로세서를 늘려서 이들 각각의 프로세서가 별개의 일을 병렬 처리하도록 하든지 해야 한다.

병렬 처리(Parallel Processing)란 어떤 대규모의 문제를 처리하는 데 여러 개의 프로세서(processor)가 상호 정보를 교환하고 협조하면서 문제를 세분화하여 초고속으로 해결하는 방법을 말한다. 이와 같이 병렬 처리하는 하드웨어를 병렬 처리 프로세서(Parallel Processor)라 하고 이 병렬 프로세서를 가장 효율적으로 동작시키는 소프트웨어를 병렬 소프트웨어라고 한다.

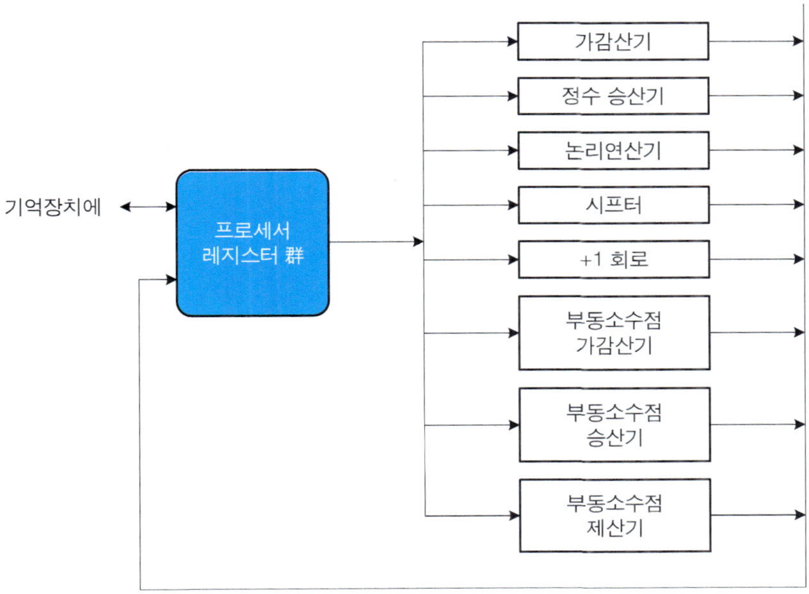

[그림 10-1] 다중기능 장치를 가진 프로세서

병렬 처리의 관점 중 하나는 단일 시스템에 ALU를 여러 개 두어서 두 개 이상의 연산이 동시에 분업처리 되도록 하는 것이다. [그림 10-1]에서 ALU는 가감산기, 승산기, 논리 연산기 등 여러 기능을 수행하는 장치들로 구성되고, 제어장치의 관리 하에 오퍼랜드들이 이들 장치에 분리 적재되어 동시에 처리된다. 결국 여기에서는 서로 다른 동작을 수행하는 다중 기능 장치에 오퍼랜드를 분산 배치함으로써 병렬 처리가 이루어진다.

병렬 처리의 또 하나의 관점은 하나의 컴퓨터 시스템에 여러 개의 프로세서를 두고 이들이 각각 별개의 일을 병렬 처리하도록 하는 것이다. 컴퓨터의 역사를 보면 "컴퓨터의 성능은 가격의 상승에 비례한다.", 즉 컴퓨터의 성능을 2배로 향상시키려면 그 비용은 4배로 든다는 '그로시의 법칙' 때문에 컴퓨터 성능의 대형화에 제약을 받았다. 그럼에도 불구하고 컴퓨터의 대형화에는 하드웨어 및 소프트웨어 면에서 한계가 있어 그 성능은 [그림 10-2]의 실선과 같이 포화 상태를 나타내고 있다. 아무리 비용을 더 들여도 성능은 별로 향상되지 않는다.

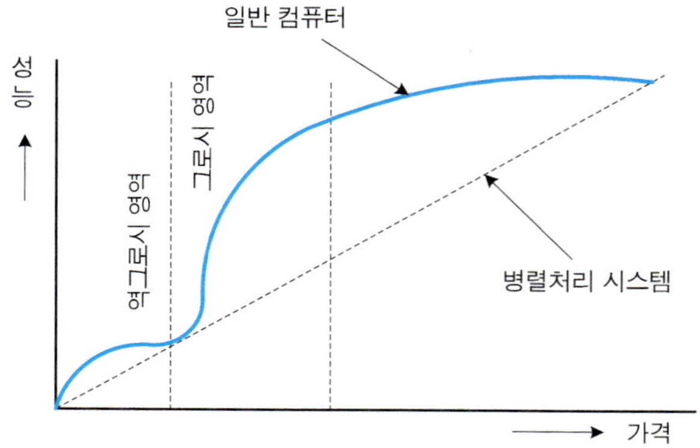

[그림 10-2] 그로시의 법칙

병렬 처리가 가능해지기 위해서는 먼저 다음과 같은 조건들이 만족되어야 한다.

① 많은 수의 프로세서들로 하나의 시스템을 구성할 수 있도록 작고 저렴하며 고속인 프로세서들의 사용이 가능해야 한다.

② 한 프로그램을 여러 개의 작은 부분들로 분할하는 것이 가능해야 하며, 분할된 부분들을 병렬로 처리한 결과가 전체 프로그램을 순차적으로 처리한 경우와 동일한 결과를 얻을 수 있어야 한다.

병렬 처리의 목적은 연산 속도를 높임으로써, 단위 시간당 수행한 작업의 양 즉, 처리능력(throughput)을 높이는 데 있으며, 병렬 처리에는 그에 필요한 하드웨어적 부품이 늘어나지만, 이 하드웨어 생산은 고도로 발달하여 가격이 거의 문제가 되지 않기 때문에 이에 따른 제한은 없다.

2 병렬성에 의한 처리 단위

미래의 시스템에서도 각종 연산이 병렬 처리되려면 충분히 많은 수의 프로세서들이 있어야 함은 물론이며 오늘날 입장에서는 두 개 또는 프로세서 여러 개의 다중처리가 좀 더 현실적이다.

대량의 '병렬성(concurrency)'은 주어진 프로그램을 가장 짧은 시간 내에 끝마칠 수 있는 방법을 제공한다. 대부분의 병렬 처리 시스템이 단위시간당 처리량을 증대시키는 것을 그 목적으로 하고 있다. 대부분의 순차적 프로그램은 순차적 실행을 하며 다음과 같은 이유로 병렬성 프로그램 작성은 어렵다.

① 인간의 사고방식이 순차적이며 병렬적으로 생각하도록 되어 있지 않다.
② 인간의 언어는 병렬성의 적절한 표현을 제공하지 못한다.
③ 다중처리 자체도 과거에는 병렬성을 위해 만들어진 것이 아니므로 병렬성에 대한 경험이 거의 없다.
④ 컴퓨터 하드웨어는 순차적 처리에 익숙하다.
⑤ 병렬 프로그램은 오류 검색이 어렵고, 병렬 프로그램의 정확성을 증명하는 일은 순차적 프로그램의 검증보다 훨씬 더 복잡하다.

그런데 병렬처리에 참여하는 각 프로세서에 분담하는 단위 프로그램의 크기에 따라 다양한 수준의 병렬성들이 존재할 수 있다. 즉, 병렬처리는 다음과 같은 다양한 크기의 단위에 대하여 이루어질 수 있다.

1) 작업 단위 병렬성(Job-level Concurrency)

서로 다른 사용자들에 의해 처리될 작업 프로그램들 혹은 한 사용자에 처리될 여러 개의 독립적인 작업 프로그램 단위로 병렬처리를 수행하는 것을 의미한다.

만약 컴퓨터 시스템 내에 두 개 이상의 프로세서들이 있다면, 이 두 작업 프로그램들은 각 프로세서에 의하여 처리될 수 있다. 이러한 단위의 병렬처리는 주로 다수의 사용자 요구들을 처리해주는 서버급 시스템이나 슈퍼컴퓨터에서 채택하는 형태이다.

이 분류의 시스템들은 대부분 다중프로세서 구조(Multiprocessor Architecture)를 가지고 있으며, 수십 개 혹은 그 이상의 프로세서들로 구성된다.

2) 태스크 단위 병렬성(Task-level Concurrency)

하나의 큰 작업 프로그램은 내부적으로 서로 다른 기능을 수행하는 더 작은 프로그램들로 분리될 수 있다. 이와 같은 병렬처리는 다중프로세서 시스템이나 대규모 계산을 분할하여 처리하는 슈퍼컴퓨터에 의해 지원되는 유형이며, 최근에는 멀티 코어 프로세서들도 이 단위의 병렬처리를 칩 내부에서 지원하고 있다.

3) 스레드 단위 병렬성(Thread-level Concurrency)

사용자 프로세스는 여러 개의 스레드들로 분할될 수 있다. 여기서 스레드란 동시에 처리될 수 있는 가장 작은 크기의 독립적인 단위 프로그램을 말한다. 이 단위의 병렬처리를 멀티스레딩(multi-threading)이라고 부르며, 주로 다중프로세서에 의해 지원되지만, 동적 실행(Dynamic Execution) 능력을 가진 슈퍼스칼라 프로세서에서도 처리될 수 있다.

4) 명령어 단위 병렬성(Instruction-level Concurrency)

컴퓨터 프로그램은 여러 개의 명령어들로 이루어지는데, 각 명령어는 필요한 입력 데이터를 받아서 연산을 수행한 후에 출력 값을 생성한다. 그런데 만약 명령어가 사용할 데이터들 간에 의존 관계가 존재하지 않는다면, 여러 명령어들을 동시에 수행하는 것이 가능해진다. 그것을 명령어 단위 병렬성이라고 부르며, 슈퍼스칼라 구조를 가진 프로세서들은 이 단위 병렬성을 이용하여 처리 속도를 높이는 것이다.

학습 활동 클러스터 컴퓨터

고속 LAN이나 네트워크 스위치에 의해 서로 연결된 PC 혹은 워크스테이션들의 집합체를 말한다. 그리고 분산 시스템과는 달리, 클러스터 컴퓨터에서는 모든 노드들에 포함된 자원들이 단일 시스템 이미지(Single System Image, SSI)에 의해 사용될 수 있다. 즉, 어느 한 노드에 접속한 사용자는 클러스터를 모든 노들들에 포함된 프로세서들과 주기억장치 및 디스크들로 구성되는 하나의 큰 시스템으로 간주하고 사용할 수 있다.

또한 클러스터 내의 어느 한 컴퓨터에 결함이 발생하더라도 다른 컴퓨터가 신속히 대체할 수 있기 때문에 가용성이 높다.

3 병렬 컴퓨터의 분류

컴퓨터를 구조적 특징에 따라 분류하는 방식에는 명령어 대열(Instruction Stream)과 데이터 대열(Data Stream)의 수에 의한 Flynn의 분류, 병렬 수행도에 의한 Feng의 분류, 파이프라인과 병렬 수행의 정도에 의한 Handler의 분류 등이 있는 데, 이 중 M.J.Flynn의 분류가 가장 널리 사용되고 있다.

여기서 대열(stream)이란 기차표를 사기 위해서 늘어서 있는 사람들의 집합처럼 하나의 프로세서에 의해서 순서대로 처리하기 위해서 늘어서 있는 사람들의 집합처럼 하나의 프로세서에 의해서 순서대로 처리하기 위해서 나열된 명령어 또는 데이터의 집합을 말한다.

대열(stream)은 그 대열을 이루는 것이 명령이냐 데이터이냐에 따라 명령어 대열과 데이터 대열로 구분되는데, 명령어 대열은 프로세서에 의하여 실행되기 위하여 순서대로 나열된 명령어들의 집합이고, 데이터 대열은 그 명령어들을 실행시키는데 필요한 일련의 연속적인 데이터의 집합이다.

이들 대열이 하나의 컴퓨터에서 단일(single)이냐 복수(multiple)이냐에 따라 Flynn은 컴퓨터를 다음과 같이 4가지 종류로 분류하고 있다.

① SISD(Single Instruction Stream–Single Data stream)
② SIMD(Single Instruction Stream–Multiple Data stream)
③ MISD(Multiple Instruction Stream–Single Data stream)
④ MIMD(Multiple Instruction Stream–Multiple Data stream)

1) SISD 대열

단일 명령 스트림과 단일 데이터 스트림을 갖는 구조로서 명령어 하나씩 순차적으로 수행된다. 그러므로 하나의 제어 장치(CU)와 하나의 프로세서(PU)와 하나의 메모리를 가진 단일 컴퓨터 구조이다.

이러한 시스템에서는 명령어가 순서대로 실행되지만, 실행과정은 파이프라이닝되어 있는 것이 일반적이다. SISD 시스템에서 하나의 프로세서 내에 여러 개의 명령어 실행 유니트들이 포함되는 슈퍼 스칼라(superscalar) 구조도 최근에 출현하고 있다.

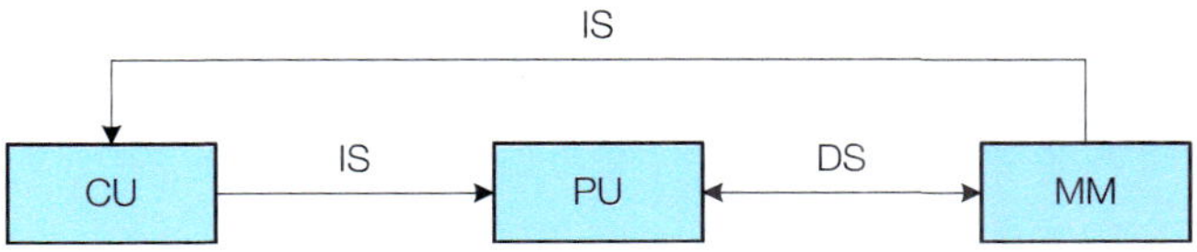

[그림 10-3] SISD 대열

2) SIMD 대열

여러 개의 프로세서가 하나의 제어장치(CU)의 통제를 받는 구조로 되어 있다. 여러 개의 프로세서는 하나의 제어 장치로부터 단일 명령어를 받지만, 처리되는 데이터는 서로 다르다. 기억장치 모듈은 모든 프로세서에 공유되고 모든 프로세서에 동시에 접근될 수 있다.

주로 배열 프로세서(Array Processor)에 사용되며 정보의 기본 단위로서 벡터(vector)를 취하고, 벡터 연산을 병렬로 수행함으로써 병렬 처리를 한다. 높은 처리 능력을 가지고 있으며 모든 프로세서들은 하나의 명령어 스트림을 실행하지만 여러 개의 데이터 스트림을 동시에 처리하게 되는 것이다.

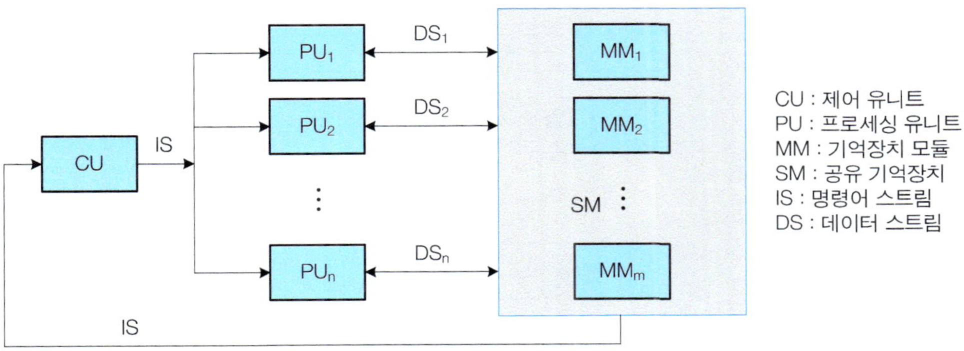

[그림 10-4] SIMD 대열

3) MISD 대열

여러 개의 프로세서가 있고, 이들 프로세서는 각각의 제어장치(CU)로부터 개별적인 처리를 통해 서로 다른 명령어를 실행하지만, 처리 데이터(operand)는 하나의 대열이다. 즉, 이 구조에서는 여러 개의 명령어가 하나의 데이터에 대하여 작용한다. 그러므로 N개의 명령어 대열과 1개의 데이터 대열을 가진다.

그러나 Flynn은 [그림 10-5]처럼 하나의 데이터를 차례로 복수 개의 프로세서 간에 순환시키고 그 사이에 각 프로세서가 상이한 프로그램으로 처리하는 방식도 이 형에 포함시키고 있다.

이와 같은 방식은 파이프라인 처리를 일반화한 것이라고 생각할 수 있으나 병렬처리로서는 비현실적이어서, 이론상의 병렬처리 구조에 불과하다.

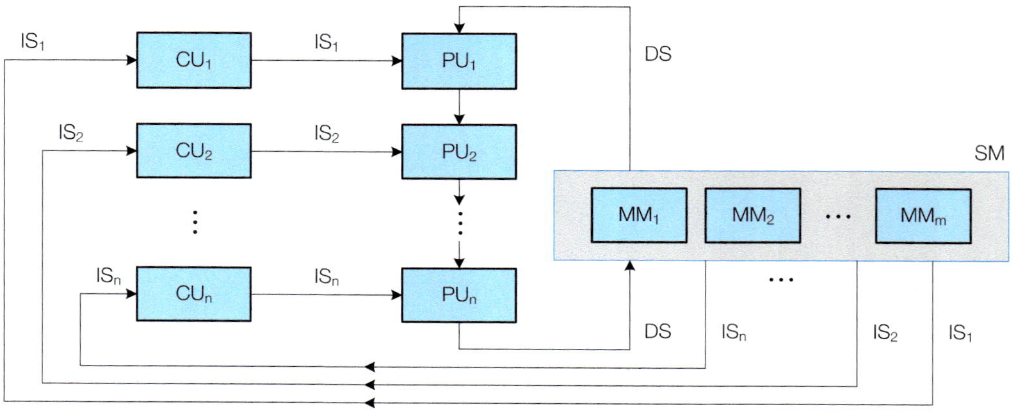

[그림 10-5] MISD 대열

4) MIMD 대열

여러 개의 프로세서가 서로 다른 명령어에 의해서 각각의 데이터를 처리하는 구조이다. 그러므로 이것은 동시에 여러 프로그램을 처리할 수 있다. 대부분의 다중 프로세서 시스템(Multiprocessor System)이 이에 속하는 데 N개의 프로세서와 프로세서간의 데이터 교환 및 제어 정보 교환을 위한 상호교통망으로 구성된다.

이 구조의 형태에는 데이터의 상호 교환이 빈번한 밀결합 시스템(Tightly-coupled System)과 데이터의 상호 교환이 느슨한 소결합 시스템(Loosely-coupled System)이 있다. 전자는 프로세서들 간의 상호작용 정도가 높은 구조로, 모든 프로세서가 기억장치를 공유하는 공유 기억장치 구조(Shared-memory Architecture)이며 후자는 프로세서들 간의 상호작용 정도가 낮은 구조로, 각 프로세서가 자신의 지역 메모리(Local Memory)를 가진 독립적인 컴퓨터 모듈로 구성되어 있다.

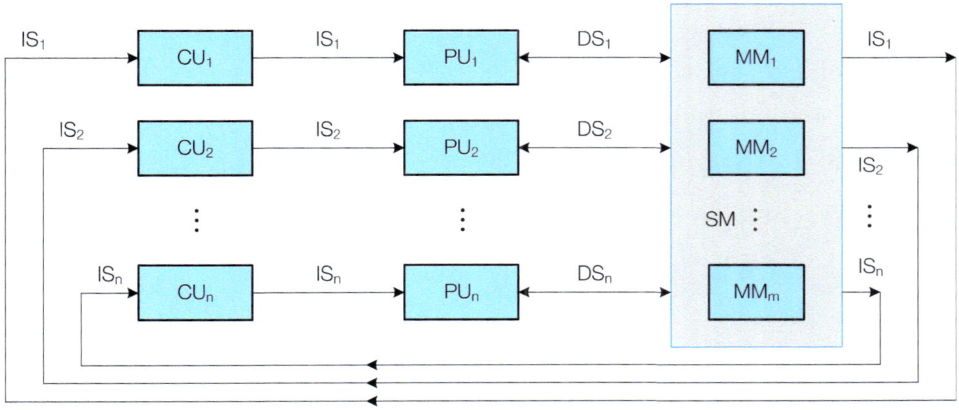

[그림 10-6] MIMD 대열

4 파이프라인 진화 기술

병렬 컴퓨터에서 프로그램 처리의 핵심을 이루는 프로세서의 속도를 높이기 위한 파이프라인 진화 기술들이 계속하여 개발되고 있다. 집적회로 제조 기술이 발전함에 따라 클록 주파수가 계속하여 높아지고 있으며, 명령어 세트의 증가로 인해 파이프라인의 효율이 점차 더 향상되고 있다. 최근에는 이와 관련된 기술들이 출현하여 프로세서의 성능을 대폭 향상시켜주고 있는데, 구현된 구조들을 소개하면 다음과 같다.

1) 슈퍼스칼라(superscalar)

가) 수행단계

한 명령어 사이클 동안 여러 개의 명령어를 동시에 처리할 수 있도록 설계한 CPU 구조를 슈퍼스칼라라고 하며 슈퍼스칼라 구조로 설계하기 위해서는 다음과 같은 장치들이 필요하다.

① 여러 개의 명령어 인출 장치
② 실행순서에 관계없이 동시에 실행되어도 무관한 서로 독립적인 명령어들을 판단해 골라내는 장치
③ 동시에 병렬로 처리할 수 있는 여러 개의 독립적인 명령어 실행 장치들

[그림 10-7 (a)]는 파이프라인에서 네 개의 단계들로 구성되어 있는 일반적인 명령어 실행 시간도를 보여주고 있다. 한편, [그림 10-7 (b)]는 동일한 파이프라인 구조를 가진 명령어 실행 유니트를 두 개 포함하고 있는 슈퍼스칼라 프로세서의 명령어 실행 시간도를 보여주고 있다.

단계 1: 명령어 인출(Instruction Fetch, IF)
단계 2: 명령어 해독(Instruction Decode, ID)

단계 3: 연산 수행(EXecute, EX)

단계 4: 연산결과 저장(WriteBack, WB)

[그림 10-7 (b)]에서 동시에 처리되는 두 개의 명령어 실행 유니트를 가진 슈퍼스칼라에서는 처리되는 명령어들이 서로 간에 영향을 받지 않고 독립적으로 실행될 수 있어야 한다. 다시 말하면, 두 명령어들 사이에 데이터 독립성이 존재하지 않아야 그들을 동시에 실행할 수 있다. 그렇게 되면 명령어 실행 속도는 두 배가 될 수 있다.

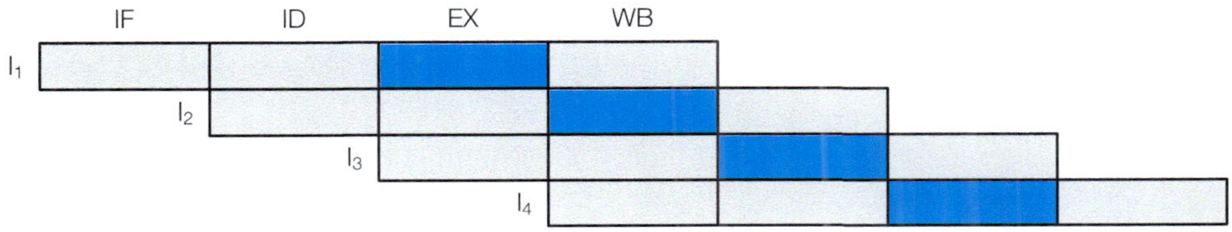

(a) 일반적인 파이프라인의 명령어 실행 시간도

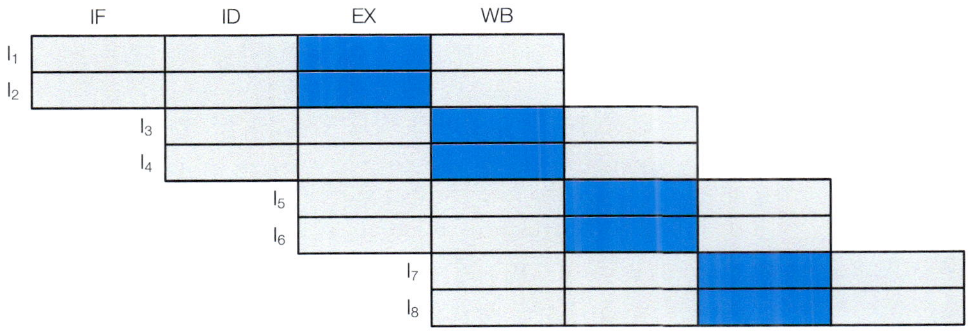

(b) 슈퍼스칼라의 명령어 실행 시간도

[그림 10-7] 파이프라인과 비교한 슈퍼스칼라의 명령어 실행 시간도

나) 슈퍼스칼라의 효율성

동일한 파이프라인 구조로 된 n개의 명령어 실행 파이프라인들을 가진 슈퍼스칼라 프로세서에서는 처음 n개의 명령어들을 실행하는데 k 주기가 소요되고, 다음부터는 클록 주기마다 n개의 명령어들이 동시에 실행을 완료한다. 따라서 클록 시간을 t_p이고 N개의 명령어들을 실행하는 데 걸리는 전체 시간은

$$\left(k+\frac{N-n}{n}\right)t_p$$

으로 표현된다.

k개의 주기들로 구성된 일반적인 파이프라인 프로세서에서는 N개의 명령어들을 실행하는데 걸리는 시간은 다음과 같다.

$$\left(k+\frac{N-n}{n}\right)t_p\Big|_{n=1}=(k+N-1)t_p$$

결과적으로 일반적인 파이프라인 프로세서에 비하여 슈퍼스칼라 프로세서로 얻을 수 있는 속도 향상율(Speedup Ratio)은

$$S_p=\frac{(k+N-1)t_p}{\left(k+\frac{N-n}{n}\right)t_p}=\frac{k+N-1}{k+\frac{N-n}{n}}$$

여기서 $N\to\infty$, 즉 많은 수의 명령어들을 실행하면 속도 향상은 명령어 실행 유니트의 수 n에 접근한다. 그러므로 속도 향상을 개선시키려면 그만큼 더 많은 명령어 실행 유니트들을 포함시키면 되며, 기억장치와 레지스터도 그 유니트들이 동시에 액세스할 수 있도록 동일한 수의 포트들을 가져야 한다. 그러나 하드웨어가 제공되더라도 독립적으로 실행될 수 있는 명령어들이 그 수만큼 존재하지 않으면 일부 명령어 실행 유니트들은 데이터 연산에 참여하지 못하게 되므로 효율이 낮아진다.

2) 슈퍼파이프라인(superpipeline) 구조

가) 수행단계

슈퍼스칼라는 명령어 실행의 병렬성을 높이기 위하여 프로세서 내에 포함된 기능 유니트들의 수를 증가시켰다. 그러나 파이프라인의 클록 사이클 시간을 줄이는 방식이 등장했는데 이것이 바로 슈퍼파이프라인(superpipeline)이다. 클록 사이클 시간을 줄이기 위해서는 각 단계에서의 처리 시간을 줄여야 한다. 이를 위한 가장 간단한 방법은 각 단계를 두 개 혹은 그 이상으로

나누는 것이다.

슈퍼파이프라이닝의 정도(Degree of Superpipelining)가 m이라고 가정하면 명령어 실행 유니트의 클록 사이클 시간은 기본 사이클의 $1/m$만큼 개선된다. [그림 10-8]에서는 $m=2$인 슈퍼파이프라인에서의 명령어 실행 시간도를 보여주고 있는데, 각 단계에서 연산이 절반쯤 진행되었을 때 이미 다음 명령어에 대한 처리가 시작된다는 것을 알 수 있다. 이것은 각 단계의 내부 회로가 전반부와 후반부로 분할되어 각각 독립적으로 동작할 수 있다는 것을 의미한다.

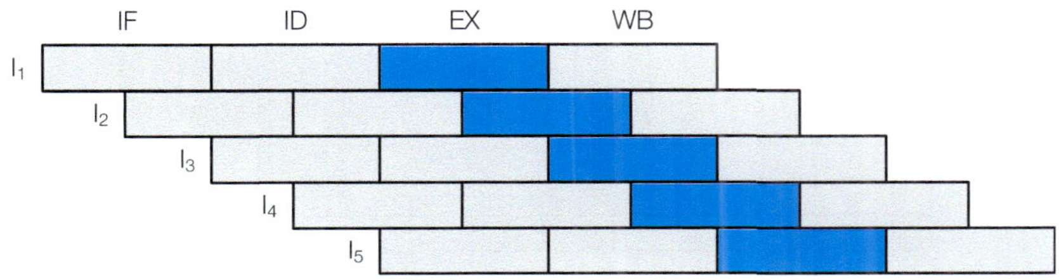

[그림 10-8] 슈퍼파이프라인의 명령어 실행 시간도

나) 슈퍼파이프라인의 효율성

k개의 주기들로 구성된 슈퍼파이프라인 프로세서에서는 클록 시간을 t_p이고 정도(degree)가 m일 경우 N개의 명령어들을 실행하는 데 걸리는 시간은 다음과 같다.

$$\left(k+\frac{N-1}{m}\right)t_p$$

한편, k개의 주기들로 구성된 일반적인 파이프라인 프로세서에서는 N개의 명령어들을 실행하는 데 걸리는 시간은 다음과 같다.

$$\left(k+\frac{N-1}{m}\right)t_p\bigg|_{m=1}=(k+N-1)t_p$$

결과적으로 일반적인 파이프라인 프로세서에 비하여 슈퍼스칼라 프로세서로 얻을 수 있는 속도 향상율(Speedup Ratio)은

$$S_p = \frac{(k+N-1)t_p}{\left(k+\frac{N-1}{m}\right)t_p} = \frac{k+N-1}{k+\frac{N-1}{m}}$$

여기서 $N \to \infty$, 즉 많은 수의 명령어들을 실행하면 속도 향상은 정도(degree)가 m에 접근한다.

최근에는 슈퍼파이프라인과 슈퍼스칼라가 결합된 superpipelined superscalar 구조가 응용되고 있다. 즉, 한 프로세서 내에 슈퍼파이프라인된 여러 개의 명령어 실행 유니트들이 포함되는 것이다.

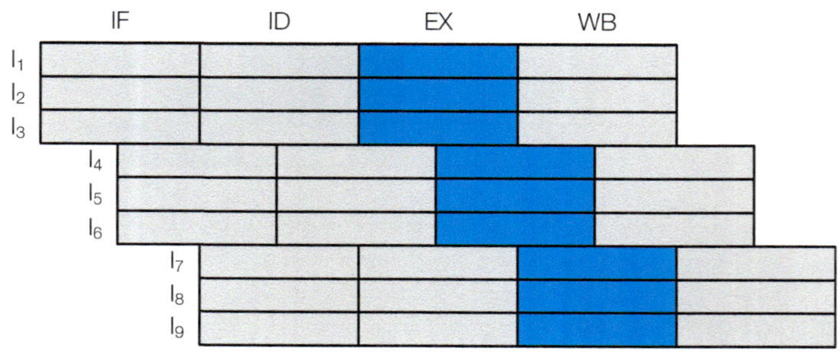

[그림 10-9] 슈퍼스칼라와 슈퍼파이프라인이 결합된 구조의 명령어 실행 시간도

이러한 구조를 가진 프로세서에서는 처음 n개의 명령어들을 실행하는데 k 주기가 소요되고, 다음부터는 클록 주기마다 n개의 명령어들이 동시에 실행을 완료한다. 따라서 클록 시간이 t_p이고 슈퍼스칼라 정도(degree)를 m이라고 하면 N개의 명령어들을 실행하는 데 걸리는 전체 시간은

$$\left(k+\frac{N-m}{mn}\right)t_p$$

으로 표현된다.

k개의 주기들로 구성된 일반적인 파이프라인 프로세서에서는 N개의 명령어들을 실행하는 데 걸리는 시간은 다음과 같다.

$$\left(k+\frac{N-mn}{mn}\right)t_p\bigg|_{m=1,n=1} = (k+N-1)t_p$$

결론적으로 파이프라인 프로세서에 비하여 얻을 수 있는 속도 향상율(Speedup Ratio)은

$$S_p = \frac{(k+N-1)t_p}{\left(k+\frac{N-mn}{mn}\right)t_p} = \frac{k+N-1}{k+\frac{N-mn}{mn}}$$

이며 $N \to \infty$, 즉 많은 수의 명령어들을 실행하면 속도 향상은 mn배에 접근하는 매우 높은 속도 향상을 얻을 수 있게 된다.

학습 활동 VLIW(Very Long Instruction word)

슈퍼스칼라와 유사한 개념으로서 여러 개의 기능 유니트들을 가지고 있으며, 이들을 효율적으로 이용할 수 있도록 컴파일러가 동시에 실행될 수 있는 연산을 가진 명령어들을 찾아서 하나의 명령어 코드 내에 재배열해준다.

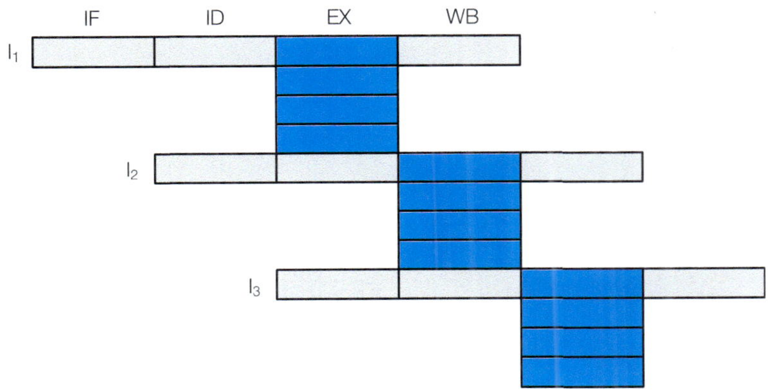

[그림 10-10] VLIW 프로세서의 명령어 실행 시간도

5 배열 프로세서(Array Processor)

1) 정의

배열 프로세서는 동일한 기능을 동시에 동기적으로 수행하는 처리기(Processing Element, PE)를 여러 개 갖고 있는 병렬 처리용 시스템이다. 예를 들면, 어느 한 시점에 하나의 PE가 어떤 연산을 하게 되면, 이 프로그램의 수행에 참여하는 모든 다른 PE도 똑같은 연산을 하게 된다.

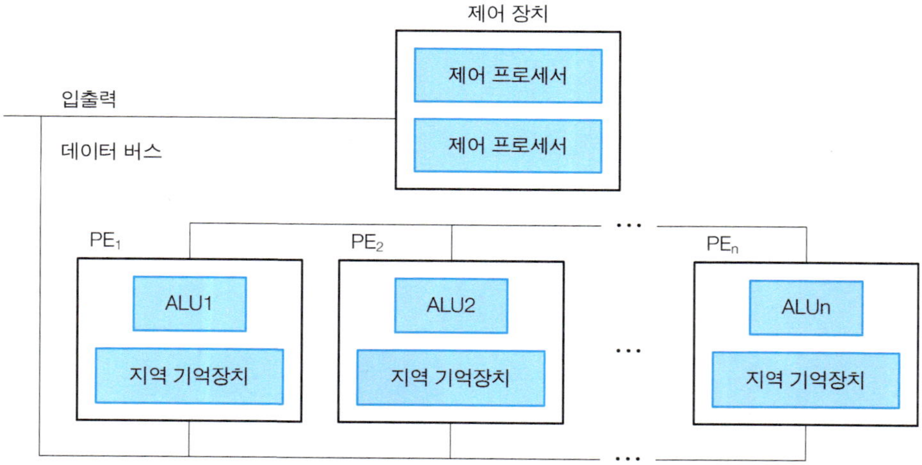

[그림 10-11] 배열프로세서 개념도

이 프로세서는 다중 연산 프로세서의 배열로 실현되는 벡터 프로세서의 역할을 하는데 벡터 프로세서는 방대한 양의 벡터를 처리하는 프로세서를 일컫는다. 기상 예보나 지진 데이터 분석이나 유전자 분석과 같은 과학 계산에 있어서는 부동소수점까지 표시되는 방대한 양의 벡터 데이터에 대한 고속연산을 실현시키기 위해서 벡터 프로세서 시스템에서는 다중 연산 처리기(Multiple Arithmetic Processing Unit)를 두고 아들 처리기들이 벡터 데이터의 요소들을 분업식으로 병렬처리하는 방법을 쓴다.

배열 프로세서에서는 다수의 연산 프로세서들이 하나의 제어장치에 의해서 제어되므로 배열 프로세서는 SIMD의 구조에 속한다.

대부분의 배열 프로세서는 독립적인 시스템으로서 동작하지는 못하고, 호스트 컴퓨터로부터 대규모 계산 작업을 의뢰받아서 고속으로 처리하고, 그 결과를 호스트 컴퓨터로 되돌려 보내는 계산전용컴퓨터로서 사용된다.

호스트 컴퓨터는 일반목적용 컴퓨터이며, 하드웨어 자원을 관리하고 주변장치와 입출력장치들을 제어한다. 또한 프로그램을 컴파일한 후에 기계어 코드들을 배열 프로세서의 제어장치로 보내고, 계산 결과를 되돌려 받아서 저장하거나 출력하는 역할을 수행한다.

배열 프로세서는 [그림 10-12]와 같이 구성될 수 있다. [그림 10-11]과 다른 점은 기억장치 모듈들이 어느 한 프로세서에 속해 있지 않고 모든 프로세서들에 의하여 공유된다는 것이다. 여기서 프로세서의 수나 기억장치 모듈의 수가 반드시 같을 필요는 없다. 프로세서들은 상호 연결망을 통하여 원하는 데이터가 저장된 기억장치 모듈을 액세스할 수 있다. 또한 외부로부터 시스템으로 들어오거나 외부로 보내지는 모든 데이터 전송은 데이터 버스를 통하여 기억장치와 직접 이루어진다.

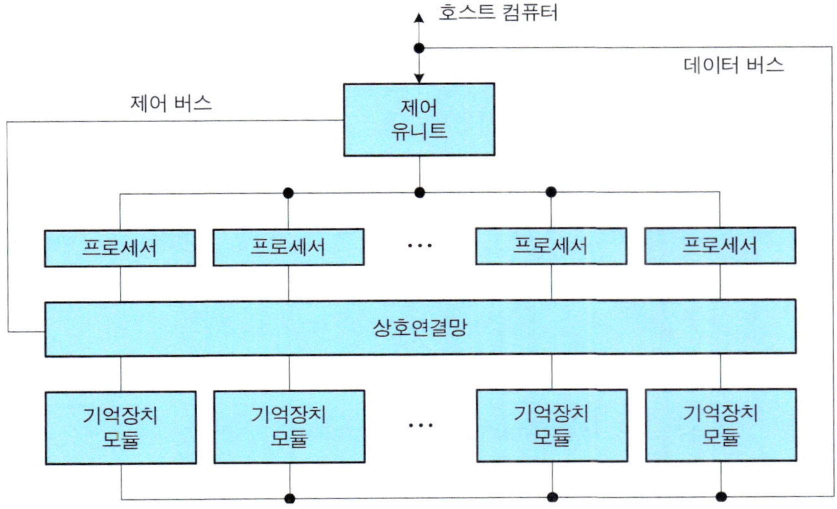

[그림 10-12] 배열프로세서 진화 개념도

2) 구성 요소

가) 제어 장치(Control Unit, CU)

제어 장치는 제어 프로세서(Control Processor)와 제어용 기억장치를 가지고 있는데, 전자는 제어 형태의 명령문을 직접 수행하며, 제어장치 내의 제어용 기억장치와 PE 내의 지역 기억장치로부터의 명령어 추출과 해독을 담당한다.

제어 장치의 기능은 명령어들을 해석하고, 그것이 실행될 PE들을 결정하는 것이다. 벡터 데이터들은 명령어가 실행되기 전에 데이터 버스를 통하여 외부로부터 각 PE의 기억 장치로 적재된다. 이때 동시에 처리될 데이터의 수에 따라 필요한 수만큼의 PE들만 동작을 수행한다. 이때 데이터 교환은 상호연결망을 통하여 이루어지는데, 이 동작도 제어 장치가 직접 수행한다.

나) PE(Processing Element)

다수의 산술 논리 연산장치들을 PE(Processing Element)라고 불리는데, PE들은 동기적으로 병렬 처리를 수행하고, 동시에 같은 기능을 수행하도록 되어 있다. 예를 들면, 어떤 PE 하나가 어느 순간에 정수의 계산을 할 경우, 나머지 PE들도 모두 이 정수 계산에 참여하도록 한다. 배열 처리기를 구성하는 PE는 임시 데이터를 기억할 수 있는 레지스터들과 연산장치, 그리고 지역 기억장치(Local Memory)를 가지고 있다.

한편, PE들은 상호 연결 회로망(Interconnection Network)을 통해서 데이터를 교환할 수 있다. 이들의 상호 연결 형태는 수행할 계산의 특성에 따라 설정할 수 있도록 되어 있으며 제어 처리기의 프로그램에 의해서 제어된다.

벡터 명령(Vector Instruction)은 PE들에 의하여 실행되는데, 각 PE들은 벡터를 구성하는 피연산자들을 지역 기억장치에서 읽어내어 실행을 한다. 지역 기억장치나 제어 기억장치에서의 명령 인출과 이들의 디코딩은 제어장치에 의해 수행되므로, PE들은 명령 디코딩 능력이 없는 장치이다.

학습 활동 **다중 프로그래밍(multi-programming)**

다중 프로그래밍은 컴퓨터의 주기억장치상에 2개 이상의 프로그램이 적재되어 하나의 프로그램이 중앙처리장치를 사용하다가 상대적으로 느린 입출력 동작을 수행하고자 할 때 CPU로 하여금 다른 동작을 수행하여 컴퓨터의 효율을 증대시키고자 하는 방법이다. 이때 다중 프로그래밍이 가능하게 되려면 입출력작업을 독립적으로 수행할 수 있는 처리기(processor)가 있어야 하며, 이를 보통 입출력채널(I/O Channel)이라고 한다.

6 다중 프로세서 시스템(Multiprocessor System)

1) 개념

다중 프로그래밍 방식은 하나의 CPU를 공동으로 다수의 프로그램들이 사용하기 때문에 완전하게 동시에 처리한다는 것은 불가능하다. 이에 따라, 여러 개의 작업을 동시에 처리할 수 있도록 다수 개의 CPU를 가지고 있으면서, 주기억 공간이나 주변기기를 서로 공유할 수 있도록 하는 다중 처리기 시스템이 필요하다.

다중 프로세서 시스템의 주된 능력은 하드웨어 및 프로그램의 병렬성(concurrency)을 이용하는 것으로, 이를 자동적으로 지원하는 것이 다중 프로세서 운영 체제의 핵심적인 역할이라고 할 수 있다.

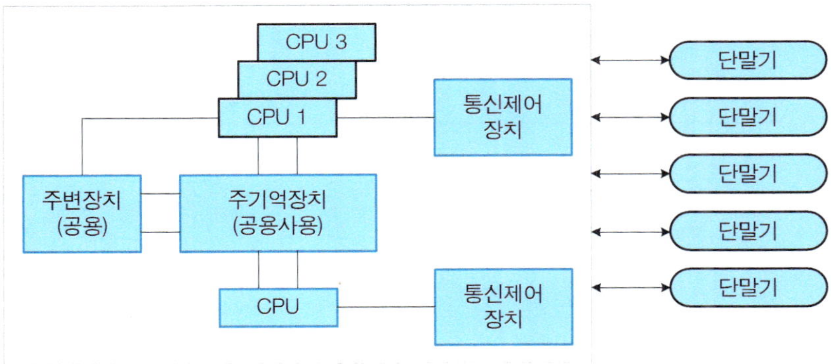

[그림 10-13] 다중 처리기 시스템

2) 특징

① 주기억 장치를 복수 개의 CPU가 공유하여 동시에 사용할 수 있으며, 시스템 구축비용은 올라가지만 프로그램의 처리 속도는 매우 빨라지게 된다.

② 한 쪽의 CPU가 고장 나더라도 다른 CPU를 이용하여 업무 처리를 계속할 수 있기 때문에 시스템의 안정성이 높아진다.

3) 메모리를 공유하는 여부에 따른 분류

① 공유 메모리형: 복수의 프로세서가 하나의 주기억장소를 공유하는, 이른 바 강결합형(highly-coupled)을 말하며 공유 메모리에 대한 액세스는 lock 기능에 의해 제어된다. 고속 시스템 버스나 캐시메모리에 의해 높은 성능을 얻을 수 있다.

② 분산 메모리형: 복수의 프로세서가 하나의 주기억장소를 공유하지 않는, 이른 바 약결합형(loosely-coupled)을 말한다.

4) 각 프로세서의 메모리 액세스법에 따른 분류

가) UMA(Uniform Memory Access)

공통 버스로 결합하여, 공유 메모리와 같은 방법으로 액세스할 수 있는데, 공유 메모리가 모든 프로세서에 의해 동일하게 접근되므로 프로그램하기 쉽다는 장점을 가지지만, 메모리의 접근 시간이 언제나 일정하게 소요되고 메모리 접근이 일정 순간에 집중되면 상호연결망이 병목 되는 단점을 가지게 된다.

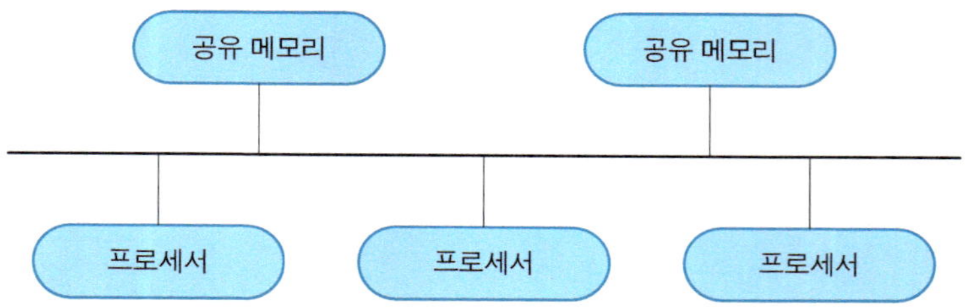

[그림 10-14] UMA

나) NUMA(No Uniform Memory Access)

공유 메모리에 대한 액세스가 불균일한 것으로 큰 메모리 다중 처리기 시스템의 설계에 확장성을 제공하므로 다수의 처리기를 지원하는 여러 시스템들이 NUMA를 채택하고 있다.

메모리가 분산되어 원격 메모리에 비해 지역 메모리에 대한 접근시간이 단축되지만, 원격 메모리에 대해 참조하는 데 비용이 크기 때문에 구역성이 시스템 전체 성능에 영향을 끼친다. 여기서 프로세스가 어떤 주소를 참조할 때에는 해당 페이지들이 적재된 실기억공간의 모든 영역이 아니라, 지역적인 부분만 참조하게 된다.

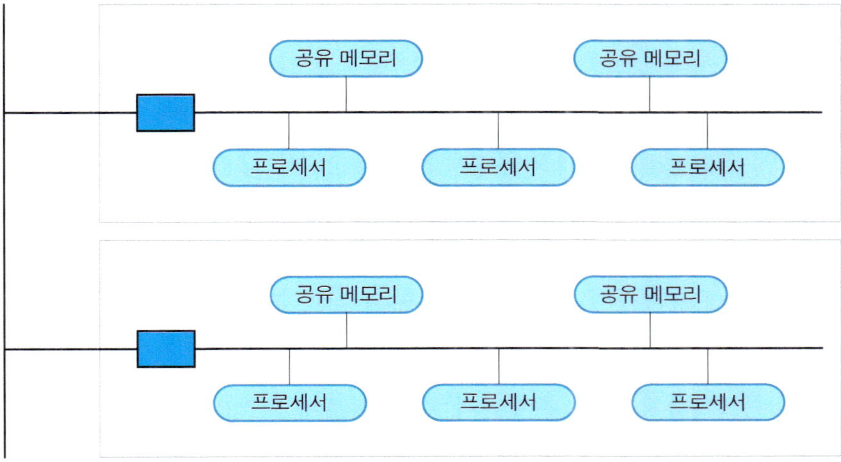

[그림 10-15] NUMA

다) NORMA(No Remote Memory Access)

공유 메모리를 가지지 않으며 각 프로세서는 지역 기억장치를 가지며 다른 곳으로부터 액세스를 허락하지 않는다. 메모리를 공유하지 않으므로 프로세서간의 통신 속도는 늦으며 시스템 기동시의 오버헤드로 시간이 걸린다. 그러나 프로세서수를 증가하여도 성능이 그렇게 저하되지 않는 장점이 있다.

여기서 UMA와 NUMA는 강결합형 다중 처리기 시스템, NORMA는 약결합형 다중 처리기 시스템에 해당된다.

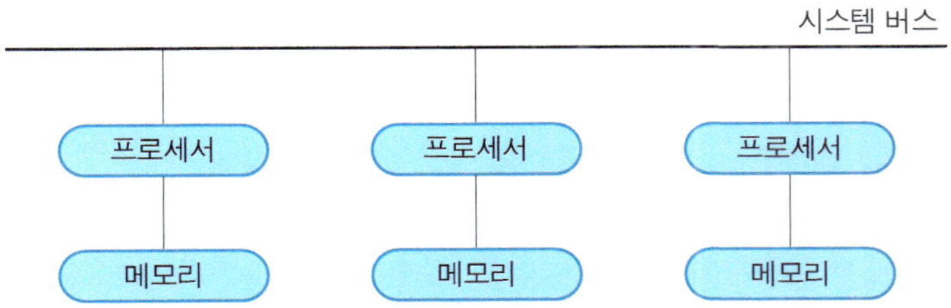

[그림 10-16] NORMA

5) 기억장치 사용 형태에 따른 분류

가) 시분할 또는 공동 버스(Timeshared or Common Bus)

프로세서, 기억 장치, 입출력 장치 등 각종 장치 간에 하나의 공동 버스를 제공하며 정보

전송은 그 장치들 자신의 버스 인터페이스에 의하여 제어된다.

입출력 프로세서는 우선 버스를 통해 상대방 장치를 사용할 수 있는 지를 검사해야 하며 상대방 장치에 그 데이터의 처리 방법을 알린 다음 데이터를 전송해야 한다. 데이터를 전송받는 장치는 버스에 실린 메시지들이 자신에게 오는 정보임을 알 수 있어야 하며 전송 장치로부터 제어 신호들을 인식하고 그에 따를 수 있어야 한다.

공동 버스 구조에서는 추가적으로 단말을 취부하는 경우 손쉽게 버스에 직접 연결시킬 수 있다. 장기적으로 정보 전송을 위해서 각 장치들은 어떤 다른 장치가 버스에 연결되어 있는지를 알아야 하며 보통 S/W에 의하여 처리된다.

공동 버스에서는 다음과 같은 문제점이 있기 때문에 설계할 때 고려해야 한다.

① 버스에 이상이 생기면 전체 시스템이 가동할 수 없게 된다.
② 노드수가 많아지면 시스템의 부하가 커져 성능이 저하된다.
③ 버스 사용을 위한 경쟁으로 처리량이 증가하면 효율이 떨어진다.

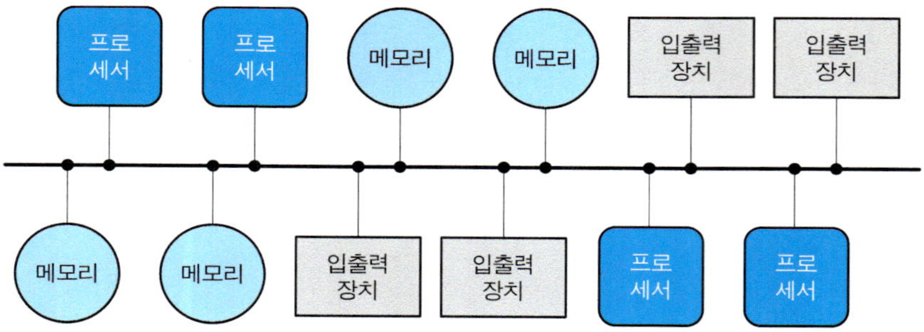

[그림 10-17] 공동 버스

나) 크로스바 교환 행렬(Crossbar Switch Matrix)

동시에 여러 개의 호를 스위칭 할 수 있도록 다수의 입력과 출력이 연결된 수직로와 수평로를 교차시킨 스위치 회로의 접점을 제어하여 연결시키는 교환기술의 원리를 이용하는 행렬을 크로스바 교환 행렬이라고 한다.

크로스바 교환 행렬은 하드웨어가 매우 복잡하지만 교환기가 매우 복잡해지면 상대적으로 각종 장치들의 인터페이스가 더욱 간단해질 뿐만 아니라 여러 전송 경로가 있기 때문에 전체 전송률은 매우 높다. 장치들이 추가되면 다른 방법들보다 단위시간당 처리량을 더욱 증가시킬 수 있다. 또한 전송 경로의 다양성으로 인하여 시스템의 분할이 더욱 쉬워진다.

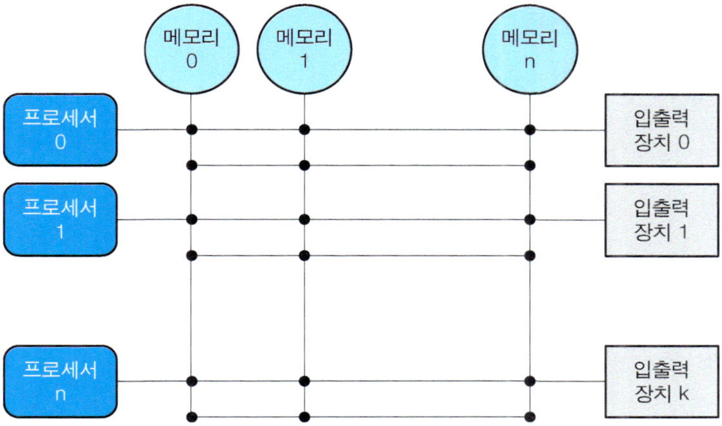

[그림 10-18] 크로스바 행렬 교환 시스템

다) 멀티포트 기억장치(Multiport Storage)

크로스바 교환기의 논리 회로들을 각 기억장치의 인터페이스에 설치한 시스템이다. 각종 장치들은 독립적인 기억장치 포트들을 통하여 기억 장치를 참조할 수 있다. 기억장치 포트는 보통 영구적인 우선순위를 할당받는데, 이로써 동시에 같은 기억 장치를 참조하려는 각종 장치간의 충돌을 해결할 수 있다.

멀티포트 시스템을 다른 방법으로 구현할 수 있는데, 각 기억 장치들에 대한 참조를 몇몇 프로세서와 입출력 처리기로 제한할 수 있다는 점이며 어느 정도 사적인 기억 장치를 확보할 수 있게 된다. 이것은 매우 안전성이 지켜져야 하는 시스템의 설계자에게 유용하다.

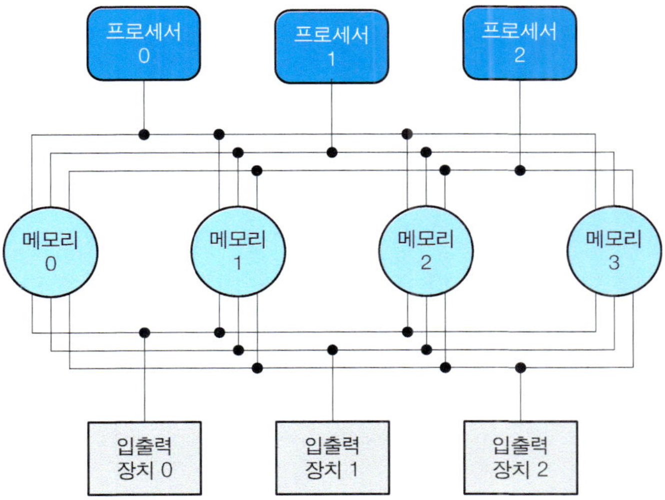

[그림 10-19] 멀티포트 기억 장치

chapter 10

6) 운영체제에 따른 분류

가) 프로세서별로 분리된 운영체제

각각의 프로세서가 독자적인 운영체제를 가질 뿐만 아니라 독자적으로 각자의 자원(기억장치, 입출력 장치 등)을 관리한다. 한 프로세서의 고장이 전체 시스템에 영향을 주지 않을 뿐만 아니라 작업 부하의 분배가 이루어지지 않고 병렬 처리 자원도 없다.

나) 주종(master-slave) 관계 운영체제

주(master) 처리기만 운영체제를 실행하며, 종(slave) 처리기는 사용자 프로그램만 실행한다. 따라서 주 처리기의 상호 배제 처리가 용이하며 입출력과 연산 기능을 모두 가지나 종 처리기는 연산 기능만 가지므로 종 처리기는 인터럽트 개념을 통하여 주(master) 처리기에게 서비스를 요청한다. 이때 주 처리기의 오류는 전체 시스템에게 영향을 미친다.

주종(master-slave) 관계 운영체제는 작업 부하가 잘 정의되어 있는 특수한 작업에 알맞으며, 종 처리기가 주 처리기에 비해 성능이 떨어지는 비대칭형 시스템이다.

주종(master-slave) 관계 운영체제에 대한 장단점을 살펴보면 다음과 같다.

① 기존의 다중 프로그래밍을 지원하는 운영 체제의 확장을 통한 구현이 용이하다.
② 하드웨어에 대한 최적의 효율을 기대하기는 어렵다.

다) 대칭적(symmetric) 운영 체제

모든 프로세서가 기능적으로 대등한 형태의 대칭성을 가지고 있다. 다시 말하면, 하나의 운영체제를 여러 프로세서가 동시에 수행할 수 있으므로 상호 배제 기능을 가져야 한다.

대칭적(symmetric) 운영 체제에 대한 장단점을 살펴보면 다음과 같다.

① 구현 및 시행이 복잡하나, 가장 강력한 기능을 발휘할 수 있다.
② 한 프로세서가 고장 날 때 다른 프로세서가 이를 대신할 수 있다.
③ 작업 부하의 분배가 용이하다.
④ 하나의 운영 체제를 함께 사용함에 따른 오버헤드가 증가하고, 시스템 자원의 충돌, 하드웨어 성능의 지연 등으로 전체적인 시스템의 효율을 기대하기는 어렵다.

7 상호 연결 네트워크

병렬 처리 시스템은 한 가지 문제를 풀기 위하여 여러 개의 처리 요소들이 동작하기 때문에 각각의 처리 요소들 사이에 통신할 수 있는 경로가 필요하다. 이와 같이 여러 개의 처리 요소를 가진 병렬 처리 시스템에서 프로세서들과 메모리들 사이를 연결하여 주는 네트워크를 상호 연결 네트워크(Interconnection Network)라고 한다.

1) 물리적 위상에 따른 분류

상호 연결 네트워크를 여러 가지 물리적 방법으로 연결된 위상(topology)으로 나타날 수 있다. 즉, 위상이란 네트워크의 물리적인 구성 형태로, 장치들이 서로 연결된 모양이 채널을 통해 통신망에 연결되는 형태를 말한다.

가) 연결 구조

(1) 구현 방법

중앙 노드를 통한 중계 대신에 노드 간에 점대점 방식으로 직접 연결하는 방식의 구성 형태로서 특정 통신회선에 장애가 발생하더라도 다른 경로를 통하여 통신을 수행할 수 있다.

(2) 종 류

(가) 완전 연결(Fully Connected) 구조

상호 연결 네트워크 내의 각 노드가 다른 모든 노드와 직접 연결된 형태이다. 따라서 노드간의 직접 통신을 위한 회선 비용이 노드의 수에 비례하여 늘어나게 된다. 그러나 두 노드간의 메시지 전달 속도는 가장 빠른 형태이며, 많은 회선들이 고장나지 않는 한 높은 신뢰성을 보장한다.

(나) 부분 연결(Partially Connected) 구조

상호 연결 네트워크 내의 모든 노드가 아닌 일부의 노드 사이에만 직접 연결 회선이 존재하는 형태이다. 이러한 구조는 완전 연결 구조에 비해서 기본비용이 적게 들며, 두 노드 사이에 직접 회선이 없을 때에는 중간의 다른 노드를 통하여 메시지를 전송하게 된다. 신뢰성은 한 회선의 고장으로 네트워크가 분할될 수 있으므로 완전 연결구조에 비하여 떨어지게 된다.

나) 계층 구조

(1) 구현 방법

각 노드들이 트리 구조의 형태로 연결되며 루트(root) 노드를 제외한 모든 노드들은 하나의 부 노드(Parent Node)와 여러 개의 자 노드(Child Node)를 가질 수 있다. 이러한 계층 구조 네트워크에서는 부 노드와 자 노드 간에 직접 통신을 하게 되며, 형제 노드들 간에는 그들의 부 노드를 통하여 통신하게 된다.

(2) 장 점

모든 데이터가 부 노드를 중심으로 라우팅되므로 중계 과정이 간단하다.

(3) 단 점

부 노드에 문제가 발생하면 전체 네트워크의 동작에 영향을 많이 준다.

다) 스타 구조

(1) 구현 방법

중심노드를 중심으로 그 주위에 분산된 다른 노드들을 연결시킨 형태로서 중심 노드의 신뢰성과 성능이 전체 네트워크의 성능과 신뢰성에 영향을 많이 준다. 또한 메시지를 적절한 목적지로 전송하는 중계 기능도 중심노드가 독점적으로 담당한다.

(2) 장 점

① 보수와 관리가 용이하다.

② 전송제어 기능이 간단하다.

③ 분산 노드간의 전송속도에 차이를 줄 수 있다.

④ 분산 노드 고장에 의한 영향이 적다.

⑤ 기밀성이 풍부하다.

(3) 단 점

① 중심노드가 고장 날 때 전체 네트워크가 정지된다.

② 네트워크의 구성이 복잡하다.

라) 원형 구조

(1) 구현 방법

모든 노드들이 다른 두 개의 노드들과 연속적으로 계속 연결된 형태이다. 이러한 형태는 한쪽 방향으로만 메시지를 전달하는 단일 방향 통신 방법과 이웃하는 양쪽의 모든 노드들과 통신할 수 있는 양방향 통신 방법이 있다.

단일 방향 통신의 경우 한 노드의 고장은 네트워크의 분할을 의미하며, 양방향 통신의 경우에는 두 개의 회선이 고장 나면 네트워크의 분할이 이루어진다.

(2) 장 점

① 공평한 통신망 서비스를 받을 수 있다.

② 통신회선이 장애가 날 때 융통성을 가질 수 있다.

③ 양방향의 데이터 전송이 가능하다.

④ 집중형과 분산형 동시 사용이 가능하다.

chapter 10

(3) 단 점

① 단말 증가가 어렵다.

② 전체적인 통신 처리량이 증가한다.

③ 하나의 단말고장이 전체의 통신망에 영향을 준다.

④ 기밀유지가 어렵다.

[표 10-1] 스타 구조와 원형 구조의 비교 (N: 전체 노드수)

내 용	스타 구조	원형 구조
교환점	1	N
전송매체수	N-1	N(N-1)/2
회선품질	양호한 품질로 해야 한다.	저품질이라도 된다.

마) 버스(bus) 구조

(1) 구현 방법

하나의 공유되는 연결 버스를 이용하여 네트워크 내의 모든 노드가 직선 버스 또는 원형 버스와 직접 연결된 형태이다. 그러나 둘 이상의 노드들에서 메시지를 동시에 전송하면 충돌(collision)이 발생할 수 있으므로 충돌에 따른 오류문제를 해결해야 한다.

(2) 장 점

① 통신회선이 1개이므로 물리적 구조가 간단하다.

② 노드의 증가와 삭제가 용이하다.

③ 노드의 고장이 네트워크 전체에 영향을 주지 않으므로 통신망의 신뢰성을 높일 수 있다.

(3) 단 점

① 기밀 보장이 어렵다.

② 노드수가 많아지면 네트워크의 부하가 커져 성능이 저하된다.

③ 버스 회선이 고장날 때에는 네트워크가 완전히 분할된다.

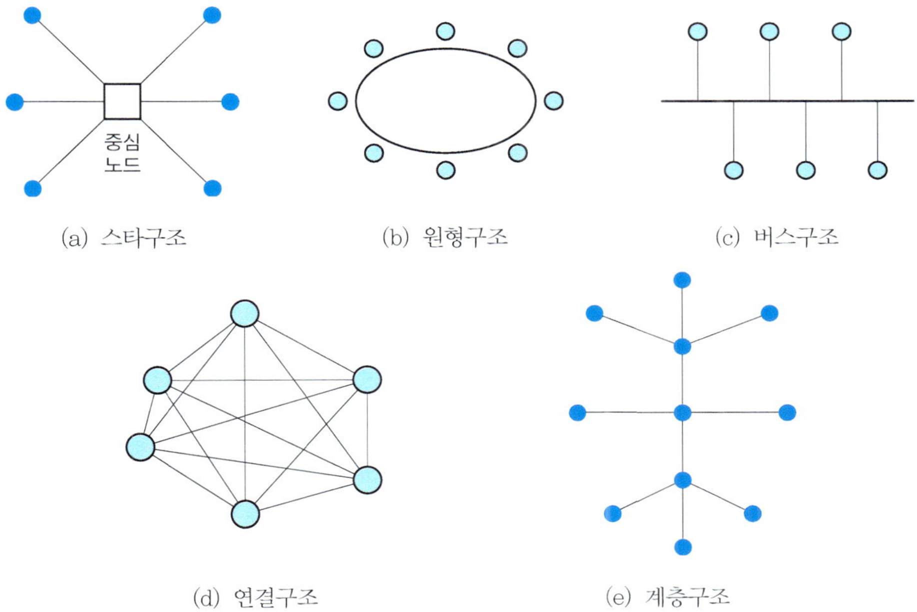

(a) 스타구조 (b) 원형구조 (c) 버스구조

(d) 연결구조 (e) 계층구조

[그림 10-20] 물리적 위상에 따른 분류

2) 네트워크 구성 방식에 따른 분류

가) 동등 계층(Peer-to-peer) 방식

(1) 개 념

네트워크에 연결된 자원에 특정 규약 없이 접근할 수 있는 형태의 네트워크를 의미한다. peer란 사전적 의미로는 동료 또는 대등한 사람을 뜻하는 것으로서 서버 혹은 클라이언트의 의미와는 상반되는 개념이다. 즉, 서버와 클라이언트의 구분이 없으므로 네트워크에 연결된 노드는 서버도 될 수 있고 클라이언트도 될 수 있다. 일반적으로 소규모의 네트워크를 구축할 때 많이 사용되는 모델이다.

(2) 장 점

① 설치 및 관리가 간편하고 고가의 서버 등을 구입할 필요가 없으므로 구축에 많은 비용이 소요되지 않는다.

② 작업의 수행에 있어서 다른 컴퓨터에 대한 의존이 덜하다.

③ 네트워크 관리를 위한 관리자를 따로 고용할 필요가 없고 중앙 서버의 제어 없이 독자적으로 운영된다.

(3) 단 점

① 연결되는 컴퓨터의 수가 늘어날수록 관리가 어려워지고 네트워크의 성능도 현저하게 떨어진다.

② 중앙에서 보안을 관리할 서버가 없으므로 다른 컴퓨터에 있는 리소스를 사용하기 위하여 여러 개의 암호와 사용자명을 기억하고 있어야 한다.

③ 메시지가 여러 컴퓨터에 흩어져 있으므로 백업 작업이 상당히 복잡해진다.

④ 중앙 관리가 불가능하며 peer 컴퓨터의 사용자 관리를 필요로 한다.

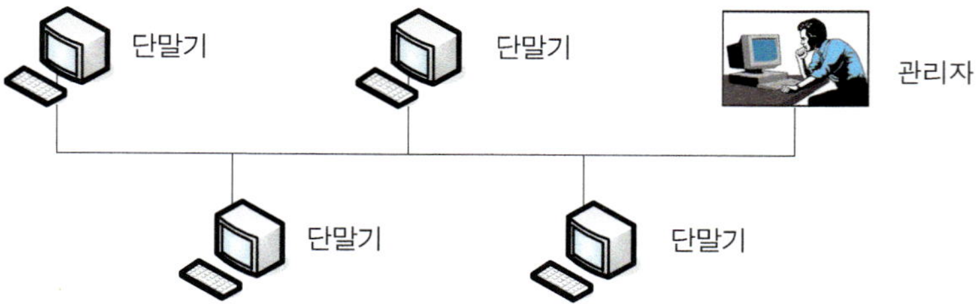

[그림 10-21] 동등 계층(Peer-to-peer) 방식

나) 클라이언트/서버 방식

(1) 개 념

클라이언트/서버 방식이란 클라이언트를 서비스에 대한 요구자로, 서버를 서비스에 대한 제공자의 형태로 네트워킹하여 자원을 공유하는 분산처리기법을 말한다. 대개의 경우 클라이언트는 서버에게 자신이 원하는 자료를 요청하고, 서버는 클라이언트에서 요청된 자료를 보내주는 형식을 갖는다.

(2) 장 점

① 보안이 중앙 집중적으로 서버에 의해서 모든 사용자명과 암호가 관리되며, 어떤 사용자라도 자원에 접근하기 전에 접근 허가를 얻어야 한다.

② 서버에 의해서 집중 관리되므로 클라이언트가 추가되더라도 관리 측면에서 별다른 문제가 발생하지 않는다.

③ 하나의 네트워크와 계정으로 도메인 내의 자원을 이용할 수 있다.

(3) 단 점

① 값비싼 서버를 따로 구입해야 하며, 이 모델에 맞는 값비싼 운영체제를 구비해야 하는 어려움이 생긴다.

② 서버가 다운될 경우에 연결된 클라이언트들은 전혀 동작하지 않게 되므로 네트워크 관리자가 필요하다.

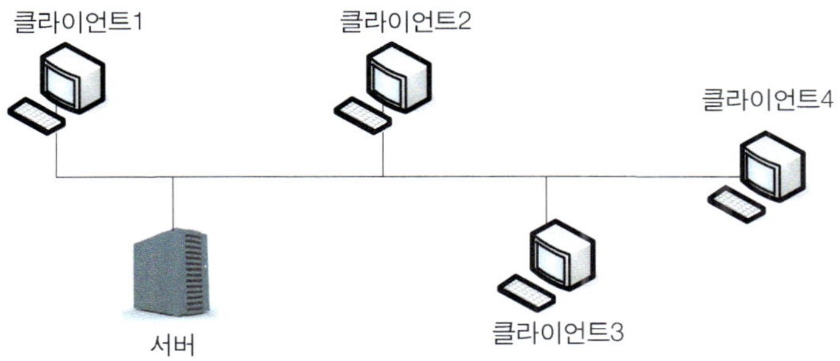

[그림 10-22] 클라이언트/서버 방식

요 약

01 병렬 처리(Parallel Processing)란 어떤 대규모의 문제를 처리하는 데 여러 개의 프로세서(processor)가 상호 정보를 교환하고 협조하면서 문제를 세분화하여 초고속으로 해결하는 방법을 말한다.

02 컴퓨터를 구조적 특징에 따라 분류하는 방식에는 명령어 대열(Instruction Stream)과 데이터 대열(Data Stream)의 수에 의한 Flynn의 분류가 가장 널리 사용되고 있다.

03 대열(stream)이란 하나의 프로세서에 의해서 순서대로 처리하기 위해서 나열된 명령어 또는 데이터의 집합을 말한다.

04 병렬 처리란 다수의 프로세서들이 여러 개의 프로그램들 혹은 한 프로그램의 분할된 부분들을 분담하여 동시에 처리하는 기술이다.

05 프로세서들이 처리하는 명령어와 데이터 스트림(stream, 흐름)의 수에 따라 SISD, SIMD, MISD 그리고 MIMD가 있다.

06 SISD 대열은 단일 명령 스트림과 단일 데이터 스트림을 갖는 구조로서 명령어 하나씩 순차적으로 수행된다.

07 SIMD 조직은 주로 배열 프로세서(Array Processor)에 사용되며 정보의 기본 단위로서 벡터(vector)를 취하고, 벡터 연산을 병렬로 수행함으로써 병렬 처리를 한다.

08 MISD 대열은 여러 개의 프로세서가 있고, 이들 프로세서는 각각의 제어장치(CU)로부터 개별적인 처리를 통해 서로 다른 명령어를 실행하지만, 처리 데이터(operand)는 하나의 대열이다.

09 다중프로세서시스템 구조는 MIMD 조직으로서, 여러 개의 프로세서들이 비동기적으로 프로그램을 실행하는 시스템이다.

10 다중 프로세서 시스템에서 기억장치 액세스 모델에 따른 분류에는 UMA, NUMA 그리고 NORMA 모델이 있다.

11 슈퍼스칼라는 프로세서 내에 파이프라인된 기능 유니트를 여러 개 포함시켜서, 매 사이클마다 두 개 이상의 명령어들이 동시에 처리될 수 있도록 하는 구조이다.

12 배열 프로세서는 동일한 기능을 동시에 동기적으로 수행하는 처리기(Processing Element, PE)를 여러 개 갖고 있는 병렬 처리용 시스템이다.

13 다중 프로세서 시스템은 여러 개의 작업을 동시에 처리할 수 있도록 다수 개의 CPU를 가지고 있으면서, 주기억 공간이나 주변기기를 서로 공유할 수 있도록 하는 구조를 가지고 있다.

14 다중 프로세서 시스템에서 기억장치 사용 형태에 따른 분류에는 공동 버스, 크로스바 교환 행렬 그리고 멀티포트 기억장치가 있다.

15 상호 연결 네트워크에서 연결 구조란 중앙 노드를 통한 중계 대신에 노드 간에 점대점 방식으로 직접 연결하는 방식의 구성 형태를 말한다.

16 상호 연결 네트워크에서 계층 구조는 각 노드

들이 트리 구조의 형태로 연결되며 루트(root) 노드를 제외한 모든 노드들은 하나의 부 노드(Parent Node)와 여러 개의 자 노드(Child Node)를 가질 수 있다.

17 상호 연결 네트워크에서 스타 구조는 중심노드를 중심으로 그 주위에 분산된 다른 노드들을 연결시킨 형태로서 중심 노드의 신뢰성과 성능이 전체 네트워크의 성능과 신뢰성에 영향을 많이 준다.

18 상호 연결 네트워크에서 원형 구조는 모든 노드들이 다른 두 개의 노드들과 연속적으로 계속 연결된 형태이다.

19 상호 연결 네트워크에서 버스(bus) 구조는 하나의 공유되는 연결 버스를 이용하여 네트워크 내의 모든 노드가 직선 버스 또는 원형 버스와 직접 연결된 형태이다.

20 동등 계층(Peer-to-peer) 네트워크는 네트워크에 연결된 자원에 특정 규약 없이 접근할 수 있는 형태의 네트워크를 의미한다.

21 클라이언트/서버 방식이란 클라이언트를 서비스에 대한 요구자로, 서버를 서비스에 대한 제공자의 형태로 네트워킹하여 자원을 공유하는 분산처리기법을 말한다.

문 제

01 데이터 배열(Data Stream)과 명령어 대열(Instruction Stream)에 따라 컴퓨터를 분류하고, 그 특징을 설명하시오.

02 병렬 처리란 무엇이며 병렬 컴퓨터를 분류하시오.

03 2개의 기능 유니트들을 가진 슈퍼스칼라 프로세서에서 8개의 명령어들을 실행하는 데 걸리는 전체 시간은? 이때 이 프로세서는 4개의 단계들로 구성되어 있다고 가정한다.

04 배열 프로세서의 개념도 및 구성 요소에 대하여 설명하시오.

05 다중 프로세서 시스템(Multiprocessor System)의 개념, 특징, 그리고 구현 방법에 대하여 설명하시오.

06 다중 처리기 운영 체제의 주종(master-slave) 구조에서 각각의 기능에 대해 설명하시오.

07 다중 프로그래밍(multi-programming)과 다중 프로세서 시스템(multiprocessor)의 차이점을 설명하시오.

08 상호 연결 네트워크에서 스타 구조와 원형 구조의 구현 방법을 설명하고 차이점을 비교하시오.

09 동등 계층(peer-to-peer) 방식과 클라이언트 서버 방식의 개념 및 차이점을 설명하시오.

chapter

11

컴퓨터 운영관리

학습목표

1. 프로세스와 스레드를 이해할 수 있다.
2. 프로세스 스케줄링를 이해할 수 있다.
3. 보호 하드웨어를 이해할 수 있다.
4. 교체(swap)를 이해할 수 있다.
5. 기억 장치의 분할 기법을 이해할 수 있다.

프로세스(process)란 수행중인(executing) 프로그램을 말하는데, 사용자의 명령 또는 작업 요청이 컴퓨터 시스템에 입력되어 운영체제의 관리 하에 들어갔으며 아직 그 수행이 종료되지 않은 상태를 의미한다. 프로세스의 효율적인 동작은 응용 프로그램 및 시스템 자체의 성능에 큰 영향을 미친다. 최근에는 프로세스를 고속으로 조작하기 위해 경량 프로세스(Light Weight Process, LWP)의 개념을 도입하고, 많은 운영체제에서 이를 지원하고 있다.

한편, 스레드(thread)란 프로세스보다 더 작은 CPU의 실행 단위를 의미하는 경량 프로세스가 등장하였다. 이어서 단일 프로세서용 운영 체제에서 프로세스의 생성과 유지에 드는 비용을 줄이고, 동시 처리나 병렬 처리의 문제를 해결하기 위하여 스레드를 실행의 기본 단위로 하는 다중 스레드(Multi Threading)라는 개념이 출현하게 되었다.

또한, CPU와 기억장치들 간의 속도 차이가 커지고 저장용량이 증가하면서, 시스템 용량을 증가시키고 가격 대 성능비(Cost vs. Performance Ratio)를 개선시키기 위하여 특별한 주기억장치 경영이 필요하다. 주기억 장치의 경영은 주기억 장치를 효율적으로 분배하고 또한 운영체제 전체의 목적에 부합되도록 운영하는 데 그 목적이 있다.

이 장에서는 프로세스와 스레드의 개념에 대하여 소개한 뒤 프로세서와 기억장치 관리 기법이 어떤 방법으로 수행하는 지를 소개하기로 한다.

1 프로세스

1) 개념

컴퓨터 시스템의 동작 과정을 이해하기 위해서 알아야 할 개념 중의 하나가 프로세스(process) 개념이다. 간단히 설명하면 프로세스란 실행 중인 프로그램을 의미하지만 이에 대해서는 수반되는 다른 사항들에 대한 이해가 필요하다.

한편, 사용자가 컴퓨터에서 실행시키기 위하여 작성한 프로그램과 이 프로그램의 실행에 필요한 입력 데이터를 묶어서 작업(job)이라고 한다. 결국 작업이란 프로그램과 이에 필요한 데이터를 의미하는 것으로 이는 컴퓨터에 실행을 의뢰하기 전의 상태 또는 실행을 의뢰하는 과정에서 사용하는 용어이다.

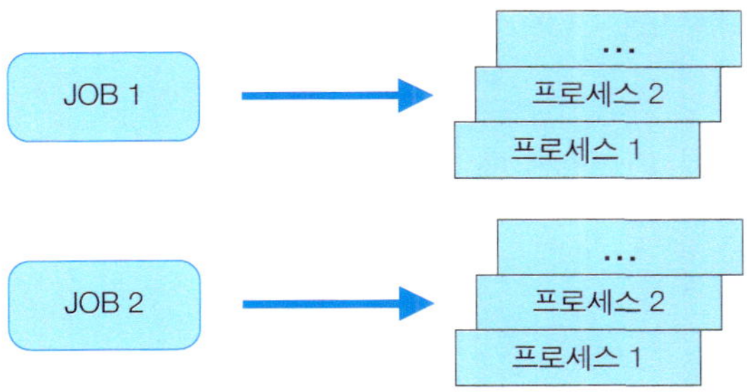

[그림 11-1] 작업(job)과 프로세스의 관계

오늘날 대부분의 컴퓨터는 다수의 사용자를 지원하기 위한 다중 프로그래밍(multi-programming) 운영 체제의 형태를 가지고 있다. 이러한 상황에서 컴퓨터 사용자가 각각 자신의 작업을 프로세서가 처리하는 일의 단위인 프로세스(process)로 나누어 작업을 시행하게 된다.

프로세스는 커널(kernel)에 등록되고 커널의 관리 하에 있는 작업을 의미하며, 컴퓨터 시스템에 입력된, 즉, 커널에 등록된 프로세스는 자신이 실행해야 할 프로그램을 가지고 있다. 이 프로그램을 실행시키기 위하여 프로세스는 커널에게 각종 자원(resource)들을 요청하게 된다. 여기서 자원이란 기억장치, 프로세서, 디스크 등의 각종 하드웨어 장치나 메시지, 파일 등의 소프트웨어 요소들을 의미한다.

학습 활동 **커널(kernel)**

컴퓨터 운영 체제의 가장 중요한 핵심으로서, 운영 체제의 다른 모든 부분에 여러 가지 기본적인 서비스를 제공한다.

프로세스는 자신이 실행해야 할 프로그램이나 이와 관련된 데이터를 기억장치에 저장시키기 위하여 기억장치를 요구할 것이며, 이를 실행시키기 위하여 프로세서도 요구할 것이다. 또한 프로그램이 실행되는 동안 필요한 파일들에 접근하기 위하여 각종 자원들을 요구할 수도 있다. 이와 같은 관점에서 프로세스를 정의할 때는 협의적인 의미를 볼 때는 프로세서를 할당받을 수 있는 개체(entity)로, 광의적인 의미를 볼 때는 컴퓨터 시스템 내의 각종 자원들을 요구하고 할당받을 수 있는 개체로 정의한다.

프로세스는 종종 스케줄링의 대상이 되는 작업(task)이라는 용어와 거의 같은 의미로 사용하며, 일반적으로 다음과 같이 사용할 수 있다.

① 실행중인 프로그램 또는 살아있는 프로그램
② 언제든지 실행 가능한 프로그램
③ 프로세스 제어 블록(Process Control Block)을 가진 프로그램
④ CPU가 할당되는 단위

여기서 프로세스 제어 블록은 통상 PCB(Process Control Block)라고 부르는데, 특정 프로세스에 대한 각종 정보를 갖고 있는 주기억 장치 내의 저장 공간을 말한다.

한편, 프로세스는 스스로 움직이는 능동적인 개체인데 비하여 자원이란 커널에 의해 다른 주체에게 할당되고 이의 사용이 종료되었을 경우 다시 반납되는 피동적인 개체에 해당한다.

하드웨어 자원은 기억장치나 프로세서, 하드 디스크, 자기 테이프, 단말기, 모니터, 키보드 등의 각종 하드웨어 장치들을 의미하며, 소프트웨어 자원은 메시지, 신호(signal), 파일, 각종 공유 소프트웨어 등을 의미한다고 할 수 있다.

[표 11-1] 자원의 종류

하드웨어 자원	기억장치, 프로세서, 하드 디스크, 자기 테이프, 단말기, 모니터, 키보드 등
소프트웨어 자원	메시지, 신호(signal), 파일, 각종 공유 소프트웨어 등

2) 프로세스의 종류

가) 운영체제 프로세스

운영체제 프로세스는 프로세스들의 실행 순서를 제어하거나 사용한 프로세스가 다른 사용자 또는 운영체제 영역을 침범하지 못하도록 예방하는 등 시스템 감시 기능을 담당하는 프로세스이다.

이 프로세스는 사용자 프로세스를 생성하거나 입출력 프로세스를 생성하는 등 시스템 운영에 필요한 코드를 수행하며 커널 프로세스 또는 시스템 프로세스라고도 한다.

나) 사용자 프로세스

사용자 프로세스는 사용자 프로그램을 수행하는 프로세스이다.

다) 병행 프로세스

병행 프로세스는 여러 개의 프로세스들이 동시에 수행 상태에 있을 때의 경우를 말하며 동시에 시스템에 존재하나 어느 순간에는 단지 한 개의 프로세스만 프로세서에 실행한다.

이 프로세스는 서로 관련이 없는 독립적인 프로세스와 다른 프로세스끼리 서로 협력하면서 수행하는 협동 프로세스로 구분한다.

(1) 독립 프로세스

운영 체제 안에서 여러 개의 프로세스를 병행하며 실행될 경우 주어진 초기 값에 따라 항상 같은 결과를 보여주는 프로세스인데 한 프로세스가 시스템 안에서 다른 프로세스에게 영향을 주지 않거나 다른 프로세스에 의해서 영향을 받지 않는다.

(2) 협동 프로세스

다른 프로세스에게 영향을 주거나 다른 프로세스에 의해서 영향을 받을 경우 프로세스들 간에 협력을 받아 수행하며 컴퓨터 시스템의 제한된 자원을 서로 공유해야 하는 프로세스간의 통제된 상호 작용을 할 때 적용한다.

chapter 11

2 스레드(thread)

1) 도입 배경

시스템에서는 프로세스를 써서 다양한 레벨의 병행처리를 하고 있다. 프로세스의 효율적인 동작은 응용 프로그램 및 시스템 자체의 성능에 큰 영향을 미친다. 그러므로 프로세스 교체에 따른 부담을 줄이고 시스템 성능을 더욱 향상시키기 위한 동기 부여가 발생되었다.

최근에는 프로세스를 고속으로 조작하기 위해 경량 프로세스(Light Weight Process)의 개념을 도입하고, 많은 운영체제에서 이를 지원하고 있다. 프로세스의 무게라는 개념은 프로세스가 포함하거나 참조하는 자원의 논리적 총량을 말하고, 프로세스간의 상대적인 무게는 두 프로세스가 개별적으로 포함하거나 참조하는 자원의 논리적 총량을 말한다.

그러므로 프로세스의 무게는 프로세스 조작의 오버헤드와 밀접한 관계가 있다. 이때 프로세스에 대한 기본 조작은 다음과 같다.

① 프로세스의 교체(또는 문맥(context)의 교체)
② 문맥의 변경
③ 프로세스간의 동기 및 통신
④ 프로세스의 생성, 수행, 소멸

여기서 문맥(context)은 프로세스가 포함하거나 참조하는 자원에 의해 정의되는 실행 환경을 말하며 경량 프로세스 또는 스레드라고 한다. 이에 반해 중량 프로세스는 지금까지 언급했던 일반적인 프로세스를 지칭하는 것으로 하나의 프로세스가 하나의 스레드로 이루어진 것을 의미한다. 중량 프로세스라는 이름은 경량 프로세스 개념 즉, 하나의 프로세스 내에 여러 개의 스레드가 존재한다고 하여 붙여진 이름에 대비하여 붙여진 이름이다.

2) 개념

스레드는 프로세스보다 더 작은 CPU의 실행 단위를 말하며, 다중 프로그래밍을 지원하는 시스템 하에서 CPU에게 보내져 실행되는 단위이다. 이와 같이 스레드의 목적은 프로세스의 상대적인 무게를 경감시켜 효율을 올리자는 것이다. 특히 공유 메모리형의 다중처리기 시스템 상에서 프로그램은 공유 메모리에 두고 스레드를 각 프로세서에 할당하여 병렬 실행시킬 수 있으면 다중 처리기의 성능을 더욱 향상시킬 수 있다.

최근 단일 프로세서용 운영 체제에서 프로세스의 생성과 유지에 드는 비용을 줄이고, 동시 처리나 병렬 처리의 문제를 해결하기 위하여 스레드를 실행의 기본 단위로 하는 다중 스레드(multi-threading)가 주목되고 있으며 나중에 설명하기로 한다.

예를 들면 한 사람의 직원을 가진 보험(이것을 중량 프로세스라고 한다.)이 제공하는 다양한 서비스, 즉 보험, 연금 및 대출 업무가 있다. 한 사람인 경우라면 그 사람은 모든 것을 하는 방법을 알아야 하고, 그렇게 할 수 있어야 한다. 따라서 여러 업무들 사이에 연결 짓는 데는 많은 시간이 걸릴 것이다. 두 사람 이상인 경우라면(스레드들이라 한다.) 그들은 동일한 영리 이익을 공유할 수 있을 것이지만, 이들은 각각의 다른 기능에 전문화될 수 있을 것이다. 그래서 그들 모두가 같은 날 들어와서 일을 한다면 많은 고객들은 쉽게 서비스를 받게 될 것이다.

이와 같이 프로세스가 여러 개의 스레드들로 구성되어 있을 때, 하나의 프로세스를 구성하고 있는 여러 스레드들은 각각 독립적인 제어 흐름을 갖게 되지만, 주소 공간 및 시스템 자원들은 관련 스레드들 사이에 공유하게 되며, 프로그램 카운터와 각종 레지스터 및 스택 공간들은 각각의 스레드들이 별도로 갖게 된다.

이상과 같이 스레드는 기존의 프로세스에서 CPU 동작의 흐름을 제어하는 실행의 개념을 가지고 있는 데 다음은 스레드의 의미를 요약해 본다.

① 제어의 흐름을 의미하며, 실행의 단위이다.
② 독립적인 프로그램 카운터를 가진다.
③ 한 프로세스 내부에서 스케줄이 가능한 개체이다.

3) 종류

가) 사용자 수준 스레드(User-level Thread)

스레드의 관리 동작들은 커널의 개입 없이 사용자 주소 공간에서 구현된 스레드 패키지에 의해서 수행된다. 예를 들면, 스레드의 생성과 종료, 문맥 교환, 동기화, 그리고 메모리의 할당이 이에 속한다.

사용자 수준 스레드는 커널의 갱신 없이 다양한 목적의 응용 프로그램들이나 언어 인터페이스들의 요구에 쉽게 적용될 수 있는 장점을 가진 반면 커널의 효율적인 서비스를 지원받지 못하는 단점을 가지고 있다.

나) 커널 수준 스레드(Kernel-level Thread)

여러 응용 프로그램들이나 컴파일러(complier)에 의해 사용된 커널 지원 스레드들은 운영체제 커널의 직접적인 지원으로 실행되므로 사용자 수준 스레드가 겪는 커널 지원 부족의 문제를 극복할 수 있다.

그러나 문맥교환의 비용뿐만 아니라 프로그램상의 오류나 악의 있는 프로그램들로부터 자신의 영역을 보호하기 위한 검사에 많은 비용을 낭비할 뿐만 아니라 다양한 응용 프로그램들이나 언어 인터페이스들의 요구에 쉽게 적응할 수 없는 문제점을 가지고 있다.

다) 다중 스레드(Multi-thread)

(1) 도입 배경

커널 지원 스레드는 스레드 관리에 있어 문맥 교환과 보호 영역을 위해 많은 비용을 요구하기 때문에 심각한 성능감소의 문제를 야기한다.

이런 성능 문제를 해결하기 위해서, 기존의 다중 프로세서 운영체제들은 커널 수준 스레드 대신 성능과 융통성면에서 우수한 사용자 수준 스레드를 이용한 다중 스레드 관리 기법을 지원하였다. 이런 다중 스레드 관리 기법에서 사용자 수준 스레드는 정확하게 커널 수준 스레드 상에서 실행되며, 이들의 관리는 사용자 주소공간의 스레드 패키지에 의해 지원된다.

다중 스레드는 다수 개의 스레드를 이용하여 하나의 프로그램을 동시에 수행한다는 점에서 다중 프로세싱(Multi Processing)과 같은 의미를 갖는다. 그러나 하나의 프로세스가 다수의 실행단위를 갖고 있기는 하지만, 수행에 필요한 자원들을 공유하기 때문에 자원의 생성과 관리의 중복을 피할 수 있다는 점이 달라진다.

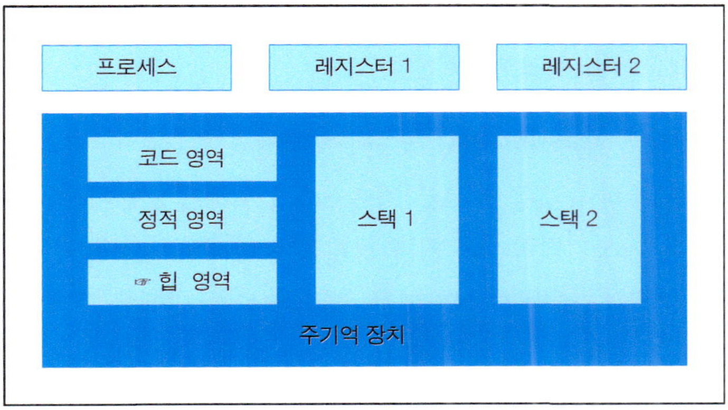

☞ 힙 영역 : 동적 메모리 할당을 위한 곳

[그림 11-2] 다중스레드(multi-thread)

(2) 특 징

다중 스레드를 작성하는 주요 이점은 다음과 같이 설명할 수 있다.

① 하드웨어의 병렬성(parallelism)으로 인해 성능이 향상된다.
한 개 이상의 처리기를 가진 컴퓨터는 다중의 동시성 실행시점을 제공한다. 다중 스레드는 다중프로세싱으로 인한 병렬성을 이용하고자 하는 응용 프로그램 개발자들에게 자주 이용된다.

② 응용 프로그램의 처리율(throughput)이 향상된다.
단일 스레드 프로그램이 운영체제로부터 서비스를 요구할 때 그 서비스가 완료되기를 기다려야 하고, 해당 CPU를 유휴상태로 만든다. 그러나 다중 스레딩으로 인해서 한 프로세스가 한 개 이상의 블로킹(blocking) 시스템 호출로 연산이 중첩되게 한다.

③ 응용 프로그램의 응답성(responsiveness)이 증가된다.
응용 프로그램이 다중 스레드 되면 긴 연산은 독립적인 스레드에 의하여 행하여지며 그 응용 프로그램은 active 상태로 되고 또한 그 응용 프로그램은 사용자에게 더욱 더 응답성이 좋도록 해준다. 예를 들면, 하나의 스레드가 프로그램으로부터 I/O를 기다리고 여러 개의 스레드는 연산을 한다.

④ 프로세스 간에 통신(communication)이 향상된다.
기존의 프로그램들은 전통적인 IPC(Interprocess Communication) 시설을 통해서

프로세스들 사이에 통신을 했지만, 그 스레드 응용 프로그램은 본질적으로 그 프로세스의 공유 메모리를 사용할 수 있다.

⑤ 시스템 자원들의 이용성이 효율적으로 개선된다.
공유 메모리를 통해서 공통 자료를 액세스하기 위해서 2개 이상의 프로세스를 사용하는 프로그램은 가상기억공간과 커널 상태를 포함해서 완전한 PCB를 유지해야 한다. 이런 상태를 생성하고 유지하는 데는 시간과 공간 면에서 스레드보다 비용이 많이 든다. 그러므로 프로세스들 대신에 이 통신에 대한 스레드를 사용함으로써 그 프로그램은 디버그하기 쉽고 더 빨리 실행될 수 있다.

⑥ 분산 객체들의 고유한 스레드 성질을 이용할 수 있다.
어떤 행위를 수행하기 위하여 객체를 요청할 때 개개의 스레드에서 그 행위를 실행한다. 객체 서버는 분산 객체에서 가장 기본적인 요소이고, 그 서버들은 본질적으로 다중 스레드이다.

⑦ 잘 구조화된 프로그램을 생성할 수 있다.
스레드된 프로그램은 훨씬 적고 간단한 프로그램 코드로 기존 프로그램과 동일한 일을 수행할 수 있지만 특히 다중 스레드 프로그램은 단일 스레드 프로그램보다 사용자 요구에서 변형에 더욱 더 적합할 수 있다.

3 프로세스 스케줄링

1) 개념

시분할 시스템에서는 시스템 내에 여러 개의 프로세스들이 동시에 존재하고 있지만 실제로 임의의 순간에 프로세서를 사용할 수 있는 프로세스는 단 한 개뿐이므로 여러 프로세스들에 대해 적절히 수행 순서를 정해줌으로써 각 사용자에게는 항상 자신의 프로세스가 실행되고 있는 것 같은 느낌을 줄 수 있어야 한다. 이 장에서는 단일 프로세서에서의 프로세스 스케줄링의 개념 및 목적, 고려해야 할 사항 그리고 운영체제가 어떤 방법으로 스케줄링을 수행하는지에 대한 여러 기법들을 소개한다.

스케줄링이란 특정 자원에 대해 그 자원을 요청하고 있는 대상들 중 누구에게 먼저 그 자원들을 할당해 줄 것인가를 결정하는 일을 말하며, 그 중에서 특히 프로세스 스케줄링 기법은 프로세스들을 대상으로 프로세서 자원들을 할당해 주는 일을 하게 되는 것이다.

시스템이 한 사용자만 선호한다면 그것은 다른 사용자에게 무한 대기(starvation) 상태로 만들거나 그것의 자원들을 효율적으로 사용하지 못하게 하는 결과가 된다. 어떤 판정이 시스템에 대하여 가장 중요한 지를 결정하는 것은 시스템 설계자에게 달려있다.

예를 들면, CPU 이용도를 최대가 되도록 결정해야 하고 반면에 응답시간(Response Time)을 최소화하고 I/O 중심과 CPU 중심 작업들의 혼합을 통해서 모든 시스템들의 사용이 균형 잡히도록 해야 한다. 그래서 판정 기준을 가장 잘 만족시키는 스케줄링 정책을 선택해야 할 것이다. 이때, 응답시간은 대화형 시스템에서 사용하는 개념으로 시스템 입력을 통해서 그 응답이 나올 때까지의 시간을 말한다.

이 문제를 해결하기 위해서 프로세스 스케줄러는 미리 정해진 시간 양을 다 쓰고 나면 실행중인 프로세스들에게 주기적으로 인터럽트를 건다. 이런 경우, 프로세스 스케줄러는 현재 실행 중인 작업의 모든 활동을 중지시키고 다시 준비 상태 큐로 가서 그것을 재설계한다.

프로세스 스케줄링은 그 수행 단계에 따라 장기 스케줄링(Long-term Scheduling), 중기 스케줄링(Medium-term Scheduling), 단기 스케줄링(Short-term Scheduling) 등으로 구분된다. 이렇게 스케줄링 단계가 구분되는 이유는 각 단계마다 서로 다른 스케줄링 정책을 적용함으로써 시스템의 효율성을 증가시킬 수 있다.

장기 스케줄링에서는 시스템에 입력되는 작업들에 대해 이들 중 어느 작업부터 커널에 등록시켜 프로세스화 할 것인가를 결정하게 된다. 이 단계에서는 한 개의 프로세스가 종료될 때 작업 큐에서 대기 중인 작업들 중 가장 우선순위가 높은 프로세스를 선정하여 커널에 등록시키는 기법을 사용하는 것이 일반적이다.

장기 스케줄링에서는 FIFO(First-In-First-Out) 방식을 사용하는 경우가 많으나, 프로세스의 중요도에 따라 복잡한 방법으로 스케줄링하기도 한다. 이때 프로세스의 중요도는 우선순위, 예측 수행 시간, 입출력 요구사항 등을 종합하여 결정한다.

중기 스케줄링에서는 주기억 장치를 할당받지 못하고 있는 프로세스들에 대해 어느 프로세스에게 먼저 주기억장치를 할당해 줄 것인가 하는 결정을 하게 된다. 이는 운영 체제의 기억장치 관리 기법과 밀접한 연관 관계를 가지게 되며, 각 프로세스의 주기억장치 공간의 요구 정도 등을 고려하여 스케줄링이 이루어지게 된다.

단기 스케줄링 단계에서는 준비 상태에 있는 프로세스들을 대상으로 어느 프로세스에게 프로세서를 할당할 것인가를 결정한다. 이 단계에서의 스케줄링을 프로세스 스케줄링이라고도 하며, 이는 임의의 시점에 프로세서를 사용하던 프로세스가 일시 중단되거나 종료되었을 때 프로세서를 할당받을 새로운 프로세스를 선정하기 위하여 수행된다.

2) 스케줄링의 목적

프로세스 스케줄링에서 시스템 측면의 목적과 사용자 측면의 목적의 두 가지로 크게 나누어 볼 수 있는 데 그 내용은 다음과 같다.

가) 시스템 측면의 목적

① 처리 능력(throughput)의 극대화를 위해 CPU의 효율이 최대화되어야 한다.
시스템의 관점에서 주어진 시간 내에 이루어지는 처리량이 극대화되어야 한다. 이와 같은 것은 자원 활용도를 최대화시키는 일과 비례하는 관계를 갖는 것이 일반적이다. 이는 주로 일괄 처리 시스템에서의 성능 지표(Performance Index)로 사용된다.

② 모든 프로세스에 대한 공평성(fairness)이 유지되어야 한다.
모든 프로세스가 일정 조건을 기준으로 공평하게 프로세서 사용 시간을 할당받아야 한다. 여기서 일정 조건은 운영자가 지정하거나 혹은 시스템 자체의 규칙에 의해 지정

되는 우선순위 등에 근거한 조건을 말한다.

③ 중요 프로세스에 대해서는 우선 처리(priority)가 가능해야 한다.
스케줄링의 관점에서 우선순위란 프로세스의 중요도를 숫자로 표현한 것을 말한다. 우선순위 개념을 사용하는 시스템에서는 특별한 상황이 아닌 경우 지정된 우선순위에 따라 프로세스 스케줄링을 수행하여야 한다.

나) 사용자 측면의 목적

① 처리 작업의 완료 시간이 예측 가능해야 한다.
시간적 제약을 가진 실시간 시스템에서 예측성을 높이기 위해서는 프로세스들이 예측된 시간 내에 최대한 근접하게 실행을 마치도록 스케줄링을 해야 한다.

② 대화식 프로세스의 경우, 응답 시간(Response Time)이 최소가 되어야 한다.
응답시간이란 시스템 입력을 통해서 그 응답이 나올 때까지의 시간을 말하는 것으로 가능하면 평균 응답 시간을 극소화하는 방법으로 스케줄링이 이루어져야 한다.

③ 처리되는 작업이 무한 대기가 되지 않도록 하여야 하고, 대기 시간(Waiting Time)이 최소가 되어야 한다.
어느 특정한 프로세스가 계속해서 자원을 사용하지 못하고 무기한 대기하는 현상을 무한 대기(starvation)라고 하고, 준비상태 큐에서 기다리는 시간을 대기 시간이라고 한다. 스케줄링 기법은 이러한 현상을 보이지 않도록 설계해야 한다. 이러한 목적을 위해 에이징(aging) 기법, 즉, 대기 시간이 경과할수록 대기하는 프로세스의 우선순위를 높여줌으로써 자원을 할당받아 사용할 수 있도록 하는 기법을 말한다.

학습 활동 **데이터와 정보의 차이**

데이터는 현실 세계를 단순히 관찰하거나 측정하여 수집하고 생산하는 사실이나 측정치를 말한다. 어떤 현상을 표현하기는 하나 의미는 부여할 수 없는 상태이다. 예를 들면 '5월은 봄이고 6월은 여름이다'는 사실은 단순히 계절을 월에 따라 분류한 것이다.

한편, 정보는 데이터를 가공하거나 변환하여 얻은 결과물을 말하며, 데이터간의 상호 관계를 부여하는 의미 있는 데이터이다. 예를 들면 '5월은 봄이라고 하더라도 여름 같은 날이 많으므로 외출옷은 여름철에 입는 옷이어야 하며 6 월은 여름이므로 외출옷은 5월에 입는 옷과 그다지 차이가 없다'는 의미도 들어있기에 정보가 된다.

3) 스케줄링 기법에 필요한 정책

본 절에서는 먼저 각 스케줄링 기법들에 대하여 설명하기 전에 스케줄링 기법에 영향을 주는 두 가지 정책, 즉 선점(preemptive) 및 비선점(nonpreemptive) 정책에 대하여 알아보기로 한다.

가) 선점 정책

선점 정책이란 어떤 프로세스가 CPU를 사용하고 있을 때, 그보다 높은 우선순위를 갖는 프로세스에게 CPU를 양보하는 스케줄링이다. 대화형으로 처리되는 시분할 시스템에 적용하며 일정시간이 지나면 무조건 다른 프로세스에게 CPU의 사용을 양보하므로 근본적으로 선점 알고리즘을 사용하는 시스템이라고 할 수 있다.

예를 들면, 현재 프로세서를 사용 중인 프로세스보다 우선순위가 높은 프로세스가 생성되거나 현재 수행중인 프로세스의 할당시간(Time Quantum)이 모두 소모되었을 때 운영체제는 현재 프로세스의 실행을 중단하고 프로세서를 다른 프로세스에게 할당해줄 수 있다. 그러나 프로세서를 선점하기 위하여 상황 교환이나 문맥 교환(Context Switching)을 위한 오버헤드가 커진다는 단점을 갖는다.

나) 비선점 정책

비선점 정책은 하나의 프로세스가 CPU를 할당 받은 후에는, 스스로 CPU를 반납할 때까지 다른 프로세스가 CPU를 선점할 수 없는 스케줄링이다. 이 정책을 적용하면 현재 프로세서를 사용하는 프로세스보다 우선순위가 높은 다른 프로세스가 생성된다 하여도 현재 프로세스가 작업을 종료하거나 입출력 등을 위해 스스로 프로세서를 반납할 때까지 우선순위가 높은 프로세스는 기다려야 한다.

비선점 정책은 CPU를 할당 받은 순서대로 차례차례 처리되는 공정성이 있을 뿐만 아니라 대기 중인 프로세스와 관계없이 응답 시간이 예측 가능하지만 CPU의 사용시간이 짧은 프로세스들이 사용시간이 긴 프로세스들로 인하여 오래 기다리게 되는 무한대기 문제가 발생할 수 있다.

4) 프로세스 스케줄링 기법

가) FCFS(First Come First Served)

(1) 구현 방법

FCFS는 빨리 도착하면 할수록 빨리 다루어지는 비선점 스케줄링 알고리즘을 사용하며 준비 리스트(Ready List)에서 가장 먼저 도착한 프로세스가 먼저 프로세서를 할당받도록 해 주고, 스스로 프로세서를 반납할 때까지 프로세서를 독점하도록 하는 방식을 취하고 있다.

이 기법은 CPU의 사용이 긴 프로세스에게 유리한 알고리즘이며 FIFO(First In First Out) 알고리즘이라고도 한다.

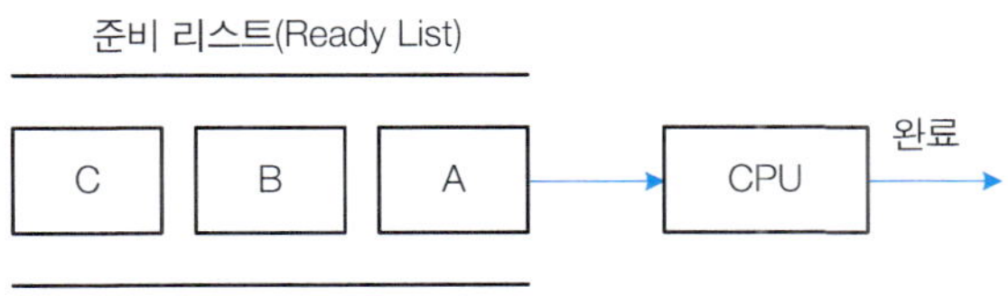

[그림 11-3] FCFS 스케줄링

(2) 장 점

FIFO의 큐를 사용하기 때문에 구현하기 쉬운 알고리즘이고 배치시스템에 좋다.

(3) 단 점

① 긴 작업이 짧은 작업을 오랫동안 기다리게 하고 중요하지 않은 작업이 중요한 작업을 기다리게 한다.

② 대화식 사용자들은 대기 시간으로 인해 적합하지 못하다.

(4) 사례 비교

CPU 실행 시간을 알고 있는 다음 3개 작업의 평균 경과시간을 계산해본다.

작 업	CPU 요구 시간
Job A	14
Job B	4
Job C	2

[그림 11-4] FCFS 스케줄링을 적용하기 위한 예시

작업이 A, B, C의 순서로 들어왔다면 다음과 같은 차트로 나타낼 수 있다.

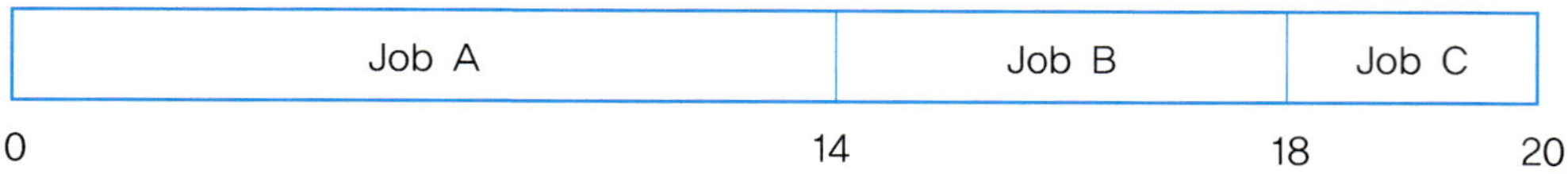

[그림 11-5] FCFS 스케줄링을 사용하고 시간상 순서가 A, B, C인 경우

이때 평균 반환 시간은 $\frac{14+18+20}{3}=17.33$ 이 된다.

반면에, 작업이 C, B, A의 순서로 들어왔다면 다음과 같이 제시할 수 있다.

[그림 11-6] FCFS 스케줄링을 사용하고 시간상 순서가 C, B, A인 경우

경과시간은 Job C는 2, Job B는 6, Job A는 20이 되어 평균 반환 시간은 $\frac{2+6+20}{3}=9.33$이 된다.

후자의 경우는 전자의 경우보다 훨씬 향상되었지만 두 예는 FCFS 개념을 사용하는 것으로 평균 경과시간이 다양하게 변하면서 좀처럼 최소화되지 않는 단점을 가지고 있다.

나) SJF(Shortest Job First)

(1) 구현 방법

CPU 사이클 시간에 근거를 두고 작업들을 다루는 비선점 알고리즘으로서 SJN(Shortest

Job Next)이라고도 한다. 평균 대기시간이 최소가 되는 최적 알고리즘이며 CPU 사용을 짧게 요구하는 프로세스에게 CPU 사용의 우선권을 부여한다.

이 기법의 장점은 가능한 한 빠른 시간 내에 완료되는 프로세스들을 먼저 수행시킴으로써 시스템 내에 대기하는 프로세스들의 수를 최소화할 수 있다는 장점을 갖는다. 따라서 많은 프로세스들에게 빠른 응답시간을 제공할 수 있을 뿐만 아니라 준비 큐(Ready Queue)의 크기를 감소시킴으로써 이와 관련한 오버헤드를 줄이는 결과를 가져오게 된다.

(2) FCFS와의 사례 비교

여기서는 CPU 사용에 대한 요구시간을 알고 있는 4개의 프로세스에 대해서 SJF와 FCFS 알고리즘을 비교해 본다. 단, 4개의 프로세스는 거의 동일한 시간에 준비 큐에 도착한 것으로 간주한다.

프로세스 번호	CPU 버스트 시간
1	4
2	5
3	2
4	7

[그림 11-7] SJF와 FCFS 스케줄링을 적용하기 위한 예시

이 예에서 CPU를 할당받는 순서가 FCFS 알고리즘을 적용하면 P1→P2→P3→P4가 되어 평균 반환 시간은 $\frac{4+9+11+18}{4}=10.5$이며, SJF 알고리즘을 적용하면 P3→P1→P2→P4가 되므로, 평균 반환 시간을 계산하면 $\frac{2+6+11+18}{4}=9.25$가 된다.

(3) 문제점

① CPU 사용시간이 긴 프로세스가 CPU 사용시간이 짧은 프로세스에게 항상 양보되어 기아 상태(starvation)에 빠질 수 있다.

② 차기 CPU 사이클 시간을 알 수 없으므로 배치 환경에 적합하나 대화 시스템에서는 적합하지 못하다.

다) 우선순위 알고리즘

(1) 정 의

우선순위(priority) 스케줄링은 처리될 작업에 대해, 높거나 낮은 우선순위를 부여하여 우선순위가 높은 작업에게 처리의 우선권을 주는 방법이다. 우선순위가 같은 경우에는 FCFS 정책을 따르며, 우선순위 알고리즘은 기본적으로 비선점 정책으로 수행된다.

(2) 우선순위의 등급

(가) 내부적 우선순위

기계 내부의 성능에 영향을 미치는 작업 처리의 제한시간, 기억장소 요구량, 사용되는 화일의 수, 평균 CPU 버스트에 대한 평균 I/O 버스트의 비율 등을 고려하여 정하게 된다.

(나) 외부적 우선순위

기계 외적인 요인으로 인한 정책적 배려에 따라 정해지며 사용자가 제시하는 것으로서 사용자가 비용을 더 지불한다는 조건을 제시하거나, 최고 경영자가 급히 처리해야 할 업무를 지시하는 경우가 해당되며 운영체제가 통제할 수 없는 것이다.

(3) 설계할 때의 고려사항

(가) 메모리 요구 사항

큰 메모리를 요구하는 작업들은 적은 양의 메모리를 요구하는 것보다 우선순위를 낮게 할당한다.

(나) 주변장치의 번호와 형태

많은 주변장치를 요구하는 작업들은 적은 주변장치를 요구하는 것보다 우선순위를 낮게 할당한다.

(다) 전체 CPU 시간

긴 CPU 사이클을 가지는 작업들은 추정되는 짧은 시간보다 우선순위를 낮게 할당한다.

(라) 시스템 내에서 이미 소비된 시간의 양

우선순위가 가장 낮은 작업이라 하더라도, 준비 큐에 입력된 시간이 경과함에 따라 우선순위를 한 단계씩 높여 주어 언젠가는 실행이 될 수 있도록, 즉 동적으로 우선순위를 높여 주는 방법(Dynamic Priority Aging)을 적용해 주어야 한다.

라) 라운드 로빈(Round Robin)

(1) 구현 방법

대화식 시스템에서 널리 사용되는 선점 프로세스로서 하나의 작업에 의해서 독점되지 않도록 활동 중인 프로세스들 사이에 CPU가 똑같이 공유되는 것을 보장하기 위해서 각 작업에 주어지는 예정된 시간 할당량(Time Quantum)에 근거를 두고 있다. 이때 시간 할당량을 시간 조각(Time Slice)이라고도 하며 이것의 크기는 시스템의 성능에 중요한 영향을 미친다.

CPU를 할당받은 프로세스가 규정된 시간 내에 작업을 끝냈을 경우에는, 그 즉시 준비 큐의 선두에 있는 프로세스에게 CPU를 할당하게 되지만, 규정 시간 내에 CPU 버스트 시간을 끝내지 못했을 경우에는 다른 프로세스에게 선점된 후 준비 큐의 맨 뒤에 가서 기다리게 된다.

이 이후 시스템에는 다음 두 경우 중의 하나가 발생하게 되는 데 이에 대한 수행 시나리오는 다음과 같다.

① 이것이 작업의 마지막 CPU 사이클이고, 완료되면 할당된 모든 자원들을 해제하고 완료된 작업은 다음 사용자에게로 돌아간다.

② 만약 CPU 실행시간 중에 I/O 요청에 의하여 인터럽트되면 그 작업에 대한 정보는 PCB 속에 저장되고 I/O 요청이 완료되면 CPU의 할당을 기다린다.

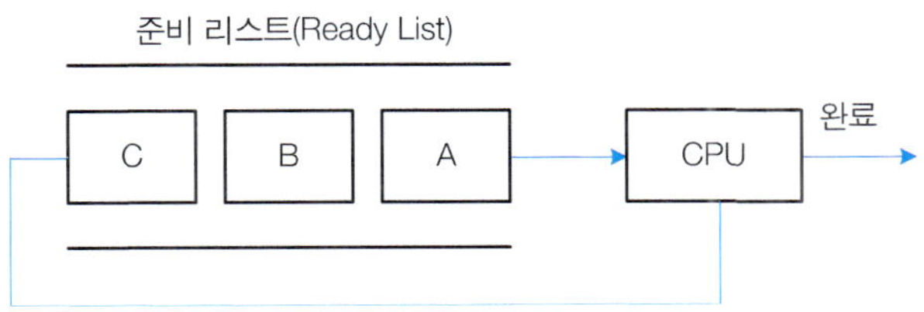

[그림 11-8] 라운드 로빈 스케줄링

(2) 적용 사례(시간 할당량은 5로 가정한다.)

여기서는 CPU 사용 시간을 알고 있는 4개의 프로세스에 대해서, 라운드 로빈 스케줄링 알고리즘을 이용하여 평균 반환 시간을 계산해 본다.

작 업	도 착 시 간	CPU 요구 시간
Job A	0	10
Job B	1	5
Job C	2	11
Job D	3	6

[그림 11-9] 라운드 로빈 스케줄링을 적용하기 위한 예시

CPU 사용 시간을 알고 있는 4개의 프로세스에 대해서, 라운드 로빈 스케줄링 알고리즘을 사용하여 칸트 차트로 나타내면 다음과 같다.

Job A	Job B	Job C	Job D	Job A	Job C	Job D	Job C
0 – 5	5 – 10	10 – 15	15 – 20	20 – 25	25 – 30	30 – 31	31 – 32

[그림 11-10] 라운드 로빈 스케줄링을 사용하는 경우로 순서가 A, B, C, D일 때

반환 시간은 완료 시간에서 도착 시간을 뺀 것이므로

작 업	반 환 시 간
Job A	25
Job B	9
Job C	30
Job D	28

[그림 11-11] 라운드 로빈 스케줄링에서의 Job에 따른 반환시간

따라서 평균 반환 시간은 $\frac{25+9+30+28}{4}=23$이다.

라운드 로빈 알고리즘의 성능은 CPU 규정 시간량의 크기에 따라 큰 영향을 받을 수 있다. 즉, 각 프로세스의 CPU 버스트 시간보다 규정 시간량이 항상 클 때에는 그 결과가 FCFS 방식과 동일하게 됨에 주의하여야 한다. 그리고 규정 시간량을 너무 작게 하였을 때에는 선점에 따른 문맥 교환 시간이 길어지는 오버헤드를 안게 된다.

여기서 문맥 교환 시간(Context Switching Time)이란, 중단된 프로세스의 현재 상황(정보)

을 시스템에 보관하고, 새로 수행될 프로세스의 각종 상황을 시스템에 적재시키는 데 걸리는 시간을 의미한다. 따라서 CPU의 규정 시간량은 문맥 교환에 사용되는 시간보다 충분히 큰 값을 주어야 하며, 시스템에 따라 달라지긴 하지만 일반적으로 문맥 교환 시간은 보통 10에서 100ms 정도가 소요된다.

마) SRT(Shortest Remaining Time)

(1) 구현 방법

선점 SJN(Shortest Job Next)으로 처리기를 완료시키기에 가장 가까운 작업에 할당하는 방법으로 준비상태 큐 속에 좀 더 새롭고, 좀 더 짧은 작업이 들어올 경우에 이것이 선점된다.

즉, SRT 알고리즘은 현재 CPU를 차지하여 실행 중인 프로세스가 있다하더라도, 수행중인 프로세스의 잔류 요구 시간과 준비 큐에 있는 프로세스의 CPU 요구시간을 비교한 후, 그 요구 시간이 더 작은 프로세스에게 CPU를 우선적으로 할당하는 선점 방식을 택하게 된다.

이 알고리즘은 각 작업을 끝내는 데 요구되는 CPU 시간을 미리 알아야 하기 때문에 배치 환경에서 사용된다.

(2) SJF와의 비교사례(도착순서가 A, B, C, D라고 가정한다.)

여기서는 SRT 알고리즘이 계속 잇달아 도착하는 4개의 작업을 어떻게 처리하는 가를 보여준다.

작 업	도 착 시 간	CPU 요구 시간
Job A	0	5
Job B	1	1
Job C	2	6
Job D	3	2

[그림 11-12] SRT 스케줄링을 적용하기 위한 예시

작업이 A, B, C, D의 순서로 들어왔다면 다음과 같이 제시할 수 있다.

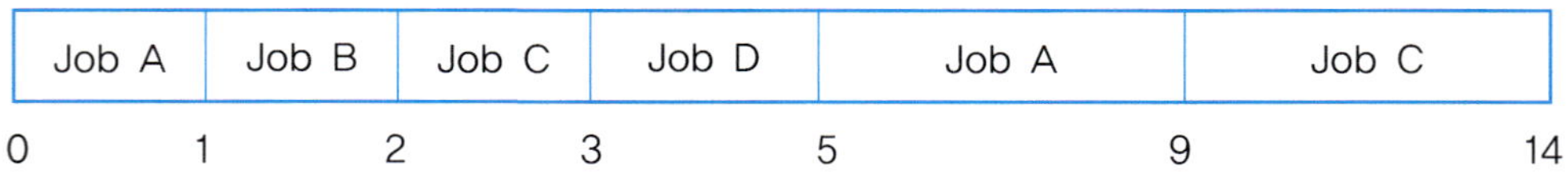

[그림 11-13] SRT 스케줄링을 사용하는 경우로 순서가 A, B, C, D일 때

이때, 반환 시간은 다음과 같다.

작 업	반 환 시 간
Job A	9
Job B	1
Job C	12
Job D	2

[그림 11-14] SRT 스케줄링에서의 Job에 따른 반환시간

한편, 대기 시간에 따른 SRT 알고리즘을 Time Table로 나타내면 다음과 같다.

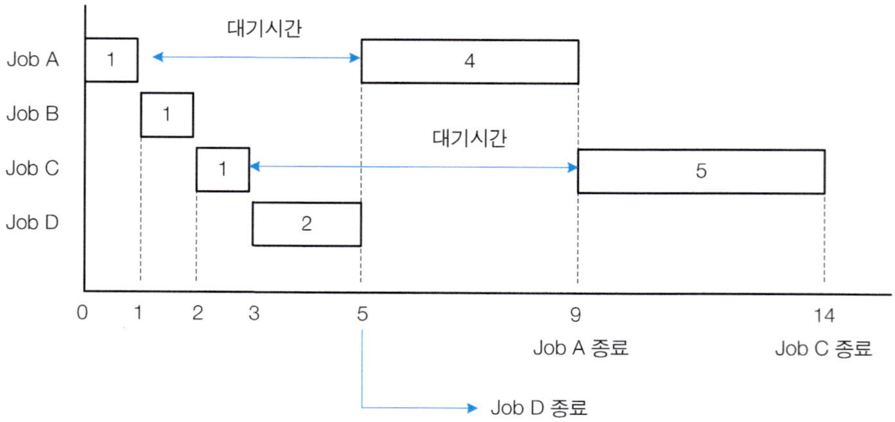

[그림 11-15] 대기 시간을 고려한 SRT 스케줄링의 Time Table

한편, 비선점 SJN, 즉, SJF 알고리즘을 사용할 경우 Job A를 먼저 실행한다고 하면

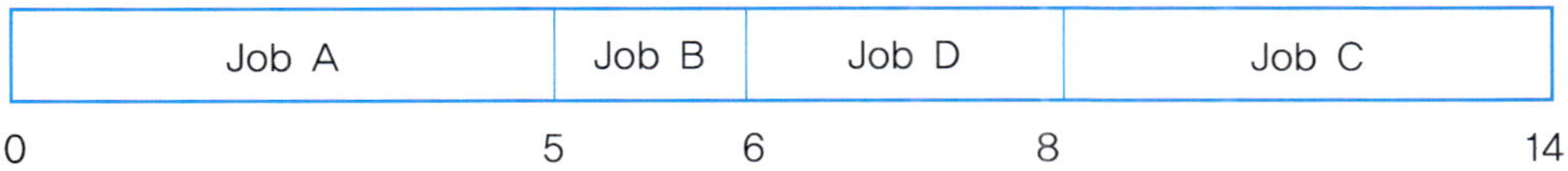

[그림 11-16] SJF 스케줄링을 사용하는 경우로 순서가 A, B, C, D일 때

이때, 평균 반환 시간은 SRT의 경우 $\frac{9+1+12+2}{4}=6.00$이 되며

SJF의 경우 $\frac{5+5+5+12}{4}=6.75$이 된다.

한편, 대기 시간에 따른 SJF 알고리즘을 Time Table로 나타내면 다음과 같다.

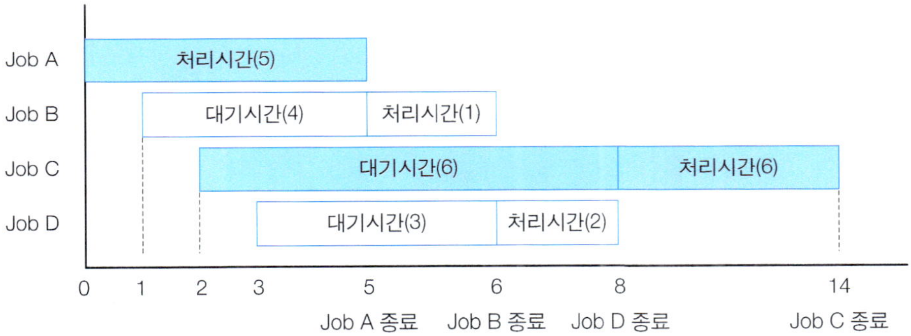

[그림 11-17] 대기 시간을 고려한 SJF 스케줄링의 Time Table

chapter 11

4 보호 하드웨어

1) 개념

단일 사용자를 위한 시스템의 주기억 장치 관리 방법에서 한 영역에 있는 프로그램 코드와 데이터를 다른 영역에 있는 프로그램으로부터 보호하기 위한 필수적인 사항은 실행 중인 프로그램 바로 앞이나, 뒤의 기억 장치 공간을 보호하는 것이다.

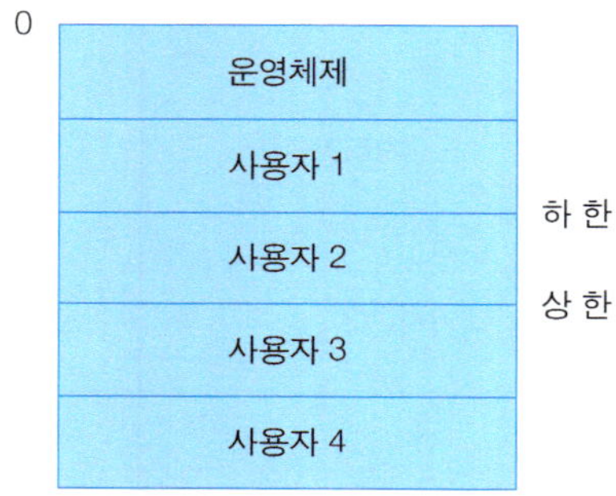

[그림 11-18] 보호 하드웨어 환경에서의 운영체제 할당

이 방법은 이른 바 상주 모니터(Resident Monitor) 기법에서 볼 수 있는 데 주기억 공간을 운영 체제에 해당하는 모니터(monitor)가 적재되는 부분과 사용자 프로그램이 적재되는 2개의 부분으로 나누어 사용한다. 상주 모니터 기법은 초기의 컴퓨터 시스템에서 많이 사용되던 것으로, 현재는 개인용 컴퓨터의 주기억 장치 관리 기법으로 사용되고 있다.

운영체제에 해당하는 상주 모니터는 주기억 공간의 상위나 하위 주소부터 적재시킬 수 있으며, 주기억 공간 내에는 모니터와 하나의 사용자 프로그램이 적재되기 때문에 모니터가 수행되는 시기와 사용자 프로그램이 수행되는 시기에 따라서 참조되는 주기억 공간내의 주소 범위가 달라진다.

모니터 모드와 사용자 모드간의 전환은 인터럽트를 통해 이루어지며, 모니터 모드에서는 주기억 공간 내의 어떠한 주소라도 참조가 가능하다.

한편, 일정한 크기의 주기억 공간에 적재되는 모니터의 크기가 아주 크면, 그만큼 사용자 프로그램의 사용 공간은 줄어들게 된다. 따라서 어떤 프로그램을 수행하는 동안 필요 없는 모니터의 특정 부분을 잠시 주기억 공간 밖으로 빼내고 그만큼의 공간을 사용자 프로그램에 할당할 수 있다.

이러한 모니터의 특정 부분을 잠정적 모니터 코드(Transient Monitor Code)라고 하며, 이 부분은 필요에 따라 주기억 공간 속으로 들어오기도 하고, 주기억 공간 밖으로 나가기도 한다. 이런 경우에는 운영체제에 속하는 상주 모니터의 크기가 수시로 달라지기 때문에, 경계 레지스터의 값은 동적으로 변하게 된다.

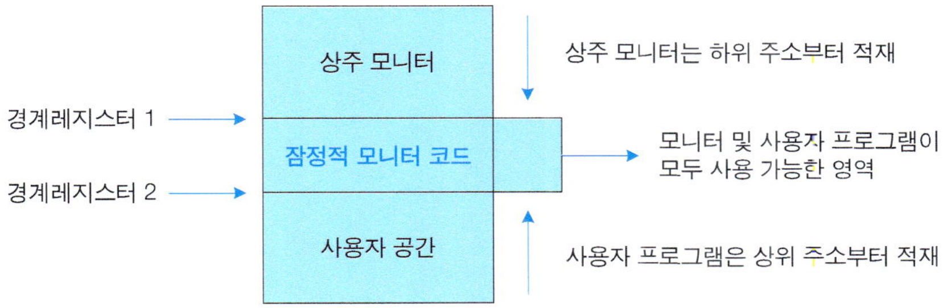

[그림 11-19] 잠정적 모니터 코드

2) 보호 하드웨어에 필요한 레지스터

보호 하드웨어에서의 주기억 할당 정책은 실행을 위한 하나의 프로그램이 상주 모니터를 제외한 사용자 공간에 수용할 수 있는 가의 여부만 판단하면 되므로 아주 간단하다.

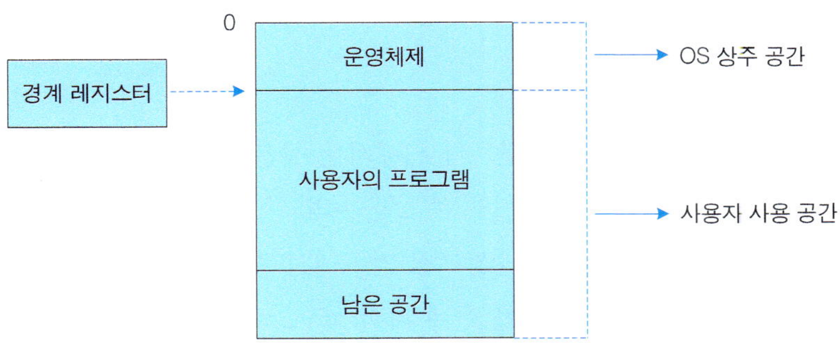

[그림 11-20] 경계 레지스터

모니터 모드에서는 주기억 장치 공간 내의 모든 주소 참조가 가능하지만, 사용자 모드인 경우에는 모니터가 적재된 부분의 주기억 공간 내 주소는 참조가 불가능하다. 이런 보호는 경계 레지스터(Fence Register)와 기준 레지스터(Base Register)를 이용함으로써 가능하다. 그러면 이 두 레지스터의 기능에 대하여 자세히 살펴보자.

가) 경계 레지스터

주기억 장치 내의 주소 보호를 위해서 운영체제가 적재된 부분과 사용자 프로그램이 적재된 경계선의 주소를 경계 레지스터에 두게 된다. 이때, 합당한 사용자 주소의 범위 중 가장 작고, 그리고 가장 큰 실제 주소의 값을 하한과 상한 레지스터로 보호한다.

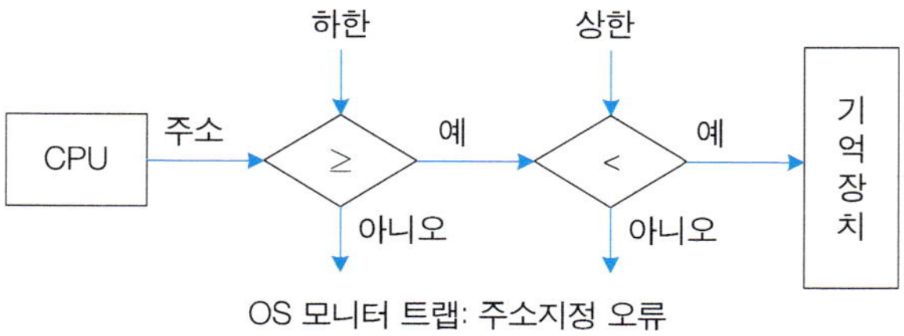

[그림 11-21] 경계 레지스터의 주소 지정 방법

사용자 프로그램에 의해 생성되는 모든 주소는 경계 레지스터와 비교하게 되며, 이때 사용자 프로그램이 생성한 주소가 경계 레지스터보다 작으면, 모니터 부분에 대한 참조이므로, 부당한 참조로 간주하여 조치를 취하게 된다. 즉, 사용자 프로그램에 의해 생성된 주소 참조(Address Reference)는 모두 합당 여부를 검사하여야 한다. 물론, 운영 체제에서는 주기억 공간 내의 모니터와 사용자 사용 공간의 모든 주소 참조가 가능하다.

나) 기준 레지스터

사용자 프로그램을 실기억 공간에 적재하기 위해서는 사용자 프로그램의 최초 주소를 갖는 기준 레지스터가 필요하며, 가장 작은 실제 주소와 논리 주소의 범위의 값으로 합당한 사용자 주소는 0에서 한계까지이고, 실제 주소 상에서 기준에서 기준+한계까지 동적으로 재배치된다. 구체적으로 설명하면 각 논리 주소는 한계 레지스터(Limit Register) 값보다 작아야 하고, 여기에 기준 레지스터에 있는 값을 더해서 동적 재배치(Dynamic Relocation)를 하며, 이 실제주소가 기억장치로 보내진다.

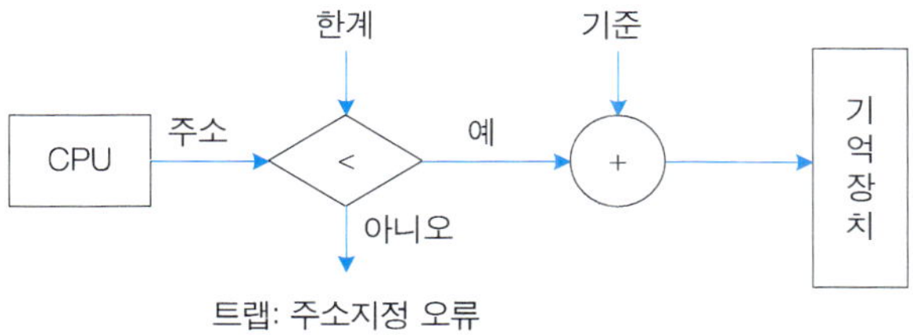

[그림 11-22] 기준 레지스터의 주소 지정 방법

그러므로 [그림 11-23]과 같이 사용자 프로그램에서 생성되는 모든 논리적인 주소를 실기억 공간(Physical Address Space)의 실제 주소로 바꾸어 주는 기억장치 사상 하드웨어가 필요하게 된다.

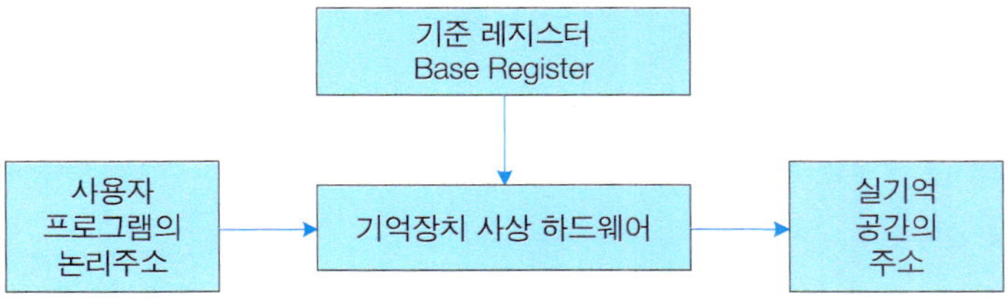

[그림 11-23] 기억장치 사상 하드웨어

3) 특징

① I/O 실행시간 동안 CPU쉬게 되므로 메모리 낭비가 크다.

② 연속 적재(Contiguous Loading) 방식이므로, 사용되지 않는 사용자 프로그램의 부분들이 계속 상주하게 된다.

③ Overlay 기능이 없을 때 사용자 공간보다 큰 프로그램은 실행을 할 수 없다.

5 교체(swapping)

1) 개념

단편화의 총합이 요구되는 영역의 크기를 넘어도 연속된 장소가 없으므로 작업을 실행시키기 위해 교체가 필요하다. 이 기법은 사용자 프로그램에 대한 수용 능력이 충분히 크고, 직접적인 접근(Direct Access)을 허용하는 보조 기억 장치를 이용하여, 2개의 사용자 프로그램이 주기억 공간을 이용할 수 있게 하는 방법으로써 실행되는 프로그램은 오직 하나뿐이다.

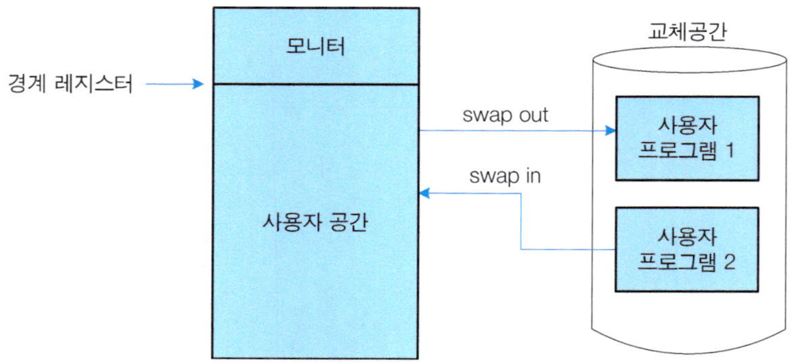

[그림 11-24] 사용자 프로그램에 대한 교체 기법

이 기법은 두 가지로 분류해 볼 수 있다. 우선, 아주 단순한 기법으로 주기억장치에 항상 한 프로세스만이 존재하도록 하고 이렇게 실행 중이던 프로세스가 어떤 이유에 의해서든 실행을 중단할 경우에는 프로세서뿐만 아니라 주기억장치까지 한꺼번에 반납하도록 하는 기법이 있을 수 있다. 이 프로세스는 후에 다시 프로세서를 할당받을 때 주기억 장치도 다시 할당받게 되는 것이다. 결국 프로세스의 입장에서는 프로세서를 할당받을 때 주기억장치도 같이 할당받게 되고 프로세서를 반납할 때 주기억장치도 함께 반납하도록 하는 기법인 것이다.

또 다른 기법으로는 해당 작업의 우선순위가 실행중인 것보다 높으면 실행중인 작업을 점하고 있던 영역의 내용을 일시적으로 보조기억장치에 출력하여 우선순위가 높은 작업에 장소를 빌려준다. 이때 교체되어 들어온 프로그램은 교체의 원인이 되는 I/O 혹은 기타의 인터럽트가 발생할 때까지 주기억 공간을 점유하여 실행하게 된다.

교체되어 나가는 프로그램에 대한 각종 작업 상태는 인터럽트 처리시와 마찬가지로 보관(save)되어야 하며, 교체되어 다시 주기억 공간으로 들어올 때에는 정상 상태로 다시 적재(load)되어야 한다.

이렇게 하여 우선순위가 높은 작업은 제대로 처리될 수 있으나 일단 swap-out된 작업은 본래 점하고 있던 장소가 비지 않는 한 swap-in될 수 없다. 예를 들면, 다른 부분에 충분히 많은 공간이 있어도 거기에 swap-in하여 실행되려면 동적 재배치의 하드웨어가 있어야 한다.

뿐만 아니라 교체 시간의 대부분은 교체 과정에 있는 전송 시간에 해당하므로 교체 기법이 효과를 얻기 위해서는 사용자 프로그램의 크기를 정확히 알아야 하며, 역시 보조 기억 장치의 성능을 정확히 이해할 필요가 있다.

2) 개선 방안

대부분의 초기 시분할 시스템은 교체 기법을 이용하여 구현되었다. 이러한 기법은 적은 수의 사용자들에게는 적당한 응답시간을 보장할 수 있었지만, 설계자들은 많은 수의 사용자들을 취급하기 위해서는 더 좋은 기법이 필요함을 깨닫게 되었다.

교체 기법을 개선하는 방법으로 '교체 작업'과 '프로그램의 수행'을 중복시키는 방법이다. 이 방법에서는 교체가 일어나는 동안 CPU를 쉬지 않게 만들고, 교체 시간을 단축시킬 수 있도록 하나의 사용자 프로그램이 수행되고 있는 동안에, 그 전의 사용자 프로그램을 주기억 공간에 위치하고 있는 버퍼 1로 내보내고, 실행을 위한 또 다른 프로그램을 버퍼 2에서 불러들인다.

이러한 기법은 주기억 공간과 보조 기억 공간 사이에 빈번한 교체 기법을 수행할 필요 없이 경제적인 대용량화를 구현할 수 있으며, 실기억 공간 내에서 교체가 일어나고 있으므로 이러한 교체 기법을 기억장치 대 기억장치 교체라고 부른다.

그러나 어떤 프로그램이 I/O 작동을 하고 있거나 입출력 작업을 기다리고 있을 때, 그 프로그램을 교체시켜 주기억 장치의 사용자 공간을 비운 후, 다른 프로그램을 교체해 넣을 수 있는데 이 입출력 작업이 원래의 사용자 기억 공간에 있는 내용을 참조하기를 원하는 경우에는 그 프로그램을 교체해서는 안 된다는 것이다.

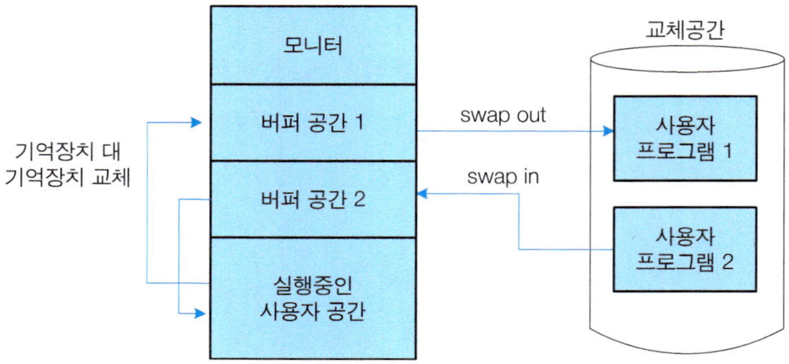

[그림 11-25] 개선된 교체 기법

학습 활동 **통신의 역사**

미국의 모스(Morse)가 1845년 워싱턴과 볼티모어 간 64Km에 전신선을 개설 개통한 것이 세계 최초 통신서비스의 시작이다. 지난 100여 년 동안 한국은 전기통신 후진국신세를 면치 못했다. 그러나 한국은 지금 세계에서 가장 앞선, 정보화된 통신네트워크 국가로 정평이 나있다.

그렇다면 한국이 불과 20여 년 만에 세계수준의 통신네트워크를 구축한, 정보화 선진국 대열에 끼게 된 것은 무엇 때문일까. 여기에는 국력이나 정부의지보다 몇 걸음 앞서, 뚜렷한 확신에 신명을 바쳐온 몇몇 선각자의 도전의식이 국민적 공감대를 불러일으켜 왔기 때문이다.

우리나라 통신의 역사를 뒤돌아 볼 때 홍철주(1834-?)는 빼놓을 수 없는 핵심인물이다. 늦게나마 조선정부가 정신을 차려 정부직제 상 통신전담 부서를 만들고 자주적인 전선가설계획 등 통신 주권을 행사하게 된 것은 1887년 3월 1일부터였다. 정부조직 안에 '조선전보총국'이란 통신전담 관서를 창설한 것이다. 이 기관 최초의 수장자리인 총판으로 임명된 사람이다.

6 단일 분할 기법

1) 개념

항상 시스템 내에 하나의 프로세스만이 존재하며, 현재의 프로세스가 종료된 후에 다른 프로세스가 생성되어 실행할 수 있게 된다. 따라서 모든 시스템 자원들을 현재 존재하는 프로세스가 사용할 수 있게 되며 이에 따라 자원에 대한 관리 기법이 매우 단순해진다. 이러한 시스템에서는 상호 배제와 관련한 문제도, 교착 상태에 대한 우려도 없어지게 되는 것이다.

주기억장치의 관점에서 보아도 주기억장치 중 커널이 차지하고 있는 공간을 제외한 모든 공간을 현재 존재하는 프로세스가 사용할 수 있게 되며, 프로그램 중 아주 사용빈도가 낮은 부분에도 주기억장치를 반드시 할당해야 할 뿐만 아니라 이 프로세스가 사용하지 않는 공간은 그대로 낭비되는 결과를 초래하는 것이다.

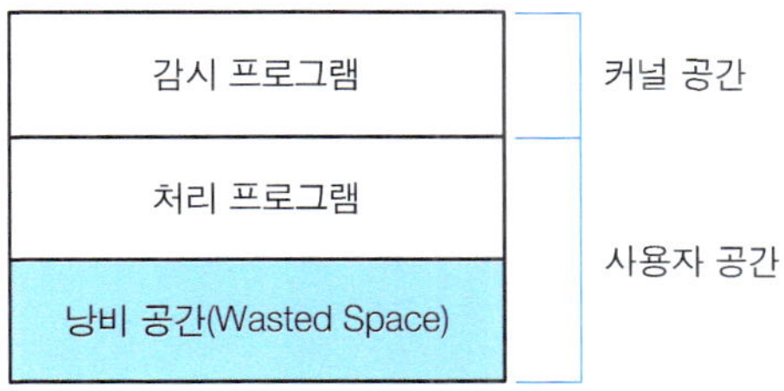

[그림 11-26] 단일 분할에서의 주기억 상태

이 결과로 사용빈도가 높은 감시 프로그램과 그렇지 않은 감시 프로그램의 주기억장치 사용 방법을 달리하는 방안이 제시되었다. 상주(resident) 루틴과 비상주(transient) 루틴의 사고 방식이 그것이다. 사용빈도가 낮은 루틴은 그 루틴을 필요로 할 때에만 주기억장치를 사용하도록 하는 것이다.

이 방법이 채택함으로써 OS의 기능이 대폭 강화되었으며 처리 프로그램을 overlay기법으로 사용한 것도 이때부터이다. 그러나 처리할 업무가 복잡하고 조건에 따라 여러 예외 처리를 해야 할 경우에는 이 구조를 짜기가 매우 어렵다.

2) 장점

단일 분할은 단순할 정도로 운영체제내의 주기억장치 경영 부분이 아주 작아도 되므로 사용자의 공간이 상당히 생기게 된다. 뿐만 아니라 Memory 관리를 위한 H/W 및 S/W가 필요 없으므로 사용자가 자유자재로 주 기억 공간을 사용할 수 있다.

3) 단점

① 한 프로그램이 차지하고 남는 부분은 전혀 활용되지 않을 정도로 자원이 낭비된다.

② 입출력하는 동안은 주기억장치에 적재되어 있는 프로그램을 시행하지 않기 때문에 처리기가 쉬게 된다.

③ 사용자의 공간보다 큰 프로그램이 시행될 수 없다는 것인데 overlay가 해결책이다.

학습 활동 **오버레이(overlay)**

- 사용자가 사용할 수 있는 주 기억 공간보다 큰 프로그램을 시행시킬 수 있게 하는 기법
- 필요한 시점에 사용자 프로그램의 일부 필요한 명령어와 자료만을 주 기억 공간 내에 유지시키는 방법

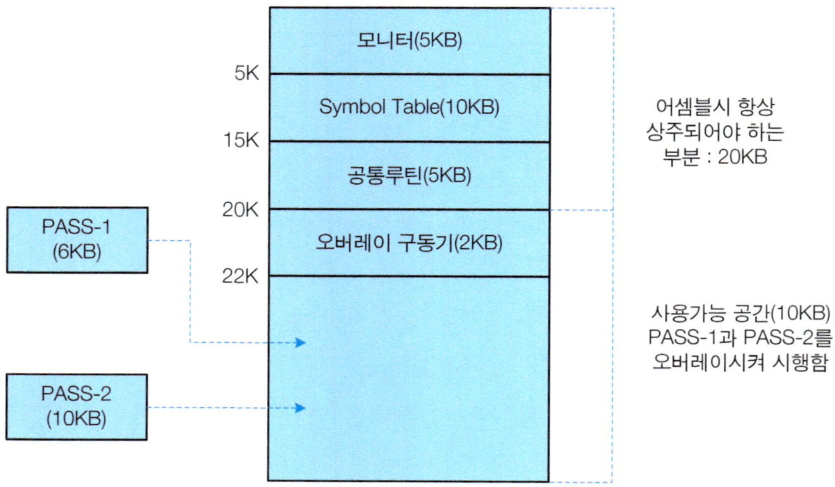

[그림 11-27]

요 약

01 사용자가 컴퓨터에서 실행시키기 위하여 작성한 프로그램과 이 프로그램의 실행에 필요한 입력 데이터를 묶어서 작업(job)이라고 한다.

02 프로세스는 커널(kernel)에 등록되고 커널의 관리 하에 있는 작업을 의미하며, 커널에 등록된 프로세스는 자신이 실행해야 할 프로그램을 가지고 있다.

03 스레드는 프로세스보다 더 작은 CPU의 실행 단위를 말하며, 다중 프로그래밍을 지원하는 시스템 하에서 CPU에게 보내져 실행되는 단위이다.

04 스케줄링이란 특정 자원에 대해 그 자원을 요청하고 있는 대상들 중 누구에게 먼저 그 자원들을 할당해 줄 것인가를 결정하는 일을 말한다.

05 선점 정책이란 어떤 프로세스가 CPU를 사용하고 있을 때, 그보다 높은 우선순위를 갖는 프로세스에게 CPU를 양보하는 스케줄링이다.

06 비선점 정책은 하나의 프로세스가 CPU를 할당 받은 후에는, 스스로 CPU를 반납할 때까지 다른 프로세스가 CPU를 선점할 수 없는 스케줄링이다.

07 FCFS(First Come First Served)는 준비 리스트(Ready List)에서 가장 먼저 도착한 프로세스가 먼저 프로세서를 할당받도록 해 주고, 스스로 프로세서를 반납할 때까지 프로세서를 독점하도록 하는 방식이다.

08 SJF(Shortest Job First)는 평균 대기시간이 최소가 되는 최적 알고리즘이며 CPU 사용을 짧게 요구하는 프로세스에게 CPU 사용의 우선권을 부여한다.

09 우선순위(priority) 스케줄링은 처리될 작업에 대해, 높거나 낮은 우선순위를 부여하여 우선순위가 높은 작업에게 처리의 우선권을 주는 방법이다.

10 라운드 로빈(Round Robin)방식은 하나의 작업에 의해서 독점되지 않도록 활동 중인 프로세스들 사이에 CPU가 똑같이 공유되는 것을 보장하기 위해서 각 작업에 주어지는 예정된 시간 할당량(Time Quantum)에 근거를 두고 있다.

11 SRT(Shortest Remaining Time)은 선점 SJN Shortest Job Next)으로 처리기를 완료시키기에 가장 가까운 작업에 할당하는 방법이다.

12 보호 하드웨어는 운영체제가 적재하는 부분과 사용자 프로그램이 적재하는 2개 부분으로 나누어진다.

13 단일 분할은 다중 프로그래밍이 되지 않으며 프로그램 중 아주 사용 빈도가 낮은 부분에도 주기억장치를 반드시 할당한다.

문 제

01 스레드(thread)의 도입 배경, 개념 그리고 응용 분야에 대하여 자세히 설명하시오.

02 프로세스 스케줄링의 개념 및 목적 그리고 고려해야 할 사항에 대하여 설명하시오.

03 SJF(Shortest Job First)의 구현 방법 및 문제점을 자세히 설명하시오.

04 우선순위 알고리즘을 실행할 때 고려할 사항에 대하여 설명하시오.

05 주기억 장치에서의 단일 분할의 개념을 설명하고 장단점을 서술하시오.

06 주기억 장치에서 교체(swapping)의 개념을 설명하고 개선 방안을 제시하시오.

chapter

12

고성능 컴퓨터 운영기술

학습목표

1. 고성능 컴퓨터 운영기술의 전제 조건을 이해할 수 있다.
2. 상황 인식 컴퓨팅 기술을 이해할 수 있다.
3. 클라우드 컴퓨팅 기술을 이해할 수 있다.
4. 그리드 컴퓨팅 기술을 이해할 수 있다.

컴퓨터를 이용하는 응용 분야들 중에는 현존하는 초고속 컴퓨터의 성능으로도 처리 시간이 매우 오래 걸리는 것들이 많다. 그 예로는 인공지능, 로보틱스, 신호처리, 유체역학, 일기예보, 입자물리학 및 우주과학 분야 등이 있다. 또한, 인터넷의 발달과 더불어 주요 웹사이트의 서버는 동시에 수많은 사용자 요구들을 처리하고 있으며, 그 요구들의 대부분은 대규모 데이터베이스 검색 및 멀티미디어 정보 처리를 포함하고 있다. 그러한 필요성에 따라 더 빠른 컴퓨터의 개발에 대한 요구는 끊임없이 계속되고 있다.

향후 IT 시대의 패러다임의 특징은 디지털 컨버전스 시대의 도래와 급격한 기술 변화 등을 들 수 있다. 특히 디지털 컨버전스 시대에는 능력 하나만으로는 살아남기 힘들다. 현대 산업사회에서 컨버전스란 산업 · 서비스 · 매체의 통합을 지칭하며, 경계와 경계가 뚜렷했던 과거와 달리 모든 경계가 뚜렷하지 않고 오히려 서로 섞이는 현상을 일컫는 보통명사가 되어가고 있다.

유비쿼터스 시대의 응용 및 서비스는 컨버전스 환경에서 컴퓨팅 및 커뮤니케이션 능력을 가진 스마트 객체들이 동적인 환경 변화를 인식하고 이에 적응할 수 있는 특성, 즉 상황인식(context-aware) 특성을 갖게 될 것이다. 상황정보는 사용자가 상호 작용을 하는 시점에 가용한 거의 모든 정보이다. 상황인식 서비스는 이러한 상황정보의 수집 및 교환을 통해 인식하고, 해석 및 추론과 같은 처리 과정을 거쳐 사용자에게 상황에 적절한 서비스를 제공한다.

고성능 컴퓨터 운영 기술 중 사물 인터넷(Internet of Things, IoT)은 상황 인식을 기반으로 구현되는 데 이때 도입되는 기술이 먼저 클라우드 컴퓨팅이다. 이 장에서는 먼저 고성능 컴퓨터 운영 기술이 구현되기 위한 전제 조건을 살펴본 뒤 전개되는 기술에 대하여 서술하고자 한다.

1 개 요

고성능 컴퓨터 운영 기술이 구현되기 위해서는 반도체 기술의 발전과 더불어 VLSI의 집적도가 크게 증가해야 한다. 즉, 작은 크기의 칩 상에 수천만 개의 트랜지스터들이 집적될 수 있고, 이러한 칩들을 이용하면 저렴한 가격으로 수백 개 이상의 프로세서들을 한 시스템 내에 통합할 수 있게 될 것이다. 그러나 이러한 기술이 만족되기 위해서는 문제 분할(Problem Partition)과 프로세서간 통신(Interprocessor Communication)이 제시되어야 한다.

전자는 고성능 컴퓨터 시스템의 처리를 위하여 하나의 문제(혹은 프로그램)를 여러 개로 나누는 것을 말한다. 많은 수의 프로세서들이 제공되더라도 프로그램을 그 수만큼 분할할 수 없거나 균등한 크기로 분할할 수 없을 경우에는, 프로세서의 이용률(utilization)이 낮아져서 원하는 만큼의 성능 향상을 얻을 수 없기 때문에 문제 분할은 매우 중요하다.

후자에서는 하나의 프로그램이 여러 개의 작은 부분들로 나누어져서 서로 다른 프로세서들에 의해 처리되는 경우에는 프로세서들 간에 데이터 교환을 위한 통신이 필요하게 된다. 그런데 프로세서의 수가 증가하면 통신 선로의 수도 그만큼 더 많아지고, 인터페이스를 위한 하드웨어도 복잡해진다. 그에 따라 프로세서간 통신을 제어하기 위한 소프트웨어 오버헤드와 하드웨어상의 지연 시간 때문에 통신에 소모되는 시간이 길어져 시스템의 성능 향상에 한계가 있게 된다.

최근에 고성능 컴퓨터 운영 기술이 구현되는 서비스로 사물 인터넷(IoT, Internet of Things)이 등장했다. 이 용어는 1999년 Kevin Ashton이라는 당시 MIT Auto-ID Center 소장이 제안하였다. 이후, 관련한 시장분석 자료 발표를 통해 대중화시킨 용어이다. 이 용어는 제안된 후 아직도 발전을 거듭하고 보완되는 기술적, 이론적 초기 단계이므로 정립화되고 표준화된 정의가 존재하기에는 거리감이 있다.

사물 통신(M2M, Machine To Machine)은 말 그대로 사물 간의 통신을 주고받는 것을 의미한다. 이때 사물 인터넷은 위의 기본 전제에 지능(intelligence)을 더하고 이미 존재하는 사물 망을 인터넷에 연결하여 하나의 틀로 묶어내어 제공하는 서비스에 대한 기술을 통칭한다.

IoT는 RFID 기술의 태그를 통한 사물 인식으로 이후 인터넷, 네트워크의 발전과 더불어 발전하고 있으며 개념도는 다음과 같이 정의할 수 있다.

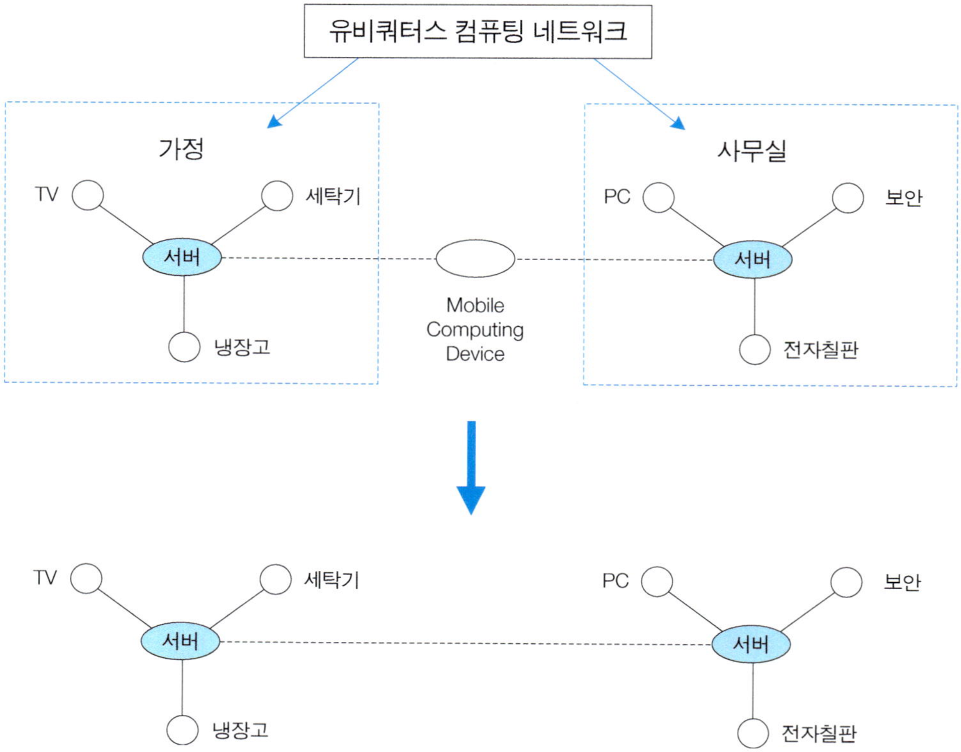

[그림 12-1] 사물 인터넷의 진화

CERP(Cluster of European Research Projects)가 정의한 IoT를 인용해보면 다음과 같다.

> 사물인터넷은 미래 인터넷의 통합 부분이며 물리적 또는 가상의 식별자를 가진 표준 및 상호 운용 통신 프로토콜, 물리적 형태와 지능, 자동 구성 기능과 역동적인 글로벌 네트워크 인프라로 정의될 수 있다.

IoT란 사물 또는 물리적, 논리적 객체와 객체간의 통신이 네트워크로 구성되어 기존의 인터넷과 같은 통신망으로 확장되며 지능(intelligence)형 인터페이스를 가지고 능동적으로 상호작용하는 기술을 정의한다.

결국 고성능 컴퓨터처리 시스템을 개발하기 위해서는 하드웨어 구조, 운영체제, 알고리즘, 프로그래밍 언어, 컴파일러 등 거의 모든 컴퓨터 기술들이 통합되어야 한다.

2 기대 서비스 포인트

컴퓨터의 진화 과정을 컴퓨터 기술과 인간과의 관계 변화를 중심으로, 제1의 물결인 메인프레임시대(1대의 고가의 컴퓨터를 다수가 공유), 제2의 물결인 퍼스널컴퓨터시대(1인 1대의 컴퓨터 사용), 그리고 제3의 물결인 유비쿼터스 사회(다양한 사람들이 내장형의 다양한 컴퓨터를 의식하지 않고 네트워크를 통해 사용)를 거쳐 지금은 고성능 컴퓨터 운영기술의 대표라고 할 수 있는 사물 인터넷 시대로 진입하고 있다.

정보통신 산업 및 기술의 급격한 성장과 발전은 가까운 장래에 '사물 인터넷' 시대의 출현을 예고하고 있다. '사물 인터넷'이라는 말은 차세대 정보통신 기술의 키워드로 등장하고 있으며 사물 통신 기술 개발 내지 사물 인터넷 네트워크 사회 실현에 대한 국내·외의 관심이 높아지고 있다.

지금까지는 상상조차 할 수 없었던 산업혁명 이래 최대의 생활혁명이 시작된다. 다음은 고성능 컴퓨터 운영기술에서 몇 가지 실제로 일어날 수 있는 사용자 시나리오를 제시하였다.

가) 원격 신고·원격 비상 처리

사이버 아파트에서 화재 경보 벨이 울릴 때 이를 발견한 가족이 119를 소리치자 음성 인식 장치를 통해 아파트의 위층과 아래층의 가스, 전력 그리고 수도의 상황을 종합 감시하고 통제하고 있던 시스템이 차단에 들어갔고 신속히 출동한 119 소방대원들이 이를 진압하였고 화재 원인을 경찰이 원격으로 조사 처리하였다.

나) 자동 건강관리

아침에 일어나 화장실 문을 여는 순간 손잡이에 장착된 센서는 혈압과 체온 상태를 체크한다. 변기를 통해서는 당뇨 등이 점검된다. 체크 결과는 곧바로 주치의의 단말기에 전달되고 주치의는 원격 검진을 받아볼 것을 제안한다. 스마트 센서가 달린 알약은 우리 몸속의 지정된 위치까지 정확하게 약을 운반해준다. 그러므로 심장박동, 운동량 등의 정보를 제공하여 개인의 건강을 증진시킬 뿐만 아니라 생활 편의를 높이고 안전성을 제고한다.

다) 자동 요리

스마트 가스레인지는 인터넷에 연결된 컴퓨터로 조리법을 물어보고 스마트 냉장고에 요리 재료가 충분한 지를 물어본 후 냉동된 요리 재료를 녹여줄 것을 요청할 수가 있다. 요리 재료에 컴퓨터 칩이 장착되고 이 칩이 스스로 전자레인지의 온도와 간을 조절해 최적의 상태로 요리를 한다.

라) 텔레매틱스 서비스

고성능 컴퓨터 운영기술에서의 텔레매틱스 서비스는 단순히 통신 서비스의 진화 수준에만 머무르지 않는다. 자동차라는 물리적인 공간을 운전자가 능동적으로 선택할 수 있는 여러 개의 가상공간으로 변화시킨다. 자동차가 영화, 콘서트 및 연극을 공연하는 달리는 문화 공간으로 탈바꿈했다가 사이버 공간을 들을 수 있는 대학 강의실이 되기도 한다. 자동차 안에서 증권 거래를 하고 회사의 인트라넷에 접속해 업무를 처리하는 모바일 오피스 구현도 가능하다. 운송 수단이라는 자동차의 본래 기능도 차세대 텔레매틱스로 더욱 강화된다.

마) 그린 IT의 실현

고성능 컴퓨터 운영 정보를 사용해 대기 상태, 쓰레기양 등의 정보를 제공받아 환경오염을 최소화할 수 있다. 이때 에너지 관련 정보를 제공받아 에너지 관리 효율성을 증대시킨다.

학습 활동 | 빅 데이터

빅데이터란 통상적으로 '예전에는 장기적으로 저장되지 않거나 분석되지 않던(방대한 분량의) 데이터'를 뜻한다. 디지털 기술의 발달과 확산 덕택에, 과거에는 기록 자체가 되지 않고 저장되지 않던 데이터들이 디지털 데이터로 기록되고 저장 가능해지면서, 이렇게 쌓을 수 있는 데이터를 실제로 쌓아서 분석할 수 있게 된 것이다.

기술적 가능성, 경제적 타당성, 분석 성능 등의 이유로 과거엔 버려지던 데이터를 저장하고, 서로 관계없어 보이는 것들끼리의 연관관계를 분석함으로써 우리가 모르는 사실을 알게 되거나(insight), 미래가 어떻게 변할지 예측할 수 있게 되는 것(foresight) 이것이 바로 빅 데이터의 의미이자 가치이다.

3 상황 인식 컴퓨팅

1) 개념

상황 인식 기술(Context-Aware Technology)은 1994년 Schilit와 Theimer에 의하여 논의되었다. 여기에서 상황 인식 기술을 '사용 장소, 주변 사람과 물체의 집합에 따라 적응적이며, 동시에 시간이 경과하면서 이러한 대상의 변화까지 수용할 수 있는 기술'로 정의하고 있으며 고성능 컴퓨터 운영기술에서는 동등계층(peer-to-peer)에서의 지능적인 역할을 구현하는 기술로 전개되고 있다.

자율 제어 기능은 여러 네트워크들의 융합형태를 가지고 있으며 시스템이 점점 복잡해지고 상호 연동되면서 하나의 중앙 집중적인 controller가 제어함으로써 자발적으로 환경 적응을 위한 새로운 질서를 만들어 내어 시스템이 새로운 변화에 매우 유연하게 대응을 해야 할 것이며 고성능 컴퓨터 서비스 환경이 조성되기 위하여 이는 USN(Ubiquitous Sensor Network)에서 반드시 필요한 기술 요소가 될 것이다.

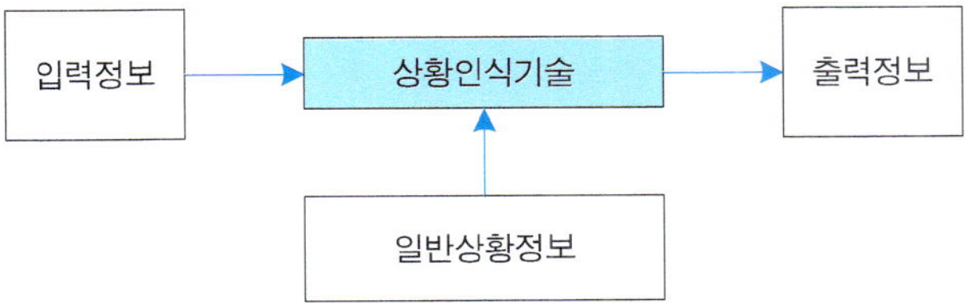

[그림 12-2] 상황 인식 기술 개념도

일반적인 상황 정보는 다음과 같이 분류할 수 있다.

① 사용자 상황(정상, 병환, 사고피해, 장애발생)
② 물리적 환경 상황(실내, 자동차, 실외, 야외)
③ 컴퓨팅 시스템 상황(전원 On/Off, 인터넷 On/Off-line, 로그 In/Out)
④ 사용자-컴퓨터 상호 작용 이력

⑤ 건축물 및 내부 구성 물체의 IPv6 운영 상황

최근에 개선된 상황 인식 기술의 정의는 '사용자의 작업과 관련 있는 적절한 정보 또는 서비스를 사용자에게 제공하는 과정에서 '상황'을 사용하는 경우, 이를 상황인식 기술'로 정의할 수 있다. 사물 인터넷 기술은 인간 세계의 의사소통과 거의 동일한 수준으로 기기와 기기간의 의사소통이 가능하도록 한다는 동기와 목표에서 출발하고 있다. 이러한 상황 정보의 수집 및 교환을 통해 인식하고, 해석 및 추론과 같은 처리 과정을 거쳐, 사용자에게 상황에 적절한 서비스를 제공하는 상황 인식 서비스는 특히 고성능 컴퓨터 환경과 맞게 의료, 교육, 재난, 구호, 쇼핑 등 사회 전 분야에 걸쳐 많은 영향을 줄 수 있는 서비스로 발전될 것이다.

2) 기술적 요소

가) 상황정보 센싱 기술

상황정보는 사용자 인터페이스 또는 센서, 센서 네트워크 등을 통해 수집된다. 사용자는 키패드나 터치스크린 등과 같은 사용자 인터페이스를 이용하여 자신의 기본적인 개인 정보나 개인 일정 등과 같은 정적인 상황정보를 입력할 수도 있다. 온도, 습도와 같은 환경적 상황정보와 사용자의 체온, 혈압 등과 같은 정보들은 사용자 단말에 부착된 센서를 통해 직접 수집될 수도 있고, 사용자 주변의 센서 네트워크 또는 상위계층 네트워크와 통신을 통해 수집될 수도 있다.

나) 상황 정보의 변화 센싱 기술

대부분의 상황정보는 시간이 지남에 따라 변한다. 각각의 상황정보는 서로 다른 특성을 가지므로 변화되는 주기 또한 다양하다. 예를 들어 사용자의 프로파일 정보는 거의 변화하지 않는 반면, 사용자의 위치정보는 사용자가 이동함에 따라 수시로 변화한다. 상황정보의 변화는 주기적인 폴링 또는 광고에 의해 센싱되거나, 센싱 값이 특정 조건을 만족할 때만 보고받는 형태로도 센싱이 가능하다.

다) 상황정보 융합 및 추론 기술

다양한 센싱 데이터를 융합하여 상위 상황정보를 유도하기 위해 확률적인 메커니즘을 제공해야 한다. 계층적 상황 정보를 기반으로 지능적인 추론 방법을 제공해야 한다.

라) 상황 정보 추론 기술

센서, 액추에이터, 그리고 객체와의 상호작용을 위한 이벤트 기반 또는 폴링 기반의 통신 메커니즘을 제공해야 한다. SOAP(Simple Object Access Protocol)는 응용간의 복잡한 자료 구조를 교환하기 위해 XML 인코딩을 사용한다. SOAP은 표준 인코딩 모델을 가지고 있으므로 서로 다른 시스템 간에도 호환성을 제공한다.

마) 상황인식 서비스 묘사 및 발견 기술

WSDL(Web Services Description Language)은 웹 서비스에 의해 제공되는 메소드, 메시지, 바인딩 등을 정의하고 서비스를 묘사하기 위해 사용되는 또 다른 형태의 XML 언어이다. 서비스 발견 기술은 응용 또는 사용자가 필요로 하는 서비스를 찾기 위한 기술이다.

바) 상황인식 서비스 구조기술

서비스 구조는 다른 시스템의 토대가 되는 기술들의 집합으로 잘 정의되어 있고, 신뢰성을 가지며, 공개적으로 접근이 가능하다. 서비스 구조는 미리 정의된 공통 데이터 형식과 네트워크 프로토콜로 구성된다. 상황 인식 서비스를 위한 서비스 구조가 제공되면, 센서나 서비스, 장치 등이 다른 구성 요소에 영향을 주지 않고, 독립적이고 동적으로 추가될 수 있다.

학습 활동 PVM(Parallel Virtual Machine)

네트워크에 접속된 복수의 컴퓨터를 1대의 가상적인 컴퓨터를 사용해서 대규모 연산을 수행하도록 하는 중간 웨어로서 미국 테네시 대학 교수진이 연산 성능이 낮은 컴퓨터 환경에서도 대규모의 수치 계산을 할 수 있도록 하기 위해 개발한 것으로, 각 컴퓨터는 하나의 작업을 처리하기 위해 메시지 통신으로 동기를 취해서 협조한다.

4 클라우드 컴퓨팅

1) 개념

클라우드 컴퓨팅은 기존의 네트워크를 사용한 분산 컴퓨팅과 가상화 기술이 만나 이루어진 기술이다. 최근 사물 인터넷이 새로운 트렌드로 부상함에 따라 이를 이용한 다양한 기술이 등장하고 있으며, 클라우드 컴퓨팅은 이 중에서도 특히 주목받고 있다. 제2의 디지털 혁명이라고까지 불리며 새로운 컴퓨팅 플랫폼으로 평가받고 있다.

[표 12-1] 각종 유사기술과의 비교

	주요 개념	클라우드 컴퓨팅과의 관계
그리드 컴퓨팅 (Grid Computing)	대용량의 컴퓨팅 리소스를 필요로 하는 문제 해결을 위해 인터넷상의 분산된 컴퓨팅 리소스들을 연결하여 가상의 슈퍼컴퓨터와 같이 사용	그리드 컴퓨팅은 서버와 PC 등 불특정 유휴자원을 사용하나 클라우드 컴퓨팅은 서비스 사업자의 자원을 활용
유틸리티 컴퓨팅 (Utility Computing)	컴퓨팅 자원을 전기나 수도와 같은 유틸리티와 같이 필요할 때마다 연결하여 사용하고 사용량에 따라 대가를 지급하는 과금모형	클라우드 컴퓨팅은 그리드 방식의 분산 컴퓨팅+유틸리티의 과금모형 혼합
서버기반 컴퓨팅 (Server Based Computing)	서버에 애플리케이션 데이터를 두고 필요시 접속하여 사용, 모든 처리는 서버에서 100%, 클라이언트는 입출력만 함	서버에 접속하여 서비스를 이용한다는 공통점이 있으나 물리적인 서버에 대한 정보나 권한을 가지지 못하는 점이 다름
네트워크 컴퓨팅 (Network Computing)	서버에 애플리케이션을 저장하는 것은 동일. 단 실행은 로컬에서 함	클라우드 컴퓨팅의 경우 자원도 서비스로 이용
SaaS (Software as a Service)	서비스 제공자의 서버에 저장된 S/W를 인터넷을 통해 서비스로 이용하는 S/W Delivery 모형	· SaaS는 일부 IT 자원 활용 · 클라우드 컴퓨팅: 모든 IT 자원 활용

클라우드 컴퓨팅 환경에서는 애플리케이션을 개발하거나 서비스할 때 서버나 스토리지 등 컴퓨팅 자원 등을 자체적으로 보유하지 않고, 이 같은 자원을 갖고 있는 클라우드 컴퓨팅 플랫폼을 제공하는 자원을 이용해서 개발하고 서비스하는 것을 말한다. 그러므로 클라우드 컴퓨팅은 다양한 응용 프로그램들을 수용할 수 있는 잘 관리되고 높은 확장성을 갖는 추상화된 컴퓨팅 인프라의 집합이라고 정의할 수 있다. 이러한 개념은 SaaS(Software as a Service)나 그리드(Grid) 컴퓨팅 개념들이 혼합된 개념이다.

2) 플랫폼 요소 기술

컴퓨팅 기술 발전의 관점에서 보면 전혀 새로운 기술이 아니다. 현재 많은 클라우드 컴퓨팅은 프로세스 처리 기능, 스토리지 기능 등 컴퓨팅을 위한 기본 자원들을 중심으로 이루어지고 있어 향후 다양한 이종 단말 상에서 다양한 형태의 서비스 제공을 위한 서비스 개념이 강화된 플랫폼으로서의 클라우드 컴퓨팅의 기술적 토대는 현존하는 여러 기반 기술로 구성되었다.

가) 자원 가상화(virtualization) 기술

컴퓨팅 자원의 이용률을 극대화하고 대규모 데이터 센터의 관리 편이성을 확보하기 위해서 자원을 가상화하여 운용하고 관리하는 자원 가상화 기술은 가장 기본적인 기술이다.

나) 대용량 분산 시스템 기술

수많은 서비스와 대규모 사용자를 기본 가정으로 하고 있으므로 대용량 저장능력과 고성능 컴퓨팅 파워를 제공하고 신속한 확장성을 보장할 수 있는 분산 시스템 기술이 필요하다.

다) 자원 및 서비스 운영·관리 기술

서비스 및 사용자의 동적인 변화에 능동적으로 대응하여 자원을 관리하고 글로벌 규모로 서비스를 쉽게 배포 및 관리하는 기술이 필요하다.

라) 서비스 지향 인터페이스 기술

자원에 대한 접근부터 플랫폼 자체에 대한 제어까지 모두 서비스 지향 인터페이스로 정의되고 구현되어야 한다.

마) 보안 및 프라이버시 기술

최근 보안 체계를 공격하는 경향은 시스템 또는 네트워크 자원을 공격 대상으로 하여 사용 가능한 자원을 모두 소비하여 사용자가 실제 사용해야 하는 자원을 사용할 수 없게 하는 서비스 거부 공격(Denial of Service)이 증가하고 있다. 여러 서비스에 의해 자원이 공유되는 환경은 Intra-Cloud에서 보다 강력한 보안 및 프라이버시 기술을 필요로 한다.

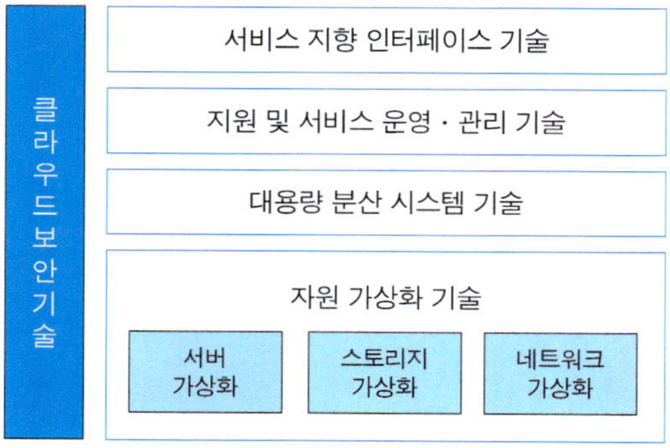

[그림 12-3] 클라우드 컴퓨팅 플랫폼의 기술 구조

3) 클라우드 컴퓨터의 분류

가) 상호 연결망에서 본 관점

(1) 개방형 클러스터(Exposed Cluster)

클러스터 노드들이 외부에 노출되어 외부 사용자들도 접속하거나 이용할 수 있기 때문에 인터넷과 같은 공공 네트워크에 사용된다.

개방형 클러스터는 [그림 12-4]와 같이 구성되며, 다음과 같은 특징들을 가지고 있다.

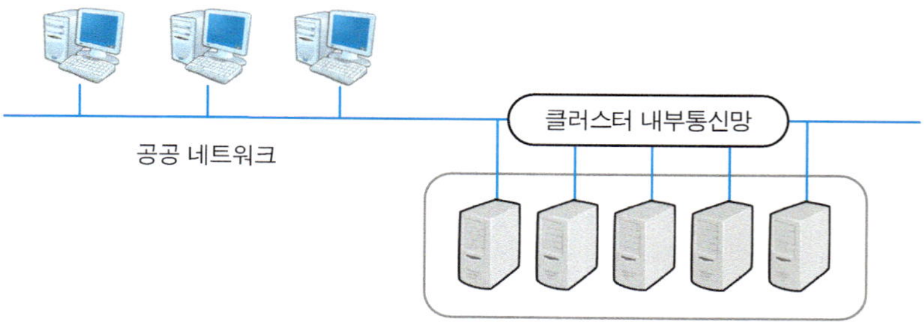

[그림 12-4] 개방형 클러스터의 구성도

① 노드들은 반드시 메시지를 이용하여 통신하는데, 그 이유는 공공의 표준 통신망들은 대부분 메시지-기반 통신을 사용하기 때문이다.

② 다양한 통신 환경들을 지원해야 하는 표준 프로토콜을 사용해야 하기 때문에, 통신 오버헤드가 상당히 높다.

③ 통신 채널이 안전하지 못하다. 따라서 클라스터 내부 통신의 보안을 위해서는 추가적인 작업이 필요하다.

④ 구축하기가 매우 용이하다. 사실상 하드웨어는 추가될 것이 거의 없고, 각 노드에 클라스터를 위한 소프트웨어들만 탑재하면 된다.

(2) 폐쇄형 클라스터(Enclosed Cluster)

외부 네트워크와는 별도의 통신 설비를 이용하여 구성하는 데 이더넷이나 토큰 링과 같은 표준 네트워크를 사용할 수도 있지만, 통신 대역폭과 보안성을 높이기 위하여 더욱 다양한 통신 기술들을 사용할 수 있다.

폐쇄형 클라스터는 [그림 12-5]와 같이 구성되며, 다음과 같은 특징들을 가지고 있다.

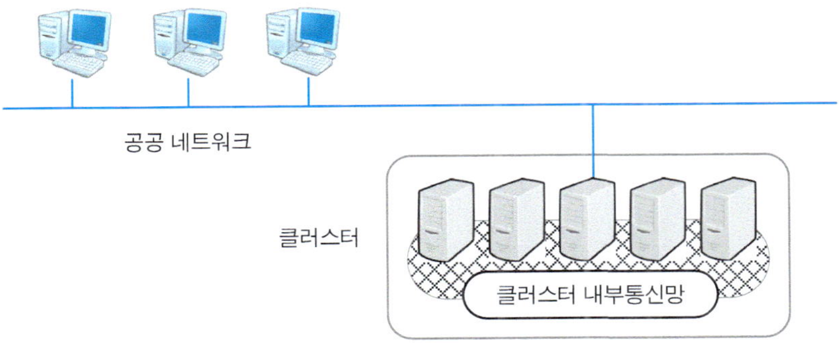

[그림 12-5] 폐쇄형 클라우드의 구성도

① 노드들 간의 통신이 공유 기억장치, 공유 디스크, 혹은 메시지 등과 같은 여러 수단에 의해 이루어질 수 있다.

② 표준 프로토콜을 사용할 필요가 없기 때문에 통신 오버헤드가 매우 낮아지며, 프로토콜을 각 시스템에 적합하도록 더욱 효과적으로 정의하고 구현할 수 있다.

③ 통신 보안이 보장될 수 있어서, 노드들 간의 데이터 전송이 노드 내부 통신만큼 안전하게 이루어질 수 있다.

④ 외부 트래픽의 영향을 받지 않기 때문에 통신 지연이 줄어든다.

⑤ 공개형에 비하여 구현 비용이 더 많이 들고, 외부 통신망과의 접속은 어느 한 노드를 통해서만 이루어질 수 있다.

나) 각 노드의 소유권(ownership)에서 본 관점

(1) 비전용 클라스터(Non-dedicated Cluster)

특정 사용자가 어느 한 노드 컴퓨터를 별도로 소유할 수 없다. 즉, 클라우드 내의 모든 자원들은 공유되며, 컴퓨터들이 전체 클라우드 환경을 통하여 수행된다.

(2) 전용 클라스터(Dedicated Cluster)

각 사용자가 특정 노드 컴퓨터에 대한 소유권을 가지고 사용할 수 있다. 즉, 사용자가 클라스터 내의 지정된 어느 한 노드 컴퓨터를 사용하며, 큰 응용을 병렬로 처리하기 위하여 클라스터 전체들을 이용하고자 할 때만 노드 컴퓨터들을 통합하여 사용한다. 이러한 경우에는 병렬처리를 위하여 프로세서들을 사이클 스털링(Cycle Stealing) 방식으로 이용하게 된다.

학습 활동	클라우드 컴퓨팅의 특징

① 모든 데이터와 소프트웨어가 중앙에 집중되어 손쉽게 다른 PC로 이동할 수 있어 장비 관리 업무가 절감된다.
② 컴퓨팅 자원이 사용자의 필요에 따라 적당하게 할당되므로 유휴 PC나 서버 자원 부담 능력이 개선된다.
③ 과거 메인 프레임이 지배하던 클라이언트 · 서버 환경처럼 모든 정보가 중앙 에 집중되어 보안문제 노출 우려가 있다.

4) 응용 분야

서버 자원을 활용한 가상화 기술로는 웹 서비스(Web Service), SaaS, URC 그리고 CDN 등이 있다. 본 절에서는 이러한 기술들이 클라우드 컴퓨팅과는 어떠한 연관성과 차이점이 있는 지 살펴보고자 한다.

가) 웹 서비스

웹 서비스란 SOAP(Simple Object Access Protocol)이나 WSDL(Web Service Description Language), UDDI(Universal Description, Discovery, and Integration) 등의 표준 기술을 이용하여 네트워크에 연결된 다른 컴퓨터 간의 분산 컴퓨팅을 지원하는 소프트웨어 및 기술이다.

웹 서비스는 '웹'과 '서비스'라는 두 단어가 결합해 생겨난 용어인 만큼 단순하게 해석하면 웹을 통해 서비스를 교환하는 것이다. 웹 서비스의 정확한 개념을 파악해보면, '웹'은 표준 방식으로 분산되어 있는 정보자원들을 공유하고 호환시키는 인터넷의 응용이다. 이는 전 세계적으로 정치 · 경제 · 사회 · 산업 전반에 걸쳐 큰 변화를 가져왔다. '서비스'란 사용자에게 세부적인 사항은 감추고 추상적인 관점에서 제공되는 기능을 의미한다. 종합적으로 웹 서비스는 분산되어 있는 콘텐츠를 서비스 형태로 추상화시켜 표준 방식으로 연계하거나 공유하는 기술이다.

클라우드 컴퓨팅에서 서비스는 독립된 서버들의 집단에 의해서 제공되며, 이 집단내의 서버들은 상호간에 영향이 없이 거의 독립적으로 운영된다. 따라서 느슨하게 연결되어 있는 (loosely Coupled) 서버들간의 연동을 보장하기 위해서는 웹 서비스 기술이 필요하다.

나) URC(Ubiquitous Robot Companion)

URC는 IT 기반 지능형 서비스 로봇의 새로운 패러다임으로서 '언제 어디서나 나와 함께 하며 나에게 필요한 서비스를 제공하는 로봇'이다. 기존 로봇에 네트워크 및 정보 기술 등의 IT 인프라를 최대한 활용함으로써 기존 로봇의 차별성과 더불어 편리성을 제공하고자 하는 목표이다. 따라서 URC는 물리적인 컴퓨팅 자원(프로세스나 저장공간)을 클라우드 안에서 두고 인터넷을 통해 사용하는 것이다. 이러한 URC 개념이 구현되기 위해서는 유비쿼터스 네트워크 또는 센서 네트워크, 고성능 로봇용 서버 등과 같은 하드웨어 인프라가 구축되어 있어야 하며, 이러한 인프라 상에서 구동되는 소프트웨어 인프라 또한 필요하다.

이러한 로봇들은 가정용 로봇, 청소용 로봇, 장난감 로봇, 엔터테인먼트 로봇, 퍼스널 로봇, 서비스 로봇 등 다양한 이름으로 소개되고 있으나 궁극적으로 사람들의 일상생활 속에서 애완동물과 같이 부족한 부분을 채워주거나 필요한 정보와 즐거움을 제공하고 혹은 사람이 하기 싫은 일들을 대신할 수 있는 기능을 갖춘 모습으로 우리들 앞에 나타날 것으로 기대된다.

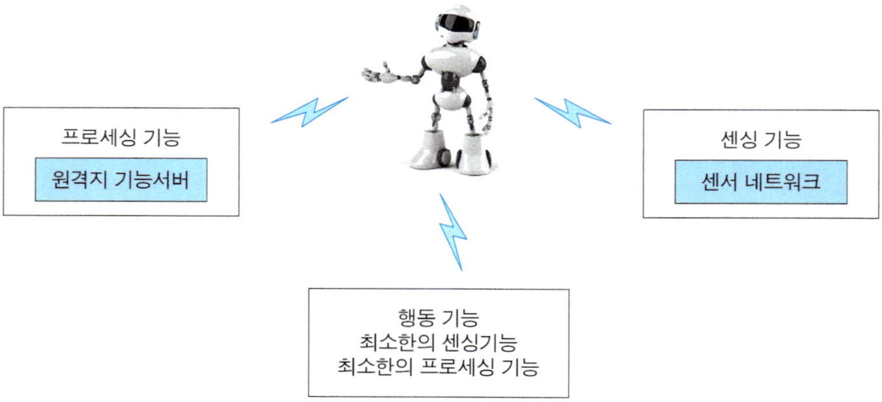

[그림 12-6] URC의 개념

다) SaaS(Software as a Service)

클라우드 컴퓨팅에서도 내부를 자세히 보면 단순히 클라우드 컴퓨팅 기반의 인프라만을 제공하는 IaaS(Infrastructure as a Service), 클라우드 컴퓨팅 기반에서 표준화된 환경과 application을 제공하는 것이 특징인 SaaS(Software as a Service) 그리고 표준화된 플랫폼을 제공하는 PaaS(Platform as a Service)가 제시되고 있다.

일반적으로 가장 잘 알려져 있는 클라우드 컴퓨팅의 형태는 SaaS이다. SaaS는 높은 유지보수 비용, 복잡하고 경직된 시스템, 과금 체계 등 기존의 라이센싱 모델을 대체할 수 있는 개념으로 서비스 제공자의 서버에 저장된 각종 S/W를 인터넷을 통해 서비스로 이용하는 S/W 딜리버리 모형이다.

클라우드 컴퓨팅은 SaaS를 가능케 하는 기반이자 아웃소싱 모델인데 이때 SaaS는 S/W 중심이며 클라우드 컴퓨팅은 S/W 포함 IT 전체 자원을 포괄하고 있다.

라) CDN(Contents Delivery Network)

CDN은 네트워크의 주요 지점에 전략적으로 설치된 시스템을 통하여 사용자와 가장 가까운 지점에서 콘텐츠를 전송함으로써 인터넷 네트워크상에서 발생하는 병목현상 및 데이터 손실을 줄여 사용자에게 보다 빠르고 안정적으로 콘텐츠를 배포하는 서비스를 의미한다. 콘텐츠가 CP(Contents Provider) 서버로부터 사용자 측 노드에 이르는 구간, 즉 미들마일(Middle-Mile)을 경유하지 않고 인터넷 사용자의 가장 가까운 지점에서 전송하므로 빠르고 안정적인 전송을 가능하게 한다. 즉 각 ISP 네트워크 하단(edge)에 시스템을 설치하고 CP가 제공하는 콘텐츠를 미리 보관함으로써 사용자가 로컬 네트워크를 통해 콘텐츠를 전송받도록 하는 것이다.

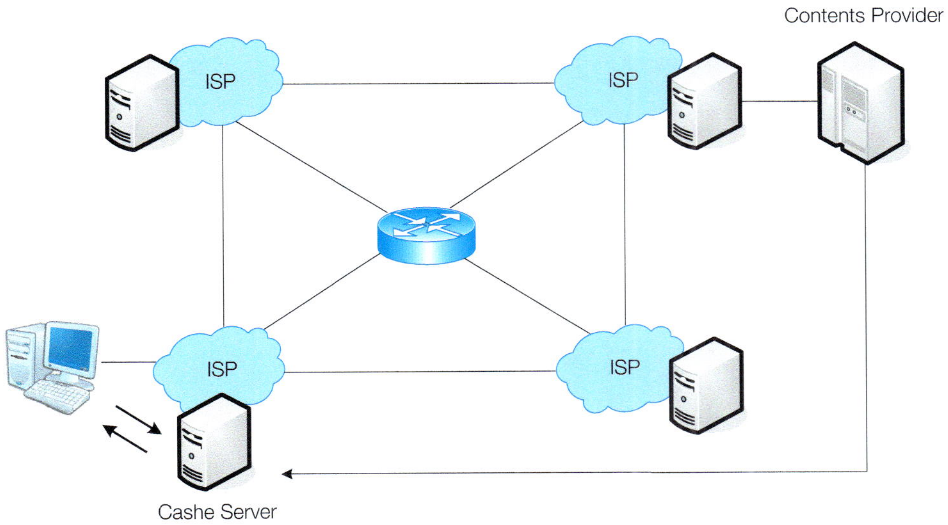

[그림 12-7] CDN 개념도

예를 들면 http://cdn.abc.co.kr/image.jpg를 링크하여 해당 주소로 접속한다면 똑같은 주소라 하더라도 KT 이용자는 KTIDC에 있는 서버에 접속하게 되고, 하나포스 이용자는 하나로 IDC에 있는 서버에 접속하게 됨으로써 이미지나 동영상과 같이 용량이 큰 파일도 마치 로컬에서 접속하는 것처럼 빠르게 접속이 가능하다.

[표 12-2] CDN의 장점

부 문	장 점
콘텐츠 전송속도	- middle mile을 경유하지 않으므로 전송속도 향상 - 가입자망에서의 분배형 구조로 Traffic bursting 시에도 전송속도 지연방지
콘텐츠 전송의 안정성 :트래픽의 규모	- Traffic Overflow 방지 - 스트리밍 서비스의 단절 해소 - QoS 향상
경제성	- 웹호스팅 비용절감(공급자 측면) - 시간비용 절감(수요자 측면) - 관련 산업의 발전(네트워크 장비, 스토리지 등)
네트워크 효율성	- middle mile에서의 트래픽 부담 완화 - CP간 설비 공유

chapter 12

최근 클라우드 컴퓨팅 기술이 각광을 받으면서 해당 기술을 네트워크 서비스에 접목시킨 CCN(Cloud Computing Network) 기술이 떠오르고 있다. CCN은 고성능과 비용절감 효과를 통해 차세대 CDN(Contents Delivery Network) 서비스로 각광을 받고 있다. 이에 따라 특히 적용분야와 사용자층이 넓어지면서 보안부분에도 관심이 높아지고 있다.

5 그리드 컴퓨팅

1) 개념

그리드 컴퓨팅 기술은 그 동안 발전되어 온 인터넷 기술을 한 단계 더 발전시키기 위한 것이다. 그리드 기술은 웹 기술, 그 다음 세대의 인터넷 서비스를 위한 기술이다. 인터넷 속도가 빨라지고, 인터넷의 이용이 폭발적으로 증가하다 보니, 이제는 텍스트 정보뿐만 아니라 데이터 저장 장치, 첨단 실험 장비 등의 여러 자원들, 나아가 인력 자원들까지 공유하게 되었다.

대중에게 잘 알려진 그리드 컴퓨팅의 예로는, 수천 명의 사람들이 자신의 PC에서 사용되지 않는 프로세서 사이클을 공유함으로써, 외계로부터의 가치 있는 신호 조짐들을 광범위하게 검색하고 있는 SETI의 @Home 프로젝트가 있다. 그리드 컴퓨팅을 하기 위해서는 하나의 프로그램을 수천 대의 컴퓨터에 작은 조각으로 나누어 일을 시킬 수 있도록 해주는 소프트웨어가 필요하다. 그리드 컴퓨팅은 대규모 분산 클러스터 컴퓨팅 및 분산 병렬처리의 한 형태라고 간주할 수도 있다. 그리드 컴퓨팅은 한 기업 내에 있는 컴퓨터 워크스테이션들의 네트워크로 한정될 수도 있지만, 때로 일반이 참여하는 대중 협업으로 확장될 수도 있다.

그리드는 한마디로 가상의 슈퍼 컴퓨팅파워를 구축해 주는 범네트워크 원리다. 가상 슈퍼 컴퓨팅의 핵심은 세계 각지에 흩어져 있는 수억대의 PC와 첨단장비를 하나로 묶어 제어한다는 것인데 이렇게 완성된 가상 슈퍼컴퓨터는 지금의 슈퍼컴퓨터보다 수천, 수 만 배의 능력을 발휘할 수 있다. 유휴자원을 이용해 비용을 크게 줄이면서도 대량의 데이터를 신속하게 처리할 수 있는 것이다.

그리드 컴퓨팅은 다음의 세 가지 이유 때문에 일반적인 추세가 될 가망성이 있어 보인다.

① 주어진 양의 컴퓨터 자원을 비용편익 측면에서 가장 효율적으로 만들 수 있는 능력
② 엄청난 양의 컴퓨팅 능력 없이는 풀기 어려운 문제들을 해결할 수 있는 하나의 방편
③ 많은 수의 컴퓨터들을 하나의 공동목표를 위한 상승적인 협동작업으로 이용하고 관리

2) 그리드의 구조

그리드 구조는 그리드 프로토콜과 서비스의 나열이 아니라 범용적인 구성요소들을 제시한다. 그리드 구조의 다양한 계층을 나타냄에 있어서 핵심적인 기능과 프로토콜은 자원과 연결 프로토콜(Resource and Connectivity Protocol)로 구성되어 독립적인 자원들을 공유할 수 있는 기능을 제공한다. 그리고 이들 프로토콜을 통하여 상위에 있는 Collective 계층과 하위의 Fabric 계층이 각각 다양한 범위의 서비스, 애플리케이션 및 링크자원을 서로 공유할 수 있게 된다.

가) Fabric Layer

개인 PC, 고성능 컴퓨터, 클러스터 시스템 등과 다양한 파일 시스템, 메타데이터 카탈로그, 네트워크, 여러 가지 센서 등이 이 계층에 포함된다. 자원들은 각자의 메커니즘으로 유지되어도 되며, 다양한 기술을 사용해도 되므로 구성에 대한 어떠한 제약도 없다.

나) Connectivity Layer

통신을 위한 프로토콜은 IP, DNS(Domain Name System), Routing에 의해 경로 설정이 제시되어야 하며, 보안에 관련된 사항은 GSI(Grid Security Infrastructure)에서 제공된다.

다) Resource Layer

개별적인 자원 상에서 이루어지는 공유 작업에 대한 보안 협상, 초기화, 모니터링, 제어 등을 위한 프로토콜을 정의한다. 이러한 Resource 계층의 프로토콜을 구현하기 위해서는 Fabric 계층의 함수들을 사용하여 지역 자원들을 제어하고 액세스한다.

라) Collective Layer

자원 할당에 대한 중재를 위하여 Broker가 있으며, 원하는 자원을 찾고 할당하기 위한 서비스를 제공하고, 자원의 중복에 대한 정보를 제공한다.

3) 웹과 그리드의 비교

웹은 XML(Extensible Markup Language) 문서에 대한 단일 액세스를 제공하며 사용자는 각 페이지에 있는 하이퍼링크를 따라 다른 문서로 이동하거나, 그 페이지를 서비스하고 있는 서버로 일련의 정보를 보낼 수도 있다. 하이퍼링크를 따라 이동하는 행위를 흔히 '웹서핑' 또는 '웹브라우징'이라 한다. 반면에 그리드는 모든 주요 자원들에 대한 고성능의 유연한 액세스를 제공하며 요구가 발생할 때 강력한 가상 전산시스템을 생성한다.

뇌가 신경조직을 통해 사람 몸속 각 장기들의 정보를 모으고 다시 각 장기들에게 명령을 내리듯이 곳곳에 흩어져 있는 컴퓨터, DB, 첨단 장비 등을 서로 연결해 원격조종할 수 있게 해주는 것이다. 현재 인터넷은 모든 정보를 담고 있는 서버(인터넷 사이트)에서 인터넷 이용자들이 필요한 정보를 받아보는 수직 구조로 이뤄져 있다. 반면 그리드는 인터넷 이용자가 다른 이용자들과 수평적으로 직접 연결하는 방식을 취하고 있다.

그리드(Grid)는 자료를 공유하는 정도의 서비스만을 제공하는 기존의 WWW와 달리 지역적으로 분산된 고성능 컴퓨팅 자원(컴퓨터, 스토리지, 첨단 실험장치 등)을 초고속 네트워크로 상호 연동해 단일 시스템처럼 활용할 수 있는 차세대 디지털 정보통신 인프라라고 할 수 있다. 생체인식·기상·천문학·인공지능 등 첨단 분야의 기술개발이 진척됨에 따라 슈퍼 Computing 자원의 필요성은 더욱 높아졌고 이에 대한 효율적인 대안이 그리드(Grid)이다.

연결 방식 또한 다르다. 현재 인터넷 구조는 모든 정보를 담고 있는 서버에서 인터넷 이용자들이 필요한 정보를 받아보는 수직 구조이다. 이 사이트에서 저 사이트로 바로 옮겨 다니며 여러 정보를 수집할 수는 있지만, 동시에 여러 곳과 연결해 정보를 주고받는 것은 불가능하다. 반면에 그리드(Grid)는 인터넷 이용자가 다른 이용자들과 수평적으로 직접 연결하는 방식을 취하고 있다. 최대 장점이 바로 동시에 여러 곳에 연결할 수 있다는 것이다. 인근 지역의 동료와 연결한 어느 인터넷 이용자가 동시에 지구 반대쪽 컴퓨터의 DB에 연결하여 연구를 수행할 수 있는 것이나, 데이터베이스에서 찾은 정보를 여러 사람이 동시에 보면서 한 사람의 설명을 듣거나, 함께 설계도면을 그리는 것 등도 가능해 진다. 화상회의와 비슷한 식이다. 한 컴퓨터가 곳곳에 흩어져 있는 컴퓨터들을 원격으로 조정해 복잡한 계산을 쪼개서 시킨 뒤에 다시 합쳐 결과를 만들어 내는 것도 가능하다.

[표 12-3] WWW와 Grid의 비교

구 분	WWW	Grid
개 발 자	Bemers외 다수 (영국)	Foster외 다수 (미국)
개발연도(상용화)	1989년(1994년)	1998년(2004년)
최초 사용자 그룹	버클리대, MIT 연구소 (CERN, NCSA 등)	시카고대 연구소 (CERN, ANL 등)
상용화 효과	인터넷 이용 확산, e-business 태동	인터넷 이용 심화, e-business 정착
전 송 구 조	Server to Client 중심	Peer to Peer 중심
전 송 속 도	Kbps~Mbps	Gbps~Tbps
브 라 우 저	Mosaic, Netscape, Explorer	TENT(독),JACO3(프),CACTUS(미)
미 들 웨 어	애플리케이션에서 제공	Globps, Legion, Condor

4) 스토리지

NAS(Network Attached Storage)와 SAN(Storage Area Network)은 그리드 컴퓨팅에 필요한 저장장치 솔루션이다. 해가 갈수록 넘쳐나는 데이터들과, 빠른 전송 능력, 그리고 확장성 등의 여러 가지 문제점을 동시에 해결하기 위해 NAS와 SAN은 뛰어난 솔루션이 될 수 있다.

NAS는 네트워크에 직접 연결되어 일반 서버의 오버헤드나 복잡함 없이 오직 데이터의 전송과 공유만을 위해 최적화된 스토리지 전용시스템이며 서로 다른 이 기종 플랫폼간의 효율적인 데이터 통합사용과 온라인 데이터의 전송/저장이 서버를 거치지 않음으로써 서버 성능 향상에도 기여하는 획기적인 저장 장치이다.

한편, SAN은 그리드 컴퓨터에 SCSI(Small Computer System Interface)를 통한 스토리지 서버와 신속하게 데이터를 주고받을 수 있는 것처럼 네트워크에서 fiber channel의 이점인 고속전송과 장거리 연결 및 멀티 프로토콜 기능을 활용 실현하는 기술이다. 데이터양을 관리하기 위해서 데이터가 필요한 곳으로 이동시키거나 또는 과부하가 걸린 서버의 데이터를 보다 여유가 있는 다른 서버로 이동시킴으로서 서버간의 가장 빠른 전송로를 찾아주는 고도의 정교한 소프트웨어가 요구되어진다. 이러한 소프트웨어의 지원을 받아 SAN은 항상 지속적인 데이터를 이용하도록 하고 관리의 편리성을 제공하는 스토리지 아키텍처이다.

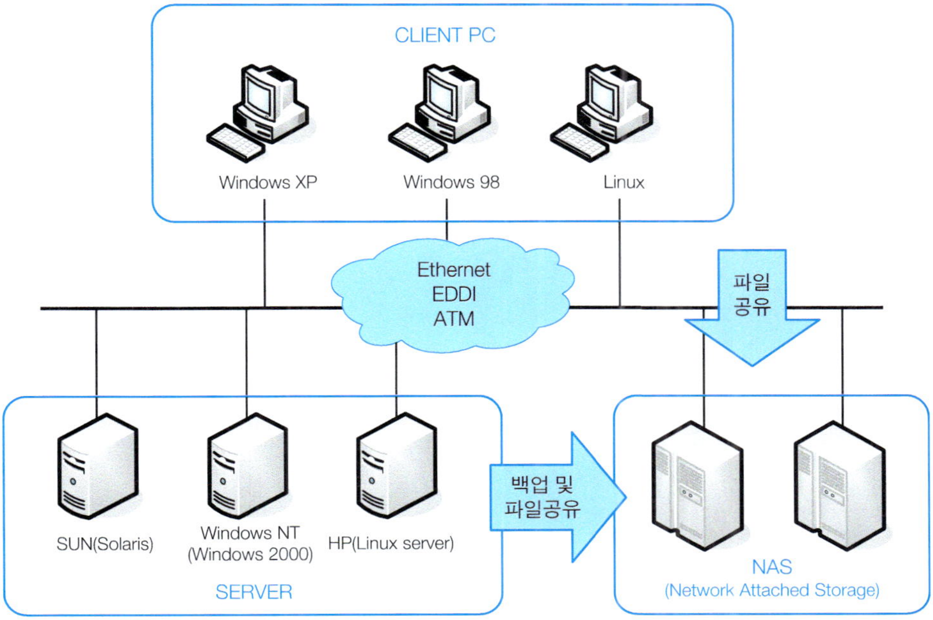

[그림 12-8] NAS의 구조

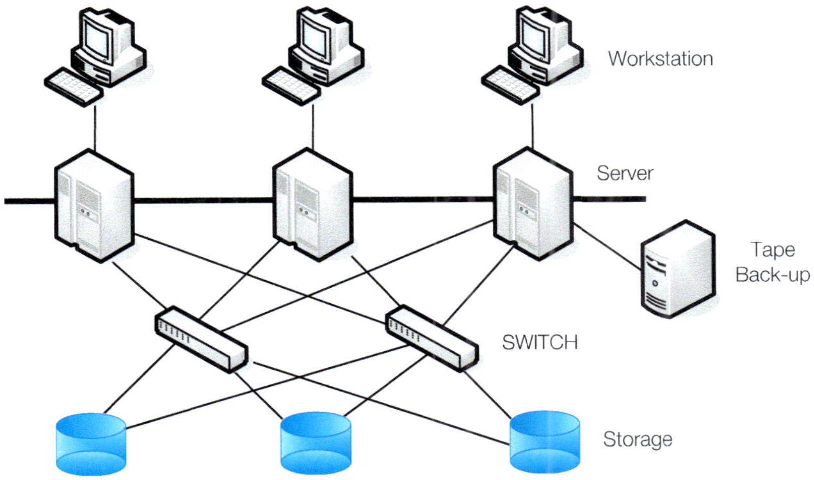

[그림 12-9] SAN의 구조

요 약

01 사물인터넷은 사물 또는 물리적, 논리적 객체와 객체간의 통신이 네트워크로 구성되어 기존의 인터넷과 같은 통신망으로 확장되며 지능(intelligence)형 인터페이스를 가지고 능동적으로 상호작용하는 기술이다.

02 상황 인식 기술이란 사용 장소, 주변 사람과 물체의 집합에 따라 적응적이며, 동시에 시간이 경과하면서 이러한 대상의 변화까지 수용할 수 있는 기술이다.

03 클라우드 컴퓨팅은 기존의 네트워크를 사용한 분산 컴퓨팅과 가상화 기술이 만나 이루어진 기술이다.

04 개방형 클라우드(Exposed cloud)는 클라우드 노드들이 외부에 노출되어 외부 사용자들도 접속하거나 이용할 수 있기 때문에 인터넷과 같은 공공 네트워크에 사용된다.

05 폐쇄형 클라우드(Enclosed cloud)는 외부 네트워크와는 별도의 통신 설비를 이용하여 구성하는 데 이더넷이나 토큰 링과 같은 표준 네트워크를 사용할 수도 있지만, 통신 대역폭과 보안성을 높이기 위하여 더욱 다양한 통신 기술들을 사용할 수 있다.

06 웹 서비스란 SOAP나 WSDL, UDDI 등의 표준 기술을 이용하여 네트워크에 연결된 다른 컴퓨터 간의 분산 컴퓨팅을 지원하는 소프트웨어 및 기술이다.

07 URC(Ubiquitous Robot Companion)는 IT기반 지능형 서비스 로봇의 새로운 패러다임으로서 언제 어디서나 나와 함께 하며 나에게 필요한 서비스를 제공하는 로봇이다.

08 SaaS(Software as a Service)는 높은 유지보수 비용, 복잡하고 경직된 시스템, 과금 체계 등 기존의 라이센싱 모델을 대체할 수 있는 개념으로 서비스 제공자의 서버에 저장된 각종 S/W를 인터넷을 통해 서비스로 이용하는 S/W 딜리버리 모형이다.

09 CDN(Contents Delivery Network)은 네트워크의 주요 지점에 전략적으로 설치된 시스템을 통하여 사용자와 가장 가까운 지점에서 콘텐츠를 전송함으로써 인터넷 네트워크 상에서 발생하는 병목현상 및 데이터 손실을 줄여 사용자에게 보다 빠르고 안정적으로 콘텐츠를 배포하는 서비스를 의미한다.

10 그리드 기술은 웹 기술, 그 다음 세대의 인터넷 서비스를 위한 기술로서 구조는 Fabric Layer, Connectivity Layer, Resource Layer 그리고 Collective Layer이다.

11 NAS(Network Attached Storage)는 네트워크에 직접 연결되어 일반 서버의 오버헤드나 복잡함 없이 오직 데이터의 전송과 공유만을 위해 최적화된 스토리지 전용시스템이다.

12 SAN(Storage Area Network)은 그리드 컴퓨터에 SCSI(Small Computer System Interface)를 통한 스토리지 서버와 신속하게 데이터를 주고받을 수 있는 것처럼 네트워크에서 fiber channel의 이점인 고속전송과 장거리 연결 및 멀티 프로토콜 기능을 활용 실현하는 기술이다.

문 제

01 상황인식 컴퓨팅의 개념 및 기술적 요소를 설명하시오.

02 클라우드 컴퓨팅의 개념 및 플랫폼 요소 기술을 설명하시오.

03 개방형 클라우드와 폐쇄형 클라우드의 개념 및 차이점을 설명하시오.

04 CDN(Contents Delivery Network)의 구성도를 그리고 장점을 설명하시오.

05 그리드 컴퓨팅의 개념 및 구조를 계층화하여 설명하시오.

06 다음을 간단히 설명하시오.

1) SaaS(Software as a Service)

2) URC(Ubiquitous Robot Companion)

3) NAS(Network Attached Storage)

참고문헌

[1] 김창환 외 1인, 데이터 통신 길라잡이, 복두출판사, 2015년.
[2] 김창환, 운영체제 길라잡이, 복두출판사, 2015년.
[3] 김창환 외 2인, 정보통신개론, 복두출판사, 2013년.
[4] 진달복, 전자계산기 구조, 양서각, 2013년.
[5] 김정호 외 1인, 컴퓨터 구조, 웅보출판사, 2011년.
[6] 김종현, 컴퓨터 구조론, 생능출판사, 2011년.
[7] 윤남일, 컴퓨터 구조론, 복두출판사, 2010년.
[8] 김성락 외 3인, 컴퓨터 구조의 이해, 정익사, 2011년.
[9] 신종홍, 컴퓨터 구조와 원리 2.0, 한빛아카데미, 2013년.
[10] 전자신문(http://www.etnews.co.kr)
[11] 디지털 타임즈(http://www.dt.co.kr)
[12] 한국정보통신신문(http://www.koit.co.kr)
[13] http://www.seri.org

찾아보기

숫자

A

B

C

D

O

P

Q

R

S

T

U

ㅁ

ㅂ

ㅅ

ㅇ

ㅈ

ㅊ

ㅋ

ㅌ

ㅍ

ㅎ